DEVS SCIENTIARVM DOMINVS EST

EX LIBRIS
QVOS TESTAMENTO SVO
LARGITVS EST HVIC DOMVI
M<sup>R</sup>. PHILIPPVS DESPONT
PRESBYTER PARISIENSIS ET
DOCTOR THEOLOGVS.

ORATE PRO EO
Et
Discite in terris quorum
Scientia vobis perseueret
in cœlis.

*Hieronimus*
*Epist. 103*

9685.

# L'HOMME SPIRITVEL,

## OV LA VIE SPIRITVELLE
est traictée par ses Principes.

*Par le Pere* IEAN BAPTISTE SAINCT IVRE
*Religieux de la Compagnie de* IESVS.

A PARIS,

Chez { SEBASTIEN CRAMOISY, Imprimeur ordinaire du Roy, & de la Reyne Regente. ET GABRIEL CRAMOISY. } ruë S. Iacques, aux Cicognes.

M. DC. XLVI.
*Auec Priuilege de sa Majesté.*

ERuctauit cor meum verbum bonum: dico ego opera mea Regi *Christo.*

*Pſal.* 44.

# TABLE DES CHAPITRES DE L'HOMME SPIRITVEL.

## CHAPITRE I.

*Q*V'EST-CE que l'homme. page 1

Section I.    Conclusion du sujet.    p 11

## CHAPITRE II.

          Qu'est-ce que l'homme Chrestien.    p. 21
Sect. I.    Le Chrestien est vne nouuelle Creature & vn nouuel Homme.    p. 28
Sect. II.    Le Chrestien est sainct par sa dignité, & il le doit estre par ses effets.    p. 38
Sect. III.    En quoy consiste vne action Chrestien-

ã iij

# TABLE

ne, & qu'eſt-ce qu'agir en Chreſtien. p. 50

Sect. IV. Suite du ſujet. p. 62
Sect. V. L'exemple de Noſtre Seigneur Ieſus-Chriſt. p. 72
Sect. VI. Noſtre imitation. p. 84
Sect. VII. De l'indifference & de l'obeïſſance que nous deuons apporter aux mouuements de noſtre Seigneur. p. 95
Sect. VIII. Raiſons pour nous perſuader efficacement d'operer en Chreſtiens & de faire toutes nos actions par l'eſprit de Ieſus-Chriſt. p. 103.
Sect. dern. La pratique. p. 118

## CHAPITRE III.

Qu'eſt-ce qu'un homme Spirituel? p. 129
Sect. I. Continuation de la choſe. p. 139
Sect. II. Quelles ſont les actions de l'homme ſpirituel. p. 145
Sect. III. Du diſcernement de l'homme vrayement ſpirituel, d'auec celuy qui ne l'eſt qu'en apparence. p. 154
Sect. IV. L'Homme ſpirituel mene une vie au deſſus du corps & des ſens. p. 166

## DES CHAPITRES.

Sect. V. *D'autres preuues de la méme verité.* p. 174

Sect. VI. *Du discernement des Esprits.* p. 189

Sect. VII. *Marques particulieres pour discerner les Esprits.* p. 196

Sect. VIII. *Le danger des voyes extraordinaires, & le moyen de distinguer les bonnes des mauuaises.* p. 208

Sect. IX. *Preuues de cette verité par quelques exemples.* p. 220

Sect. X. *Marques pour discerner les Visions & les Reuelations.* p. 231

Sect. XI. *Les autres marques.* p. 244

Sect. XII. *Quatre aduis importants touchant les visions & les reuelations.* p. 251

Sect. XIII. *Le discernement des mouuements de la Nature & de la Grace.* p. 258

Sect. XIV. *Discernement plus particulier des mouuements de la Nature & de la Grace.* p. 266

Sect. XV. *Conclusion de la chose.* p. 280

Sect. XVI. *Des sept Dons du S. Esprit.* p. 297

*Les effets de ces Dons.* p. 307

*Les moyens d'acquerir ces Dons.* p. 319

*Du Don de Crainte.* p. 324

*Du Don de Force.* p. 345

# TABLE DES CHAPITRES.

Du Don de Pieté.   p. 367
Du Don de Conseil.   p. 375
Du Don de Science.   p. 385
Du Don d'Entendement où d'Intelligence.   p. 403
Du Don de Sapience.   p. 414

## II. PARTIE
# DE L'HOMME SPIRITVEL.

Les Principes generaux de la vie Spirituelle.

### CHAPITRE I.

Premier principe general de la vie spirituelle. Qu'il faut auoir quelques principes dans la vie spirituelle.    page. 3.

### CHAPITRE II.

Secōd principe general de la vie spirituelle. La consideration des choses de son salut.    p. 10.

### CHAPITRE III.

Trosiesme principe general de la vie spirituelle.

La fin de l'homme.    p. 30.

Sect. I.    Ce que signifie le mot de fin.    p. 35.
Sect. II.    Puisque Dieu est nostre fin, il est ensuite notre perfectiō & nostre beatitude p. 37.
Sect. III.    Vne autre raison de cette verité. p. 45.
Sect. IV.    Conclusion de ce poinct.    p. 48.
Sect. V.    Des moyens pour arriuer à cette fin. 52.

# TABLE

Sect. VI. *Ce que signifie le nom de moyen.* p. 54.
Sect. VII. *Toutes les creatures nous sont des moyens de nostre salut.* p. 57.
Sect. VIII. *Il faut pourtant du discernement dans le chois de ces moyens.* p. 63.
Sect. IX. *Le bon vsage est essentiel au moyen.* p. 66
Sect. X. *Les effets de l'acquisition de cette fin.* p. 72
Premier effet.
Sect. XI. *La perfection & la saincteté de l'Ame.* là mesme.
Second effet.
Sect. XII *Les lumieres de l'entendement.* p. 80.
Troisiesme effet.
*La paix de la volonté.* p. 85.
Quatriesme effet.
Sect. XIII. *Vn juste mépris des choses d'icy-bas.* p. 92.
Cinquiesme effet.
*L'exterieur bien composé.* p. 98.
*Exemple illustre de cette verité.* p. 99.

## CHAPITRE IIII.
*Quatriesme principe general.*

Sect. XIV. *L'vnion auec Iesus-Christ.* p. 102.
Sect. I. *Où cette vnion se doit faire & la façon.* p. 119.
Sect. II. *Conclusion du sujet.* p. 126.

## CHAPITRE V.
*Cinquiesme principe general de la vie spirituelle.*

## DES CHAPITRES.

La pureté d'intention.    p. 134.

### CHAPITRE VI.

*Sixiesme principe general de la vie spirituelle.*

L'exercice de la foy en tout.   p. 142.

Sect. I.    Qualitez diuines de la foy.   p. 154
Sect. II.   Pourquoy Dieu nous a obligez à croire.   p. 162
Sect. III.   Quelques autres prerogatiues de la foy.   p. 172
Sect. IV.   La pratique de la foy.   p. 185
Sect. V.   Cette pratique plus en particulier.   p. 192
Sect. VI.   La pratique de la foy encore plus par le menu.   p. 200
Sect. dern.   Conclusion de la chose.   p. 207

### CHAPITRE VII.

*Septiesme principe general de la vie spirituelle.*

La priere continuelle.   p. 213

Sect. I.    La necessité de la priere.   p. 218
Sect. II.   Ce qu'il faut recueillir de ceste verité. 226
Sect. III.   La force de la priere.   p. 237
Sect. IV.   Les conditions necessaires pour rendre la priere efficace.   p. 241
Sect. V.   Vne autre condition requise.   p. 246
Sect. VI.   De l'affection & de la feryeur dans la priere.   256

### CHAPITRE VIII.

*Huictiesme principe general de la vie*

## TABLE DES CHAPITRES.

*spirituelle.*

La paix de l'Ame. 269

Sect. I. En quoy nous deuons pratiquer la Paix. p. 282

Dans nos actions particulieres. 283
Auec nostre prochain. 286
Dans nos desirs, mesmes bons. 291
Dans nos pertes. 296
Dãs nos imperfectiõs & nos pechez. 297
Des scrupules. 300
Conclusion. 304

Sect. II. Par quels moyens nous pouuons conseruer la paix de nostre ame, & ne nous troubler iamais. 305

Sect. III. Des voyes de Dieu sur les hommes, & de quelques-vnes de leurs qualitez. 317

Sect. IV. Les voyes de Dieu sur les Ames sont cachées. 323

Sect. V. Pourquoy les voyes de Dieu sont ainsi cachées. 333

Sect. VI. Les voyes de Dieu sur les Ames semblent souuent contraires à leurs fins. 337

Sect. VII. Les voyes de Dieu sur nous sont souuent contraires à nos desirs. 347

Sect. VIII. Pourquoy les voyes de Dieu sont ainsi contraires. 353

Sect. dern. Conclusion du suiet. 355

La pratique de la Paix. 369

# L'HOMME SPIRITVEL.

### CHAPITRE I.

*Qu'est-ce que l'Homme.*

AYANT dessein de parler à fond de l'Homme Spirituel, il est necessaire pour donner ouuerture à vn sujet si important & si riche, qu'à cause que l'Homme Spirituel comprend trois choses; La premiere, l'estre de l'Homme; la seconde, l'estre de Chrestien; & la troisiéme celuy de Spirituel: & que la troisiéme suppose la seconde, dautant que l'Homme Spirituel n'est qu'vn Chrestien excellent; & la seconde s'appuye sur la premiere, le Chrestien estant vn homme parfait & quelque chose de plus; nous fassions voir auparauant ce que c'est que l'Homme, & puis ce que c'est que

A

l'Homme Chrestien, deuant que de traiter de la nature & des qualitez de l'Homme Spirituel. Ouurons la carriere & faisons le premier pas, considerans la nature de l'Homme.

*Proucrb. 10. 6.*
*Μέγα ἀν-θρωπος, iuxta 70. Ετέδη σκευητ̔ο*

*Magna res est Homo.* S'écrie auec admiration le Sage, l'Homme est vne chose grande. La fameuse inscription grauée sur le Portail du Temple de Delphes, qui cōtenoit ces mots: *Connoy qui tu es*, ne se doit pas entendre seulement de la connoissance qu'il faut que nous ayons de nostre bassesse & de nos miseres, pour nous tenir dans les termes de la modestie & de l'humilité, mais encore de celle de nostre grandeur & de nostre excellence, afin de nous donner du cœur, & de nourrir nos esprits dans vn air genereux, & ne nous abbaisser iamais à aucune chose qui soit au dessous de nostre noblesse.

*En Psal. 118. ad Vers. 73. Octonar. 10.*

*Magnum sane munus, si Homo seipsum cognoscat,* dit S. Ambroise, c'est vn grand don, & vne source de beaucoup de biens à l'homme, s'il sçait qui il est. Et en effet, *Animalis cuiusque creatio,* comme S. Augustin nous enseigne, *si habet pium prudentémque consideratorem, ineffabilem laudem creatori excitat, quanto magis creatio non cuiuslibet animalis, sed hominis?* Si la creation de chaque animal est capable de procurer à Dieu des loüanges ineffables, pourueu qu'elle rencontre vn esprit pieux & prudent qui la considere; à combien plus forte raison le fera celle du plus noble de tous les animaux, lequel les surpasse incomparablement en dignité & en perfection, qui est l'Homme,

*Epistola 28.*

# SPIRITVEL.

*Magna res est Homo*, dit Salomon, c'est vne chose grande que l'homme. Et son Pere deuant luy, *Quid est Homo, quod memor es eius? gloria & honore coronasti eum.* Qu'est-ce que l'homme pour auoir vn amour si tendre,& des bontez si particulieres pour luy? Car vous l'auez comblé d'honneur & coroné de gloire. *Opus magnificum est Homo*, nous dit S. Ambroise, l'homme est vn ouurage magnifique, c'est vne piece rare, c'est vn chef-d'œuure: Et encore, *Magnum opus Dei es, ô Homo, & magnum est quod dedit tibi Deus*, ô Homme, tu es vne creature excellente de Dieu, & les graces qu'il t'a conferées, sont grandes & admirables. Approchons nous de plus prés, & voyons-le dans le detail.

Psalm. 8. 5.

Loco cit.

Premierement, ie remarque que Dieu a creé l'Homme le sixiéme iour, apres auoir produit les animaux de la terre. Il ne voulut point le faire le premier iour auec la Lumiere : ny le second auec les Cieux: ny le troisiéme, lors qu'il separa & demêla les Eaux & la Terre de la confusion & du mélange, qu'ils faisoient ensemble, pour serrer celles-là dans leur lit, & donner des bornes à l'vne & à l'autre: ny le quatriéme auec le Soleil & la Lune; ny le cinquiéme auec les Poissons & les Oyseaux, mais le sixiéme & le dernier de sa besogne, & apres les animaux de la terre, afin de luy faire entendre qu'il leur estoit semblable pour ce qui est du corps, & qu'ayant dessein de le releuer extremement par dessus eux, & par dessus

Genes. 1.

A ij

toutes ſes creatures corporelles ſelon l'eſprit, & ſelon la grace, il ſe ſouuint touſiours qu'il auoit vne partie de ſoy qui tenoit de la beſte, & tirât de là des ſujets de rabattre les fumées de la vanité, quand la connoiſſance de ſes qualitez glorieuſes les luy feroit monter à la teſte, pour ſe conſeruer dans la retenuë & la moderation qu'il doit.

De plus à deſſein de luy apprendre, que comme en la production des choſes il auoit commencé par les plus imparfaites, & auancé touſiours aux plus accomplies & plus acheuées, ayant fait premierement les Plantes; puis les Poiſſons; apres les Oyſeaux; en ſuitte les Animaux terreſtres, & enfin l'Homme; il debuoit en vſer ainſi au fait de ſon ſalut & de ſa perfection, & y faire tous les iours de nouueaux & de plus grands progrez. Et d'abondant pource qu'il vouloit finir par luy tous ſes ouurages, & recueillir en luy comme en vn abregé & vn petit monde tout ce qui eſtoit répandu dans le grand.

Secondement, Dieu eſtant ſur le poinct de créer l'Homme, il ne diſt pas, comme il auoit dit de ſes autres œuures, *Fiat Homo*, mais *Faciamus hominem*, que l'homme ſoit fait, mais faiſons l'homme. Surquoy S. Chryſoſtome s'écrie: quelle nouueauté! quelle merueille eſt celle-cy! qui eſt celuy que Dieu veut produire, pour la production duquel il luy faille du conſeil, & que la ſouueraine Sageſſe entre en deliberation? Mais ne t'étonne pas qui que tu ſois de ce procedé, par-

Homil. 8. in Geneſ.

## SPIRITVEL.

ce que l'homme, dont il s'agiſſoit, eſt le chef-d'œuure de ſes mains ; c'eſt le Parangon & le Miracle de toutes les choſes viſibles, c'eſt la plus belle Image, & le Portrait le plus exquis du monde increé, à ſçauoir de la Tres-ſainéte & tres-auguſte Trinité, & la Fin, le Lien & le Nœud du creé, parce qu'il lie, qu'il nouë, & vnit en ſoy tous les degrez des Eſtres produits, tant du ſpirituel comme des corporels, d'où Platon l'appelloit elegamment, *l'Horiſon de l'Vniuers*, parce qu'il diſtinguoit, & tout enſemble ioignoit en ſa perſonne l'Hemiſphere ſuperieur, c'eſt à dire les Anges, & l'inferieur, à ſçauoir les Animaux & toutes les choſes materielles, dautant qu'il tient à l'Ange par l'ame, & par le corps aux Animaux, & à tout ce qui a de la matiere.

Diſons encore que ce ne fut pas ſans ſujet, que Dieu delibera ſur la creation de l'homme, preuoyant comme apres qu'il l'auroit tiré du neant, & enrichi tres-auantageuſement des dons de la nature & de la grace, il en ſeroit tres-ingrat, il prendroit les armes contre luy, & luy feroit la guerre & mille outrages, & qu'en ſuite ſa reparation & ſon ſalut luy cauſeroit de tres-grãds maux, & luy couſteroit extremement cher. En quoy ſans doute il luy a témoigné vn amour exceſſif, d'auoir voulu nonobſtant toutes ces conſiderations, qui le pouuoient tres-iuſtement retenir, & d'ailleurs eſtant bien-heureux de luy meſme, paſſer outre & le former.

A iij

En troisiéme lieu, ie trouue que quand il le forma, il y voulut mettre la main, ce qui ne releue pas peu son excellence: d'où vient que S. Ambroise pesant ce mystere, dit: *Bestias non fecerunt manus tuæ, sed dixisti, producant aquæ reptile animæ viuentis: me autem fecisti, me tuis manibus figurasti.* Vos mains n'ont point fait les bestes, mais sans les remuër, ouurant seulement la bouche pour proferer ces mots, que les eaux produisent les poissons & les oyseaux, & que la terre fasse sortir de son sein les bestes, il a esté aussi tost executé: mais ce sont vos mains qui m'ont fait, & qui m'ont donné la forme & la figure que i'ay.

Et, ce qui est merueilleux, c'est que vous n'y auez pas employé seulement vne main, mais toutes les deux: *Manus tuæ fecerunt me, & plasmauerunt me*, chante Dauid: ce que Iob auoit dit deuant luy en mesmes termes, ie suis l'ouurage de vos mains. Et quoy, poursuit sainct Ambroise, il est dit autre part. *Ego manu mea solidaui cœlum: in hominis constitutione videtur non abundare, quod toti mundo, vt fieret, abundauit. Cœlum vna firmauit manus, & vtraque Dei manus hominem figurauit. Cœlum non ad similitudinem; Homo ad similitudinem: Angeli ad ministerium; Homo ad imaginem.* I'ay d'vne main fait les Cieux solides, & ie leur ay baillé cette dureté inalterable qui les rend incorruptibles. Ce qui a suffi pour donner l'estre à ce grand Vniuers, n'a pas esté assez pour le bailler à l'homme. Vne des mains de Dieu a pû affermir le Ciel, & il luy a fallu

*In Psalm. 118. ad v. 73.*

*Psal. 118. 73.*
*Iob. 10. 8.*
*Loco citato.*
*Isaiæ 45.*

appliquer toutes les deux pour former & façonner l'homme. Aussi le Ciel n'est pas, comme l'homme, fait à sa ressemblance: Et ie diray plus, les Anges mesmes sont pour executer ses ordres, où l'homme a l'honneur d'estre son image. Et encore qu'on accorde que les Anges iouïssent du mesme priuilege, & qu'ils sont éleués à la mesme gloire, parce qu'estans des esprits purs, ils sont par consequent Images de Dieu, l'Ecriture toutefois ne le dit point d'eux, & l'asseure de l'home. Et puis nous possedons en l'adorable & diuine personne de Nostre Seigneur, & apres en nous par l'alliance que nous auons auec luy, quelque chose qui nous releue beaucoup par dessus eux. C'est ce que dit ce Sainct Docteur.

A quoy i'adiouste que comme la main de Dieu, & ces trois doigts Theologics auec lesquels il tient suspenduë toute la rondeur de la terre, dont parle le Prophete Isaie, signifient les trois principaux attributs, qu'il employe en la production de ses creatures, la Bonté, la Sagesse & la Puissance. La Bonté pour vouloir leur communiquer l'estre, & les faire participantes de ses biens; la Sagesse & la Puissance, pour sçauoir & pouuoir mettre en execution cette bonne volonté qu'il leur porte; & qu'il les fait paroistre auec beaucoup plus d'éclat & plus de magnificence en la constitution de l'homme, qu'en aucune autre chose, il a esté pour cela comme necessaire qu'il y portât les deux mains. *Isaïe cap. 40. 12.*

Quatriémement, c'est pour l'amour de luy, & pour son seruice, que Dieu a fait tout ce grand Vniuers. Il est clair que ce n'a pas esté pour soy, s'en estant bien passé vne eternité toute entiere, & n'ayant besoin pour estre bien-heureux que de soy-mesme; ny aussi pour les Anges, qui sont des Esprits purs, independans de toutes les choses corporelles, & qui tirent de Dieu seul toute leur felicité; ny encore pour les choses mesmes, qui sont perissables, & qui n'ont pas mesme connoissance si elles sont au monde, il faut donc necessairement que ce soit pour l'homme: *Omnia subiecisti sub pedibus eius*, dit Dauid. Vous auez assujeti tout au pouuoir de l'hóme, c'est pour luy que vous auez creé tout ce monde visible, & c'est pour luy aussi que vous le conseruez, & que vous mettez en besogne toutes les Creatures; c'est pour sa santé, pour ses contentemens, & pour ses autres vsages que les Cieux sont en vn mouuement perpetuel; que le Soleil & la Lune remplissent tout de lumiere; que les Astres versent icy bas leurs influences; que les vents soufflent, que l'air s'épaissit en nuées, les pluyes tombent, les riuieres coulent, la terre produit ses plantes, les animaux viuent & font leurs petits, & que toute la Nature trauaille. L'homme est le sujet & la fin de tout cela.

Psalm. 8. 8.

Cinquiémement, il luy a donné ses Anges pour l'assister, pour le defendre & le conduire; ce que sans doute nous deuons tenir à vne tres-grande grace, & à vne singuliere faueur: de vray quelle

grace

grace, & quelle faueur est-ce que par les ordres expres de Dieu, ces creatures tres-excellentes, ces tres-purs Esprits, ces admirables Intelligences & ces tres-nobles Princes de la Cour celeste fassent vne escorte perpetuelle à l'homme, & se tiennent inseparablement attachez à ses costez, de iour & de nuit, dedans & dehors son logis, sur la terre & sur la mer, quand il veille, & quand il dort, & qu'il fait les actions les plus viles; Quand il est enfant, quand il est ieune, quand il est vieil, & quand il est tout chenu, sans l'abandonner iamais ny en quitter le soin? *Angelis suis mandauit de te*, dit le Prophete Roy, *vt custodiant te in omnibus viis tuis* ; *In manibus portabunt te, ne forte offendas ad lapidem pedem tuum*. Dieu a cómandé à ses Anges de te seruir par tout de sauue-garde, & te porter dans leurs mains, afin que tu ne bronches & ne tombes point.

Psalm. 90. 11.

En fin pour comble de tout, il luy a donné la Raison, & l'a rendu capable de connoistre les choses, & libre pour les vouloir ou ne les vouloir pas, pour les prendre ou pour choisir leurs contraires; & par la Raison il l'a fait son Image, qui est le plus haut poinct de l'excellence de l'homme. C'est vn riche thresor, dit S. Gregoire de Nysse, c'est vn don tres-precieux, & vne possession sacrée & diuine, que la Raison qu'il a plû à Dieu de nous donner. S. Greg. de Nazianze nous apprēd qu'il y a trois Lumieres spirituelles, La premiere est Dieu, lumiere infinie qui ne peut estre ny conceuë ny expliquée que d'elle mesme, & qui va se communiquant vn peu

Δῶρον ἡμιώτατον, κτῆμα καίρεον, ϑῦον ἢ ἱερὸν χρῆμα, lib. contra eos qui castig. ægre ferunt. Orat. 40. quæ est in S. Baptisma

*ἡ περὶ τοῦ φω-
τὸς ἀπορροή,
ἢ μετουσία,*
Orat. 43.
*ἡ περὶ τοῦ φω-
τὸς ἀπαυγά-
σματι.
Διὰ τὼ τῦ ἐν
ὑμῖν λόγου ἐυ-
ραμεν.*

*θεός.*

Euseb. lib.
2. de præ-
par. Euang.
אש ab שא
Æneid. 6.

Pſalm. 4. 7.

In Pſal. 118.
ad v. 73.

au dehors, lors qu'elle illumine les Natures intelligentes. La ſeconde c'eſt l'Ange, qui eſt vn ruiſſeau, vne participation, & comme il l'appelle encore autre part, le premier rayon de cette premiere lumiere. La troiſiéme, qui eſt meſme viſible, eſt l'Homme, à cauſe de la clarté de la raiſon dont ſon ame eſt doüée; d'où vient qu'on luy donne & particulierement à ceux qui ſe rendent plus ſemblables à Dieu, & approchent plus pres de luy par l'imitation de ſes vertus, le nom de Lumiere; A quoy reuient que les Hebreux, ſelon la remarque qu'en fait Euſebe, appellent l'homme d'vn nom qui eſt pris de celuy du feu; où tombe ce vers du Poëte Latin.

*Igneus eſt ollis vigor, & cæleſtis origo.*

Pour l'Image de Dieu que l'homme porte grauée ſur le font de ſon ame auec vne éclatante gloire & vne auguſte majeſté, Dauid nous dit, *Signatum eſt ſuper nos lumen vultus tui, Domine.* Seigneur, les rayons de voſtre viſage reluiſent deſſus nous, & nous portons profondement burinez les traits & les lineamens de voſtre face diuine. *Cognoſce teipſum, ô Homo,* nous auertit S. Ambroiſe, *Cognoſce te, ô anima, quia non de terra, non de luto es, quia inſufflauit in te Deus, & fecit te in animam viuentem. Opus magnificum eſt homo Dei inſpiratione formatum; diſce vbi grandis, vbi precioſus ſis: Vilem te terra demonſtrat, imago precioſum. An quicquam tam precioſum, quam imago eſt Dei?* Regarde, ô Homme, qui tu es, ô ame humaine entre dans la connoiſſance de toy-meſme,

& sçache que tu n'es point pestrie de terre ny d'argille, comme ton corps, mais produite par le souffle de Dieu, qui t'a faite vn esprit plein de vie. ô que l'Homme est vn riche & magnifique ouurage, puis qu'il a esté formé par le souffle de Dieu. Apprend de là, ô Homme, où tu es grand & où consiste ton merite: la terre dont tu es composé, te rend vil, & l'image de la diuinité empreinte sur ton ame te fait de grand prix. En effect qu'y a t'il de plus riche & de plus precieux que l'Image viuante & animée de Dieu! Saincte Therese disoit à ce propos que pour connoistre la singuliere beauté de l'ame, & estre raui de ses perfections, il suffisoit de sçauoir qu'elle est l'Image de Dieu, parce que l'image & le portrait d'vne beauté souueraine & infinie ne peut sans doute estre laide ; mais il faut par necessité qu'elle soit extremement belle.

*Chasst. de l'ame. Dem. 1. chap. 1.*

## SECTION VNIQVE.

### *Conclusion du sujet.*

PVis donc, ô Homme, que tu es doüé de tant & de si rares perfections, sçache qui tu es, applique toy à la connoissance de toy mesme, & porte tousiours sur ton front & dans ton cœur, les paroles celebres du temple de Delphes, dont nous auons parlé, qui t'ouuriront assurement la porte de la sagesse.

Sçache que tu es le plus excellent & le plus parfait ouurage des mains de Dieu; que tu es sa plus noble Production & son Chef d'œuure, & & qu'en suite tu le dois honorer & louër par des-sus tous. La plus belle peinture que fit iamais Apelles, & la figure la plus acheuée & la plus finie qui sortit des mains de Phidias, ont sans dou-te mis ces incomparables ouuriers en vne plus haute consideration, & leur ont acquis plus de gloire que les autres: Comme donc tu es ce que Dieu a produit de plus rare & de plus accomply, & où il fait éclater auec plus de pompe sa sagesse & ses perfections, tu es aussi plus estroittement obligé que tout le reste de l'Vniuers, de le glori-fier & de faire tout ton possible, pour luy procurer de l'honneur.

Sçache encore que Dieu a fait tout ce monde visible pour l'amour qu'il te porte, qu'il a com-mandé à toutes ses creatures corporelles de te ser-uir, & à ses Anges de t'assister & te deffendre; d'où tu dois tirer cette consequence necessaire, que tu es tenu de ton costé de luy rendre auec toute sor-te de diligence tes obeïssances & tes hommages. A la verité si toutes les Creatures trauaillent par ses commandemens & par ses ordres incessam-ment pour toy & se consomment à ton seruice; & pour dire plus, si Dieu mesme, comme la cause principale, qui les remuë & les regle en leurs operations, & qui est la source d'où découlent tous les biens qu'elles te font & qui te viennent par elles comme par des canaux, te sert d'vne certaine façon en elles: s'il t'a assigné vn de ses Princes, pour en tout temps & en tout lieu & en toutes occurrences prendre garde à ta conseruation, & veiller à ta conduite, dois tu pas t'employer sans relasche pour sa gloire, & y a t'il aucun genre de seruice, que tu puisses iustement & honestement luy refuser?

Sçache de plus que Dieu t'a enrichi du thresor inestimable de la Raison, & ensuitte que tu dois viure non pas en beste, mais en homme raisonable. Deux choses mettent difference entre l'homme & la beste; La premiere est la Raison, qui sert à l'homme de principe & de regle dans toutes ses actions, où la Passion est ce qui remuë & gouuerne la beste dans toutes les siennes. *Ratio*, dit S. Thomas, *est potißimè hominis natura, quia secundum eam homo in specie constituitur*. Et ailleurs, *Homo proprie est id, quod est secundum rationem*, la Raison est la nature de l'homme principalement & dans son fond, parce que c'est elle qui le fait estre ce qu'il est & le constituë dans son espece, & qui le doit guider & regir en toutes ses operations; d'où il faut tirer ces conclusions importantes.

1. 2. q. 31. a. 7.
1. 2. q. 155. a. 1. ad 2.

La premiere que l'homme qui ne suit pas sa raison, mais se laisse aller au gré de ses passions, fait mal, pource qu'il agit contre sa nature & se detourne de l'ordre, qui luy a esté marqué par son createur, où consiste, comme enseigne le docteur Angelique, le peché de la creature libre, &

B iij

en general le manquement d'vne chose.

La seconde qu'il n'est pas homme, mais qu'il degenere en beste, dautant qu'il se conduit par leur principe, & agit à leur mode : d'où les saintes Lettres ont coustume d'appeller les Pecheurs des noms de diuers Animaux, & les traiter de bestes, selon les passions differentes & les vices qui en naissent, ausquelles ils s'abandonnent. *Homo cum in honore esset,* dit Dauid, *non intellexit; comparatus est iumentis insipientibus, & similis factus est illis.* L'Homme n'a pas eu l'esprit d'estimer selon sa valeur, le don tres-riche de la Raison que Dieu luy auoit conferé, mais il l'a negligé, & a ietté cette pierre precieuse dans la boüe, aymant mieux suiure ses passions, ce qui l'a rendu semblable aux bestes. A la verité comme la Raison établit l'estre de l'Homme, & la Passion celuy de la beste, & tient lieu à l'vn & à l'autre de principal ressort de tous leurs mouuemens, vn homme ne peut posseder cette qualité glorieuse, qu'autant qu'il vit conformément à la Raison, & il est autant beste qu'il se laisse transporter à ses Passions.

Et non seulement il est beste, mais il est encore, comme dit Aristote, & qui est la troisiéme consequence, cent mille fois pire que la beste; tant à soy-mesme pour assujetir la Raison, qui est la maistresse du logis, & ce qu'il a de plus noble & de plus diuin, à vne infame esclaue, à sçauoir à la concupiscence; & se rendre pour vn tel desordre & vne si haute iniustice, grandement criminel

*Psalm. 48. 13.*

*Lib. 7. Ethic. cap. 6. Et S. Thom. 1. 2. q. 64. a. 1. ad 3.*

& punissable en sa vie & apres sa mort. Comme aux autres, à qui il deuient tres-pernicieux par ses actions mauuaises & outrageuses: car comme de tous les Animaux, ainsi que le mesme Philosophe enseigne, le meilleur & le plus vtile est l'homme raisonable, aussi le plus mechant & le plus nuisible de tous, est l'homme passionné.

1. Polit. cap. 2.
βέλτιστον μὲν ζῶον χείρι-
στον παντων.

La seconde chose qui distingue l'homme de la beste, est que Dieu l'a fait capable de rechercher, de connoistre, & d'aimer les choses futures & eternelles, où la beste ne peut se porter qu'aux presentes & aux sensibles: Ce qui leur vient, à l'homme de la grandeur & de l'excellence de son esprit, & à la beste de la bassesse & des bornes fort étroites de ses sens. C'est le propre de l'home, dit Aristote, de considerer les choses diuines & de leuer les yeux de son ame aux immortelles; d'où luy seul entre tous les animaux hausse naturellement ceux de son corps au Ciel, & a la taille droite & eleuée.

Lib 10. Ethic. cap. 7.

Ces deux illustres qualitez nous separans des bestes & nous les faisans extremement surpasser en dignité, appliquons tous nos soins pour les porter auec honneur, & viure veritablement en hommes & non pas en bestes.

Et premierement taschons de conduire toutes nos actiós non point par passion ny par humeur, mais par raison. Ce Philosophe ancien cherchoit vn homme au milieu des hommes, en plein marché, à midy, & tenant encore vne lanterne allu-

mée, comme aiant grand peine de le trouuer, parce qu'en effet la plus-part des hommes n'en ont
que le visage & l'apparence ; & ne sont que des
bestes deguisées en hommes. *Stultorum infinitus est
numerus*, dit le S. Esprit par la bouche du sage. Le
nombre des foux est infini, c'est à dire, des hommes vicieux qui viuent en beste, pour ce que les
foux & les bestes se ressemblent en la façon d'o-
perer, les vns & les autres produisans toutes leurs
operations par vn mesme principe, à sçauoir par
la passion.

A la verité qui considerera de bien prés la conduite quasi de tous les hommes, trouuera qu'il y
en a tres-peu qui soient bien raisonnables, mais
que la plus-part en tout ce qu'ils font, soit qu'ils
aiment ou qu'ils haïssent, qu'ils aient du desir ou
de l'auersion, qu'ils estiment ou mesestiment,
qu'ils loüent ou vituperent, & quoy qu'ils entre-
prennent, se portent à tout cela non point par
raison, mais par passion, & par consequent non
comme des hommes, mais comme des bestes.
Entre les plus belles instructions que donoit Epi-
tecte le plus sage de tous les Philosophes payens
qui se sont mélez de former & de policer nos
meurs, tant par leurs paroles que par leur vie,
celle-cy en estoit l'vne, mange comme vn
homme, boy comme vn homme, & fay tout
ce que tu fais en homme & non pas en beste : de
sorte que ton manger, ton boire, tes pensées, tes
imaginations, tes desirs, tes amours, tes haines,
&

*Ecol. 1. 15.*

Φάγε ὡς Ἀν-
θρωπος.
Πίε ὡς Ἀν-
θρωπος.
Apud Ar-
rianum
Dissert. lib.
3. cap. 21.

& toutes tes actions soient raisonables & non passionées, qu'elles se fassent dans les lumieres & la retenuë de la Raison, & non dans l'aueuglement & l'impetuosité de la Passion. Socrate auoit coustume de dire, qu'il n'auoit rien plus cher ny plus à cœur au monde, que sa Raison. Ie n'apporte, disoit il à aucune chose, tant de soin ny tant de veille, comme à la conduite & à l'vsage de ma Raison, ayant vn extreme desir de me rendre tres-raisonable en toutes mes pensées, en toutes mes paroles & en toutes mes œuures. Voila qui nous peut seruir d'vn bon patron.

Ἐγὼ ἀεὶ τοιοῦτος οἷος μηδὲν προσέχειν τῶν ἐμῶν, ἢ τῷ λόγῳ. Apud Arrianum Dissert. lib. 1. cap. 23.

Mais prenons en encore vn autre incomparablement meilleur & plus parfait, & representons nous Dieu present & resident dedans nous en qualité de premiere & essentielle Raison, qui nous distribuë, cóme vn rayon de sa lumiere infinie, la raison que nous auons, & qui par ses inspirations & sur son exemple nous excite à nous conduire par raison, à gouuerner nos yeux, nostre langue, nos mains, nos pieds, & tous les mouuemens de nostre exterieur & de nostre interieur à la clarté de ce flambeau. Rendons nous raisonables sur le modele de Dieu, puisqu'aussi nous auons l'honneur d'estre ses images.

Secondement efforçons nous de porter nos pensées & nos desirs aux choses futures & immortelles, & de nous releuer par dessus le commun des hommes, qui, comme les Bestes, ne s'arrestent qu'à la consideration & à la recherche des

C.

presentes & sensibles, & à la façon des Taupes aueugles, sont tousiours en terre, & pour les choses de la terre: ô qu'à bon droit le Poëte s'écrie.

*O curuæ in terras animæ & cœlestium inanes!*
Ames viles & infames, qui estes vuides des choses du ciel, & qui n'auez du cœur, des yeux, ny des mains que pour celles de la terre!

Nous au contraire entretenons nos esprits des choses spirituelles & inuisibles, & conduisons nous en tous nos desseins par des principes eternels, & par les veritez qui regardent la vie future. imitons ce S. Religieux, le B. Louys de Gonsague de nostre Compagnie, qui en vsoit tousiours ainsi, & que pour ce sujet on dépeind auec vn Ange, qui tient deuant luy vne balance inegale, dont le bassin qui est enleué comme plus leger, porte vn globe, lequel represente le monde auec tous ses honneurs, toutes ses richesses & tous ses plaisirs; & l'autre, qui s'enleue comme plus pesant, a vne corone, vne flamme de feu & vne branche de palme, le tout enfermé dans vn cercle; & par la corone signifiant le Paradis, l'enfer par le feu, & leur eternité par la palme, auec ces mots au dessous pour deuise qui luy estoient ordinaires. *Eo religiosior magisque pius futurus es, quò tuam vitam diligētiùs secundum rationes æternas, minus vero secūdum temporales gubernaris,* Tu seras d'autant plus vertueux & plus sainct, que tu regleras plus ta vie par des maximes de l'éternité, & moins par celles qui ne regardent que le temps.

Lib. 2. eius Vitæ cap. 5.

Enfin faisons tout noſtre poſſible pour cóſeruer en ſon luſtre & en ſa beauté l'Image de Dieu, dót noſtre ame eſt ornée. O Image de Dieu! quel ſoin & quelle étude dois tu apporter, ô Homme, pour contregarder cette empreinte diuine, ce charactere de la tres-auguſte Trinité, cette marque de gloire & cette ineſtimable excellence que tu poſſedes? Tu es l'image de Dieu, n'oublie iamais cette dignité ſureminente à laquelle Dieu t'a éleué, & ne t'abaiſſe à faire aucune choſe qui luy ſoit contraire. Conſidere comme pour cette cauſe Dieu t'a donné vn corps droit. *Vt iſta corporis exterioris vilioriſque rectitudo figmenti,* ainſi que parle S. Bernard, *hominem interiorem, qui ad imaginem Dei factus eſt, ſpiritualis ſuæ ſeruandæ rectitudinis admoneret, & decor limi deformitatem argueret animi. Quid enim indecentius, quam rectum curuo corpore gerere animum?* Afin que tu apprennes par cette droiture de la plus abiecte partie qui te compoſe & de ton homme exterieur, combien diligemment tu dois veiller à la conſeruation de celle de ton homme interieur qui eſt formé à la reſſemblance de Dieu, & que la beauté de cette argille qui fait la moitié de toy-meſme, reprit & condamnaſt ton ame quand elle ſe rend difforme & tortue: car que peut on ſe figurer de plus meſſeant & de plus honteux, que de porter dans vn corps droit vn eſprit courbé? *Peruerſa res eſt & fœda luteum vas, quod eſt corpus de terra, oculos habere ſurſum, cœlos libere ſuſpi-*

Serm. 14. in Cantica.

*cere, cœlorumque luminaribus oblectare aspectus ; spiritualem vero cælestemque creaturam suos è contrario oculos, id est, internos sensus atque affectus habere in terram deorsum, & quæ debuit nutriri in croceis hærere luto tanquam vnam de suibus, amplexarique stercora: Erubesce, Anima, diuinam in pecorinam commutasse similitudinem: Erubesce volutari in cœno, quæ de cœlo es.* C'est vne chose dereglée & vilaine, que le corps de l'homme qui est pestri de bouë, ait les yeux en sa plus haute partie, qu'il regarde librement le ciel, & prenne plaisir à contempler ses flambeaux ; & ce qui est en luy de spirituel & de celeste s'abaisse & traisne sur la terre ses yeux, c'est à dire, son entendement & sa volonté, ses pensées & ses affections, & que celles, qui deuoit par l'excellence de sa condition se nourrir à la royale & se couurir de pourpre & d'écarlate, se couche indignement sur le fumier & embrasse l'ordure. ô Ame, entre en confusion de toy-mesme d'auoir soüillé cette glorieuse image de Dieu grauée sur ton visage & de l'auoir changeé en celle des bestes. Aye honte qu'estant issuë du ciel, tu te veautres dans l'immondice; c'est ce que dit S. Bernard.

## CHAPITRE II.

*Qu'est-ce que l'Homme Chrestien.*

APRES auoir declaré suffisamment pour nostre dessein, la nature & les excellences de l'Homme, passons maintenant à vn sujet bien plus important & bien plus releué, qui est de rechercher & d'expliquer celles de l'Homme Chrestien.

S. Macaire l'Egyptien iettant les yeux sur la dignité du Christianisme, tout eblouy des rayons de sa gloire, dit. Le Christianisme n'est pas vne chose commune, c'est vn profond mystere & vne grande merueille. Et autre part il prononce definitiuement que les Chrestiés sont les plus excelléts & les plus nobles de tous les hommes, la fleur & l'ornement du genre humain; de façon que nous pouuons auec beaucoup plus de raison dire d'eux ce que cet ancien poëte disoit des Romains.

*Ciue Romano per orbem nemo viuit rectius:*
*Quippe malim vnum Catonem, quam trecentos Socratas.*

Il n'est point d'homme au monde, qui viue auec plus de droiture & plus de probité, qu'vn vray citoyen Romain; ce qui fait que ie prefere vn seul Caton à trois cens Socrates; & decider absolumét qu'vn seul Chrestien vaut mieux que mille Alexandres que dix mille Cesars, que tous les Catons, que tous les Philosophes & tous les Ora-

Homil. 27.
ὀυκ ἔστι τῇ ψυχῇ
ὁ χριστιανισ-
μὸς, τὸ γὰρ
μυστήριον τῶν
μέγα ἐστί.

Hom. 5.
Κρείττους παί-
των ἀνθρώ-
πων.

teurs de l'antiquité: or voyons ce que c'est qu'vn vray Chrestien, considerons cette merueille, & tirons le rideau à ce mystere : surquoy ie dis

<sub>Lib. ad Olympium de perfecta Christiani forma.
χαρισάμδυος ἡμῖν τὸ προσκυνούμδυον ὀνόματος.</sub>

En premier lieu que le Chrestien prend son nom de nostre Seigneur Iesus-Christ: Nostre bon & aimable Seigneur Iesus-Christ, dit S. Gregoire de Nysse, nous a faits participans de son nom adorable, de sorte que nous, qui croyons en luy, soit que nous soyons riches, ou nobles, ou sçauans, ou eleuez dans les charges, nous ne tirons point nos noms ny de nos richesses, ny de nostre noblesse, ny de nostre science, ny de nos dignitez, ny d'aucune autre chose, mais renonçant à tout cela, & le mettát sous le pied, nous sommes de luy seul & de son nom appellez Chrestiens. Ainsi S. Paul escrit aux Romains, *Estis vocati Iesu Christi*, qui veut <sub>Rom. 1. 6.</sub> dire, vous estes appellez par Iesus-Christ pour embrasser sa loy, qui est l'interpretation ordinaire, mais encore de luy, portans le nom de Chrestiens.

Et le portans non pas en l'air & comme vn nom purement appellatif, mais comme vn nom effectif, à la façon de nostre Seigneur qui a esté en effet ce que ses noms signifient. Il en a eu deux, le premier est Christ, le second est Iesus: encore que l'vsage change cet ordre & mette Iesus deuant Christ, le premier neantmoins est Christ, qui luy fut donné au moment de son Incarnation, lors que son Humanité fut vnie personnellement à sa diuinité, & luy constitué Messie. Il receut celuy de Iesus en sa Circoncision. L'vn & l'autre se trouue en luy veritable, & auec leur signification parfaitement remplie: car il est veritablement Christ, qui veut dire Oinct, parce que son Humanité a esté oincte du baume de la diuinité, comme parlent les Peres ; Et il est asseurement Iesus, c'est à sçauoir Sauueur, pource que *saluum faciet populum suum à peccatis eorum,* comme l'Archange le predist à S. Ioseph, il deuoit sauuer son peuple & le deliurer de ses pechez, pour l'execution dequoy il a employé sa vie & souffert la mort. S. Bernard parlant de ce nom dit. *Non ad instar priorum meus ille Jesus nomen vacuum & inane portat. Non est in eo magni nominis vmbra, sed veritas,* mon Iesus n'a pas porté ce nom en vain, comme vne appellation vuide & creuse, ainsi que ceux qui l'ont porté deuant luy. Il n'en a pas eu l'ombre, mais la verité, c'est le mesme du Chrestien, en qui ce nom doit estre actif, & passer de la signification à l'œuure.

En second lieu ie dis que si le Chrestien emprunte son nom de celuy de nostre Seigneur, qu'il n'est pas neantmoins Chrestien par ce nom, non plus que par l'inuocation de ce nom, ny par la foy; N. S. ayant dit que tous ceux qui le qualifient du titre de Seigneur & le reconnoissent pour leur Sauueur, n'entreront pas au Royaume du Ciel, ny aussi par les œuures exterieures du Christianisme, comme il parut aux Vierges folles, qui allerent au deuant de l'Epoux, la lampe allumée dans la main, & qui pourtant auec leur Vir-

Matth. 1. 21.

Serm. de Circuncisione.

Matth. 7. 21.

ginité auec leurs veilles, & auec toutes leurs peines trouuerent la porte du lieu de la Nopce fermée.

Mais il est Chrestien par la participation de l'esprit de Iesus-Christ. Ne plus ne moins que ce qui fait l'homme, est l'ame raisonable qui anime son corps & le rend participant de sa vie. Ainsi ce qui constituë le Chrestien, est l'Esprit de Iesus-Christ, qui est comme son ame & sa forme, qui anime & son ame & son corps, & les fait viure de sa vie; de sorte que comme l'ame raisonable est absolument necessaire pour donner l'estre à l'homme, l'Esprit de Iesus-Christ l'est autant pour conferer celuy de Chrestien. *Filium suum vnigenitum*, dit le Bien-aimé disciple, *misit Deus in mundum, vt viuamus per eum*, Dieu a enuoyé son fils vnique au monde, afin que nous viuions par luy, & qu'il nous soit le principe de la nouuelle vie qu'il veut que nous menions. Et derechef, *in hoc cognoscimus, quoniam in eo manemus & ipse in nobis, quoniam de spiritu suo dedit nobis*. Ce qui nous monstre & nous assure que nous demeurons en Iesus-Christ & que Iesus-Christ demeure en nous, c'est à dire, que nous sommes vrais Chrestiens, est le don qu'il nous a fait de son esprit. Et Sainct Paul en termes bien clairs & bien formels, *Si quis spiritum Christi non habet, hic non est eius*, si quelqu'vn n'a point l'esprit de Iesus-Christ, il n'est pas des siens, & il ne peut s'attribuer iustement la qualité honorable de Chrestien.

Nous

### SPIRITVEL.

Nous sommes Chrestiens & nous en portons legitimement le nom, dit sainct Gregoire de Nysse, quand nous communiquons à Iesus-Christ, & sommes viuifiez de son Esprit. Sainct Macaire éclaircit la chose auec ces deux belles comparaisons. Tout ainsi, dit-il, qu'vne piece d'or n'a point de cours, & n'entre pas dans les coffres du Roy, si elle n'est marquée de son image, & frappée à son coin: l'ame semblablement, en qui ne paroist pas la figure de l'Esprit celeste emprainte auec les rayons d'vne secrete lumiere, c'est à dire, qui n'a point Iesus-Christ graué en soy, n'est pas de mise pour le Ciel. Et comme on peut allumer à vn seul feu plusieurs lampes, qui prenent toutes de luy leur clarté & leur chaleur; ainsi les Chrestiens, qui doiuent reluire comme de beaux flambeaux au milieu du monde, s'allument tous à Iesus-Christ, lequel a esté donné aux hommes, pour estre la source de toutes les sainctes connoissances qui peuuent éclairer leurs esprits, & de toutes les diuines ardeurs capables d'embrazer leurs volontez.

Puis que nous sommes Chrestiens par la possession de l'Esprit de Iesus-Christ, quelqu'vn me demandera maintenant, ce que c'est que l'Esprit de Iesus-Christ: A quoy ie répond que l'Esprit de Iesus-Christ peut estre consideré en deux façons, à sçauoir, en luy & en nous. Si nous le considerons en luy, ie dis que c'est premierement sa Diuinité & sa personne diuine, parce que Dieu est

*Τῇ μετοχῇ τοῦ Χριστοῦ τὼ τὸ Χριστιανοὶ προσηγορίαν ἐσχήκαμεν.*
Lib. de Profess. Christiana.

Hom 30.
*Χριστὸν ἐντυπωθέντα ἐν αὐτῇ.*
Hom 43.

D

vn Esprit. Secondement, que c'est le S. Esprit, la troisiéme personne de la tres-auguste & tres-adorable Trinité, par ce qu'il procede de luy, aussi bien que du Pere. Et troisiémemét, toutes les operations de la Diuinité de Iesus tant enuers soy, comme enuers son Humanité, & mutuellement toutes celles de l'Humanité vers la Diuinité, & toute la vie tres-diuine de cét ineffable Composé, & de ce Dieu-Homme, la façon auec laquelle il connoissoit, il estimoit, il honoroit & aymoit Dieu, la façon auec laquelle il pensoit, il prisoit ou méprisoit, il aymoit ou haïssoit, il parloit, il marchoit, il mangeoit, & conduisoit toutes ses facultez spirituelles & corporelles. Si nous le regardons en nous, ie dis que l'Esprit de Iesus-Christ est le S. Esprit, lequel est appellé Esprit de Iesus, parce que Iesus nous l'a merité, à ce qu'il vint demeurer en nous, & qu'y demeurant, il nous poussat, & nous échauffat continuellement à embrasser sa doctrine, & imiter sa vie, & nous y fortifiat de ses secours. Secondement, que c'est la participation & la ressemblance que nous auons auec Iesus-Christ, & auec toutes ses façons de faire.

Voila ce qui fait le Chrestien, voila ce qui luy confere son estre, & luy donne sa difference d'auec tous ceux qui ne le sont pas. D'où il faut inferer cette verité remarquable, qu'il y a fort peu de vrais Chrestiens au monde, parce qu'il y en a fort peu en qui se trouue l'Esprit de Iesus-Christ bien épuré. Ce qui faisoit dire à S. Macaire ces paroles; Entre vn si grand nombre de Chrestiens, il y en a peu qui le soient en verité, & qui se rendét agreables à Dieu. On croit, dit-il encore autre part, qu'il y a beaucoup de Chrestiens, par ce qu'il y en a plusieurs qui en font profession, & qui en exercent les actions exterieures; mais il faut voir s'ils en ont la vraye marque, qui est non pas le nom, ny l'apparence, ny tout ce qui paroît au dehors, mais l'esprit de Iesus-Christ. Les choses, comme S. Gregoire de Nysse déduit elegamment, ne sont pas constituées en leur nature par leur nom, mais par leur nature mesme, & par la realité de leur estre, lequel puis apres s'explique par leur nom. Donnez le nom d'homme à vn marbre, ou à vn arbre, ils ne le seront pas pourtant ny l'vn ny l'autre, mais pour l'estre, il faut qu'ils le soient premierement en effet, & apres on pourra iustement leur en imposer le nom : les choses mesmes qui ont du rapport auec l'homme, comme les statuës & les peintures lesquelles le representent, n'en portent pas toutefois le nom qu'improprement & par vsurpation, par ce que comme le nom est étably pour declarer la nature, où la nature ne se treuue point, le nom aussi n'y peut-estre qu'étranger & derobé ; de sorte que pour y estre auec bienseance & en sa place, il faut qu'il y fasse rencontre de la nature, sur laquelle il est posé comme sur son fondement naturel, & sur son propre appuy, ainsi qu'vne colomne sur sa base, & sur son pied-d'estal.

*Hom. 31.*

*Hom. 38.*

*Lib. de perfecta Christiani forma.*

ἐκ ὃκ τῷ καλεῖσθαί τι τὸ ᴅ γίνεται, ἀλλ' ἡ ὑποκειμένη φύσις.

C'est pourquoy ceux qui s'attribuent le nom & le titre de Chrestien, doiuent l'estre auparauant, & exprimer en eux par leur vie la signification de ce nom, & puis ils auront droit de se l'appliquer & se parer de sa gloire, mais autrement ils le prennent iniustement & à faux, & se rendent semblables aux Centaures, & à ces hommes monstrueux, à qui les Poëtes donoient quelques membres du corps humain, & les autres d'vn bœuf, d'vn cheual, d'vn dragon, ou de quelque autre beste ; & qui pour auoir quelque chose de l'homme, personne tant soit peu intelligente & iudicieuse ne dira iamais estre de vrais hommes : c'est le mesme des Chrestiens, qui n'en possedent que le nom, ou les œuures exterieures, & non le vray esprit. A tant S. Gregoire.

*Βουκεφάλους ἢ ἱπποκενταύρους, ἢ δρακοντόποδας, &c.*

### SECTION I.

*Le Chrestien est vne nouuelle Creature, & vn nouuel Homme.*

L'ESPRIT de Iesus-Christ, produisant comme nous venons de dire, l'homme Chrestien, & luy donnant son essence, il opere en suitte aussi tost & infailliblement en luy des changemens admirables, & y cause des reuolutions estranges, le faisant deuenir vne Creature nouuelle & vn homme nouueau.

2. Cor. 5. 17.

S. Paul écriuant aux Corinthiens, leur dit : *Si qua*

*in Christo noua Creatura: vetera transierunt, ecce facta sunt omnia noua.* Iesus-Christ a aboly toutes les choses anciennes, & a donné place aux nouuelles; celuy qui embrasse sa doctrine, & qui dans le Baptesme luy fait serment de fidelité, & reçoit son esprit, vient à renaistre & se faire par luy, & en luy, vne creature nouuelle: & aux Galates: *In Christo Iesu neque circumcisio aliquid valet, neque præputium, sed noua creatura.* Ny ceux qui sont circoncis, ny ceux qui ne le sont pas, ny les Iuifs, ny les Gentils ne sont point considerables deuant Dieu, ny en état de se sauuer, mais seulement celuy qui deuient nouuelle creature en Iesus-Christ, c'est à dire, le Chrestien.

Galat. 6. 15.

Le mesme Apostre nous apprend que tous ceux qui sont baptisez, ont essuyé dans ces eaux salutaires leurs ordures, & dépoüillé le vieil homme pour se reuestir du nouueau, qui est Iesus-Christ: lequel est appellé l'Homme nouueau, par opposition au Vieil, qui est Adam, apres qu'il eût transgressé le commandement de Dieu. *Duo homines sunt,* dit S. Bernard, *vetus & nouus, Adam vetus & Christus nouus; ille terrenus, iste cœlestis; illius imago vetustas; istius imago nouitas.* Il se trouue deux hommes bien differens, le Vieil & le Nouueau. Adam est le Vieil, & Iesus le Nouueau. Celuy-là est terrestre, celuy-cy au contraire est celeste. L'Image, la disposition & l'état du premier est la vieillesse, & celle du second est la nouueauté. Iesus-Christ donc estant le nouuel Homme, tous ceux qui se

Galat. 3. 27.

Serm. 30. inter partios.

lient & s'vnissent à luy, deuiennent par cette liaison & par cette vnion des hommes nouueaux.

Ephes. 2. 13.
Lors, écrit S. Paul aux Ephesiens, que vous estiez plongez dans les tenebres de l'infidelité, voſtre aueuglement & voſtre erreur vous tenoient bien loin de Iesus-Chriſt, mais le sang qu'il a versé pour voſtre salut dans la Croix, vous a approchez de luy. Les Iuifs & les Gentils viuoient ensemble dans vne inimitié mortelle, & la Circoncision que ceux-là gardoient religieusement, & que ceux-cy tenoient à infamie, eſtoit le mur qui les separoit & les empeſchoit de se ioindre, mais Iesus-Chriſt, qui eſt noſtre Paix, l'a renuersé; il a vny ces deux extremitez si opposées, & a noyé dans son sang cette ancienne querele, *vt duos condat in semetipso in vnum nouum hominem*, pour de deux peuples n'en faire plus qu'vn, & vn homme nouueau animé de son esprit.

Nous demandons à present en quoy consiste cette renaissance & le renouuellement de cette creature nouuelle & de cet homme nouueau. A quoy nous répondons que ce n'eſt pas au corps ny en l'ame considerez naturellement, parce qu'on ne change point de corps ny d'ame pour eſtre Chreſtien; & c'eſt le meſme visage, les meſmes mains, le meſme entendement, & les meſmes facultez interieures & exterieures qu'vn homme a deuant & apres le Baptesme, & lors qu'il eſt encore fort éloigné de Iesus-Chriſt, & qu'il luy eſt intimement vni; mais que cela se doit entendre de

## SPIRITVEL. 31

l'ame & du corps pris moralement & des actions de la vie. *Vt nos in nouitate vitæ ambulemus. Vt seruiamus in nouitate spiritus*, comme l'explique sainct Paul, pour mener vne vie nouuelle, & seruir Dieu auec vn esprit tout changé; car comme il écrit à son disciple Tite, *Apparuit gratia Dei Saluatoris nostri omnibus hominibus erudiens nos, vt abnegantes impietatem & sæcularia desideria, sobrie, iustè & piè viuamus in hoc sæculo, expectantes beatam spem.* Nostre Sauueur a par vne grace incomparable, & par vne misericorde infinie paru icy bas couuert de nostre chair pour apprendre à tous les hommes de renoncer à l'impieté & au peché, faire mourir toutes les conuoitises dereglées du monde, & viure sobrement, iustement & sainctement sur la terre, dans l'esperance de la bien-heureuse Eternité, qui nous est promise. Et sainct Macaire dit dans la mesme pensée; Nostre Seigneur Iesus-Christ est venu en terre, afin de changer nostre nature, de faire vne metamorphose de nostre corps, & de refondre & refaire toute à neuf nostre Ame, la purifiant auec son Esprit diuin de ses passions desordonnées, qui prennent naissance du peché de nostre premier Pere, pour luy donner vn esprit nouueau, vne memoire nouuelle, vne nouuelle volonté, de nouueaux yeux, des oreilles nouuelles, vne nouuelle langue. Et pour dire tout en vn mot, afin de faire des hommes nouueaux spirituels & saincts, comme des vaisseaux nœufs, où il pût mettre le vin nouueau de son esprit, que le monde n'auoit point

Rom. 6. 4. & 7. 6.

Tit. 2. 11.

Hom. 44. μεταβαλεῖν, ἀλλάξοαι.

Καινὸν νοῦν, καινοὺς ὀφθαλμοὺς, καινὰ ὦτα, καινὴν γλῶτταν, &c.

encore; car la coutume n'eſt pas de mettre le vin nouueau, que dás des tonneaux qui ſoient nœufs.

S. Paul parlant de l'Homme vieil & nouueau, dit du vieil, *corrumpitur ſecundum deſideria erroris*, qu'il eſt remply de mauuais deſirs, & de pluſieurs deſordres, qui viennent originairement de la des-obeïſſance de noſtre premier Pere, & que nous allons encore tous les iours enflant & augmentant par noſtre propre malice: & du nouueau, *ſecundum Deum creatus eſt in iuſtitiâ, & ſanctitate veritatis*, qu'il a eſté diuinement regeneré, pour viure auec innocence, & auec vne vraye ſainčteté. Il donne au vieil Homme vn corps de peché, dont les membres ſont tous les vices, & tous les pechez particuliers. *Vetus homo noſter*, dit-il aux Romains, *ſimul crucifixus eſt, vt deſtruatur corpus peccati*. Noſtre vieil Homme a eſté crucifié auec noſtre Seigneur, & eſt mort dans ſa mort, de ſorte que ce corps tout compoſé de pechez, cette teſte pleine d'ambition & de ſuperbe, ce cœur remply de cholere, de vengeance & d'attache aux Creatures, ces yeux curieux & laſcifs, cette langue gourmande, mediſante & qui s'emporte aux iuremens & aux blaſphemes, ces oreilles ouuertes aux detractions & aux ordures, ces mains qui touchent le fruit defendu & qui font ce qui leur eſt prohibé, & tous ces autres membres gaſtez & corrompus, ſeront détruits & changez en des membres purs & ſaints, & en vn corps de vertu. *Vetera tranſierunt: ecce noua facta ſunt omnia*, écrit-il aux Corinthiens, Tout ce qui

qui estoit de vieil a esté noyé dans les eaux du baptesme, & ruiné par le Christianisme; & voila que toutes les choses s'y font nouuelles que l'on y prend de nouuelles pensées, de nouuelles opinions, des sentimens & des desirs nouueaux, & qu'on s'y renouuelle tout à fait.

Pour cette cause Nostre Seigneur est nommé par Isaie *Pater futuri sæculi*, le Pere du siecle futur, parce qu'il est l'auteur & le fondateur d'vn monde nouueau, & qu'en luy & par luy ont commencé de nouueaux hommes, de nouuelles connoissances, des affections, des amours, des haines, des esperances nouuelles. Et S. Paul appelle le baptesme *Lauacrum regenerationis & renouationis Spiritus Sancti*. Vn bain, dans lequel nous sommes refaits & regenerez, & où le S. Esprit par l'infusion de ses graces & par la communication de sa propre persone nous fait renaistre & nous renouuelle.

Les ceremonies exterieures, que l'on y pratiquoit en l'Eglise naissante, le monstrent clairement, parce que le Pontife, comme Saint Denys nous apprend, demandoit au Catechumene, lors qu'il estoit arriué à l'Eglise, ce qu'il estoit venu faire; qui luy répondoit, qu'il estoit venu pour s'accuser de son impieté & de l'ignorance du vray Dieu, dans laquelle il auoit vécu, & le supplier que par son entremise il pût estre admis à la participation des choses diuines. Le Pontife apres luy signifioit que sa conuersion ne deuoit pas estre à demy, mais toute entiere, comme se faisant à

Isaïe 9. 6.

Tit. 3. 5.

De Eccles. Hierar. cap. 2.

Ὁ φερώνυμος ἐπὶ τὴν μετ-οίκησιν.

l'égard d'vn Dieu qui est absolument parfait. Puis luy ayant declaré par le menu toute la forme de vie à laquelle il seroit d'orénauant obligé, il l'interrogeoit s'il estoit resolu de la suiure, à quoy ayant répondu qu'oüy, le Pontife luy mettoit la main sur la teste & le signoit du signe de la Croix. En suite il le faisoit déchausser & dés-habiller par les Diacres, puis luy ordonnoit de se tenir debout le visage tourné vers le Soleil couchant, & comme le repousser auec les mains, de souffler par trois fois de ce costé là contre Satan, apres professer publiquement son abiuration, ce que l'autre ayant executé, alors il le faisoit retourner vers l'Orient, & leuer les yeux & les mains au Ciel ; puis il luy expliquoit de nouueau & par trois fois les deuoirs de sa profession, laquelle ayant autant de fois repetée & promise d'obseruer, il entroit dans les fons Baptismaux, & y estoit plongé trois fois, & puis reuestu d'vne robe blanche.

Tous ces symboles mysterieux representent la verité dont nous parlons, & premierement ils signifient par le dépoüillement & le déchaussement du Catechumene, que l'on pretend de le dépoüiller de sa premiere vie, & comme le détacher & le délier de toutes les affections, mesme des plus petites, qui le pourroient arrester. La ceremonie de se tenir debout tout nû & déchaussé, le visage contre le Soleil couchant, qu'il repousse auec les mains & souffle par trois fois contre Satan, luy enseigne qu'il luy faut rejetter

*τὴν πρωτίσταν ζωὴν ἀπεκδύσασθαι & μίχει τῶν ἐσχάτων χρήσιμον ὑπολύσαι.*

## SPIRITVEL.

loin de soy tout le commerce qu'il a auec le peché lequel remplit l'ame de tenebres, & comme chasser auec le vent de son haleine toutes les mauuaises habitudes qu'il a contractées, & tout ce qui le peut empescher d'aller à Dieu, & rompre entierement auec Satan: Estant ainsi degagé & affranchy de tout ce qui est vicieux, on le fait en suite tourner vers l'Orient pour luy dire, que par ce moyen il obtiendra la lumiere, & la veuë pure & nette de la Diuinité.

C'est donc de cette sorte que le Chrestien deuient vne creature nouuelle & vn homme nouueau, & que dépoüillant tout ce qui est du vieil homme pour ce qui regarde le vice & le peché, il se change en vn homme tout composé de vertus. A quoy pour ce sujet sainct Paul exhorte continuellement tous ceux qui font profession de l'estre. Ceux, dit-il aux Ephesiens, qui entrent au seruice de nostre Seigneur & qui font état d'estre à luy, doiuent changer de façons de viure, & *deponite veterem hominem qui corrumpitur secundum desideria erroris. Renouamini autem spiritu mentis vestræ, & induite nouum hominem, qui secundum Deum creatus est in iustitia & sanctitate veritatis*, dépoüiller le vieil homme auec ses conuoitises & auec tous ses dereglemens. Vous le deuez faire si vous estes Chrestiens, & prendre vn esprit nouueau, & vous reuestir du nouuel homme, qui vous portera à mener vne vie iuste, saincte & diuine. Et voyez come il parle à ceux de Colosse: Defaites vous, leur dit

*Ephes. 4. 22.*

*Coloss. 3. 9.*

E ij

il, de la cholere, du depit, de la malice, de la medisance & de toute sorte de mauuais discours. Ne soiez point fourbes ny trompeurs, & n'vsez d'aucun mensonge dans le commerce que vous aurez les vns auec les autres; *exspoliantes vos veterem hominem cum actibus suis & induentes nouum eum, qui renouatur in agnitionem secundum imaginem eius, qui creauit illum*, vous déuestans du vieil homme & mettans bas tous les mechans haillons que vous portés de luy, c'est à dire, renonçans à toutes ses actions peruerses, pour vous habiller du nouueau, & connoistre, seruir & aimer Dieu conformement à son Esprit, & regrauer son image sur le visage de vostre ame, que le peché y auoit effacée.

C'est de cette façon que nous deuons nous deshabiller & nous reuestir, c'est en cette maniere que nous sommes obligez de nous changer, autrement nous ne sommes pas Chrestiens : Aussi pour marquer ce changement necessaire à tout homme qui le veut estre, Nostre Seigneur à sa naissance en opera de merueilleux au Ciel & en la terre, comme l'Histoire Ecclesiastique le rapporte ; & il dit par Isaie dans ce sens, *Ecce ego creo* Isaïe 65. 17. *cælos nouos & terram nouam, & non erunt in memoria priora, & non ascendent super cor.* Voicy que ie change & renouuelle les choses, & que ie leur donne vne autre face, que ie fais des cieux nouueaux & vne terre nouuelle. On mettra en oubly les choses passées, & le cœur n'y aura plus la pensée ny l'affection. Celuy, dit sainct Macaire, qui veut s'approcher de Dieu & s'allier de nostre Seigneur, doit établir son dessein sur ce fondement, qu'il faut par necessité qu'il se change, & ne conserue rien du vieil homme, mais se fasse tout neuf & paroisse vn homme nouueau.

<small>Homil. 44. Mɑdɛ̀r ᾱ τᾱ παλαιοῦ αἰ... Spíᴆ πυ.</small>

Ie finis par les paroles remarquables de sainct Augustin, qui traitant de ce sujet dit, *omnis qui baptismum Christi desiderat, vitam nouam concupiscit. Transeat ergo à vetustate vt perueniat ad nouitatem. Prius enim fuit Testamentum vetus; canticum vetus; homo vetus; Nunc autem Testamentum nouum; canticum nouum propter hominem nouum. Vetera transierunt, ecce facta sunt omnia noua.* Quiconque desire le Baptesme de Iesus-Christ, desire vne vie nouuelle; il faut donc qu'il passe de la vieillesse à la nouueauté: Car il y a eu iadis vn vieil Testament, vn vieil cantique & vn vieil homme, mais à present tout cela est aboli & on ne parle plus que d'vn Testament nouueau, d'vn Cantique nouueau pour l'homme nouueau. les vieilles choses sǫt passées, dit l'Apostre, & sont changées en nouuelles, *quæ vetera transierunt? quæ facta sunt noua? Primus homo, inquit Paulus, de terra terrenus, secundus homo, de cœlo, cœlestis. Transijt Adam homo vetus, factus ex limo; Venit Christus Deus homo missus è cœlo. Transijt vetustas mentium, accessit nouitas credentium; transijt vita carnalis, successit spiritualis. Quæ vetera transierunt? quod eratis filij Adam, filij carnales; Noua accesserunt, quæ noua? quod efficimini filij Dei, filij spirituales.* Quelles vieilles choses sont passées, & quelles nouuelles sont venuës? Le Premier homme, dit S.

<small>Lib. de Cantico nouo.</small>

Paul, a esté fait de la terre, & le second a esté tiré du Ciel. Le premier homme formé de la terre, à sçauoir Adam, est passé, & Iesus-Christ homme-Dieu a esté enuoyé du Ciel. La Vieillesse des Esprits s'est changée en la nouueauté des Cœurs fideles. La vie charnelle fait place à la vie spirituelle : mais encore quelles choses vieilles sont euanoüies, & quelles nouuelles ont paru ? C'est qu'estans des enfans d'Adam, enfans charnels & souillez de pechez comme vostre Pere, vous estes deuenuz enfans de Dieu, enfans spirituels & imitateurs de ses vertus.

## SECTION II.

*Le Chrestien est Sainct par sa dignité, & il le doit estre par ses effets.*

EN suite de cette renaissance & de ce renouuellement lequel se fait infailliblement en l'homme qui est Chrestien, dont nous venons de parler en la section precedente, nous disons en celle-cy que de plus pour surcroit d'excellence & de gloire, l'homme Chrestien est Sainct par sa Religion, & qu'aussi il le doit estre par ses œuures.

Le titre le plus ordinaire, dont S. Paul qualifie les Chrestiens, à qui il écrit est celuy de Sainct. *Paulus Apostolus Iesu Christi omnibus Sanctis qui sunt Ephesi.* mande-il aux Ephesiens. Paul Apostre de Iesus Christ addresse cette lettre à tous les Saints

Ephes. 1. 1.

qui sont à Ephese. Et aux Corinthiens en sa seconde. *Paulus Apostolus Iesu Christi Ecclesiæ Dei, quæ est Corinthi cum omnibus Sanctis qui sunt in vniuersa Achaïa.* Paul Apostre de Iesus Christ souhaite la grace & la paix de Dieu le Pere & de son fils Nostre Seigneur à l'Eglise qui est à Corinthe, & à tous les Saincts qui sont dispersés par l'Achaïe, c'est à dire, à tous les Chrestiens: & ainsi à d'autres.

2. Cor. 1. 1.

Or pourquoy S. Paul appelle-t'il Saincts les Chrestiens, & pour quelles raisons le sont-ils ? Ie répond premierement que c'est parce que tous les hommes ont esté d'vne certaine façon sanctifiez par l'Incarnation: Car comme dans cet adorable & ineffable mystere, le Verbe a esté fait chair, suiuant la parole de S. Iean ; la chair aussi a esté faite Verbe; comme Dieu y est deuenu hommes, l'Homme de mesme y est deuenu Dieu, & en cet homme-Dieu particulier & indiuidu, & par son moyen tous les hommes ont esté rendus participans de la nature diuine & faits Dieux, & en suite Saincts.

Ioan. 1. 14.

Secondement pource que les Chrestiens sont lauez de tous leurs pechés, & sanctifiez par les eaux du Baptesme. *Christus* dit l'Apostre, *dilexit Ecclesiam, & seipsum tradidit pro ea, vt eam sanctificaret mundans eam lauacro aquæ in verbo, vitæ* Iesus-Christ a aimé l'Eglise & a voulu mourir pour elle, afin de la sanctifier, ce qu'il a fait la netroiant de ses ordures par les eaux du Baptesme & par la parole de

Ephes. 5. 17.

vie. En figure dequoy selon l'interpretation des Peres, Moyse raconte qu'au commencement du monde & à la naissance des choses, *Spiritus Dei ferebatur super aquas*, le S. Esprit, qui par sa proprieté personelle est le principe & l'auteur de la sanctification des ames, estoit couché sur les eaux, pour leur donner vne vertu seminale & leur conferer la force de produire les poissons & les oyseaux ; A la façon d'vne poulle, qui est couchée sur ses œufs, les couuant & leur communiquant vne chaleur vitale, qui les viuifie & les anime, Pour nous apprendre que le mesme Esprit diuin viendroit dans la loy de grace à se coucher & comme à s'étendre sur les eaux du Baptesme pour les sanctifier & les rendre capables de purifier les ames & les rendre sainctes.

En troisiéme lieu, c'est dautant que le Chrestien est par le Baptesme appliqué & dedié à la tres-saincte & tres-auguste Trinité, qui dans ce mystere d'vne maniere particuliere & tres-diuine, le consacre à son seruice, & le destine à sa gloire, d'où vient qu'elle luy imprime & pour iamais sa marque, que sainct Cyrille de Hierusalem appelle vn charactere ineffaçable de saincteté, & auec ses paroles, qui sont *Ie te baptise au nom du Pere, & du Fils, & du sainct Esprit*, au moyen dequoy elle le tire comme hors de soy-mesme & le dépoüille du droit qu'il auoit de disposer de soy pour se l'approprier & en faire son bien & son peculium, Et le separe encore de tous les vsages communs & profanes

## SPIRITVEL.

fanes du monde, pour n'eftre d'orenauant plus employé qu'à fon culte & à fon honneur. Et tout entier, fon corps & tous fes membres, fon ame & toutes fes puiffances, comme auffi il eft tout entier baptifé. Les trois perfonnes diuines par cette confecration & cette dedicace fanctifient excellemment le Chreftien, demeurent en luy d'vne façon nouuelle & tres-parfaite, le font entrer en focieté & en de plus étroites liaifons auec elle, *vt focietas noftra fit cum patre & cum filio eius Iefu Chrifto*, dit le Difciple bien-aimé, & par cette heureufe focieté & ces diuines liaifons luy font reffentir les effets de leur amour, & le comblent d'vne abondance de graces. C'eft ainfi que les Chreftiens font faints.

A la verité fi certaines onctions accompagnées de quelques paroles & de quelques ceremonies exterieures font fuffifantes, comme nous voyons, pour rendre vn lieu fainct, & le confacrer à Dieu, à combien plus forte raifon le Chreftien, qui eft fanctifié interieurement par la grace & confacré à Dieu par le Sainct Efprit mefme, fera-t'il faint? Certes la confecration qui fe fait du Chreftien par le baptefme, eft la plus noble, la plus releuée & la plus diuine, qui apres celle de l'vnion hypoftatique foit en terre, parce qu'elle confere infailliblement la grace, donne la fainctété, & fait l'homme enfant de Dieu, qui eft le plus haut point d'honneur, où il puiffe monter en ce monde & en l'autre.

1. Ep. 1.

F

Comme le Docteur Angelique nous enseigne que le mystere de l'Eucharistie est vne amplification & vne étenduë de celuy de l'Incarnation, parce que comme en celuy-cy la Diuinité a esté vnie personnellement à vne Humanité particuliere : Ainsi dans celuy-là en quelque façon approchante, elle l'est à tous les hommes indiuiduz, de sorte que l'Incarnation va comme s'etendant & s'allongeant sur eux. Nous pouuons dire de mesme que le Sacrement du Baptesme est vne participation de l'vnion hypostatique, dautant que comme cette vnion ineffable a dedié & consacré pour iamais d'vne maniere souuerainement parfaite & diuine l'Humanité de Nostre Seigneur à la tres-saincte Trinité, elle l'a faite le premier & le plus grand instrument de son seruice & de sa gloire ; semblablement le Baptesme nous consacre à Dieu, nous fait pour tousiours luy appartenir & nous rend sa possession inalienable, pour nous employer & estre employez à son culte & à son honneur.

Mais ce n'est pas assez que les Chrestiens soient saincts par leur baptesme & par leur profession, il faut de plus qu'ils le soient par œuures ; car c'est à cette seconde saincteté que la premiere se rapporte. Pour cette cause S. Paul écriuant aux Romains & aux Corinthiens en la premiere epistre qu'il leur enuoye, ne dit pas simplement qu'ils sont saincts, mais qu'ils sont appellés pour estre saints.

Rom. 1. 7.
1. Cor. 1. 2.

*Vocatis sanctis.* La vie de ceux qui embrassent la

foy de Iesus-Christ, dit S. Cyrille d'Alexandrie, est vne vie de vertu, & le Christianisme vne profession de saincteté, de pureté, d'innocence & de bonnes œuures. Iesus-Christ, dit l'Apostre aux Ephesiens, a aimé son Eglise & s'est liuré à la mort pour elle, *vt exhiberet ipse sibi gloriosam Ecclesiam, non habentem maculam aut rugam, aut aliquid huiusmodi, sed vt sit sancta & immaculata*, afin de la rendre belle & agreable à ses yeux, sans aucunes taches ny aucunes rides, & sans difformité quelconque dans ses meurs, mais saincte & toute pure. Et auparauant: *ipsius factura sumus creati in operibus bonis.* Nous sommes bien l'ouurage de Dieu par la creation, mais nous le sommes d'vne façon bien plus excellente par la Redemption, & lors qu'il nous a creez sans aucun nostre merite à la grace & nous a faits Chrestiens, pour mener vne vie non plus simplement naturelle, mais saincte dans l'exercice continuel des bonnes œuures: Et aux Colossiens, mon desir & ma priere est, dit-il, qu'ayant quitté vos anciennes idolatries pour vous ranger du party de Iesus-Christ, *ambuletis dignè Deo per omnia placentes in omni opere bono fructificantes*, Vous ayez des pensées, des affections & des paroles dignes de Dieu, & que vous vous adonniez soigneusement à toutes les actions bonnes pour plaire en tout à sa diuine Majesté. Sainct Iacques de mesme dans sa Canonique dit aux Fideles, à qui il l'adresse, que l'épreuue & la marque de leur foy estoit de pratiquer la patience, & que la patience les rendroit

Glaphy. lib. de Adam
ἀριστοκρατης ὁ βίος τῆς ἐν Χριστῷ

Ephes. 5. 27.

Ephes. 2. 10.

Coloss. 1. 10.

E ij

parfaits, *vt sitis perfecti & integri in nullo deficientes*, pour estre accomplis en toute sorte de vertus, & ne manquer en aucune chose qui soit necessaire à la saincteté de leur état.

Dans cette pensée & pour exprimer l'obligation que le Chrestien a de viure sainctement, on le reuestoit anciennement au sortir des fons baptismaux d'vne robe blanche, & on luy mettoit dans la main vn Cierge allumé auec ces paroles: *Accipe vestem candidam, sanctam & immaculatam, quam perferas sine macula ante tribunal Christi vt habeas vitam æternam.* Prenez cette robe blanche, saincte & pure, & faites en sorte que vous la portiez sans tache au Tribunal de nostre Seigneur vostre souuerain Iuge, afin qu'il vous donne la vie eternelle.

Par ces ceremonies l'Eglise vouloit signifier au nouueau Chrestien. Premierement la vie saincte, pure & exemplaire qu'il deuoit mener de là en auant. Secondement son affrachissement du pouuoir du peché & de la captiuité du diable, & la liberté qu'il acqueroit. Et en troisiéme lieu comme il remportoit la victoire dessus eux, & en triophoit glorieusement: parce que les Romains faisoient present d'vne robe blanche à leurs esclaues quád ils les mettoient en liberté: Les Conquerans aussi qui entroient en triophe dás leur villes estoiét vestus de blác. *Accepisti,* luy dit S. Ambroise *vestimenta candida, vt esset indicium quod exueris inuolucrum peccatorum & indueris innocentiæ casta velamina.* Vous auez pris les habits blancs pour vous seruir de marque

que vous auez mis bas le vieil haillon des pechez, dont vous estiez vestu, & qu'au lieu vous vous estes habillé de la belle robe de l'innocence. Et quand le Samedy d'apres Pasques & le Dimanche suiuant le Neophyte quittoit cette robe blanche de son Baptesme, qui pour ce sujet s'appellent encore auiourd'huy le Samedy & le Dimanche, *in albis*, on luy donnoit en la place vn Agnus Dei blanc fait du cierge Paschal & beny par le Pape qu'il portoit pendu au col, afin d'auoir continuellement deuant les yeux vn symbole qui l'auertit de la pureté & de la saincteté de vie, à laquelle il estoit obligé, & comme il deuoit apprendre de l'Agneau Paschal & sans tache nostre Seigneur à estre humble, doux & innocent. Pour le mesme suiet aussi on luy bailloit le iour de son Baptesme du laict & du miel, pour luy representer premierement son enfance & sa nouuelle vie en Iesus-Christ, qu'il deuoit accompagner d'innocence, Secondement pour luy donner quelque ressemblance auec nostre Seigneur, de qui Isaie auoit dit, qu'il mageroit du beurre qui est fait de lait, & du miel, & eleuer par là son esprit & piquer son courage à prendre les traits de ses vertus. Et troisiémement pour luy signifier l'humilité, la douceur & la suauité comme enfantine de la vie Chrestienne.

 Puis que le Chrestien est obligé de mener vne vie innocente & de ioindre la saincteté des œuures à la saincteté du nom qu'il porte & de la Re-

*Baronius anno Christi 58.*

*Tertull. lib. 1. contra Marcion, cap. 14.*

*Isaïe cap. 7. 15.*

ligion qu'il proféffe, qu'il l'execute donc auec tout le foin qui luy fera poffible. Il eft par fon baptefme authentiquemét & indifpenfablement dedié à la tres-fainéte Trinité, appliqué à fon feruice & confacré à fon honneur, & luy mefme pour lors par parolles expreffes proferées folennellement deuant le ciel & la terre l'a promis ; il faut donc qu'il s'y emploie entierement, & qu'il accompliffe fa promeffe, qui n'eft point faite à vn homme pour le tromper, mais à Dieu lequel eft affez fage & affez puiffant pour exiger ce qui luy eft dû. Nous voyons que les Eglifes, que les vafes facrez & les habits facerdotaux font en vertu de leur confecration, fouftraits à tous les vfages feculiers & humains, pour n'eftre emploiez qu'aux diuins : vn monarque, vn preftre mefme n'oferoit boire dans vn calice confacré quand il eft à table; & les hommes laïques ne peuuent pas feulement le toucher, quelle reuerence! quel refpect! mais auec combien plus de refpect & de retenuë le Chreftien, qui par vne confecration incomparablement plus expreffe eft confacré à la diuine maiefté, doit il fe toucher & vfer de foy ? & n'eft-il pas tout autrement obligé de fe refufer abfolument à tous les emplois profanes & à toutes les actions des vices, & ne s'occuper qu'à ce qui regarde le culte & les interefts de Dieu? *An nefcitis*, difoit S.

1. Cor. 6. v. 19.

Paul; *quoniam mēbra veftra Templum funt Spiritus Sancti qui in vobis eft, quem habetis à Deo, & nō eftis veftri? &* vn peu deuant. *Nefcitis, quoniam corpora veftra mem-*

## SPIRITVEL.

*bra sunt Christi? tollens ergo membra Christi, faciam membra meretricis? Absit.* Ne sçauez vous pas que vos membres sont le Temple du sainct Esprit, qui demeure en vous par le don que Dieu vous en a fait, & que vous n'estes pas vostres? Ignorez vous que vos corps sont membres de Iesus-Christ & qu'ils luy appartiennent? ie prendray donc les membres de Iesus-Christ pour les prostituer à vne femme debauchée, & les soüiller de luxure? A Dieu ne plaise. Sainct Ignace d'Antioche écriuoit aux Romains qu'il les supplioit de s'entremettre auprés de Dieu pour luy, à ce qu'on ne l'appellât point seulement Chrestien, mais qu'il le fût en effet, & qu'il ne portât ce nom honorable & diuin à faux, mais qu'il en fit les œuures.

Si le Chrestien doit estre sainct & s'employer tout entier au seruice de Dieu, comme vne chose qui luy est absolument consacrée & acquise; Helas! dans vne si grande multitude d'hommes, qui par toute la terre habitable se disent Chrestiens, combien y en a t'il peu de vrais & d'assurez? & combien *qui Christiani*, comme parle S. Gregoire, *esse non appetunt, sed videri*, desirent bien de le paroistre, mais non pas de l'estre? Chrestiens de mine & d'apparence, & des ombres & phantosmes de Chrestiens. Semblables aux esponges, qui ont si peu de sentiment, & de marques de vie, que l'on a bien de la peine de discerner si elles sont animées ou quelque chose morte: Il paroit de mesme dans la vie, dans les discours, dans les

Vers. 15.

Lib. 19. Moral. cap. 9.

affections & dans toute la conduite d'vn tres-grád nombre de Chrestiens, si peu d'esprit Chrestien, qu'on peut tres-iustement douter s'ils sont effectiuement Chrestiens, ou infideles. Celuy là n'est point Chrestien qui n'en mene pas la vie. *Nemo se decipiat, fratres charissimi* disoit S. Augustin, *nemo se falsa spe circumueniat; Christiani nominis non facit sola dignitas Christianum, nihilque prodest quod aliquis Christianus vocatur in nomine, si hoc non ostendit in opere.* Mes tres-chers freres, que personne d'entre vous ne se trompe & ne se flatte d'vne vaine esperance; ce n'est pas la dignité du nom Chrestien qui fait le Chrestien, si ce n'est deuant les hommes, & il ne sert de rien, sinon pour vne plus grande confusion & vn plus terrible supplice, de porter ce titre glorieux, si on n'en fait les œuures. De vray comment auec raison pourroit passer pour Chrestien celuy, qui au lieu de la vie saincte & innocente, à laquelle l'obligent son baptesme, la promesse qu'il y a faite, la saincteté de la Religion qu'il a embrassée, Iesus-Christ qui s'est reuestu de sa nature & qui a répandu son sang pour luy, qui luy en a donné le commandement, baillé les instructions, & qui luy fournit tous les iours les graces necessaires pour l'execution, s'abandonne aux vices, & vit dans le peché & dans l'ordure?

Entendons pour le bout parler vn genereux martyr sur ce sujet, c'est S. Tyburce gentilhomme romain de tres-noble race, & fils de Chromace Gouuerneur de Rome, qui auoit esté conuerty

à

*Serm. 38. de sanctis.*

*In vita S. Sebastiani apud Sur. 10. Ianuarij.*

à la foy auec son pere par S. Sebastien. Ce ieune Seigneur ayant esté pris & presenté deuant le Iuge Fabian auec vn certain Torquat Chrestien libertin & débauché, & par qui mesme il auoit esté perfidement decouuert & deferé, dit au Iuge. *Diu est quod Torquatus se Christianum esse mentitur; virtus enim ipsa sancti nominis grauiter fert & molestè suum nomen à non suis amatoribus vsurpari.* Il y a deja long-temps que Torquat lequel vous voyez icy, fait semblant d'estre Chrestien, mais c'est vn menteur & vn hypocrite ; car il ne l'est pas, dautant que la vertu de ce sainct nom ne veut & ne peut souffrir d'estre pris & porté par ceux qui n'ont point de respect ny d'amour pour luy. *Reuera enim, Vir Illustrissime, hoc Christianum nomen diuinæ virtutis est, sectatorum scilicet Christi qui verè philosophati sunt.* Car à dire le vray, Seigneur Illustrissime, ce nom de Chrestien, est vn nom plein d'vne vertu diuine, & qui n'appartient qu'aux disciples & aux imitateurs de Iesus-Christ, qui s'appliquent à la vraye sagesse, qui resistent fortement à leurs appetits dereglez & pratiquent hautement la vertu. Estimeriez vous pour ce sujet celuy là Chrestien, qui, comme Torquat, s'adonne à ses plaisirs, qui s'aiuste & se pare en muguet, & auec vn corps & vne ame effeminée ne pense qu'à viure licentieusement? *Nunquam tales pestes Christus dignatus est habere seruos suos.* Iamais Iesus-Christ n'a daigné de reconnoistre pour siens des hommes ainsi faits, & de mettre au nombre de ses serui-

G

teurs & de ses disciples, de telles pestes.

## SECTION III.

*En quoy consiste vne action Chrestienne & qu'est-ce qu'agir en Chrestien.*

ENCORE que le Chrestien soit sainct & qu'il soit obligé de viure sainctement, comme nous venons de le monstrer, il faut d'abondant remarquer qu'il n'est pas sainct simplement, & qu'il ne doit pas animer ses actions d'vne saincteté telle quelle, mais de la saincteté de Iesus-Christ. *Omnibus Sanctis in Christo*, dit S. Paul. Ce qu'il faut expliquer plus au long & luy donner plus de iour, par ce que c'est en cela que consiste principalement l'essence du Christianisme.

Philipp. 1, 1.

Les actions de l'homme se peuuent vniuersellement rapporter à trois causes, & à trois principes, qui sont la Passion, la Raison, & l'Esprit de Iesus-Christ. Comme la Passion constituë la nature de la beste, ainsi que nous l'auons declaré, les actions produites par passion sont actions de beste, Parce que la Raison fait l'homme, toutes les actions raisonables sont actions humaines ; & dautant que l'Esprit de Iesus-Christ donne l'essence au Chrestien, il n'y a que les actions, qui sont operées par ce principe, & qui découlent de cette noble source, qui soient actions Chrestiennes. Mais pour deueloppet encore dauantage ce mystere ; & le

## SPIRITVEL.

faire voir dans vne plus grande clarté,

Il est à noter que S. Paul enseigne comme vne doctrine fondamentale du Christianisme, que l'Eglise est vn corps, dont Iesus-Christ est le chef, & tous les Fideles sont les membres. Il le dit aux Ephesiens par trois fois; il le mande aux Corinthiens, & le fait sçauoir à ceux de Colosse. La chose est trop connuë pour rapporter toutes ses paroles, mais la connoissance en est tres-importante. Ie me contenteray seulement de ce qu'il écrit aux Ephesiens, qui me seruira pour étendre la chose dauantage & la pousser plus auant, c'est au Chapitre premier, où il leur dit, *Omnia subiecit sub pedibus eius; & ipsum dedit caput supra omnem Ecclesiam quæ est corpus ipsius, & plenitudo eius.* Dieu a mis toutes choses sous les pieds de son Fils Iesus-Christ, & les a assujeties à son pouuoir; il l'a constitué Seigneur absolu des Creatures, & l'a estably chef de toute l'Eglise, c'est à dire, tant de l'Eglise militante, qui est sur la terre, des hommes qui combattent continuellement contre les ennemis de Dieu & de leur salut; comme de l'Eglise souffrante qui est sous la terre, des Ames Iustes qui acheuent par leurs peines dans les flammes de Purgatoire de payer à la Iustice diuine ce qu'elles luy doiuent; & de la Triomphante là haut au Ciel, composée, ainsi que dit sainct Thomas, des Hommes & des Anges.

Sur quoy il sera bon de remarquer auec les Docteurs, Premierement que nostre Seigneur est le

Ephes.1.22.
4.15 5.23.
1.Cor.12.27.
Colos.1.16.

Vers. 22.

In hunc locum Pauli.

Suarez in 3.
p. ad art. 3.
q. 8.

G ij

chef des Hommes, auec difference toutefois & inegalité, parce qu'il l'est premierement & principalement de ceux qui luy sont vnis actuellement par la gloire, c'est à sçauoir, des Bien-heureux. Secondement de ceux qui luy sont conioints par la grace & par la charité, c'est à dire, des Iustes. Troisiémement de ceux qui luy sont attachez par la Foy. En quatriéme lieu de ceux qui ne luy sont pas vnis, mais qui le peuuent estre, & qui effectiuement le seront vn iour, comme sont les Heretiques, & les Infideles Predestinez. Et enfin de ceux qui ne luy seront iamais liés, mais qui absolument parlant, le peuuent-estre, ainsi que tous les Reprouuez viuans hors de l'Eglise, pour qui il est mort, & à qui il en fait ressentir les effets par les graces suffisantes qu'il leur fournit pour les porter à bien viure; d'où l'on infere que nostre Seigneur n'est point chef des Damnez ny des Enfans qui meurent sans baptesme, parce que ny les vns ny les autres ne sont pas capables de receuoir ses graces, & d'auoir part au fruit de ses trauaux, qui ne se communique que par la Foy, & à vn sujet qui en est susceptible ; ce que ceux-là ne sont pas.

Alens. Palud.
Durand.
Hilar. in ps.
139.
August. in
ps. 36.
Suarez disp.
42. in 3 P.
Sect. 1.

Secondement que nostre Seigneur est le chef des Anges: c'est la doctrine de S. Thomas, ainsi que nous auons marqué cy-dessus, & de plusieurs autres Theologiens, & auparauant de S. Hilaire & de S. Augustin. Et en effet puis que selon S. Paul, nostre Seigneur est constitué chef de toute l'Eglise, il faut qu'il le soit des Anges, par ce que ces Esprits Bien-heureux & les Hommes composent tous ensemble vn corps d'Eglise, qui est comme vne communauté & vne Republique spirituelle, qui a & qui doit auoir vn mesme lieu pour demeure, qui mene vne mesme vie, possede vne mesme grace, ioüit d'vne mesme gloire & d'vne mesme felicité, & qui est vnie mutuellement par les liens d'vne mesme charité: Or il est non seulement de bien-seance, mais encore de necessité, qu'vn corps ayt vn chef, & qu'il n'en ayt qu'vn: & qu'vn corps noble & illustre ayt vn chef qui soit de mesme, & qui ayt de plus grands auantages: ce qui ne peut conuenir ny s'ajuster qu'à nostre Seigneur Hóme-Dieu: il est dóc chef des Anges; & en cette qualité il leur a merité la grace qu'ils ont euë dans leur voyage, & la gloire dont maintenant ils ioüissent. Le Docteur Angelique expliquant ces paroles de S. Iean, *de plenitudine eius nos omnes accepimus*. Nous auons tous pris dans sa plenitude & puisé dans sa fontaine, dit qu'elles se doiuent entédre non seulemét des Apostres, des Patriarches, des Prophetes & de tous les Iustes qui ont esté, qui sont & qui seront iamais: mais encore de tous les Anges, & adioute, *quia plenitudo gratia, qua est in Christo, est caussa omnium gratiarum qua sunt in omnibus intellectualibus creaturis*, parce que la plenitude de la grace que nostre Seigneur possede, est la cause & la source, d'où découlent toutes les graces, qui se communiquent à toutes les creatures intellectuelles.

Ioan.1.16.

Ibi.

G iij

L'HOMME

Ce qui fait que noſtre Seigneur eſt non ſeulement le chef des Anges, mais encore leur Redempteur, comme meſme l'appelle S. Bernard, & deuant luy Theodoret, qui entend d'eux auſſi bien que des hommes ce que S. Paul dit aux Hebreux, que noſtre Seigneur eſt mort pour tous. Neantmoins il n'a pas eſté leur Redempteur pour les auoir rachetez, & tirez du pouuoir de leurs ennemis, mais pour les auoir empeſchez d'y tomber, comme il l'a eſté auſſi de ſa tres-ſaincte Mere, qui eſt ſans doute vne ſorte de Redemption plus excellente que l'autre, enſeignée par S. Denys, & qui meſme a fondement dans les ſainctes Lettres, comme au pſalme cent quarante troiſiéme, où Dauid dit que Dieu l'auoit racheté du furieux coutelas de Goliath, *qui redemiſti Dauid ſeruum tuum de gladio maligno*, parce qu'il n'auoit pas permis qu'il en eut eſté atteint. S. Fulgence dit elegamment à ce propos: *Vna eſt in vtroque gratia operata; in hoc vt ſurgeret, in illo ne caderet: in illo ne vulneraretur, in iſto vt ſanaretur: ab hoc infirmitatem repulit, illum infirmari non ſiuit: illius eſca, iſtius medicina*, La grace de Ieſus-Chriſt a trauaillé en l'Ange & en l'Homme, en l'Homme pour le releuer, en l'Ange pour l'empeſcher de cheoir; en l'Ange, afin qu'il ne fut point bleſſé; en l'Homme, afin de guerir ſa bleſſure; elle a rendu la ſanté à celuy-cy, elle l'a conſeruée à celuy-là, ſeruant au dernier de preſeruatif, & au premier de remede.

Enfin Noſtre Seigneur peut eſtre dit le chef de

*Bern. ſerm. 17 & 22. in Cant. Theodor. in Epiſt. ad Hebr. 1. 9.*

*Cap. 8. de diuin. nomin.*

*Verſ. 10.*

*Lib. 1. ad Thraſim cap. 5.*

# SPIRITVEL.

tontes les choses creées. Et c'est ainsi que suiuant l'interpretation d'vn tres-grand nombre de Peres, il s'appelle luy mesme par la bouche du Sage en ces paroles, *Dominus possedit me in initio viarum suarum.* & selon l'hebreu, *Dominus possedit me Principium viæ suæ*, & auec les septante, *Dominus condidit me Principium viarum suarum in opera sua.* Le Seigneur m'a fait le Principe & le Chef de ses voyes, & de toutes ses Creatures, & en voicy quatre raisons : dont la premiere est, parce que Nostre Seigneur a la seigneurie & le domaine de toutes les choses qui sont au monde par le don authentique & irreuocable, que Dieu son pere luy en a fait, ainsi que Dauid & sainct Paul l'enseignent. La seconde parce qu'elles ont esté extremement ennoblies & comme deïfiées en luy par le mystere de son Incarnation. La troisiéme dautant qu'il peut les employer pour le salut de ses Eleus, & les faire seruir à leur sanctification & à leur beatitude. Et la quatriéme de ce qu'apres le iugement, elles receuront de luy vne nouuelle gloire & seront mises dans vne estat de pureté & d'incorruption, par rapport à celuy des enfans de Dieu, auquel elles aspirent auec de violentes inclinations, desirant tres-ardemment d'estre degagées de la seruitude, où maintenant elles se voyent reduites, *expectatio Creaturæ* dit S. Paul, *reuelationem filiorum Dei expectat.*

C'est dans cette étenduë que nous attribuons le nom de Chef à nostre Seigneur, mais il luy con-

*Suarez loco cit.*

*Prouerb. 8. 22 apud Salazar ibi.*

ראשית
דרכו
ἔκτισέ με ἀρχὴν ὁδῶν αὐτοῦ εἰς ἔργα αὐτοῦ.

*Psal. 2. 8.*
*Hebr. 1. 7.*

*Rom. 8. 19.*

uient spécialement & par precipu au regard des hommes Chrestiens auec lesquels il fait vn corps, que nous appellons l'Eglise, qui a cela de propre auec beaucoup d'autres excellences, que dans la doctrine de S. Paul, non seulement la teste porte le nom de Iesus-Christ, mais encore tous les membres: *sicut enim corpus vnum est*, dit-il, *& membra habet multa: omnia autem membra corporis cum sint multa, vnum tamen corpus sunt: Ita & Christus*. Comme tous les membres composent vn corps auec la teste, & & tous ces membres ioints & liez ensemble produisent vn homme qui s'appelle Pierre, Iean : de mesme tous les Fideles vnis auec nostre Seigneur, comme autant de membres auec leur chef, constituënt vn corps mystic, qui se nomme Iesus-Christ. *Gratulemur & agamus gratias*, dit sainct Augustin dans la mesme pensée, *non solum nos Christianos factos esse, sed etiam Christum. Intelligitis, Fratres, gratiam Dei super nos? capitis? admiramini; gaudete. Christus facti sumus: si enim ille caput est, nos membra: totus ille homo & nos*, Rendons graces à Dieu auec vn cœur plein de Iubilation de ce que nous ne sommes pas seulement Chrestiens, mais de plus que nous sommes Iesus-Christ. Entendez vous, mes Freres, cette grace que Dieu nous faite? comprenez vous cette faueur? Entrez dans l'admiration & dans la ioye de ce que vous estes Iesus-Christ; Car si Iesus-Christ est nostre chef & nous les membres, & que nous composions ensemble vn corps, il est ce corps & cet homme, & nous aussi.

Mais

*1. Cor. 12, 12. A lapide ibi.*

*Tract. 21. in Ioannem.*

Mais quelqu'vn me demandera les raisons pour lesquelles nostre Seigneur est le Chef de l'Eglise, à quoy ie répond que le Docteur Angelique en donne quatre. La premiere est, que tout ainsi que le chef est d'vne mesme substance auec ses membres; ainsi nostre Seigneur a pris reellement nostre substance & nostre nature, & est homme comme nous, *in similitudinem hominum factus, & habitu inuentus vt homo*, dit l'Apostre. La seconde pource que comme la teste est éleuée par dessus, toutes les autres parties du corps & y tient le premier rang d'eminence & de gloire, & pour ce sujet entre-autres elle vient la premiere au monde, toutes les autres luy cedant cét honneur & luy donnant le pas: de mesme nostre Seigneur est au dessus de tous ses membres, & surpasse incomparablement en dignité & en excellence tous les Hommes, tous les Anges, & toutes les creatures qui sont & qui sont possibles, d'où il est nommé par S. Paul, *Primogenitus omnis creaturæ*, l'aisné de toutes les creatures, à cause du haut ascendant & du souuerain degré d'honneur qu'il a par dessus elles.

La troisiéme se tire de sa perfection, d'autant que la teste est la partie la plus accomplie de toutes, en qui se retrouuent de grandes merueilles, où tous les sens interieurs & exterieurs ont leur vie, leur siege & leurs operations, où les yeux voyent, les oreilles écoutent, les narines flairent, la langue gouste, & où le sens de l'attouchement

1. p. q. 8. a. 1.
& lect. 8. in
cap. 1.
Ephes.

Phil. 2. 7.

Coloss. 1. 15.

répandu par tout le corps exerce premierement sa fonction: de plus où l'ame considere & connoit les choses, où elle en fait le discernement & en iuge, & où elle les veut, parce qu'elle trouue là, & non ailleurs, les organes necessaires à ces actions. Ce qui fait que dans les Medailles, dans la Sculpture, la Peinture & les autres Arts, on represente l'Homme par la teste seule, & l'on a tousiours fait sans comparaison plus d'état de la teste que des autres membres; que toute l'Antiquité l'estimoit la partie la plus sacrée & la plus diuine qui fut en l'homme, par laquelle pour cette cause on iuroit, à laquelle les Ægyptiens portoient tant d'honneur & tant de reuerence; que dans les bestes, la chair desquelles leur seruoit de nourriture, ils s'abstenoient de la teste, & ne vouloient point y toucher. Et qu'Aristote apres son maistre Platon appelle tres-diuine, parce, dit-il, que c'est là où nostre Raison a établi son thrône, & où se forment nos connoissances & nos raisonnemens. En cas pareil le disciple bien-aimé, dit de nostre Seigneur, *Vidimus gloriam eius, gloriam quasi vnigeniti à Patre, plenum gratiæ & veritatis.* Nous auons vû sa majesté & sa gloire comme celle qui estoit conuenable au Fils vnique de Dieu, & dont il fait briller les rayons à trauers de sa sacrée Humanité comme à trauers d'vn voile, & nous l'auons reconnu plein de grace & de verité. Et sainct Paul écrit aux Ephesiens que Dieu auoit ramassé & recueilly en luy tous les dons, toutes les graces,

*Plato in Timæo. Arist. Probl. sect. 31.*
Ϡοπὲ ῤω τῆϛ ϖὲὶ ἡμᾶς κεφαλὼ, ὅϡιν λογισμός.
Ioan. 1. 14.

## SPIRITVEL.

& generalement tous les biens qui sont au ciel & en la terre, *instaurare omnia in Christo, quæ in cœlis & quæ in terra sunt*: de sorte qu'il est le Thresor, la Plenitude & l'Abysme infini des richesses de Dieu: dauantage toute la Diuinité qui se retreuue dans la nature humaine, soit en essence ou en participation, est en luy & nous vient de luy.

<small>Ephes. 1. 10.
Ἀνακεφα-
λαιώσασθαι.</small>

La quatriéme, & qui fait plus à nostre sujet, est que ne plus ne moins que la teste a la force d'influër sur ses membres, & de leur enuoyer les esprits animaux & leur donner par eux le sentiment & le mouuement, & de plus de les gouuerner en leurs actions exterieures, afin qu'ils y procedent dans l'ordre que la nature exige: ainsi nostre Seigneur exerce dessus nous proprement & excellemment ces deux pouuoirs & ces deux ministeres, que nous appellons vertu d'écoulement & d'influence, & vertu de gouuernement & de direction, comme nous le verrons à la suite.

Il suffira maintenant pour acheuer cecy, de nous imprimer bien auant cette noble & importante pensée, que nous faisons vn corps mystic auec Iesus-Christ, qu'il est nostre chef & que nous sommes ses membres. *Agnosce, ô Christiane, dignitatem tuam*, nous dit S. Leon, *memento cuius capitis & cuius corporis sis membrum*. Connoi, ô Chrestien, à quel point d'excellence Dieu t'a éleué, & souuien-toy de quelle teste & de quel corps tu as l'honneur d'estre membre, & que de là nous tirions ces deux consequences remarquables.

<small>Serm. 1, de Natiu.</small>

H ij

La premiere est, que nous conceuions de tres-grandes opinions de nous, & formions de tres-hautes idées de nostre dignité, sçachant que nous sommes les membres de Iesus-Chrift, & que comme les membres sont tousiours d'vne mesme nature auec leur teste, nous participons à celle de nostre Seigneur, & sommes des membres diuins, & par consequent que nous ne deuons point degenerer de cette noblesse ny en suite nous auilir à aucune chose infame. La main du Roy ne fera pas ce que fait celle d'vn valet d'etable, ou d'vn foüillon de cuisine, elle ne pansera point les che-uaux & ne maniera pas des ordures, parce que c'est la main d'vne personne de qualité tres-eminente & souueraine : Nous sommes les membres du fils de Dieu, c'est à dire, d'vne Maie-sté infinie, apres cela deuons-nous pas nous maintenir dans vne merueilleuse pureté, & pou-uons nous, mesme de la moindre pensée, toucher à des saletés, & nous soüiller?

La seconde est, que les membres aiment na-turellement leur teste, ont du respect pour elle, & vne puissante inclination pour la conseruer; d'où vient que quand ils la voyent en peril, les jambes & les pieds courent pour l'en tirer, & le bras s'expose à receuoir le coup afin qu'elle n'en soit pas atteinte, il aime mieux estre blessé & coup-pé que de souffrir qu'elle le soit. Nous deuons sans doute faire le mesme à l'endroit de nostre Seigneur soustenât sa gloire aux depends de la no-

## SPIRITVEL.

stre, & portants ses interests, quelque dommage qui nous en puisse arriuer. O main! ô membre sacré de ce Chef diuin, lors que tu vois qu'on le bat, qu'on l'outrage, qu'on le des-honore, oppose toy hardiment pour le defendre & prend sa querelle, quelque risque que tu puisses courir, & d'autant plus qu'il a voulu estre coroné & percé de tresdouloureuses espines pour te combler de contentemens & te coroner de gloire. *Malo in nos murmur hominum*, disoit sainct Bernard, *quam in Deum esse. Bonum mihi si dignetur me vti pro clypeo: libens excipio in me detrahentium linguas maledicas & venenata spicula blasphemorum, vt non ad ipsum perueniant. Non recuso inglorius fieri, vt non irruatur in Dei gloriam; quis mihi det gloriari in voce illa, quoniam propter se sustinui opprobrium, operuit confusio faciem meam?* I'aime mieux que les hommes murmurent de moy, que non point qu'ils se plaignét de Dieu: ce m'est vn grand hôneur si Dieu daigne se seruir de moy cóme d'vn bouclier pour se couurir, ie receuray fort volontiers en cet état les traits enuenimez des langues médisantes, pourueu qu'elles l'epargnent, & ie ne refuse point de passer pour vn homme de neant & pour vn infame à conditió qu'on sauue son honneur: ô qui me fera cette grace que ie puisse me glorifier auec Dauid, que i'ay souffert des opprobres, & que i'ay eu le visage tout chargé de confusion pour la cause de mon Dieu?

*Lib. 2. de Consid. c. 1.*

*Psal. 68. 8.*

## SECTION IV.

### Suite du sujet.

LE propre office & la qualité principale de la Teste est d'agir sur son corps, & luy communiquer ses influences salutaires interieurement & exterieurement: interieuremét, faisant couler sur luy & distribuant dans ses membres les esprits animaux formez & produits dans les cellules de son cerueau, & par leur moyen les faisant sentir & mouuoir: d'où Varron estime que le mot de *Caput*, qui signifie la Teste, est pris *quod ab eo capiant initium sensus & nerui*, de ce que les sens & les nerfs, par lesquels se fait la distribution de ces Esprits, prennét de luy leur origine. Exterieurement, dautant que la Teste par la conduite de l'Entendemét & de la Volonté, & par la direction des yeux & des autres sens, gouuerne les membres en leurs operations, de sorte que le pied ne va point dans vn precipice, mais prend le bon chemin, & la main ne manie pas des ordures, mais ce qui est bienseant & honeste.

Nostre Seig. exerce le mesme en qualité de Chef enuers son Eglise qui est son corps, & enuers les Fideles qui sont ses membres. Et premierement il influë continuellement sur eux, & leur confere toutes les graces, toutes les vertus & tous les biens qu'ils possedent. *Christus Iesus*, dit le sacré Concile

Sess. 6. c. 16.

de Trente, *Tanquam caput in membra, & tanquam vitis in palmites, in iustificatos iugiter virtutem influit: quæ virtus bona eorum opera semper antecedit, & comitatur & subsequitur, & sine quâ nullo pacto Deo grata & meritoria esse possunt.* Iesus-Christ communique perpetuellement sa vertu à ceux qui sont iustifiez, de la mesme façon que la teste distribuë ses Esprits à ses membres, & la vigne sa seue à ses branches. Cette vertu deuance, accompagne & suit touiours leurs bonnes œuures, & auec vne necessité si inseparable, que sans elle il ne seroit pas possible qu'elles fussent ny agreables à Dieu, ny meritoires. Et l'Apostre auparauant auoit dit aux Ephesiens, *Vnicuique nostrum data est gratia secundum mensuram donationis Christi.* Chacun de nous a des graces, des touches & des sentimens pour son salut selon que Iesus Christ nostre Chef luy en donne. Et aux Colossiens, *Ipse est caput corporis Ecclesiæ, In ipso complacuit omnem plenitudinem inhabitare.* Iesus-Christ est le Chef du corps de l'Eglise, & Dieu a voulu que pour cela il fut remply surabondamment de toutes sortes de biens & de richesses celestes, pour les faire apres couler sur nous comme sur ses membres. Et encore aux mesmes, *In ipso inhabitat omnis plenitudo diuinitatis corporaliter, & estis in illo repleti, qui est caput.* La Diuinité auec la plenitude de son essence, de ses perfections, de ses vertus & de tous ses thresors demeure reellement en Iesus-Christ, de qui vous, qui estes ses membres, les receuez & en estes remplis, parce qu'il ne les a

Eph. 4. 7.

Coloss. 1. 18. & 19.

Cap. 2. 9.

pas seulement pour soy mais aussi pour vous, dautant que toutes les graces, que possedoit Nostre Seigneur, n'estoient pas seulement en luy comme en vn homme particuliers, mais de plus, ainsi que S. Thomas enseigne, comme dans le Chef de l'Eglise, à qui tous les Fideles sont vnis, comme les membres à la teste, & de qui en suite elles doiuent découler & se repandre sur eux: Ne plus ne moins que la teste a les Esprits animaux, qui se fabriquent en sa boutique, & pour soy & pour son corps; car premierement elle s'en accomode & s'en sert où elle en a besoin, & puis elle en fait part à ses membres.

Et c'est en cela que consiste cette auguste & aimable qualité que les Theologiens attribuent à Nostre Seigneur, & qu'ils appellent, *Gratia capitis*. La grace de chef, qui n'est autre, selon le Docteur Angelique & l'opinion commune, que le principe qu'a eu Nostre Seigneur de meriter pour les autres, & en essence la mesme grace dont il a esté rempli, laquelle s'appelle habituelle & personelle, entant qu'elle sanctifie son ame, & luy sert de principe auec d'autres choses pour operer diuinement: & Grace de chef, en ce que de luy elle découle sur ses membres, & a la force de iustifier les hommes. On peut adiouster à cela auec vn celebre Docteur, que cette Grace de chef, à la bien prendre, n'est pas la grace sanctifiante que Nostre Seigneur auoit, mais la grace de l'vnion hypostatique, dautant que la grace sanctifiante,

sanctifiante, pour hautement graduée & parfaite qu'elle soit, n'est point de sa nature principe de merite pour autruy, mais seulement pour celuy qui la possede, comme il paroit euidemment en celle, dont les Saincts ont esté doüez ; que si elle a eu cette vertu particuliere en Nostre Seigneur, ç'a esté à cause de la liaison qu'elle auoit auec l'vnion hypostatique, qui luy a donné ce relief & communiqué cette excellence, & qui proprement & principalement a conferé à Nostre Seigneur la dignité de Chef de l'Eglise, & répandu sur toutes ses actions vne valeur infinie pour luy & pour les autres.

Ainsi donc Nostre Seigneur influë en qualité de Chef sur les Fideles comme sur ses membres, & leur va distribüant toutes les graces, tous les dōs, toutes les bonnes pensées, tous les sentimens de pieté & tous les mouuemens de salut qu'ils ont ; c'est de luy & de sa plenitude qu'ils prennent leur humilité, leur obeïssance, leur patience, leur chasteté, leur charité & toutes leurs vertus, & non point d'ailleurs. Que mesme il y en a qui passent si auant en cecy, que comme ils estiment, que Nostre Seigneur à raison de sa dignité infinie, à laquelle on ne sçauroit trop deferer, contient toute la grace & toute la perfection possible renfermée en soy, ils concluënt en suite que la grace sanctifiante & les habitudes infuses qui se retreuuent en nous, sont les mesmes, non seulement en espece, mais encore en nombre, qui sont en

*Habetur apud à lapide in cap. I. euang. Ioan. v. 16. & publicè Parisiis doctum anno 1642.*

I

luy, de façon que nos vertus ne sont pas des copies ny des imitations des siennes, mais les mesmes: si que comme son sacré corps se treuue dans le Sacrement de l'Eucharistie par les paroles toutes puissátes du prestre en tous les lieux où il y a des hosties consacrées, de mesme sa grace & ses vertus sont multipliées en autant de sujets, qu'il y à d'hommes iustes & vertueux.

Apres cette premiere fonction de la teste, que Nostre Seigneur va exerçant enuers les Fideles comme enuers ses membres, il fait la seconde, qui est de les mouuoir & les conduire en leurs operations. Sainct Paul apres auoir exhorté les Colossiens de dépoüiller le vieil homme & se reuestir du nouueau, dont nous auons parlé cy-dessus, leur adiouste. *Omnia & in omnibus Christus.* Iesus-Christ est Tout à tous les fideles: c'est à dire, comme l'explique le Cardinal Caietan. *Ratio omnium actionum, & motuum, & donorum, & reliquorum spectantium ad nouum hominem, vt pote Caput ex quo sensus & motus in omnibus est.* La Cause & l'Origine de toutes les actions, de tous les mouuemens, de tous les dons & de tout ce qui regarde l'homme nouueau, comme estant sa Teste, qui fait mouuoir & sentir ses membres, & il dit aux Ephesiens. *Vir caput est mulieris, sicut Christus caput est Ecclesiæ. Ipse saluator corporis eius*: L'homme tient lieu de teste à la femme comme Iesus-Christ le tient à l'Eglise, qui est son corps, dont il se rend le Sauueur par la vie & par le mouuement qu'il luy donne. Iesus-Christ

Coloss. 3. 9.

In illum locum.

Ephes. 5. 23.

est aux Fideles, ce que la séue est aux arbres, qui de la racine monte aux branches pour leur faire porter des fleurs, des fueilles & des fruits conformes à leur nature; dautant que par la communication de son esprit, il leur fait produire, comme à de beaux arbres plantez le long des eaux qui ne perdent iamais leur verdure, selon que le Prophete royal les décrit, des fleurs de pensées sainctes, des fueilles de bonnes paroles, & des fruicts d'actions vertueuses. Il est l'ame du corps de l'Eglise; car comme l'Eglise est vn corps & vn corps viuant, il faut par necessité qu'il ait vne ame qui le fasse viure; qui ne peut estre que Iesus-Christ & son Esprit. *Non potest viuere corpus Christi, nisi de spiritu Christi*, dit S. Augustin. Le corps de Iesus-Christ ne sçauroit viure que de l'Esprit de Iesus-Christ. Or comme l'ame anime & viuifie le corps, comme elle luy donne la beauté, la force & le sentiment, comme elle le remuë, le fait agir & le regle en ses actions, & que toutes les operations vitales qu'il produit, viennent originairement d'elle : Iesus-Christ fait le mesme dans le corps de son Eglise, de sorte que toutes les pensées, toutes les affections, toutes les paroles & toutes les œuvres interieures & exterieures des membres viuans de ce corps, & des Iustes, sont des effets & des productions non pas de la nature, mais de la grace & de Iesus-Christ, de qui elles émanent comme de leur principe.

De façon que chacun peut dire de soy ces pa-

Psal. 1. 3.

Tract. 26. in Ioan.

roles celebres de S. Paul *Viuo, iam non ego, viuit ve-ro in me Christus.* Ie vis, non ce n'est pas moy, mais c'est Iesus-Christ qui vit en moy. Sur lesquelles Caietan dit celles-cy qui sont fort remarquables. *Hoc est, actiones vitales meæ, intelligere, cogitare, amare, delectari, tristari, cupere, operari, iam non sunt meæ, iam non procedunt à me, sed sunt Christi in me, sed procedunt à Christo in me: qui enim Christo concrucifixus est, pro ratione omnium suarum actionum habet Christum; & ita Christus in eo regit, disponit, ac vtitur omnibus internis & externis actionibus, vt Christus in eo viuere meritò dicatur.* C'est à dire, toutes mes actions vitales comme entendre, penser, aimer, me reioüir, m'attrister, desirer & agir ne sont pas miennes, pource qu'elles ne procedent pas de moy, mais elles sont de Iesus-Christ en moy, d'autant qu'il les y produit. Car quiconque est crucifié auec Iesus-Christ, i'entend tout Fidele qui luy est vny & qui est animé de son Esprit, l'a pour principe de toutes ses œuures, de sorte qu'il fait & gouuerne tout en luy, tant pour l'interieur comme pour l'exterieur, d'où iustement l'on dit qu'il vit en luy. A la verité les actions vitales sont & tousiours & necessairement semblables au principe de vie, de qui elles découlent & qui fait viuant celuy qui les opere: & comme le principe de la vie du Chrestien est Iesus-Christ, toutes ses actions doiuent par vne suite infaillible auoir du rapport auec Iesus-Christ, & luy estre conformes.

Tandis qu'vne beste est animée, elle mene vne

vie de beste, elle regarde, elle écoute, elle mange, elle boit, elle conuoite comme vne beste, mais quand elle est mise à mort & mangée de l'homme, & que par sa chaleur naturelle elle vient à luy estre vnie & conuertie en sa substance, ce qui d'elle est en luy, vit vne vie incomparablement plus noble, à sçauoir, vne vie humaine & vne vie de raison : de mesme l'homme qui est attaché au vice & au peché, mene vne vie de peché, mais lors qu'il est mort au peché par la haine qu'il en a conceuë, & par vne veritable conuersion qui l'vnit à I. Christ, il vit vne vie non plus de peché, ny mesme d'homme, mais de Chrestien & de Iesus-Christ. *Existimate*, écriuoit S. Paul aux Romains dans cette pensée, *vos mortuos quidem esse peccato, viuentes autem Deo in Christo Iesu Domino nostro.* Faites Rom 6. 2. état qu'estans morts au peché par le baptesme, vous viuez maintenant à Dieu selon l'Esprit & sur le modele de Iesus-Christ.

C'est ainsi que nostre Seigneur, comme l'ame du Corps de l'Eglise, & comme la séue de ces arbres mysterieux, qui sont les Iustes, & comme la teste de ces membres sacrez, opere en eux & les conduit dans leurs actions : Mais il faut que passans encore plus auant nous considerions les fins, pour lesquelles il opere en eux, & où il les conduit. Surquoy ie dis que nous ne pouuons douter, que nostre Seigneur n'ait des desseins sur les pensées, sur les affections, sur les imaginations, sur les paroles, sur des actions, sur les corps,

I iij

& sur les ames des hommes pour les gouuerner, pour en disposer & les rapporter à ses fins. Premierement, parce qu'il est leur Chef qui par consequent a ce droit; car c'est le droit & le propre ministere du Chef de gouuerner ses membres, d'où vient que la Nature pour marquer cette autorité, l'a situé au dessus d'eux. Secodement pour ce qu'il les a acquis & les a achetez auec le prix de son sang, c'est pourquoy il en peut vser & ordonner comme de son bien. Or nostre Seigneur s'est toujours inuariablement proposé pour la fin de son Incarnation, de toutes ses actions & de toutes ses souffrances, de sa vie & de sa mort, la gloire de Dieu & le salut du genre humain; d'où au poinct de sa naissance les Anges chanterent ces mots, qu'il faut étendre à tous ses autres mysteres, à toutes ses actions & à tous les momens de sa vie. *Gloire soit à Dieu là haut au Ciel, & en terre la paix & le salut aux hommes de bonne volonté.* Et comme il a rapporté & rapporte continuellement tout ce qui est en luy à cette fin, nous deuons croire qu'il refere à la mesme les vies & les œuures de son corps & de ses membres, & que les ayant dediées & consacrées par son sang & par sa mort à l'honneur de son Pere, il pousse ses membres, dans lesquels il est, de faire de leur costé le semblable. Pour cette cause il a voulu exercer pendant sa vie mortelle toutes nos actions, & s'abbaisser à tous nos vsages, iusques aux plus vils, au boire, au manger & au dormir, afin de les sanctifier tous, & les rendre

*Luc. 2. 14.*

en soy & en nous glorieux à Dieu, nous monstrant exterieurement la façon de les faire, & nous meritant la grace & nous la communiquant interieurement pour les faire.

 Puis donc que nostre Seigneur est nostre Chef & que nous sommes ses membres, & qu'en qualité de nostre Chef il agit sur nous & en nous, nous infliiant ses graces & nous conduisant en nos actions, au moins pour ce qui est de luy; & si de nostre part nous n'y apportons point d'empeschement, taschons comme des membres bien disposés, de nous faire capables de ses influences diuines, & de nous rendre dociles à sa direction & à ses mouuemens. *Crescamus in illo per omnia*, dit sainct Paul, *qui est caput Christus, ex quo totum corpus compactum & connexum per omnem iuncturam subministrationis secundum operationem in mensuram vniuscuiusque membri augmentum corporis facit.* Prenons tous en Iesus-Christ, qui est nostre Chef, les accroissemens qui nous sont conuenables, comme nous voyons croistre naturellement les membres auec la teste, puisque nous composons vn corps, dont toutes les parties iointes enseble par vne mesme foy & vn mesme esprit, tout ainsi que celles de nostre corps le sont par les nerfs, les tendons & les muscles, & vnies à leur teste, qui est nostre Seigneur Iesus-Christ, doiuét chacune selon l'exigence de sa nature, receuoir de luy les assistances & les graces pour profiter & grossir, & pour acquerir sa perfection, & produire par ce moyen celle de

*Ephes.* 4. 15.

Coloss. 1. 6.

tout le corps. Et ailleurs, *sicut accepistis Iesum Christū Dominum, in ipso ambulate, radicati in ipso.* Comme vous sçauez que Iesus-Christ a conduit sa vie, conduisez la vostre, marchans sur ses pas & vous tenans vnis à luy comme à vostre racine, d'où vous tiriez vostre séue pour porter de bons fruits. Partant appliquons tous nos soins pour nous laisser manier & regir par nostre Seigneur comme par nostre Teste, prenons ses desseins en toutes nos œuures, entrons dans ses intentions, que les siennes soient les nostres, n'en receuons point d'autres, & singulierement attachons nous, comme luy, à celle de l'honneur de Dieu & ne respirons en tout que sa gloire.

## SECTION V.

### L'exemple de Nostre Seigneur Iesus-Christ.

POVR nous porter à la parfaite obeissance & à la soumission que nous deuons rendre à nostre Seigneur comme des membres souples à leur chef, nous ne pouuons nous proposer vn meilleur exemple ny vn patron plus accomply que celuy de nostre Seigneur mesme, c'est à dire, de son Humanité au regard de sa Diuinité, à laquelle elle estoit vnie.

Il y a trois choses à considerer en nostre Seigneur, au sujet dont nous parlons. La premiere est l'vnion de sa Diuinité auec son Humanité, &
de

de son Humanité auec sa Diuinité. La seconde, ce que faisoit la Diuinité dans l'Humanité, & par l'Humanité comme par son instrument, qui luy estoit intimement conioint. Et la troisiéme, l'obeïssance que l'Humanité rendoit à la Diuinité dans cét employ, lors que la Diuinité la remuoit, & l'appliquoit à faire quelque chose, mais voyons cecy plus au long, & premierement pour ce qui est de l'vnion.

Nous pouuons remarquer quatre sortes d'vnions en nostre Seigneur entre sa Diuinité & son Humanité. La premiere est vne Vnion de dependance, qui tient l'Humanité vnie à la Diuinité, & luy est commune auec toutes les Creatures, qui pour dependre en leur estre continuellement de leur Createur, doiuent necessairement afin de le pouuoir conseruer, luy estre toujours vnies; autrement elles retomberoient aussi-tost & ineuitablement dans l'abysme de leur Neant; Ne plus ne moins qu'à cause que le rayon a besoin du Soleil pour sa production & pour sa conseruation, il doit aussi luy estre incessamment vny; d'où vient que s'il se détachoit tant soit peu de luy, & s'il se faisoit entre eux deux la plus petite separation qui peut estre, il viendroit incontinent à s'éteindre & mourir.

La seconde est vne vnion de presence locale par laquelle la Diuinité se trouue en vertu de son Immensité, qui la met en tout lieu & mesme hors de tout lieu, ainsi que quelques-vns estiment, dans

K

des espaces imaginaires, & dans des places vagues & infinies, qu'ils se figurent, presente intimement à toutes les choses creées, & par consequent à son Humanité: de sorte qu'elle la tiét auec toutes les autres choses, vnie à soy, par le lien de cette perfection, encore que d'ailleurs elles ne le fussent point par celuy de la dependance de leur estre.

La troisiéme est l'vnion hypostatique, par laquelle l'Humanité a esté vnie personellement à la diuinité du Verbe, & eleuée à faire auec luy vn suppost dans vne mesme persone, qui est Dieu, Homme & Hôme-Dieu, & s'appelle Iesus-Christ.

Ces trois vnions sont substantielles, parce qu'elles se font de la chose dans sa substance; mais la quatriéme n'est qu'accidentelle, par les pensées, par les affections, & par les actes interieurs & exterieurs des Vertus, que l'Humanité a exercez enuers la Diuinité, & auec lesquels, comme auec autant de liens, elle s'est prise & vnie à elle. En effet tous les actes de bien-veillance & d'amour, qu'vn amy produit enuers son amy, sont des ligaments & des moyens d'vnion, auec lesquels il va se serrant de plus en plus & s'vnissant plus intimement à luy.

La seconde chose qui est à noter en Nostre Seigneur, est ce que faisoit sa Diuinité dans son Humanité & par son moyen. Surquoy il faut sçauoir que la Diuinité de Nostre Seigneur remüoit cóme vn premier mobile sa saincte Humanité, qu'il l'appliquoit & la conduisoit en tous ses mouuemens & en toutes ses actions, ausquelles pour ce sujet elle donnoit vne excellence & vne valeur infinie. *Pater in me manens*, dit-il, *ipse facit opera.* mon pere demeurant en moy, y fait ce que ie fais. Et derechef, *Pater meus vsque modo operatur & ego operor.* mon pere opere tousiours, & i'opere auec luy coniointement & par indiuis ; d'où vient qu'il appelle ses œuures, les œuures de son pere *si non facio opera Patris mei, nolite credere mihi.* Si ie ne fais les œuures de mon pere, ne croyez pas ce que ie vous dis : mais pourtant si ce sont ses œuures, comment sont elles de son Pere ? & si elles sont de son Pere, comment sont elles de luy ? il rend la raison incontinant apres disant, *quia Pater in me est & ego in Patre.* parceque mon Pere est en moy, & ie suis en luy. Et répondant à ses Apostres qui le pressoient de manger apres le pourparler qu'il eut auec la Samaritaine, il leur dit, *meus cibus est vt faciam voluntatem eius qui misit me, vt perficiam opus eius.* ma nourriture est de faire la volonté de celuy qui m'a enuoyé, & d'acheuer son œuure.

Ioan. 14. 10.

Ioan. 15. 17.

Ioan. 10. 37.

Ioan. 4. 34.

Nostre Seigneur vouloit & faisoit tousiours le mesme que son Pere, diuersement toutefois selon la diuersité de ses deux natures. Parce qu'entant que Dieu, il vouloit & faisoit les choses par vn mesme acte que son Pere, dautant que l'vn & l'autre ne possedans qu'vne mesme & indiuisible essence, il faut ensuite qu'ils aient tous deux le mesme entendement, la mesme volonté & le mesme

K ij

acte. Mais comme Homme, il les vouloit & les faisoit par vn acte distinct & creé, qui émanoit de son ame, mais qui estoit tousiours tres-conforme à celuy de la Diuinité, comme à son modele & à sa regle.

<small>1. Cor. 11. 3.</small>   Pour ce sujet S. Paul enseigne que la Diuinité est la Teste de Iesus-Christ. *Caput Christi Deus*, dit il aux Corinthiens. La Teste de Iesus-Christ c'est Dieu & la Diuinité qui est en luy. Et aux mesmes <small>1. Cor. 3. 123.</small> derechef; *Omnia vestra sunt: Vos autem Christi: Christus autem Dei:* Tout ce qui est dans l'Vniuers est fait pour vous, & vous estes faits pour Iesus-Christ; <small>In illum locum.</small> & Iesus-Christ pour Dieu. *Vos estis Christi*, explique Caietan, *vt Domini, & Capitis. Christus autem Dei, quatenus homo scilicet, sic enim est Dei vt Domini & Capitis.* Vous appartenez à Iesus-Christ comme à vostre Seigneur & à vostre Chef, & Iesus-Christ à Dieu de la mesme façon, pour ce que la Diuinité ne sanctifioit & ne deifioit pas seulement l'Humanité de nostre Seigneur en sa substance, le corps & l'ame, mais encore toutes ses operations, toutes ses pensées, toutes ses affections, toutes ses paroles & tous ses mouuements, qu'elle conduisoit & regloit, de sorte que nostre Seigneur ne forma iamais en tout le cours de sa vie aucune pensée, ne dit aucune parole, & ne fit aucune action ny aucun mouuement, pas seulement du doigt, que par le principe & par la direction de la Diuinité, surquoy il sera bien à propos que nous parlions vn peu plus au long de ses actions.

## SPIRITVEL. 77

Ie remarque en nostre Seigneur quatre sortes d'actions. Les premieres estoient de se posseder soy-mesme, produire le S. Esprit, conseruer le monde, détruire à chaque moment vn million de choses & en faire vn million de nouuelles. Les secondes, de conuertir les pecheurs, de sanctifier de plus en plus les iustes, guerir les malades, resusciter les morts. Les troisiémes estoient des actions d'humilité, de patience, d'obeissance, de charité & des autres vertus; & les dernieres, de boire, de manger, de dormir, de regarder & de faire les autres fonctions de ses sens & de ses facultez corporelles & spirituelles.

Les premieres de ces actions estoient purement diuines, parce qu'elles ne conuiennent à Nostre Seigneur qu'entant qu'il est Dieu. Et les trois autres sont Theandriques, dautant qu'illes produisoit comme Dieu & Homme. Les secondes sont Theandriques diuinement humaines, pourceque s'eleuans tout à fait au dessus des forces de la Nature humaine, la Diuinité en estoit la seule cause principale, & l'Humanité n'y seruoit que d'instrument. Les troisiémes sont diuinement humaines & humainement diuines, parce que l'Humanité y auoit plus de part & entroit auec plus de gloire à leur production, l'vne & l'autre natures y employant chacune en son genre à forces également vnies comme cause principale. Et parceque les quatriémes sont particulieres à la seule nature humaine, & ses propres effets, nous les appellerons

K iij

humainement diuines. Aprés tout pourtant elles sont Theandriques, parceque celuy, qui les faisoit, estoit Dieu Homme, & la Diuinité appliquoit & conduisoit l'Humanité dans la besogne & pour des intentions diuines.

*Lib. 3. de Fide cap. 5. Vasquez in 3. p. to. 1. disputo. 5. cap. 5.*

S. Iean Damascene parlant de ce sujet, dit, que nostre Seigneur ne faisoit point les choses humaines humainement, parce qu'il n'estoit pas seulement Homme mais encore Dieu: pour marque de quoy ses souffrances portoient benediction & salut, & sa mort causoit la vie. Il ne faisoit point aussi les choses diuines d'vne façó seulement diuine, dautant que s'il estoit Dieu, il estoit aussi Homme, c'est pourquoy il employoit son Humanité, l'attouchement de sa main, la parole de sa bouche, pour faire les miracles & operer les choses diuines. I'adiouste que cóme les actiós & les souffrances de nostre Seigneur estoient d'vn prix sans prix & d'vn merite absolument infini, il faut par necessité qu'il y ait eu en elles quelque chose de Dieu; parce que l'homme ne sçauroit auec toutes ses forces rien faire, ny rien souffrir qui à beaucoup pres vaille tant dauantage pour ce que ces actions & ces souffrances, sont marcher, parler, auoir faim, auoir soif, estre fouëtté, estre coroné d'espines & mourir, il faut sans doute qu'il y ait eu de l'Homme & de la Creature là dedans, pour ce que comme Dieu est vn esprit tout pur, sans corps & immortel, il ne peut ny faire ny souffrir ces choses.

SPIRITVEL. 79

De plus le mesme sainct Docteur enseigne, que dans l'action Theandrique de nostre Seigneur il y auoit toujours deux actions compliquées & melées ensemble, l'vne de la nature diuine, & l'autre de la nature humaine, Ne plus ne moins, dit il, par vne comparaison excellente, qu'vne mesme épée qui seroit toute rouge de feu, auroit deux effets, à sçauoir coupper & bruler, de mesme l'ouurage de la nature humaine en nostre Seigneur estoit par exemple de prendre main de la fille du Prince de la Synagogue, qui estoit morte, & celuy de la diuine de luy rendre la vie. Matth. 9. 25.

S. Cyrille d'Alexandrie éclairé deuant luy des mesmes lumieres auoit dit que Nostre Seigneur estant Dieu & Homme, agissoit toujours selon ces deux natures, diuinement & humainement par indiuis. Pour l'éclaircissement dequoy, il apporte la similitude d'vn artisan qui trauaille, & de qui le trauail doit estre rapporté & à son corps & à son ame, car on ne dira pas que la gloire en soit deuë seulement au corps, ny aussi seulement à l'ame, mais à tous deux conjointement, & principalement à l'ame, qui se sert du corps comme de son instrument: de mesme le Verbe Eternel N. Seigneur deuant son Incarnation, lors qu'il ne s'estoit point encore produit ny reuestu de nostre nature, a fait des choses diuines, comme des guerisons miraculeuses, & apres l'auoir prise & s'estre fait homme, il a operé les mesmes choses, mais par l'organe de son Humanité & par l'entremise de sa

Contra Anthropo. cap. 20.

Cap. 22.

chair, comme quand il touchoit les aueugles pour leur rendre la veuë, & qu'il mettoit la main sur la biere d'vn mort pour le resusciter.

S. p. q. 19. a. 1.

S. Thomas traitant cette belle & importante verité dit, que quand deux causes, dont l'vne depend de l'autre, se joignent pour produire de compagnie vn mesme effet, celle qui depend, reçoit le mouuement de l'autre, comme la plume de l'Ecriuain est remuée par la main qui la tient, & la main par l'ame qui l'anime. De plus que l'action de la cause dependante est double, l'vne qui luy appartient selon sa nature, comme au burin de grauer & au pinceau de coucher la couleur, & l'autre qui luy vient par l'impression de la cause superieure, comme à ce burin de tellement grauer, & à ce pinceau de coucher la couleur de telle façon, que le burin fasse vne estampe excellente, & le pinceau vne peinture parfaitte. La premiere action est propre & naturelle au burin & le graueur n'y met rien du sien, sinon en tant qu'il s'en sert pour son dessein, mais la seconde luy est estrangere & particuliere au graueur. Suiuant cela toutes fois & quantes que deux causes subordonnées ont diuerses formes & diuerses facultez pour agir, l'operation de la maistresse cause est toujours differente de celle de la cause inferieure, encore qu'elles se lient ensemble & agissent conjointement. C'est pourquoy comme en Nostre Seigneur la Nature humaine a sa propre vertu & sa façon d'agir, & la diuine semblablement la sienne, ne, il faut aussi qu'il y ait deux operations diuerses, dont l'vne se rapporte à la nature humaine, & l'autre à la diuine. *Et tamen diuina Natura*, dit ce S. Docteur, *vtitur operatione Naturæ humanæ, sicut operatione sui instrumenti: & similiter humana Natura participat operationem diuinæ Naturæ, sicut instrumentum participat operationem principalis agentis.* De telle sorte pourtant que la Nature diuine employe la Nature humaine & son operation comme son instrument, & la Nature humaine prend part à l'operation de la Nature diuine, comme l'instrument fait à l'operation de la cause principale.

La troisiéme chose que nous deuons considerer en N. Seigneur, est l'obeissance que son Humanité rendoit au mouuement & à la direction de la Diuinité, qui a esté si grande & si entiere, que sans exception de chose aucune, elle a tousiours fait & parfaitement executé tout ce qu'elle desiroit d'elle pour sa gloire & pour l'accomplissement de ses desseins. *Amen, Amen dico vobis,* dit il, luy mesme, *non potest filius à se facere quicquam, nisi quod viderit patrem facientem: quæcumque enim ille fecerit, hæc & filius similiter facit.* Ie vous dis en verité, que le fils ne peut rien faire de son chef, mais qu'il fait tout ce qu'il void faire à son pere. Et encore *qui me misit, verax est; & ego quæ audiui ab eo, hæc loquor in mundo.* Celuy qui m'a enuoié est veritable, & ie rapporte aux hommes, ce que i'ay entendu de luy. *A me ipso facio nihil, sed sicut docuit me Pater, hæc loquor, & qui me misit, mecum est, & non reliquit me solum, quia*

Ioan. 5. 19.

Ioan. 8. 26.

Vers. 28.

*ego, quæ placita sunt ei, facio semper.* Je ne fais rien de moy, & ie ne parle que suiuant les instructions que mon Pere m'a données, qui est tousiours auec moy, & qui ne me laisse point ny agir ny parler tout seul, & aussi à qui en mes actions & en mes paroles ie m'etudie tousiours de plaire & de me rendre agreable. Et derechef, *Ego ex meipso non sum* 

Ioan. 12. 49.

*locutus, sed qui misit me Pater, ipse mihi mandatum dedit quid dicam, & quid loquar: quæ ergo ego loquor, sicut dixit mihi Pater, sic loquor.* Je n'ay rien dit de moy mesme, mais mon Pere m'a ordonné & marqué ce que ie dois dire, & ie le dis. Et ainsi autre part.

Pour cette cause nostre Seigneur asseuroit, comme nous auons rapporté cy-dessus, que sa propre nourriture estoit d'obeïr à son Pere, parce qu'il s'en nourrissoit comme d'vne viande qui luy estoit extremement delicate & sauoureuse, & qu'il la desiroit autant & plus que ne fait vn estomach affamé son aliment. Et Dauid auoit dit au-

Psalm 39. 7.
Hebr. 1.

parauant, ce que S. Paul a inseré du depuis dans son epistre aux Hebreux, que N. Seigneur au premier moment de sa vie, dans le vétre de sa saincte mere, & apres encore au point de sa naissance quand il entra visiblement au monde vestu de nostre chair, fit cette declaration à son Pere; *sacrificium & oblationem noluisti, aures autem perfecisti mihi: Holocaustum & pro peccato non postulasti: Tunc dixi ecce venio. In capite libri scriptum est de me, vt facerem voluntatem tuam, Deus meus volui, & legem tuam in medio cordis mei.* Vous n'auez point voulu de victimes ny d'holocaustes pour adoucir le courroux que vous auiez conceu contre les hommes, & leur pardonner leurs offenses; mais vous m'auez pour cela preparé des oreilles, afin de vous obeir, & donné vn corps pour vous estre à ce dessein offert en sacrifice. Ce que connoissant, i'ay dit au poinct que ie l'ay reçû, me voilà tout prest, i'accepte vostre arrest, ie viens pour l'executer, & sçachant qu'à la teste du liure de vostre Predestination eternelle, il est écrit que ie feray vostre volonté, ie m'y soumets tout à fait, & i'ay mis vos commandemens au milieu de mon cœur, pour monstrer auec quelle affection ie les ay reçeus, & suis en resolution de les accomplir.

Iamais Nostre Seigneur, tandis qu'il vécut icy bas, ne fit chose aucune par laquelle il ait témoigné qu'il se souciast ou voulut prendre soin des affaires de cette vie. Iamais il n'appliqua son esprit ny ne rapporta aucune de ses occupations pour acquerir soit à soy, soit aux siens des honneurs, des richesses ou des plaisirs de la terre. Il auoit tellement banni les pensées de toutes les choses de ce monde, & en faisoit paroistre vn si profond oubly, que comme on luy eut presenté vne piece des plus communes de la monnoye courante, il demanda, comme s'il ne l'eût pas connuë, quelle piece c'estoit. Et vn certain, l'ayant prié de partager entre luy & vn sien frere vne succession qui leur estoit écheuë, il le renuoya assez rudement auec ces paroles, encore qu'il semble que ce fut vne

Matth. 22. 10

Luc. 12. 14.

L ij

action de charité, pource seulement qu'elle sentoit vn peu la terre. *Homo, quis me constituit iudicem aut diuisorem super vos?* mon amy, qui m'a étably vostre Iuge ou le faiseur de vos partages? Tout son soin & toute son étude estoit de s'assujetir à la Diuinité pour faire & au temps, & au lieu, & en la façon requise tout ce qu'elle vouloit qu'il fit pour son honneur & pour le salut des hommes, auec vne parfaitte indifference pour l'application, & vne obeissance entiere pour l'execution. Voila nostre Patron; voyons maintenant comme quoy nous le deuons imiter.

## SECTION VI.

### *Nostre Imitation.*

Nous auons remarqué trois choses en Nostre Seigneur dans le discours precedent: l'Vnion de son Humanité auec sa Diuinité; l'operation de la Diuinité dans l'Humanité; & l'obeissance de l'Humanité aux mouuemens & aux ordres de la Diuinité, comme à celle qui luy tenoit lieu de chef. Il faut à present que nous considerions comme nous deuons l'imiter en ces trois choses, puis qu'il est nostre chef, & que nous sommes si heureux que d'estre ses membres.

Et pour commencer par la premiere qui est l'vnion, il est certain que de ces quatre vnions, dont nous auons parlé, la premiere, qui est de dependance substantielle, & la seconde qui est de presence locale, nous sont assurément acquises, parceque comme nous n'auons de corps ny d'ame, que ce que Dieu N. Seigneur nous en donne, & que pour en conseruer la possession, nous dependons perpetuellement de luy, il faut que perpetuellement aussi nous luy soyons vnis. Nous sommes de mesme presens à luy en tous lieux, à raison de son Immensité diuine, d'où S. Paul dit aux Areopagites, *In ipso viuimus, & mouemur & sumus.* Act. 17. 28. nous viuons, nous nous mouuons, & nous sommes en luy.

Pour la troisiéme, qui est l'Vnion hypostatique, encore que son propre terme soit l'Humanité de nostre Seigneur, elle s'etend toutefois encore de cette Humanité particuliere sur tous les hommes, & iette sur eux auec vn grand éclat les rayons de sa gloire, par ce que Dieu s'est vny à tous les hómes, & tous les hommes ont esté vnis, à Dieu en nostre Seigneur, à cause que la Nature diuine & la Nature humaine se sont alliées & iointes intimement en sa persone. Ce qui arriue encore beaucoup plus auantageusement aux Chrestiens, qui entre tous les hommes luy sont les plus étroitement vnis, à raison de la foy, du baptesme, de la manducation de son corps, & de la grace, & par ce qu'ils sont ses membres qui composent auec luy vn corps mystic, qu'ils sont ses disciples, ses freres & ses épouses. *Ego sũ in Patre*, dit-il à tous en la persone des Apostres, *& vos in me, & ego in* Ioan. 14. 20

*vobis.* Ie suis en mon Pere, & vous estes en moy & moy en vous, *Ille in Patre*, explique sainct Hilaire, *per naturam diuinitatis; Nos in eo per corporalem eius natiuitatem; & ille rursum in nobis per sacraméti mysterium; ait enim, qui edit carnem meam & bibit meum sanguinem, in me manet & ego in eo.* Il est dans son pere par vnité d'essence qu'il reçoit de luy, en vertu de sa generation eternelle; Nous sommes dans luy par l'vnion de nostre substance & par la liaison qui s'est faite de nostre nature auec la sienne dans le mystere de l'Incarnation ; & il est derechef dedans nous par le Sacrement de sa chair & de son sang, pour ce qu'il a dit: celuy qui mange ma chair, & qui boit mon sang, demeure en moy, & ie demeure en luy. *Ego sum in Patre*, porte la Glose, *sicut radius in sole: & vos in me, quasi palmites in vite: & ego in vobis, sicut vitis in palmite.* Ie suis dans mon Pere comme le rayon est dans le Soleil; Vous estes en moy comme les sarmens sont dans la vigne ; & ie suis en vous, comme la vigne est dans son sarment, pour couler dans vos ames la seue de la grace & vous faire porter du fruit.

Nous deuons pratiquer la quatrieme vnion qui est accidentelle, auec les actes de la Foy, de l'Esperance, de la Charité, auec les Desirs & les Demandes instantes de cette vnion, dont nous parlerons plus amplement en vn autre lieu encore plus propre.

La seconde chose est que nostre Seigneur en qualité de nostre Chef opere en nous qui sommes ses membres, à la façon que sa Diuinité operoit dans son Humanité, laquelle ne faisoit chose aucune pour legere qu'elle fut, ne formoit pas seulement vne pensée, ny ne disoit vne parole, que par son mouuement & sa conduite. Nostre Seigneur fait le mesme en celuy qui est vray Chrestien. Aussi à dire le vray c'est à la Teste de mouuoir & gouuerner les membres, & ny la main ny le pied ne font iamais aucun mouuement raisonable, que par la direction du chef; pource que, comme tout mouuement tend par necessité à quelque fin comme à son repos, & que l'intention d'vne fin, aussi bien que le chois des moiens pour y atteindre, ne peut conuenir qu'à vne faculté connoissante, il faut en suite qu'elles naissent non de la main ny du pied, mais de la Teste.

Ainsi nostre Seigneur dit à ses Disciples qu'il seroit auec eux & auec tous les Fideles iusques à la consommation des siecles. Ce qui se doit entendre non seulement qu'il y seroit pour les proteger & les defendre exterieurement, mais encore pour dans l'interieur leur communiquer la vie de la grace, leur departir les dons de Dieu, éclairer leur entendement, échaufer leur volonté, fortifier leur courage, & les conduire dans toutes leurs actiõs. Pour ce sujet il prit le nom d'*Emmanuel*, qui signifie, Dieu demeurant auec nous & en nous, suiuant cette parole de S. Iean, *habitauit in nobis*, afin de nous sanctifier, de nous deifier & de nous diriger en tout: de cette façon nostre Seigneur est

Matth. vlt. v. vlt.

Isai. 7. 14.

cap. 1. 14.

en tout vray Chrestien, comme le Chef dans son membre pour influër sur luy & le mouuoir; cóme le Roy dans son Royaume, pour luy dóner ses ordres & le gouuerner selon ses loix ; comme vn General dans son armée, pour l'arranger & la mettre en état de combattre & de vaincre ; comme vn Pere dans sa maison & dans sa famille, qu'il regit sagement, qu'il defend & enrichit ; comme vn Pilote dans son vaisseau, qu'il mene par les tempestes orageuses de ce monde, & à trauers tous les dangers au port de salut ; Comme le Soleil au monde, qui par sa lumiere & sa chaleur donne la beauté, la force & le mouuement à tout ce qui est icy bas ; Comme l'Ame dans son corps pour l'animer de son esprit, & le faire viure vne vie non point animale, ny humainement raisonable, mais vne vie diuine & vne vie de Iesus-Christ, de sorte que toutes ses actions ne soient point naturelles, mais au dessus de la nature, glorieuses à Dieu & meritoires de la beatitude eternelle. Et comme la Raison & la Prudence dans l'ame pour regler toutes ses pensées, toutes ses affections & tous ses sentimens.

*Philip. 2. 13.*
*2. Thessal. 2. 13.*

D'autant que S. Paul dit, *Deus est, qui operatur in vobis & velle & perficere. Deus operatur in vobis qui credidistis.* C'est Dieu qui opere en vous, c'est à dire, qui vous donne & le mouuement & la grace de vouloir & de faire les choses bonnes. Dieu agit

*1. Cor. 12. 6.*

en vous, qui auez reçû la foy & qui estes Chrestiens. Et il dit encore, qu'il y a vne varieté de graces,

## SPIRITVEL.

graces, de ministeres, & d'operations dans le corps de l'Eglise, mais qu'il n'y a qu'vn Dieu, qu'vn Seigneur & vn Esprit, *qui operatur*, & comme Hilaire traduit suiuant le grec, *inoperatur omnia in omnibus*, qui anime ce corps & fait tous ces differens effets. D'où vient qu'il assuroit de soy aux Galates, ce que nous auons deja rapporté qu'il ne viuoit pas, qu'il ne parloit pas, qu'il ne voioit pas, mais que c'estoit Iesus-Christ qui viuoit, qui parloit, & qui voioit en luy. *An experimentum*, dit-il aux Corinthiens, *quæritis eius, qui in me loquitur Christus?* Voulez-vous faire experience du pouuoir, & de l'autorité que m'a donnée celuy, lequel parle en moy, qui est Iesus-Christ? conformement à ce que Iesus-Christ mesme dit: *Non vos estis qui loquimini, sed spiritus patris vestri qui loquitur in vobis*. Ce n'est pas vous qui parlez, mais c'est l'esprit de vostre pere qui parle par vostre bouche. Et écriuant aux Romains il leur dit: nous ne sçauons pas ny de quoy ny comment nous deuons prier Dieu, *Sed ipse spiritus postulat pro nobis gemitibus inenarrabilibus*. Mais le S. Esprit le prie en nous & pour nous, & nous excite & apprend à le prier auec des gemissemens ineffables & auec des affections embrasées. Et auparauant il leur auoit dit, ie rend graces à mon Dieu pour vous *per Iesum Christum*, par le mouuement & par l'instruction que Iesus-Christ m'en donne.

Nous deuons dans ces pensées & ces lumieres regarder nostre Seigneur en nous, en nostre

ὁ ἐνεργῶν.
Galat. 1. 10.

2. Cor. 13. 3.

Matth. 10. 10

Rom. 8. 26.

Rom. 1. 8.

corps & en nostre ame, les consacrant à son Pere, comme des choses qui luy appartiennent, les rapportant perpetuellement à sa gloire, leur donnant en qualité de chef, le mouuemēt & le branle pour agir, & les conduisant dans leurs actions. Saincte Catherine de Sienne racōte qu'vn iour nostre Seigneur luy arracha son cœur, & en la place luy donna le sien; de sorte qu'elle ne vouloit, n'aimoit, ne haïssoit, ne desiroit, & n'operoit plus les choses que par le cœur de Iesus-Christ: Et il n'y a pas si long-temps que faisant vne grace pareille à vne personne de mesme condition & de mesme sexe, doüée d'vne excellente innocence, il luy dit apres la Communion. Ie prens ton esprit à moy, & tu ne t'en seruiras plus; ie t'oste ta volonté & ton cœur, pour t'en donner vn de feu & de pureté. Et quelque temps apres il prit possession nouuelle de son estre & de tous les membres de son corps, & en fit vne consecration, tellement qu'elle ne les pouuoit plus voir comme siens, mais comme les membres de Iesus-Christ, & n'en auoit autre vsage que celuy qu'il luy en donnoit, & ne pouuoit apperceuoir que Dieu en tout ce qu'elle estoit. Ce que l'experience a monstré plusieurs fois; car par le rapport asseuré des persones qui l'approchoient tous les iours, comme on luy demandoit ou ses mains, ou ses pieds, ou quelque autre de ses membres, elle n'entendoit rien; si l'on prenoit sa main pour la luy faire voir, luy disant, ma sœur, Voila vostre main, elle deuenoit aueugle, de façon que si on vouloit qu'elle donnast sa main, il falloit necessairement luy dire, ma sœur, donnez la main de Iesus; alors elle donnoit sa main sans peine auec vne aimable douceur & vne pureté angelique.

C'est ainsi qu'il faudroit nous considerer, c'est auec ces yeux que nous deurions regarder nos membres, puis qu'effectiuement ils sont à Iesus-Christ, puis qu'il nous a dediez & consacrez au culte & à l'honneur de son pere, qu'il influë sur nous, qu'il nous rémuë & nous gouuerne, comme le chef ses membres. Nous deurions sans doute en qualité de Chrestiens, pouuoir dire auec S. Paul: ie vis, non, ie ne vis pas, c'est Iesus-Christ qui vit en moy ; & auec la sacrée Humanité de Nostre Seigneur par rapport à la Diuinité operante en elle & par elle. *A meipso facio nihil : Pater autem in me manens, ipse facit opera. Ex meipso non sum locutus ; quæ ego loquor, sicut dixit mihi Pater, sic loquor.* Ie ne fais rien de moy, mais c'est mon pere qui demeurant en moy fait les choses que vous voyez sortir de mes mains ; ie n'ay rien dit de moy-mesme, mais seulement ce que mon pere a mis dans mon cœur & dans ma bouche.

Nous deuons parler, nous deuons penser, nous deuons aimer, nous deuons conduire nos corps & nos ames de cette façon, & agir en tout auec la dependance & dans la direction, au regard de Nostre Seigneur ; que ce Seigneur a obseruée enuers la Diuinité, & rendre sur ce modele toutes nos actions Theandriques, au moins pour leur

Ioan. 8. 28.
Ioan. 14. 10.
Ioan. 12. 49.

principe & pour leur fin.

Leur Principe doit estre Iesus-Christ, & il faut qu'elles soient animées de son Esprit. Nous sçauons que l'office de la Teste est de remuër la main, & de la Cause principale d'appliquer son instrument : Nous possedons ces deux illustres qualitez de membre & d'instrument à l'endroit de Nostre Seigneur, touchons nous donc de la gloire renfermée dans ces deux noms pour tenir ce procedé dans nos operations. Le membre participe tousiours à l'excellence de son chef, & comme il n'est rien de plus noble ny de plus diuin que Iesus-Christ, le membre d'vn tel chef ne peut estre qu'extrememment honorable. Si en nos pensées, en nos paroles & en toutes nos actions libres nous ne suiuons le mouuement & la conduite de Iesus-Christ, & si nous n'operons par son esprit, & comme les membres d'vne telle Teste, nous opererons cóme les membres, de qui? de la nature corrompuë, ou du diable: quelle horrible difference & quelle inexplicable infamie!

Dauantage puis qu'il nous tient lieu de Cause principale & que nous sommes ses instrumens, si la plume qui est taillée pour écrire, auoit de la raison, n'aimeroit-elle pas beaucoup mieux estre prise & employée à cela par vn Roy que par vn villageois? par vn excellent maistre, qui en formera vne belle écriture, que par vn enfant qui n'en pourra que griffonner des lettres, & gaster le papier? Vn pinceau choisiroit-il pas plustost d'estre manié par vn Apelles, ou par vn Raphaël, qui ne produiront que des chefs-d'œuure & des miracles de l'art, que par vn apprenty & vn peintre ignorant, qui auec tout son trauail ne fera que des figures estropiées & imparfaittes?

De plus nous deuons en toutes nos œuures tendre aux fins, pour lesquelles nostre Seigneur les fait auec nous, & pour lesquelles il faisoit les siennes, operant sous la conduite de la Diuinité. Iamais la main quand elle écrit, ny le pied quand il marche, n'ont aucun dessein qui leur soit propre & particulier, mais toujours celuy de leur teste, qui est le seul pour lequel ils se remuent; aussi bien que l'instrument trauaille pour celuy de sa cause. Ainsi nous, qui sommes & les membres & les instrumens de Iesus-Christ, nous deuons nous proposer en toutes nos actions ses intentions & ses motifs, qui ayant toujours esté principalement & souuerainemét la gloire de Dieu son Pere, nostre deuoir est d'y referer tout ce que nous faisons, & apres retomber sur la siéne, comme sur ce que só Pere desire ardément de nous, & pourquoy mesme il nous a, ainsi que S. Paul dit, creés & auec nous l'vniuers, toutes les Creatures n'estans que pour l'honorer & le seruir. Coloss. 1. 16.

A la verité les membres doiuent rapporter à la gloire de leur Teste, & les instrumens à la loüange de leur Cause, tout ce qu'ils font de bien; si la main écrit correctement, si elle fait vne excellente broderie, si le pied danse de bonne grace, il est

M iij

certain que l'honneur en est dû à la Teste, & l'on sçait que les pinceaux, dont se seruoient Apelles & Raphaël, n'ont pas esté estimez pour les peintures admirables que ces grâds Ouuriers ont faites: d'où aussi nous voyons que ny la main de l'Ecriuain, ny le pied du Danseur, ny beaucoup moins le pinceau du Peintre ne sont pas coronez, & ne portent point la marque ny l'honneur de la victoire, mais la Teste: Parce qu'en effet ce n'est ny la main ny le pied, ny encore moins le pinceau, qui font les ouurages auec perfection, & par consequent auec merite d'estime & de recompense, mais la Teste, & l'Ame qui y reside comme au lieu, où seulement elle peut entendre, raisonner & conduire. Nous deuons semblablement attribuer à Nostre Seigneur la gloire de tout ce que nous faisons de bien, & la loüange de toutes nos victoires, si nous le reconnoissons pour nostre chef, & si nous nous tenós pour ses membres. Aussi les vingt quatre vieillards, que vid S. Iean dans l'Apocalypse, mettoient au pied de son throne leurs corones, comme auoüans que c'estoit luy qui auoit & combattu & vaincu en eux. Et vne autre fois il remarqua *in capite eius diademata multa*, qu'il portoit sur la teste vn grand nombre de diademes entassez les vns sur les autres, pour monstrer que nous tirons de luy toutes nos forces, & que nous deuons faire remonter à luy, comme à la vraye source, tout l'honneur de nos bonnes œuures.

Nostre Seigneur donc agissant ainsi en nous

*Apocal. 4. 10.*

*Apocal. 19. 11.*

comme dans ses membres, il faut que nous fassions tous nos efforts pour receuoir ses mouuemens & suiure sa conduite. Voyons maintenant la façon, c'est à dire, auec quelle indifference, & auec quelle obeïssance nous le deuons faire.

## SECTION VII.

*De l'indifference & de l'obeïssance que nous deuons apporter aux mouuemens de nostre Seigneur.*

POVR nous bien disposer à receuoir les influences de nostre Chef, c'est à dire de nostre Seigneur, & nous mettre en estat d'estre muz & conduits de luy, & en suite porter dignement la qualité glorieuse de ses membres, & mener vne vie selon son esprit ; il faut necessairement que nous apportions de l'indifference & de l'obeïssance à ses mouuemens, l'indifference se refere à l'application, & l'obeïssance à l'execution.

Quant à l'Indifference nous deuons pour ce qui est de nous, estre indifferens à tous les vsages que nostre Seigneur veut faire de nous, soit pour les richesses ou pour la pauureté, pour les honneurs ou pour les mépris, pour les plaisirs ou pour les déplaisirs, pour la santé ou pour les maladies, pour la vie ou pour la mort, pour le temps & pour l'eternité, pour auoir ou n'auoir pas, pour retenir ou quitter, pour penser, pour aimer, pour haïr, pour deſirer, pour faire, pour parler, pour ſe taire, & generalemét pour toutes choſes: de ſorte que ſans aucune reſiſtance de noſtre part, & auec toute la liberté de la ſienne, il puiſſe diſpoſer de nous, de noſtre corps, de noſtre ame, de nos penſées, de nos affections, de nos imaginations, de nos paſſions, de nos poſſeſſions, de nos priuations, & de tout, & vſer abſolument de nous, comme il luy plaira.

Nous deuons auoir à ſon égard l'indifference d'vn membre ſous la conduite de la teſte: car comme le pied eſt tout à fait indeterminé de ſa nature pour aller plutoſt à la droite qu'à la gauche, & par vn chemin que par vn autre, la main pour faire plutoſt ce mouuement que celuy-là, & former vn A, quand elle écrit, qu'vn B, ou vn mot plutoſt qu'vn autre; mais toutes ces determinations viennent à l'vn & à l'autre de la Teſte. Nous deuons encore auoir l'indifference de l'inſtrument, qui ſans oppoſition ſe laiſſe prendre, manier, & appliquer par ſa cauſe à tout ce dont il eſt capable, de façon que de ſoy il n'eſt à rien & il eſt à tout. Ainſi faut-il que nous ne tenions à quoy que ce ſoit, afin que noſtre Seigneur ait tout pouuoir de nous remuer, comme des membres indeterminez, & de ſe ſeruir de nous, où, quand, comment, & pourquoy il voudra, & que nous n'ayons point d'autres liaiſons aux choſes, que celles que ſon application nous y donnera.

Nous deuons de plus conſiderer & imiter la
parfaite

parfaite Indifference, que l'Humanité de Nostre Seigneur a renduë à toutes les dispositions de la Diuinité: car ne s'est elle pas entierement abandonnée à sa conduite? n'a t'elle pas suiuy tous ses ordres? luy a t'elle iamais resisté en chose aucune soit grande ou petite, difficile ou aisée? & la diuinité n'a t'elle point fait sans contradiction quelconque de son corps & de son ame tout ce qu'elle a voulu? Que si au iardin des Oliues à l'aspect des horribles douleurs, des extremes infamies & de la cruelle mort qu'elle deuoit souffrir, elle pria qu'il luy plût la dispenser de boire l'amertume de ce Calice, elle adiouta incontinant *Verumtamen* *non sicut ego volo, sed sicut tu.* Toutefois, nonobstant toutes mes apprehensions & toutes mes resistances naturelles, que vostre volonté se fasse & non la mienne. Que mesme pour ne point apporter d'empeschement à l'accomplissement de ses desseins, elle subit le dépoüillement & la perte de sa propre subsistance.

Matth 26.39.

Voila à quoy l'Esprit de Iesus-Christ encline les ames: lequel pour ce sujet est comparé à l'eau viue; car Nostre Seigneur parlant à la Samaritaine, luy dit, si tu auois le iugement de te seruir de l'occasion qui t'est presentée, tu demanderois peut estre à boire à celuy qui te parle, *& dedisset tibi aquam viuam*, & il t'eût donné de l'eau viue, c'est à dire, le S. Esprit & la grace: laquelle, comme l'eau pour les choses corporelles, laue les ames de leurs ordures, les rend fecondes pour produire les bon-

Ioan. 4.30.

N

nos œuures, amortit le feu de nos concupiscences, & particulierement comme l'eau, aussi bien que toutes les autres liqueurs, n'a point de figure qui luy soit propre, mais prend tousiours celle du vase, où elle est mise, porte les ames à estre indifferentes à toutes choses, & n'est point liée à celles-cy, pluftost qu'à celles-là, que par le mouuement de Nostre Seigneur; ainsi l'Epouse dit au Cantique,

Cant. 5. 6. *Anima mea liquefacta est, vt dilectus locutus est,* mon ame s'est liquefiée à la parole de mon bien-aimé pour receuoir toutes les figures, & prendre tous les états qu'il luy plaira.

Act. 9. 4. *Saule, Saule,* dit nostre Seigneur à son Persecuteur, *quid me persequeris.* Saul, Saul, pourquoy me persecutes-tu? A la verité nous persecutons nostre Seigneur, lors que nous luy resistons, à ce qu'il ne fasse de nous ce qu'il veut, que nous bouchons les auenuës à ses influences, & tenós ferme côtre son mouuement, comme vn membre roide dont la teste ne peut s'aider, & que nous renuersons la fin de son Incarnation, de sa vie & de sa mort, qui est de nous referer à Dieu son Pere, de nous appliquer à son seruice & à sa gloire, & de nous sauuer. Pourquoy faire, il est absolument requis qu'il agisse sur nous & en nous, & nous fasse agir auec luy & nous adresse en nos actions: ce que nous empeschons par nos determinations à quoy que ce soit, & par le defaut de nostre indifference, & luy lions les mains à ce qu'il ne puisse disposer de nous, cóme il iuge pour la gloire de son pere & pour nostre salut. Partant il faut que nous luy disions auec S. Paul & dans son sentiment: *Domine, quid me vis facere?* Seigneur que voulez vous que ie fasse ? que desirez vous que ie possede, que ie retienne, que ie quitte? que vous plaist-il que i'aime, que ie haisse, que ie die, que ie taise? me voila prest à tout. & auec Samuël: *Loquere, Domine, quia audit seruus tuus*, Parlez, Seigneur, parce que vostre seruiteur écoute, dites tout ce que vous trouuerez bon, ordonnez, commandez, il est resolu de l'executer.

1. Reg. 3. 10.

Apres l'Indifference pour l'application, doit suiure la seconde chose qui est l'Obeissance pour l'execution: Parce que nous voyons que nos membres, qui ont esté indifferens pour leurs mouuemens & pour leurs ministeres sous le gouuernement de la Teste, & les instrumens pour leurs seruices sous le maniement de leur Cause, quand l'ordre est donné & l'application faite, obeissent incontinent & de tout leur pouuoir: car & le pied se remuë, & la main écrit, & le couteau couppe aussi-tost, & sans aucune resistance, s'ils le peuuent: ie sçay que l'on pourra opposer qu'il y a de la difference entre les Corps naturels, où le commandement est despotique, & l'obeissance necessaire; & les mystics, où le gouuernement est politique & l'execution volontaire; mais ie le dis, afin qu'estans des membres beaucoup plus excellens & plus nobles que les naturels, nous taschions de les imiter en leurs qualitez loüables.

Et pour cela, iettons les yeux sur l'obeissance

tres-prompte & tres-ponctuelle que la sacrée
Humanité de Noſtre Seigneur a renduë à la Diuinité, ſans aucun delay, ſans aucune oppoſition, en toutes choſes, meſme tres-difficiles,& iuſques à la mort de la Croix. Ecoutons-là, comme elle en parle par la bouche du prophete Iſaïe. *Dominus Deus aperuit mihi aurem; ego autem non contradico: retrorſum non abij.* Le Seigneur Dieu m'a ouuert l'oreille pour entendre le commandement qu'il auoit reſolu de me faire de racheter les hommes, & les ordres qu'il me vouloit donner là deſſus: ie les ay oüis & les ay receus, ſans y apporter aucune contradiction ny reculer en arriere. Voila pour l'obeïſſance prompte ſans oppoſition; voicy maintenant pour la matiere: *Corpus meum dedi percutientibus & genas meas vellentibus; faciem meam non auerti ab increpantibus & conſpuentibus in me.* I'ay abandonné mon corps aux bourreaux pour eſtre frappé & moulu de coups; i'ay preſenté le viſage à ceux qui m'ont voulu ſoufleter & arracher la barbe, & ie ne l'ay point detourné quand on l'a couuert de crachats, & qu'on m'a fait toutes ſortes d'outrages.

Nous deuós ſur ce patron nous rendre ainſi ſouples & obeïſſans à la códuite de noſtre Seigneur; *ſicut ergo accepiſtis Ieſum Chriſtum Dominū; in ipſo ambulate,* comme vous auez eſté inſtruits que Ieſus-Chriſt noſtre Seigneur faiſoit, & que ſon Humanité ſe comportoit à l'endroit de la Diuinité, imitez le & ſuiuez ſes traces. C'eſt ce qu'il a dit que

Iſai. 50. 5.

Coloſſ. 2. 6.

# SPIRITVEL.

feroient tous les vrais Chrestiens, & ce qu'il auoit auparauant inspiré au Prophete Isaïe pour nous en auertir. *Erunt omnes docibiles Dei*, ils seront tous dociles aux lumieres & soumis aux mouuemens de Dieu, qu'ils suiuront exactement & promptement; comme ces animaux mysterieux d'Ezechiel, qui trainoiét le chariot de la gloire de Dieu, & qui estoiét leurs figures, dót il est dit, *vbi erat impetus spiritus, illuc gradiebantur*, ils alloiét, où l'impetuosité du S. Esprit les poussoit, & d'vne si grande & si admirable vistesse, qu'elle ressembloit à celle de l'éclair, *in similitudinem fulguris coruscantis*.

Ioan. 6. 45.<br>Isai. 54. 13.

Ezech. 1. 12.

v. 14.

*Quicumque*, dit Sainct Paul, *spiritu Dei aguntur, ij sunt filij Dei*: Ceux qui sont gouuernez par esprit de Dieu, & dans l'ame desquels il agit, sont les vrays enfans de Dieu. Où le Docteur Angelique remarque que comme les bestes ne se gouuernent point elles mesmes, mais sont plûtost gouuernées, *quia a Natura mouentur & non ex proprio motu ad suas actiones agendas*, dit-il, parce qu'elles n'agissent pas de leur propre mouuement, mais elles y sont portées & emportées par la Nature; de mesme en quelque façon l'homme spirituel & l'enfant de Dieu, *non quasi ex motu propriæ voluntatis principaliter, sed ex instinctu Spiritus sancti inclinatur ad aliquid agendum*, ne fait point ses actions poussé principalemét par sa propre volonté, mais par le S. Esprit. Ce n'est pas toutefois qu'il ne les fasse de son plein gré & librement, mais c'est *quia ipsum motum voluntatis & liberi arbitrij Spiritus sanctus*

Rom. 8. 14.

S. Thom. ibi.

*Phil. 2, 13.*

*in eis caufat, iuxta illud, Deus eſt qui operatur in vobis velle & perficere;* pourceque le S. Eſprit entre dans l'action de ſon libre arbitre, y concourt & la ſanctifie, ſuiuant cette parole de S. Paul, que c'eſt Dieu qui opere en nous le vouloir & le pouuoir, & l'execution des choſes.

*Caiet. ibid.*

Le Cardinal Caietan donne vn autre viſage à ces paroles qui regarde plus directement noſtre ſujet, & dit, par ce mot, *aguntur,* que l'Apoſtre employe, il ne faut pas entendre que nous ſoions contraints & forcez en nos actions par l'Eſprit de Dieu, mais que nous luy ſommes tres-parfaittement obeïſſans, *agitur enim non ſolum inuitus aut neſcius, ſed & promptiſſimè obſequens,* car on ne dit pas ſeulement d'vn homme qui fait quelque choſe contre ſon gré ou ſans y penſer, qu'il la fait par tranſport, mais encore quand il y vole, à cauſe de l'enuie qu'il a de la faire & d'obeïr tres-promptement à ce qui luy eſt commandé: Et ſuiuant cela on dit que les Saints ſont animez & tranſportez de l'Eſprit de Dieu, & qu'ils ſont ſes enfans legitimes; ce qui ſe lie fort bien enſemble: *Nam filiorum eſt tam obſequentiſſimos,* c'eſt ainſi qu'il parle, *ſe exhibere Patri, vt agantur ſpiritu Patris, vt operentur ad nutum Patris,* parceque c'eſt le propre des vrais enfans de ſe rendre ſi ſoumis, ſi pliables & ſi obeïſſans à leur Pere, que ce ſoit ſon eſprit & non le leur, qui les faſſe agir & les mette en beſogne au moindre de ſes ſignes.

Concluons ce poinct par l'illuſtre obeïſſance,

que les étoilles rendent aux commandemens de leur Createur, & aux mouuemens de l'Intelligence qui les remuë, afin que les Chreſtiens, qui ſelon Sainct Paul doiuent luire icy bas comme des aſtres, l'imitent. *Qui emittit lumen*, dit Baruck, *& vadit, & vocauit illud, & obedit illi in tremore. ſtellæ autem dederunt lumen in cuſtodijs ſuis, & lætatæ ſunt; vocatæ ſunt & dixerunt, adſumus; & luxerunt ei cum iucunditate qui fecit illas*. Dieu fait poindre la lumiere quand il luy plait, & elle ſe monſtre comme il luy eſt ordonné: Il la rappelle, & auſſi toſt elle reuient, & fait place aux tenebres de la nuit, obeïſſant auec tremblement & reſpect à tous ſes ordres. Les Etoilles, comme des Soldats qui ſont en faction & en garde, ont brillé dans leurs quartiers, & fait auec plaiſir la ſentinelle. Dieu les appelle par leurs noms, & incontinant elles marchent d'vne viſteſſe extreme & repandent leur clarté auec vne ioie ſinguliere en ſa preſence. Faiſons de meſme.

*Philipp.2.15. Baruck.3.35.*

## SECTION VIII.

*Raiſons pour nous perſuader efficacement d'operer en Chreſtiens, & de faire toutes nos actions par l'Eſprit de Ieſus-Chriſt.*

Pour donner vn abregé & faire come vn preſſis de ce que nous auons deduit plus au long cy-dessus, ie dis que puisque nous auons l'honneur d'estre Chrestiens & Membres de Iesus-Christ, nous deuons nous remplir de luy, & nous laisser conduire à son Esprit; nous deuons aller à Dieu, nous vnir à luy, l'aimer, l'honorer, priser, mépriser, desirer, rechercher les choses, & nous en seruir; regler nos entendements pour les pensées, nos volontez pour les affections, nos appetits pour les passions, nostre langue pour les paroles & toutes nos œuures; pratiquer l'humilité, l'obeissance, la patience, la mansuetude, la chasteté, la charité & les autres vertus en Iesus-Christ. *Sanctis in Christo*, dit S. Paul, c'est à dire, faire tout cela sur le patron & à la mode de Iesus-Christ.

Pour ce suiet nous deuons auoir toujours en veuë son Humanité, & considerer comme elle se comportoit enuers la Diuinité, comme elle luy estoit vnie, & s'y vnissoit par ses pensées & par ses affections, comme elle l'aimoit, l'estimoit, & comme toutes les creatures ne luy estoient rien aupres d'elle; les honeurs, les adorations, les glorifications, les loüanges, les remercimens, les soumissions & les homages, qu'elle luy rendoit; dautant que nous allons à Dieu, nous nous vnissons à luy, nous l'aimons & nous nous acquittons de nos deuoirs enuers sa Maiesté par nostre Seigneur Iesus-Christ, comme par la cause meritoire & exemplaire de toutes ces actions là: Ne plus ne moins qu'vn fer qui est pris & vni immediatement à la pierre d'aimant, en attire après
d'autres

d'autres, & les attache mediatement & par foy à la mesme pierre.

Encore que ce qui dans l'homme aime proprement & principalement soit la volonté & le cœur, parceque la volonté est la faculté aimante, & le cœur le siege & l'organe de l'amour sensible, neanmoins & les mains, & les bras, & tous les autres membres aiment d'vne certaine façon dans la volonté & dans le cœur, & par eux, dautant que c'est l'homme tout entier composé non seulement de la volonté & du cœur, mais encore des mains, des bras, & des autres parties qui aime effectiuement, & à qui on attribuë l'action de l'amour; de mesme nous, qui sommes les membres de Iesus-Christ, nous aimons Dieu, nous l'honorons, nous l'adorons, nous le preferons à toutes choses, nous exerçons les vertus & faisons tout ce qu'il fait en luy & par luy, pource qu'il est nostre Chef, & qu'il fait tout cela en cette qualité, & non seulement comme homme particulier: Mais nous ne deuons pas seulemét le faire en luy, & par luy, il faut que de plus nous le faisions en nous mesmes, sur son patron & par son esprit ; & venons aux raisons qui nous le persuaderont efficacement.

La premiere est, que la vie Chrestienne estant necessairement fondée sur Iesus-Christ comme sur son principe, & découlant de luy comme de sa source, cette seule action doit passer pour Chrestienne qui est faite par son esprit; Toutes les autres, quelles qu'elles soient, & quelque visage qu'elles portent de vertu & de bonté, ne le sont point. *Si quis spiritum Christi non habet, hic non est eius.* ce sont les paroles de S. Paul, que nous auons deja alleguées, & que nous deuons bien retenir : si quelcun n'a l'esprit de Iesus-Christ, il n'est pas des siens. Cet esprit est autāt necessaire pour constituer vn homme Chrestien, que l'ame raisonable pour le faire homme; & tout ainsi qu'à cause que nous tirons tous nostre origine d'Adam & qu'il est nostre chef pour la nature, nous ne pouuons estre hommes, si nous n'auons vn corps & vne ame substantiellement & organiquement comme luy; de mesme parce que Iesus-Christ est nostre chef pour la grace, & la souche de qui nous sommes tous issuz en qualité de Chrestiens, il est impossible que nous soions Chrestiens si nous ne luy sommes semblables & ne possedons son esprit; à moins de cela nous ne sommes que des ombres & des phantômes de Chrestiens.

Comme pour rendre vne action vitale, elle doit émaner d'vn principe de vie, & pour la faire humaine il faut que nostre ame agissant raisonablement la produise; ainsi afin qu'vne action soit Chrestienne, il est necessaire que Iesus-Christ en soient principe; qu'elle se fasse par son impulsion & soit marquée de son charactere: de sorte que toutes les actions que nous faisons soit spirituelles ou corporelles, quelque éleuation qu'elles aient & de quelque perfection qu'elles puissent estre ornées, ne sont point toutefois Chrestiennes, si elles ne sont entreprises dans les ordres de Iesus-Christ, animées de son esprit, & operées par ses mouuemens. Il faut tenir cela pour certain & ne nous point abuser là dessus.

Ce qui est fondé sur ce que la Raison n'est pas la regle de nos actions entant que nous sommes Chrestiens, & beaucoup moins la Passion, celle-là l'estant des hommes, & celle-cy des bestes, comme nous auons dit, mais c'est Iesus-Christ qui seul en est le niueau & la loy. D'où vient qu'établissant le commandement de la charité du prochain, il l'appelle nouueau; non pas qu'il fut nouueau en soy, puis qu'il est nay auec le monde, & aussi ancié que cette loy, que la Nature a écrite de sa propre main dans le fond de nos cœurs, de faire à nostre prochain ce que nous voudrions qu'on nous fit; & que Moyse encore l'a donné en termes exprez aux enfans d'Israël, mais parce qu'il estoit nouueau en la façon d'aimer, dautant que le Chrestien doit aimer son prochain dans l'Esprit de Iesus-Christ, & comme Iesus-Christ l'a aimé. Ie vous donne, dit-il, vn commandement nouueau, qui est de vous entre-aimer. *Sicut dilexi vos*, comme ie vous ay aimez. Voila le patron.

Leuit. 19.

Ioan. 13. 14.

Ce qui se doit aussi entendre des autres commandemens, qui nous sont communs auec les Iuifs de l'ancienne Loy, & de toutes les vertus: auquel sens S. Paul disoit, *libenter gloriabor in infirmitatibus meis, vt inhabitet in me virtus Christi*, ie me

2. Cor. 12. 9.

O ij

glorifieray de bon cœur dans mes foibleſſes, afin que la vertu de Ieſus-Chriſt demeure en moy. Il appelle vertu de Ieſus-Chriſt l'humilité, la patience, la reſignation, & les autres vertus qu'il faiſoit reluire en ſes infirmitez, parce qu'il les pratiquoit dans l'Eſprit de Ieſus-Chriſt & ſur les modeles qu'il nous en a donnez. Nous ne pouuons douter ſans erreur, que toutes les actions vertueuſes, que les hommes ont iamais faites dans la Loy de nature & dans celle de Moyſe, n'aient eſté exercées par la grace qui leur a eſté conferée en conſideration des merites de Ieſus-Chriſt : ſi eſt-ce pourtant qu'elles n'ont pas eſté faites en Ieſus-Chriſt, c'eſt à dire, ſur ſes exemples, parce qu'il ne les auoit point encore pratiquées, ne s'eſtant pas encore reueſtu de noſtre nature.

*Lib. ad Olymp. de perfect. Chriſtiani.*

Partant pour conclure cette premiere raiſon auec Sainct Gregoire de Nyſſe, regardons Noſtre Seigneur Ieſus-Chriſt comme le patron & la regle de nos actions, & faiſons état que tout ainſi que ſuiuant la doctrine de S. Paul, *omne quod non eſt ex fide, peccatum eſt*, tout ce qui n'eſt pas conforme à la lumiere & à la perſuaſion de la conſcience, comme S. Chryſoſtome & les Peres Grecs l'expliquét, ou ſelon que l'entendent S. Auguſtin & S. Bernard, tout ce qui nait de l'infidelité & eſt contraire à la foy, eſt peché : de meſme tout ce qui dans nos penſées, dans nos paroles & dans nos actiós, dans noſtre interieur & dans noſtre exterieur n'eſt pas ſelon l'eſprit de Ieſus-Chriſt, n'eſt point Chre-

*Rom. 14. 43.*

stien & doit estre reformé. Ne plus ne moins que tous les traits, qui dans vne Copie ne sont pas semblables à ceux de l'Original, sont vicieux & à refaire.

Helas! si cela est vray, comme il l'est indubitablement, où sont les Chrestiens? si pour rendre vne action Chrestienne il faut necessairement qu'elle soit faite suiuant les ordres de N. Seigneur & animée de son esprit, & si pour estre Chrestien en verité il est besoin d'exercer des actions Chrestiennes, combien peu dans vn nombre presque infini d'actions que nous faisons, y en a-t'il de Chrestiennes, & combien peu souuent dans tout le cours de nostre vie sommes nous vraiement Chrestiens? La plus-part des Hommes pendant toute leur vie ne font que la beste, pource qu'ils n'agissent que par passion; de fois à autres, quoy qu'assez rarement, ils sont Hommes, dautant qu'ils s'y conduisent par raison: mais tres-raremét ils sont Chrestiens, pource qu'ils n'operent presque point par l'esprit ny par le mouuement de Iesus-Christ: Et si pourtant ils le deuroient toujours estre; parce qu'ils y sont obligez, & que c'est la plus grande gloire qu'ils sçauroient posseder: mais voicy qui entre dans la raison suiuante, pour laquelle ie dis,

Que la seconde raison pour nous porter à rendre nos actions Chrestiennes, se tire de l'excellence inestimable qui se retreuue en ces actions, laquelle s'eleue si haut, qu'à comparaison tout ce

qui paroift & qui a de l'éclat icy bas parmy les hômes, foit dans les richeffes, ou dans les dignitez,
ou dans les fciences naturelles, ou autre part, n'eft
qu'immondice. Toute action Chreftiéne eft tres-
noble & digne d'vn tres-grand honneur, elle eft
tres-agreable & tres-glorieufe à Dieu, & à proprement parler, il n'y a qu'elle feule qui le foit, parce
que comme de noftre chef nous fommes hideux,
horribles & abominables deuant Dieu, comme
nous ne luy fomes agreables & qu'il ne nous voit
de bon œil qu'à caufe de Iefus-Chrift fon fils bien-
aimé, ainfi que dit S. Paul, *gratificauit nos in dilecto*
*filio fuo*: nos actions de mefme ne peuuent luy plaire fi elles ne font faites dans fes ordres & n'ont
des liaifons auec luy; de plus comme Iefus-Chrift
eft celuy feul qui a releué la gloire de Dieu abbatuë par le peché de l'homme, & reparé fon honneur qui eftoit fletry, fon feul efprit eft l'efprit de
la glorification de Dieu & capable vniquement
de luy procurer de l'honneur; ainfi il n'y a que les
actions, lefquelles en font animées, qui luy peuuent eftre glorieufes.

Tout ce qui n'eft point confacré à Dieu, eft vil
& infame, parce qu'il ne fert qu'à des ordures & à
des minifteres abiets & honteux; Comme au contraire tout ce qui luy eft dedié deuient honorable
& prend vn grand luftre & vn brillant éclat de cét
employ. Les arbres eftoient dans la loy de Moyfe
cenfez immondes les trois premieres années de
leur rapport, & leurs fruits pour ce fujet s'appel-

Ephef. 1. 6.

Leuit. 19. 23.
A Lap. ibi.

loient tout ce temps là Prepuces, & il estoit
defendu aux Iuifs d'en manger: mais l'offre que
l'on en faisoit à Dieu la quatriéme année,
purifioit & les arbres & les fruits, & la cinquiéme on pouuoit librement en vser: toute action
Chrestienne est consacrée à Dieu, parce qu'elle est
faite toujours ou directement ou indirectement
pour sa gloire & pour son amour, & il en retirera
à iamais de l'honneur & de la loüange. Et elle luy
est consacrée par Iesus-Christ son fils, qui auec
son sang & sa mort a acheté & fait siens tous les
hommes, & en suite toutes leurs bonnes œuures,
qu'il presente continuellement à Dieu son pere,
& qu'il luy refere encore en qualité de Chef comme les actions de ses membres. C'est particulierement pour ce dessein qu'il s'est reuestu de nostre
nature, afin de pouuoir rendre à Dieu hors de
Dieu, en soy & en sa tres-saincte Humanité, en
tous les hommes & en toutes les Creatures, qui
au mystere de l'Incarnation ont esté toutes vnies
& deifiées en sa persone, vn honneur digne de son
infinie majesté. De plus toute action Chrestienne
est operée par la grace de nostre Seigneur qui est
tres-excellente & tres-noble & beaucoup dauantage que celle qui fut conferée aux Anges & à
nos premiers parens au poinct de leur Creation,
supposé que Nostre Seigneur n'y ait point eu de
part, & mesme que toutes celles que Dieu peut
produire & donner independemment de luy.
Il est vray que la grace, comme remarque fort

bien vn sçauant Theologien, ne reçoit rien de nouueau ny aucun surcroist de perfection pour ce qui regarde sa nature & son principal effet, qui est d'essuier les pechez d'vne ame & la rendre agreable à Dieu, pour estre grace de Iesus-Christ, c'est à dire, pour nous estre donnee de Dieu en consideration de Iesus-Christ; elle prend pourtant vn tres-grand éclat, & tire vn auantage nompareil de ce qu'elle nous est conferée pour reconnoissance de ses merites; parce que ses merites, à raison de sa dignité infinie, l'ennoblissent comme infiniment, & versent sur elle les rayons d'vne inexplicable gloire, & encore sur tous les hommes qui en sont ornez, attendu qu'ils sont par elle faits membres de Iesus-Christ & participans de tous ses biens, ce qui ne conuient pas à la grace consideree en elle mesme & détachée de Nostre Seigneur : Ne plus ne moins qu'encore qu'vn homme ne soit pas plus homme & ne possede pas plus abondamment ny plus parfaitement la nature humaine pour estre fils de Roy que s'il l'estoit d'vn villageois, il est neantmoins d'vne condition sans comparaison plus noble & plus illustre pour estre issu d'vn tel pere.

Dauantage la grace, que Dieu nous baille, est bien grace à nostre egard, mais si nous la rapportons à nostre Seigneur, c'est iustice, parce que c'est le prix de son sang & la recompense de sa mort, ce qui sans doute luy donc vn tres-grand relief & la releue extrememẽnt; dautant que c'est

*Suarez lib. 7. de Gratia cap. 5.*

vne

vne excellence singuliere & vn honneur inestimable à l'homme d'estre racheté, d'estre iustifié & sauué par les merites d'vn Homme-Dieu. D'où encore nous deuons tirer cette consequence fort probable, que la grace, qui est ainsi fondée sur Nostre Seigneur, & qui s'appuie sur ses merites, est à l'homme iuste vn principe plus puissant pour meriter deuant Dieu, pour aquiter les peines deuës à ses pechez, pour prier auec plus d'efficace & plus de succez, & generalement pour obtenir les vertus, les dons celestes & toutes ses necessitez; que si elle n'auoit point de liaison auec luy, dautant qu'il semble que cela est tres-dû à ses merites, & à l'amour que son Pere luy porte, & à l'honneur qu'il a dessein de luy rendre pour celuy qu'il luy a procuré.

Toutes ces choses monstrent clairement que l'action Chrestienne est tres-excellente & tres-noble, à raison de ce que Nostre Seigneur luy confere : quelle dignité n'auoient pas toutes les actiós, mesme les plus petites, de la sacrée Humanité de Nostre Seigneur? qui la pourroit comprendre? Elle estoit absolument infinie & leur prix inestimable à cause de l'vnion, qu'elles auoient auec la Diuinité du Verbe. Les accidens du pain & du vin dans la Saincte Eucharistie sont-ils pas souuerainement ennoblis & rendus dignes de reuerence & d'adoration, parce qu'ils sont conioints sacramentalement à Iesus-Christ? Concluons donc cette raison & disons que l'action Chrestienne est

P

très-sublime & d'vne excellence inexplicable, & qu'auprès d'elle toutes les autres, quelques glorieuses & signalées qu'elles paroissent, ne sont rien.

La troisiéme raison se prend du profit qui se trouue dans l'action Chrestienne, lequel est si grand qu'il passe toutes nos paroles & toutes nos pensées; & pour le dire en deux mots, comme nous le pouuons, c'est qu'elle nous acquiert en ce monde la grace de Dieu, & en l'autre sa gloire. Il ne se peut rien adiouster pour toutes sortes de biens à cela. Quand nous operons Chrestiennement, nostre Seigneur opere en nous & par nous comme nous auons dit; or nous sommes certains que toutes les œuures de nostre Seigneur & où il met la main, sont toujours, à raison du Principe d'où elles émanét, salutaires, excelletes & doüées de sagesse; & au contraire tout ce que nous faisons de nostre mouuement & de nostre esprit pour éclairé, sçauant & parfait qu'il soit, n'est au plus qu'humain, & souuent moins qu'humain, parce que ce n'est pas l'effet de la Raison mais de la Passion & d'vne ame toublée. Quand nous donnons vn plein pouuoir à nostre Seigneur comme à nostre Chef, d'agir en nous & de nous conduire, il nous conduit dans ses lumieres, qui sont assurées, infaillibles & qui tendent toujours à vne fin bonne, glorieuse à Dieu, & auantageuse pour nous; où les nostres, celles là mesmes qui à nostre aduis sont les plus certaines & les meilleures, se

SPIRITVEL. 115

trouuent souuent fautiues & trompeuses, & nous menent à des precipices, comme l'experience nous fait voir assez souuent que les choses, d'où nous esperions retirer plus de commoditez & plus de contentemens, nous sont les plus nuisibles & les plus fascheuses. *Cogitationes enim morta-* Sap. 9. 14. *lium,* dit le Sage, *timidæ & incertæ prouidentiæ nostræ.* les pensées des mortels sont toujours chancelantes, quand elles n'ont point d'autre appuy que leur esprit, & les preuoiances des plus iudicieux ne sont souuét que de fausses visions & des beueües: la main ny le pied n'ont point de discernement ny d'esprit, tout ce qui est de sagesse en l'homme reside en sa teste, & nous ne sommes raisonables que par cette partie, & depuis la teste iusques en bas nous sommes bestes: Nous deuons croire de mesme que Iesus-Christ, comme chef du corps dont nous sommes les membres, est toute nostre sagesse; qu'en luy, ainsi qu'en nostre teste, est renfermée toute nostre prudence, que nous ne sommes capables de nous conduire de nous mesmes, & que la plus haute prudence que nous puissions auoir, est de nous abandonner absolument à sa prudence. Et luy pour suiure tout à fait sa direction, comme vn membre suit celle de son chef.

Tout ainsi que les actions de Nostre Seigneur luy ont esté tres-profitables pour la gloire de son nom & pour la beatitude de son corps, & à nous pour nostre salut; de mesme toutes les actions Chrestiennes auront par proportion les mesmes

P ij

auantages, parce qu'elles decoulent d'vne mesme source, à sçauoir de Nostre Seigneur, & qu'elles sont animées de son Esprit. D'où vient que plus abondamment vne persone possede l'Esprit de Nostre Seigneur, plus asseurément & plus parfaitement elle opere son salut & contribuë à celuy de son prochain, parce que cóme le seul Esprit de Iesus, est l'Esprit de Sauueur, il est aussi l'Esprit de salut. Ainsi Nostre Dame pour auoir esté comblée de cet Esprit par dessus toutes les creatures de l'Vniuers, elle a aussi apporté plus de biens aux hommes, & les a plus vtilement seruis & les sert encore pour acquerir leur beatitude, qu'elles toutes ensemble. Apres elle les Apostres pour la mesme raison, & en suite tous les Saints selon la mesure de la possession & de la plenitude qu'ils ont euë de cet Esprit salutaire, sans lequel au lieu de profiter, on est plustost preiudiciable, pour ce que l'on est destitué du principe de faire du bien à ceux, auec qui l'on agit.

I'adiouste en dernier lieu à la consideration du profit celle du contentement & de la ioie qui ne peut estre que tres grande & le repos interieur tres-profond, quand l'ame ne resiste point aux volontez ny aux mouuemens de Nostre Seigneur, mais qu'elle luy donne toute liberté de disposer de soy comme il luy plait: parceque toutes nos peines viennent de nos resistances, & lors que nous nous opposons à plus fort que nous. Ne resistans donc point à Nostre Seigneur, mais nous abandonnans entierement à sa conduite, & luy nous conduisant à nostre bon-heur, & auec tant de sagesse & tant d'amour comme il fait, il ne peut y auoir de trouble dans l'ame, mais vne tres-douce paix, & vn Paradis anticipé, *scio hominem in Christo*, disoit S. Paul, Ie connois vn homme en Iesus-Christ, c'est à dire, qui est vni à Iesus-Christ par la Foy & par la Charité, qui est animé de son esprit, & qui ne fait rien que par son mouuement, parceque Iesus-Christ agit en luy comme la Teste en son membre. Par cet homme l'Apostre entendoit parler de soy, & faisoit tout ensemble le craion du vray Chrestien: mais qu'arriua-t'il à cet homme en Iesus-Christ & à ce vray Chrestien ? *scio hominem in Christo, raptum,* poursuit S. Paul, *vsque ad tertium cœlum; quoniam raptus est in Paradisum, & audiuit arcana verba, quæ non licet homini loqui.* Ie sçay que cet homme a esté transporté & raui iusques au troisiéme ciel, & que la porte du Paradis luy a esté ouuerte, où il a entendu & vû des choses si grandes, si excellentes & si admirables, que toutes les langues des hommes ne les sçauroient raconter. Voila la ioie & la felicité, où le vray Chrestien, qui n'a autre soin que de suiure les ordres de Nostre Seigneur & ne rien faire que par son Esprit, est introduit dés cette vie. A quoy pour conclusion ie veux ioindre vn passage illustre de Saint Macaire qui nous dit, que lors qu'vne ame aiant dit adieu à toutes les choses d'icy bas, s'est vnie étroitement à l'Esprit de Iesus-Christ, elle deuient

2. Cor 12.

Homil. 1⸱

toute lumiere, toute œil, toute esprit, toute ioie, toute repos, toute amour, & toute entrailles de bonté, de charité & de misericorde. Et comme la pierre qui est au fond de la mer est entourée d'eau de tous costez, qu'ainsi ceux lesquels ont pris des liaisons intimes auec le S. Esprit, se rendent extremement semblables à Nostre Seigneur & passent tant pour leur interieur comme pour leur exterieur à l'Etat d'vne tres-haute & tres-excellente pureté de vie.

Toutes ces raisons considerées attentiuement par tout homme sage & iudicieux auront sans doute vne grande force sur luy pour le resoudre à suiure en toute sa conduite le mouuement & la direction de Nostre Seigneur, & à operer en Chrestien. Voions maintenant l'ordre qu'il faut tenir pour la pratique.

## SECTION DERNIERE.

### La Pratique.

IE trouue quatre choses necessaires pour nous bien disposer à la pratique de cette remarquable & importante verité, dont nous auons parlé, en l'execution de laquelle consiste l'essence du Christianisme.

La premiere est vne grande Moderation & vne constante Tranquillité en ses actions, en ses paroles, en ses gestes, en ses mouuemens & en tout

ὅλη φῶς, ὅλη ὀφθαλμὸς, ὅλη πνεῦμα, ὅλη ἀνάπαυσις, ὅλη ἀγάπη, ὅλη σπλάγχνα, ὅλη ἀγαθότης καὶ χρησότης.

# SPIRITVEL.

son interieur & exterieur, afin que l'Esprit de Iesus-Christ, qui est vn Esprit paisible, puisse agir dessus vous, se faire sentir, vous exciter & vous conduire: A quoy la trop grande promptitude, l'impetuosité, la precipitation & le trouble apportent beaucoup d'obstacles & y sont de grands empeschemens. Parce que comme il fut dit à Elie, mesme dans les ardeurs d'vn sainct zele. *Non in commotione Dominus, sed in sibilo auræ tenuis*, que Dieu ne viendroit point à luy dans vn tourbillon, ny dans vn vent violent, mais dans le souffle d'vn doux Zephir; & Dauid nous auoit auertis parauant, *factus est in pace locus eius, & habitatio eius in Sion*, le lieu naturel & l'element, où Dieu se tient & fait ses operations, est la Paix, & il demeure en Sion & dans les ames tranquilles.

3. Regum. 19. 11.

Psalm. 75. 3.

A la verité comme pour l'ordinaire les mouuemens de nostre Seigneur sont secrets & ses inspirations delicates, & viennent à la façon des eaux de Siloë, *quæ vadunt cum silentio*, ainsi que parle l'Ecriture, qui coulent doucement & sans bruit, vn esprit emeu & agité ne sera pas en état de les entédre. Que si Salomon dit, *Verba Sapientum audiuntur in silentio*. L'on écoute les paroles des Sages en siléce, on deura sans doute oüir celles de la Sagesse auec la mesme disposition, laquelle ne peut estre en vn esprit inquiet & turbulent, mais demande qu'il soit rassis & posé, & se tienne dans la plus grande situation de repos qui luy sera possible.

Isaiz. 8. 6.

Eccles. 9. 17.

La seconde chose, c'est vne Indifference à tout, de sorte que l'ame ne tienne auec attache ny affection dereglée à aucune chose, ny à lieu, ny à office, ny à occupation, ny à aucun exercice pour bon qu'il soit, afin que Nostre Seigneur puisse sans resistance disposer d'elle, la prendre, la mouuoir & la tourner comme il iugera; ce qu'il ne pourroit faire si elle estoit prise & liée à quelque chose: Par ainsi il faut qu'elle soit degagée de tout, & plus elle le sera & y tiendra moins, plus capable sera-t'elle du mouuement & de la conduite de Nostre Seigneur, & par consequent de sa perfection & de son bon-heur.

Pour exercer ce degagement & cette indifference il sera bon premierement d'entrer tous les iours dans nous mesmes plusieurs fois & à diuers temps, & nous regarder pour voir s'il n'y a point quelque chose en nous ou hors de nous, qui entreprenne sur nostre liberté, qui nous lie, qui nous captiue, qui embarasse nostre cœur & le trouble, & si nous en découurons quelqu'vne de cette nature, il faut incontinant auec vne douce force nous en défaire, comme d'vn perturbateur de nostre repos, & d'vn ennemy de nostre bon-heur & de nostre perfection.

Secondement de produire des actes interieurs de degagement & d'indifference, disant auec Dauid non seulement de bouche, mais encore & beaucoup plus de cœur. *Tuus sam ego.* Ie suis vostre, ie suis à vous, ie suis tout à fait en vostre disposition,

Psal. 118. 94.

position pour faire tout ce que vous voudrez. Et derechef, ô *Domine, ego seruus suus; ego seruus tuus; Dirupisti vincula mea, tibi sacrificabo hostiam laudis.* ô Seigneur ie suis vostre seruiteur ; oüy ie suis vostre seruiteur ; vous auez rompu mes liens & brisé mes fers. Vous m'auez degagé de tout ce qui possedoit mon cœur, & tenoit ma liberté captiue, & par ce moien vous m'auez mis en état de pouuoir vous loüer, & vous offrir des sacrifices agreables. Et encore, *Nonne Deo subiecta erit anima mea ? ab ipso enim salutare meum.* Quoy ? mon ame sera-t'elle pas soûmise à Dieu, puis que c'est de luy que ie tire mon salut & tout mon bien, & qu'il est seul capable de me gouuerner comme il faut ? Et auec S. Paul, *Domine, quid me vis facere?* Seigneur que voulez vous que ie fasse ? me voila tout prest de vous obeïr.

Pſal. 115. 7.

Pſal. 61. 10

Act. 9. 6.

 Nous deuons plusieurs fois chaque iour renoncer à nostre propre esprit, à nos inclinations naturelles, à nos pensées, à nos sentimens & à tous nos desseins pour entrer dans ceux de nostre Seigneur, & luy dire, Mon Seigneur, ie renonce entierement à toutes mes inclinations & à toutes mes dispositions naturelles, aux inclinations & aux dispositions de ma memoire pour les souuenances ; de mon entendement pour les pensées, pour les connoissances, pour les opinions & pour les iugemens ; de ma volonté pour les affections, pour aimer, haïr, desirer, esperer & pour toutes ses autres operations ; de mon imagination pour les phantaisies, de mon Appetit pour les passions, de tous mes sens interieurs & exterieurs pour les sentimens, & de toutes les actions de mon corps & de mon ame, & ie m'abandonne absolument à vous dans vn assujetissement parfait & vne dependance entiere de tout ce que ie suis, & de tout ce que ie puis, pour me laisser mouuoir, appliquer, & regir par vostre esprit, pour prendre vos pensées, vos opinions, vos iugemens, vos affections & vos operations & suiure vostre direction en tout.

Pour s'animer & se fortifier à cela, il faudra se remettre en memoire ce que nous auons dit cy-dessus, de l'excellence, de la paix, de la ioie & des thresors immenses de biens que possede celuy qui est en cét estat. Souuenons nous que l'instrument fait les ouurages selon l'ouurier qui le conduit : si le pinceau est dans la main d'vn Zeuxis, d'vn Michel l'Ange ou d'vn Paul Veronese, il produira des merueilles, où s'il est en celle d'vn apprenty, il ne fera rien qui vaille; il en va de mesme de nous, quand nous sommes gouuernez par nostre propre esprit, ou par celuy de nostre Seigneur, car si c'est celuy-cy qui nous meuue & nous dresse, il ne sortira rien de nous que de grand, d'excellent & de diuin; que si c'est le nostre, nous ne ferons rien que de petit, de defectueux, & apres tout pour élabouré & parfait qu'il puisse estre, rien que d'humain. Ne perdons point de veuë l'Idée de N. Seigneur, qui est nostre grand Patron, en qui nostre Nature fit vne perte inestimablement riche, lors qu'au mystere de l'Incarnation elle fut priuée de sa propre subsistance pour donner place à celle du Verbe, qui dés ce moment la soûtint & l'appuia; de sorte que ne subsistant point en soy elle subsiste en Dieu auec vn auantage infini & auec la plus eminente gloire qui puisse estre conferée à vne Creature: Ainsi lors que nous serons depouillez de nostre propre volonté & de la disposition de nous mesmes pour ne rien faire par nostre mouuement, le Verbe Incarné nostre Seigneur viendra à nous gouuerner & agir en nous auec vn profit, vn honneur & vn contentement incomparablement plus grand que si nous disposions de nous mesmes.

Vne ame de pieté faisoit à ce que i'ay appris ce qui suit sur ce sujet. La premiere chose, dit-elle dans le rapport qu'elle donna de sa conduite, que ie fais tous les iours, c'est vn acte interieur d'honneur & d'adoration enuers Iesus-Christ, que ie reconnois pour vray Dieu, & vray Homme. Puis ie le regarde des yeux de l'ame éclairez de la foy, auec vn profond respect, comme mon souuerain Seigneur, comme mon Sauueur, mon Redempteur, & la source de tout mon bien. Apres ie m'abaisse deuant luy & ie m'humilie iusques aux abysmes & au fond de mõ neant. En suite ie m'abandonne absolument à son amour, à sa sagesse & à sa puissance, à ce qu'il fasse en moy & par moy tout ce qu'il voudra pour sa gloire, demeurant dans vn état d'indifference & d'independance pour toutes les choses qui sont en l'vniuers, tant dans l'ordre de la Nature, que dans celuy de la Grace, afin de me mettre en état de receuoir librement ses motions & n'estre assuiettie qu'à luy seul: Ie me tiens autant que ie puis dans vne nuë & pure capacité pour tous ses desseins, me liant par soumission & par consentement à tout ce qu'il voudra operer en moy, soit iouïssance ou priuation, repos ou peine, lumieres ou tenebres, richesses ou pauureté, honneur ou mépris, & luy cedant pour ce sujet tous les droits que i'ay sur ma vie & sur ma liberté. Ie luy declare & proteste du fond de mon cœur que ie suis à luy & veux estre à luy, & qu'en toutes mes actions ie ne tend qu'à ses fins & ne pretend point d'auoir d'autre volonté que la sienne. Enfin ie luy demande la participation de son esprit, le suppliant de me mettre dans les dispositions necessaires pour accomplir parfaittement en moy & par moy tout ce qu'il a resolu de faire.

Sur la conduite de cette persone, qui sans doute est tres-bonne & tres-digne d'estre imitée, il faut remarquer que la plus-part des hommes, mesme spirituels, se trompent dans leur procedé par le desir naturel & secret qu'ils ont de leur liberté, & par l'intention cachée qu'ils nourrissent d'estre à eux mesmes, & de pouuoir disposer de leurs actions, & ne souffrir aucun assuietissement ny aucune contrainte s'ils peuuent; d'où vient qu'ils ne sont sous la directiõ de nostre Seigneur, qu'en apparence & de parole, & fuiuent veritablement & en effet la leur, qu'ils ne gouftent que leurs penfées, leurs opinions, leurs fentiments & leurs defleins; ils ont peine à s'en departir, & ne se portent à tout ce qu'ils font, que par les mouuemens & les refforts d'vn amour propre fort fubtil.

La troifiéme chofe eft vne Attention interieure & vne Application d'efprit aux infpirations & aux mouuements de noftre Seigneur pour faire ce qu'il demande de nous. Noftre Seigneur qui eft phyfiquement & moralement en nous, n'y eft pas oifif ni fans rien faire, mais il y eft éclairant nos efprits de fes lumieres, excitant & pouffant nos volontez au bien, & comme le Chef dans fes membres, & la Caufe principale dans fes inftrumens pour les remuër & s'en feruir à fes defleins. C'eft pourquoy il faut tenir toujours les yeux de l'ame ouuerts pour voir ces lumieres, & eftre aux écoutes pour entendre tout ce qui nous vient de fa part, veillans comme ces bons feruiteurs & ces feruantes affectionnées, dont parle Dauid, qui ont continuellement les yeux pointez & attachez fur les mains de leurs Maiftres & de leurs Maiftreffes, pour aller & courir au moindre de leurs fignes. Comme les mouuemens, que noftre Seigneur donne à l'ame fe font à petit bruit, vn efprit negligent, ou interdit & emprunté qui n'eft pas à foy, n'y prendra pas garde & ainfi les laiffera paffer fans effet; il y faut donc de l'attention, *Audiam quid loquatur in me Dominus Deus*, difoit le

Pfalm. 122.

Pfalm. 84. 9.

mesme Prophete. Ie me rendray attentif pour oüir ce que Dieu me dira interieurement & à l'oreille du cœur: Et il sera bon de pratiquer le mesme auec luy quelques fois durant le iour & se mettre dans vn estat de pure attention aux ordres de nostre Seigneur & écouter ce qu'il veut de nous, ou mesme le luy demander & luy dire auec S. Paul *Domine quid me vis facere?* Seigneur, que voulez vous que ie fasse? On lit de la B. Marie de l'Incarnation, qu'elle prestoit l'oreille auec tant de soin à ces mouuemens diuins, qu'on la voioit par fois briser tout net au milieu d'vn discours ou d'vne affaire, pour aller du costé que nostre Seigneur la tiroit.

La quatriéme chose sont les Demandes continuelles & instantes à nostre Seigneur à ce qu'il nous anime de son esprit, qu'il opere en nos ames & en nos corps, & nous conduise en tout: & il faudra en supplier premierement son Pere, qui nous l'a donné pour produire en nous ces effets, & qui nous a intimé ses volontés là dessus sur la monta-
Matth. 17. 5. gne de Thabor auec ces paroles fameuses, *Hic est filius meus dilectus, in quo mihi bene complacui, ipsum audite.* Voila mon fils bien aimé, en qui i'ay mis mes complaisances, écoutez le; & luy dire pour ce sujet auec Dauid,

Psalm. 55. 11. *Deduc me, Domine, in via tua, & ingrediar in veritate tua.*

Seigneur, faites moy marcher par vostre voie & suiure les sentiers de vostre Verité, c'est à dire, de voſtre Fils, qui eſt la Verité perſonelle, & la Voie par laquelle Dieu vient à nous, & nous allons à luy.

*Emitte lucem tuam & veritatem tuam; ipſa me deduxerunt & adduxerunt in montem ſanctum tuum, & in tabernacula tua.* Pſalm. 42. faites poindre ſur moy voſtre Lumiere & voſtre Verité, afin qu'elles me conduiſent, & me faſſent arriuer à voſtre ſaincte montagne, à la montagne de la perfection, où vous me voulez, & au ſejour de voſtre felicité.

*Faciem tuam illumina ſuper ſeruum tuum, & doce me iuſtificationes tuas.* Pſal. 118. 135.

Illuminez les yeux de voſtre ſeruiteur des rayós de voſtre Viſage, qui eſt voſtre fils, & donnez moy par ce moyen la lumiere & la chaleur, la connoiſſance & la force neceſſaire pour obſeruer vos ſainctes loix & accomplir vos adorables volótez.

Apres nous dirons à noſtre Seigneur auec le meſme Prophete. *Vias tuas Domine demonſtra mihi, & ſemitas tuas edoce me; dirige me in veritate tua & doce me, quia tu es Deus ſaluator meus.* Pſalm. 24. 4. Mon Seigneur, faites moy connoiſtre vos voies, & quelles routes vous voulez que ie tienne; Conduiſez moy dans voſtre Verité, & enſeignez moy ce qu'il faut que ie faſſe, que ie die, que ie taiſe, que i'aime, que ie haïſſe, que ie pourchaſſe, que ie fuie, & generalement comme ie dois me comporter en tout, parce que vous eſtes mon Sauueur & mon maiſtre.

*Tu illuminas lucernam meam, Domine; Deus meus, illumina tenebras meas.* Pſalm. 17.

Vous eſtes fait ô mon Dieu, mon Seigneur, pour

allumer ma lampe, & pour éclairer mon entendement; Eclairez le donc de vos lumieres, & diſſipez les tenebres dont il eſt dangereuſement inueſti.

Pſalm. 89. 17

*Sit ſplendor Domini Dei noſtri ſuper nos: & opera manuum noſtrarum dirige ſuper nos, & opus manuum noſtrarũ dirige.* Que les ſplendeurs de Ieſus-Chriſt noſtre diuin Soleil brillent deſſus nos teſtes; Seigneur, ordonnez des œuures de nos mains, & conduiſez nous dans nos actions.

Pſalm. 5. 9.
Pſalm. 26. 11.

*Domine, deduc me in iuſtitia tua: propter inimicos meos, dirige in conſpectu tuo viam meam: legem pone mihi, Domine, in via tua; & dirige me in ſemitam rectam propter inimicos meos.* O Seigneur, menez-moy par les ſentiers de voſtre iuſtice & des vertus ſolides : Adreſſez mes pas pour ne point m'égarer, & faire rencontre de mes ennemis ; Preſcriuez-moy les marches que vous voulez que ie tienne dans l'état où vous m'auez mis, & ſoyez mon Guide, afin que ie ne tombe point entre les mains de ceux qui me guettent pour me perdre.

Pſalm 16. 5.

*Perfice greſſus meos in ſemitis tuis, vt non moueantur veſtigia mea.*

Affermiſſez mes pieds pour ſuiure conſtamment voſtre direction, & n'en ſortir iamais pour quoy que ce ſoit.

Pſal. 118. 124.

*Fac cum ſeruo tuo ſecundum miſericordiam tuam, & iuſtificationes tuas doce me. ſeruus tuus ſum ego, da mihi intellectum vt ſciam teſtimonia tua.* Agiſſez auec moy ſuiuant voſtre miſericorde & faites moy connoiſtre vos ordres, afin que ie les obſerue, parce que ie ſuis voſtre ſeruiteur, ouurez moy l'eſprit & donnez moy de l'intelligence pour ſçauoir & pour accomplir vos volontez.

*Greſſus meos dirige ſecundum eloquium tuum, & non dominetur mei omnis iniuſtitia.* Pſal. 118. 133. & 80.

*Fiat cor meum immaculatum in iuſtificationibus tuis, vt non confundar.*

Dreſſez mes pas ſelon vos enſeignemés, & formez mes actions ſur les maximes de voſtre Euágile, afin que ie ne cómette aucune faute, ny rien qui vous offenſe. Faites que mon cœur marche purement & ſincerement dans vos conduites, & qu'il ſe rende docile à vos diſpoſitions, à ce que ie ne reçoiue point de blâme ny de confuſion de mon procedé deuant vous.

*Vous eſtes mon Chef & ma Teſte, remuëz & gouuernez voſtre membre & voſtre pied.*

*Vous eſtes ma Cauſe principale, appliquez & conduiſez voſtre inſtrument.*

## CHAPITRE III.

### Qu'eſt-ce qu'vn Homme Spirituel.

L'HOMME Spirituel, pour le repreſenter en vn trait & le ietter comme en moule, n'eſt autre qu'vn Chreſtien excellent, & qui par conſequent poſſede plus abondamment & plus parfaitement que les

R

autres, ce que nous auons dit cy-deſſus, qui conſtituë l'homme Chreſtien, àſçauoir l'Eſprit de Ieſus-Chriſt, mais pour voir cecy dans vn plus grand iour, & le mieux entendre,

Il faut remarquer que nous deuons diſcourir de la Vie ſpirituelle par proportion, comme nous faiſons de la Corporelle, laquelle ſe peut prendre en trois façós. La premiere, pour le Principe de la vie corporelle & de toutes les operatiós que le corps viuant peut exercer, qui eſt l'Ame. La ſeconde, pour la preſence de ce Principe & de l'Ame dans ce corps, & pour l'vnion qu'elle a auec luy, par laquelle elle l'anime & le viuifie. Et la troiſiéme, pour les actions vitales, que ce corps ainſi animé & viuifié produit. Voyons pour vn plus grand éclairciſſement cette verité par quelque exemple, & afin de ne pas aller plus loin prenons le dans nous meſmes. La Vie de noſtre corps eſt en premier lieu cette excelléte, ſpirituelle & immortelle ſubſtance, qui porte ſur le front l'image de la Diuinité, & qui eſt toute éclatante des rayons de ſa gloire, à ſçauoir noſtre Ame, laquelle communique à noſtre Corps la vie, le mouuement, la beauté & toutes les perfections dont il eſt doüé. En ſecond lieu c'eſt la preſence de noſtre Ame dans noſtre corps, en qualité de principe viuifiant & de forme informante & animante. Et enfin les operations de vie que nous produiſons, comme voir, marcher, imaginer, deſirer, & les autres. Au contraire noſtre corps eſt mort, quand il ne peut plus ny voir ny marcher, ny exercer les autres fonctiõs vitales, parce que nostre ame, qui en est l'origine, se detachant de luy, l'a quité & est sortie de son logis. La vie prise en la premiere, & en la seconde façon, est appellée par les Philosophes, la vie dans son fond, dans sa source & en sa racine: & en la troisiéme, la vie dans l'exercice & l'vsage.

<small>In actu primo.
In actu secundo.</small>

Venant maintenant à nostre sujet, ie dis que la Vie spirituelle considerée selon ces trois manieres & ces trois faces, est premierement le Principe de cette Vie, & la Cause qui peut nous rendre Hommes spirituels. Secondement la presence de ce Principe & de cette Cause dedans nous, & troisiémement les Operations de cette Vie. Que si vous me demandez en suite quel est le Principe & la Cause de cette vie, dont la presence & l'vnion est capable de nous faire hommes spirituels,

Ie répond premierement que c'est Dieu suiuant cette parole de S. Bernard, *Vera animæ vita, Deus est*. Dieu est la vraie vie de l'ame, c'est le principe qui la fait viure, deuant qui S. Augustin auoit dit, *duæ vitæ sunt, vna corporis, altera animæ: sicut vita corporis, anima; sic vita animæ, Deus: quo modo si anima deserat, moritur corpus; sic anima moritur, si deserat Deus*. Nous pouuons remarquer en l'homme deux sortes de vie, l'vne du corps & l'autre de l'ame: Comme l'ame est la vie du corps, Dieu semblablement est la vie de l'ame; & ne plus ne moins que le corps meurt lors que l'ame l'abandonne, de mesme l'ame vient à mourir quand

<small>Serm. 10. in Psalm. qui habitat.

In psalm. 70.</small>

Dieu la quitte. Et encore autre part, *Vnde viuit Caro tua? de Anima tua? vnde viuit Anima tua? de Deo tuo. Caro sibi non est vita, sed Anima Carnis est vita. Anima sibi non est vita, sed Deus est Animæ vita.* D'où est-ce que ton Corps tire sa vie ? c'est de ton Ame. Et de qui ton Ame prend-elle la sienne ? c'est de ton Dieu. Ton Corps ne se viuifie point soy-mesme, mais c'est l'ame qui le viuifie ; l'ame aussi ne se communique point la vie, mais c'est Dieu qui la luy donne.

Secondement, ie dis que la vie de l'ame est particulierement le S. Esprit, a qui on attribue specialement & par sa proprieté personelle la Iustification & la Sanctification des ames, & que l'on fait le Distributeur des graces & des dons de Dieu, dont il est luy-mesme le premier, & se nomme par auantage & par precipu le Don de Dieu, comme la source de tous les autres. C'est luy qui proprement fait viure l'ame, parce que comme il est Dieu, il est sans doute viuant & la vie essentielle, & en suite Principe viuifiant, comme aussi l'Eglise l'appelle au symbole de la Messe en ces termes, *Credo in Spiritum Sanctum, Dominum & viuificantem.* Ie crois au Sainct Esprit, & le reconois pour Seigneur & pour Principe de vie, & parce qu'il est Esprit, il communique vne vie spirituelle ; Car comme dit nostre Seigneur. *Quod natum est ex carne, Caro est: quod natum est ex Spiritu, Spiritus est.* Ce qui est nay de la chair est chair ; & ce que l'esprit a produit, est Esprit. Mais parce qu'il se trouue vne vie spirituelle méchante, comme celle des demons, vie d'ambition, d'estime de soy mesme, d'enuie, de haine & de rage contre Dieu & les hommes, & celle des ames damnées qui se passe en maledictions, en blasphemes, & en d'autres desordres, cét Esprit diuin comme il est Sainct & en porte mesme le nom, il confere vne vie de saincteté, de pureté & d'innocence. Et comme il est personellemét l'Amour de Dieu, l'Amour que le Pere porte au Fils, & le Fils au Pere, & le Nœud qui les lie ensemble, il verse dans les ames la charité, & les fait viure & operer comme des sacrées Salamandres dans les flâmes de l'amour de Dieu. Moyse parlant de la Creation de l'homme dit, que Dieu ayant formé son corps du limon de la terre, *Inspirauit in faciem eius spiraculum vitæ, & factus est homo in animam viuentem.* Il luy souffla sur le visage le souffle de vie qui le rendit viuant, c'est à dire, comme S. Basile & d'autres Peres l'expliquent, qu'il remplit son ame, laquelle estant la plus illustre & la plus belle partie qu'il ayt, luy tient lieu de visage, de son sainct Esprit qui luy fit part de sa vie.

Genes. 2. 7.

Basil. 5. cont. Eunomium Cyrill. 4. dialog. de Trinit.

Suiuant cela la vie spirituelle sera premierement le Sainct Esprit comme le principe & la source de cette vie. Secondement la presence du S. Esprit dans l'ame, & non vne presence telle quelle, comme celle qu'il a auec les pierres & auec les mechans, mais vne presence de charité & de grace, & en troisiéme lieu les actions de cette vie, à sçauoir les actions des vertus. Tirons lumiere pour cecy de la vie naturelle que nous menons. Comme nostre ame presente à nostre corps le viuifie & luy communique sa vie, qui est vne vie propre & proportionnée à la nature de nostre corps, vie vegetante, sensitiue & raisonable, elle luy donne en suite des Facultez & des Puissances pour exercer les fonctions de cette vie, & puis elle les luy fait produire, & pour dire encore mieux, elle les produit elle mesme en luy; Car c'est elle proprement qui voit dás ses yeux, qui entend dans ses oreilles, qui touche dans ses mains, qui se met en cholere dans son cœur: de mesme le S. Esprit confere sa vie à l'ame à laquelle il est vni, vie saincte & diuine, & vie conuenable à l'homme, entant que Dieu l'a releué au dessus de sa nature & rendu capable de sa grace & de sa gloire; Il luy fournit apres les secours necessaires pour faire les fonctions de sa vie, & puis il la met en besogne, & les faire en elle & par elle, pensant à Dieu dans son entendement, l'aimant dans sa volonté, le priant auec des gemissemens inenarrables, comme dit S. Paul, quand elle prie, & ainsi du reste des bonnes œuures, de sorte que la vie de l'ame n'est que la vie du S. Esprit mesme dans elle.

Je dis en troisiéme lieu, que le S. Esprit est particulierement la Vie de nostre ame & le principe de nostre vie spirituelle, entant qu'il est l'Esprit de Iesus-Christ Dieu & Homme. Nous ne pouuons douter que le S. Esprit ne soit l'Esprit de Iesus-

Rom. 8. 16.

# SPIRITVEL. 135

Chrift entant qu'il eſt Dieu, puiſque la Foy nous enſeigne qu'il procede de luy auſſi bien que du pere. *Ille de meo accipiet & annunciabit vobis*: dit de luy noſtre Seigneur, il prendra de moy les veritez qu'il vous annoncera, & puiſera dans ma ſource ſon eſtre: & derechef. *Cum venerit Paraclitus, quem ego mittam vobis à Patre, Spiritū Veritatis*. Et encore, *cum venerit ille Spiritus Veritatis*. Quand l'Eſprit conſolateur que ie vous enuoieray, qui emane de mon pere, & de moy auſſi, puiſqu'il eſt l'eſprit de la Verité, ſera venu. Il l'appelle l'eſprit de la Verité, dit S. Cyrille, entendant parler de ſoy-meſme, parce qu'il eſt la Verité, ſuiuant cette declaration qu'il en a faite, ie ſuis la Voie, la Verité, & la Vie. De plus le S. Eſprit eſt encore l'Eſprit de Ieſus-Chriſt, entant qu'il eſt Homme-Dieu, pource-qu'il nous l'a merité par ſes ſouffrances & par ſa mort, que le S. Eſprit nous declare ſes myſteres, nous imprime ſes vertus, & graue en nous ſa reſſemblance. Pour cette cauſe les Ss. Peres, & particulierement les Grecs, l'appellent en termes choiſis & excellens l'Image, la Face, le Verbe & le Cachet du Fils; Ils le nomment encore ſa Vapeur, ſon Exhalaiſon, ſon Souffle & ſon Halene; ils diſent qu'il eſt ſon Odeur, ſon Baume & ſon Parfum, & aſſurent que c'eſt ſa Force & ſon Energie.

Comme donc le S. Eſprit eſt l'Eſprit de Ieſus-Chriſt, il communique aux ames qu'il poſſede, la vie de Ieſus-Chriſt, qui pour ce ſuiet eſt appellé

*Ioan. 16. 14.*

*Ioan. 15. 26.*

*Ioan. 16. 13.*

Lib. 10. in Ioan. τοῦτ᾽ ἔστι ἑαυτοῦ. αὐτὸς γάρ ἐστι ἡ ἀλήθεια.
Apud petauium to. 2. Theolog. dogm. lib. 7. cap. 5. & 7.

par S. Paul, noſtre Vie, lors qu'il écrit aux Coloſ-
ſiens, *cùm Chriſtus apparuerit Vita veſtra*. Il leur fait
produire les actions de cette vie, qui ſont penſer,
iuger, aimer, haïr, imaginer, deſirer, voir, ouïr,
marcher, manger, boire, pratiquer l'humilité,
l'obeïſſance, la patience & les autres vertus à la
façon de Ieſus-Chriſt, & ſur les modeles qu'il
nous en a laiſſez. *Lex ſpiritus vitæ in Chriſto Ieſu liberauit me à lege peccati & mortis*, dit S. Paul. La loy de
la vie ſpirituelle en Ieſus-Chriſt m'a deliuré & af-
franchy de la loy du peché & de la mort.

Où le Cardinal Caietan remarque doctement &
vtilement que l'Apoſtre fait mention au chapitre,
d'où ces paroles ſont tirées, de ſix loix differentes,
à ſçauoir de la Loy de noſtre eſprit, de la Loy de
nos membres, de la Loy du Peché, de la Loy de la
mort, de la Loy de Dieu, & de la Loy de la vie ſpirituelle en Ieſus-Chriſt: la Loy de noſtre Eſprit eſt
la Loy de la Raiſon, qui nous encline à tout ce qui
eſt raiſonable & honeſte, & nous detourne de
tout ce qui luy eſt contraire. La Loy de nos membres c'eſt la Loy de la Concupiſcence, qui porte
nos appetits, nos ſens & nos membres à leurs obiets, & à tout ce qui leur eſt agreable, ſans conſiderer s'il eſt cóforme à la raiſon ou s'il la choque,
s'il plait ou s'il deplait à Dieu, s'il eſt pour ou contre noſtre ſalut, parce qu'auſſi n'en ſont-ils pas
capables. La Loy du peché nous pouſſe à tranſ-
greſſer les commandemens de Dieu & à nous
plonger dans toute ſorte d'iniquitez. La Loy de la
mort

*Coloſſ. 3. 4.*

*Rom. 8. 2.*

mort prenant l'épée à la main la tire contre nostre corps & le condamne à perdre vn iour ineuitablement la vie. La Loy de Dieu nous signifie les ordonnáces de sa diuine Maiesté, nous intime ses volontez & nous exhorte à les accomplir parfaitement, & ne les transgresser pour chose aucune. Enfin la Loy de l'Esprit de vie en Iesus-Christ est la Loy qui nous fait mener vne vie spirituelle & vertueuse, & non pas simplement, mais sur le Patron de Iesus-Christ ; Ce que l'on adioûte pour mettre la difference entre la Loy ancienne donnée de Dieu aux enfans d'Israël par Moyse & la nouuelle que nostre Seigneur nous a apportée, dautant que l'vne & l'autre est bonne & spirituelle, pour estre émanée du Sainct Esprit, & dressée pour nous conduire au bien. Mais la Nouuelle a cela de particulier auec beaucoup d'autres choses par dessus la Vieille, que le sainct Esprit nous forme par elle sur Iesus-Christ, nous rend participans de sa vie, nous fait embrasser sa creance, nous porte à son amour, nous donne des pensées, des affections, des paroles & des œuures conformes aux siennes, & nous fait imiter ses vertus. *In eandem imaginem transformamur*, dit S. Paul, *tanquam à Domini spiritu*: le sainct Esprit a pour dessein dans la Loy Chrestienne de representer en nous Iesus-Christ, & d'exprimer en nos ames & en nos corps son portrait & sa ressemblance.

2. Cor. 3. 18.

En effet Iesus-Christ est l'Ouurage du S. Esprit & il a dû interuenir pour operer le mystere de

S

l'Incarnation & former Iesus-Christ dans les tres-pures entrailles de nostre-Dame, suiuant ces paroles que l'Ange luy dit lors qu'il traitta auec elle ce grand affaire, *Spiritus Sanctus superueniet in te & virtus Altißimi obumbrabit tibi, ideoque & quod nascetur ex te sanctum, vocabitur filius Dei.* Ne soiez point en peine touchant l'execution de cette œuure admirable, ny pour la conseruation de vostre virginité, ce sera le S. Esprit qui descendant en vous, sans toucher à vostre integrité, vous rendra feconde & vous fera mere d'vn fils, qui n'aura pas plustost la vie que sa saincteté essentielle, & portera le nom aussi bien que l'effet de vray fils de Dieu: Il faut de mesme que ce soit luy qui produise Iesus-Christ en nos Esprits, qui l'organise dedans nous & par la creance de sa doctrine & l'imitation de ses vertus, le fasse viure en nostre entendement, en nostre volonté, en nostre corps & en nostre ame. Ce qui est si vray & nous si éloignez de pouuoir, s'il ne nous aide, conceuoir Iesus-Christ dans nos esprits, que mesme nous n'auons pas la force, ainsi que dit S. Paul, de prononcer seulement de la bouche son nom, comme il faut, sans son secours. *Nemo potest dicere: Dominus Iesus, nisi in spiritu sancto.*

De tout cecy nous pouuons recueillir la resolution de ce que nous auons proposé, c'est à sçauoir la definition de l'Homme Spirituel, & dire que l'Homme Spirituel, est celuy qui a le S. Esprit, l'Esprit de Iesus-Christ present en soy par vne

*marginalia:*
Luc. 1. 35.
1 Cor. 12. 3.

presence de grace & vne vnion de charité, lequel anime son ame & luy cofere sa vie, qui est vne vie saincte & diuine, luy fournissant les assistances necessaires pour en bien-faire les fonctions, remuant ses facultez spirituelles & corporelles, son entendement, sa volonté, son imagination, ses passions, ses yeux, sa langue, & les autres, & leur faisant produire toutes leurs operations sur le modele de celles de Iesus-Christ.

## SECTION I.

### *Continuation de la chose.*

NOvs venons de voir parce qui a esté dit, quel est l'Homme Spirituel ; Voicy quelques autres lumieres pour donner encore plus de iour à ce poinct si important & si necessaire, celuy qui nous presentera la premiere sera le Bien-heureux Laurent Iustinien, lequel nous dit, *Spirituales viros illos arbitror esse dicendos, qui carnales habentes edomitas voluptates carnem spiritui, mentem rationi, deuotioni affectum, intentionemque animi æternæ substernunt dominio sapientiæ. Hæc quippe est regula disciplinæ cælestis, hæc, inquã est spiritualis forma virorum in carne & supra naturã spiritualiter conuersantium, & cottidie proficientiũ in idipsum.* I'estime que les hommes spirituels sont ceux, qui ont domté les appetits & les voluptez de la chair, & assuietti le Corps à l'Esprit, l'Ame à la Raison, l'affection à la deuotion, & tous leurs des-

Lib. de obedientia, ca. 16.

S ij

seins à la conduite de la Sapience eternelle. Voila la Regle de la science du Ciel, voila l'Idée des hommes spirituels, qui reuestus de la chair viuent au dessus des sentimens de la chair & de la nature, & vont tous les iours faisans de grands progrez en la vertu & en la perfection.

Vn autre excellent auteur dit qu'il faut apprendre quel est l'homme spirituel par la comparaison de l'homme charnel : pource que les choses contraires, quand on les approche, s'éclairent mutuellement & se donnent lumiere pour se faire mieux connoistre : l'Homme charnel est diametralement opposé à l'homme spirituel, & le spirituel au charnel; mettons les donc en presence l'vn de l'autre, ils se bailleront du iour pour se faire mieux voir. Comme l'Homme charnel quitte tout le soin de son ame & s'applique entierement à celuy de son corps & aux plaisirs de ses sens, ne pensant, n'aimant, ne desirant & ne cherchant que les contentemens du corps & les biens de la terre : Ainsi l'Homme spirituel ayant renoncé à toutes les affections de son corps, autant que cette vie le peut permetre, s'addonne tout à fait à cultiuer la meilleure partie de soy-mesme, à sçauoir son ame, à l'orner & l'enrichir des vertus, & à l'eleuer & l'vnir à Dieu : & ne plus ne moins que celuy-la vit comme vne beste & tout ainsi que si son ame n'estoit point capable des vertus, ny de connoistre, d'aimer, ny de voir Dieu ; de mesme celuy cy tasche autant qu'il peut de se conduire parmy les choses d'icy bas d'vne façon releuée & celeste, & viure dans son corps, comme s'il n'auoit point de corps, mais qu'il fut vn pur esprit.

Sainct Bernard, ou l'auteur du traité aux Chartreux du Mont-Dieu dit doctement à ce propos. *Animalitas est vitæ modus sensibus corporis seruiens, scilicet cum anima quasi extra se per sensus corporis circa dilectorum delectationes corporum affecta, eorum functione pascit & nutrit sensualitatem suam, seu cum intra se regrediens, & corpora, quibus forti glutino amoris & consuetudinis adhæsit, in locum incorporeæ naturæ secum ferre non præualens, eorum illuc secum trahit imagines, & amicabiliter ibi cum eis conuersatur, quibus assuefacta nihil putat esse, nisi vel quale foris reliquit, vel quale intus contraxit. Inde quamdiu licet, iucundum habet secundum delectationes corporis viuere. Cum autem ab eis auertitur, nescit nisi corporea imaginando cogitare; Cùm vero ad cogitanda spiritualia vel diuina se erigit, non aliud de ijs quam de corporibus vel de corporalibus potest æstimare.* La vie d'animal est vne espece de vie qui s'occupe à cótenter la sensualité, lors que l'ame sortant cóme hors de soy & de son logis par les portes des sens, va trouuer les corps, pour qui elle a de la passion, & s'attache à eux & repaist ses appetits de leur iouïssance: ou lors que reuenant chez soy & rentrant dans sa maison & ne pouuant y amener les corps qu'elle aime pour les posseder, elle y apporte leurs images, qu'elle entretient, qu'elle caresse & idolâtre iusques au poinct de penser qu'il n'y a

Ante medium

S iij

rien digne de son amour, que ce qu'elle a laissé hors de soy, ou ce qu'elle a fait entrer dedans soy; de sorte que toute son étude est à rechercher les corps & les plaisirs corporels, ou du moins, si elle s'en voit empeschée, de se les figurer, ne pouuant mesme dans les choses spirituelles & diuines, se former d'autres idées. L'Homme Spirituel prend tout le contrepied de cela, dautant que son ame n'a commerce ny dedans soy ny hors de soy qu'auec les Esprits, qu'auec Dieu & les choses diuines, spiritualisant mesme les corps & les choses corporelles: de façon que comme l'homme charnel n'est en tout ce qu'il pense, en tout, ce qu'il aime, qu'il desire, qu'il imagine, qu'il regarde, qu'il touche, & generalement en tout que chair & ne tend qu'aux choses charnelles, l'Homme Spirituel au rebours n'y est qu'Esprit; conformement à ces paroles que l'Apostre écrit aux Romains, *Qui secundum carnem sunt, quæ carnis sunt, sapiunt: qui verò secundum spiritum sunt, quæ sunt spiritus sentiunt.* Les hommes charnels n'ont que des pensées charnelles, & ne peuuent rien estimer ny gouster que ce qui est capable de contenter leurs sens, où les hommes spirituels songent toujours aux choses de l'Esprit, & ne sçauroient ny priser ny sauourer que les richesses & les plaisirs de l'ame.

S. Paul parle de l'homme charnel & de l'homme spirituel sous les noms de l'homme Exterieur & de l'homme Interieur, de l'homme Vieil & de

*Rom. 8, 5.*

l'homme Nouueau, de l'homme Terrestre & de l'homme Celeste. L'homme Exterieur, Vieil & Terrestre est l'homme Charnel & le pecheur, de qui l'ame & le corps, toutes les puissances de l'ame & tous les membres du corps auec tous les sens, comme les rouës d'vn horloge debauché, vont de trauers, & en qui la Concupiscence tient lieu de principal ressort & de premier mobile pour remuër toutes ses facultez spirituelles & corporelles, & leur donner des mouuemens dereglez de superbe, d'auarice, d'impudicité, & des autres vices. Au côtraire l'Homme Interieur, Nouueau & Celeste est l'homme Spirituel & le Iuste, de qui l'ame est reuestuë de grace, ornée de charité & remplie du Sainct Esprit, qui luy sert de principe pour toutes ses operations, & porte son entendement à former des pensées, sa volonté à conceuoir des affections, ses yeux à produire des regards, ses mains à toucher, & toutes ses autres Puissances à faire leurs actions sainctement & sur les patrons de Nostre Seigneur.

Mais S. Macaire l'Egyptien parle excellemment de cecy, lors qu'il nous dit, Que quand le diable prit possession de l'homme par le moien du peché, il le rendit son esclaue, luy mit les fers aux pieds & aux mains, & le reduisit à vne miserable seruitude, & que dans cét état infortuné il luy fit deux choses. La premiere fut qu'il luy ietta sur les épaules vne grande robe de tenebres, & le reuestit d'vn habit noir & lugubre d'Idolâ-

Rom. 7. 22.
& ibi. A lap.
Ephes. 4. 22.
1. Cor. 15. 47.

Homil. 2.

Φορτίαατα
ρακωδῆ &
ἀκάθαρτα &
μιαρά.
Ὅλον ἄνθρω-
πον, ψυχὴν &
σῶμα ἐμίανεν
ὁ πονηρός.

trie, d'infidelité, de blafphemes, d'orgueil, d'a-
uarice, de luxure, & de femblables vieux haillons tout rompus, pleins de craffe, & chargez
d'ordures. La feconde qu'il ne laiffa rien en luy,
ny dans fon ame ny dans fon corps qu'il ne gaftat
& defigurat, le rendant boffu, tortu, boiteux, man-
chot, aueugle & entierement contrefait; Et de
plus qu'il appliqua fur luy vn autre homme infect
& puant, & rebelle aux loix de Dieu entourant
fa tefte de la tefte de cet homme, mettant fes
yeux dans fes yeux, fa langue dans fa langue, fes
mains dans fes mains, fon entendement dans fon
entendement, fa volonté dans fa volonté, fes
paffions dans fes paffions, afin de les foüiller &
de les corrompre par cet attouchement conta-
gieux. Comme l'on dit que le Tyran Mezentius
faifoit coucher des corps morts fur les hômes vi-
uants qu'il vouloit faire mourir, & ioindre vifage
à vifage, bouche à bouche, pieds à pieds, &
mains à mains, afin de les pourrir ainfi peu à peu,
& les faire expirer dans vn tourment intolerable.
Voila l'homme charnel & pecheur, comme il eft
veftu, comme il eft fait, & à qui il eft conioint.

Le S. Efprit au contraire voulant de charnel le
faire fpirituel & iufte de pecheur, le dépoüille de
cet habit de tenebres & luy ofte ce veftement
d'opprobre & d'infamie, & luy en donne vn qui
eft extremement riche & précieux, & vne robe
toute éclatante de lumiere & brillante de ioiaux
ineftimables, c'eft à dire, la robbe de la grace, de

la

la charité, des vertus & des dons qu'il luy verse dans l'ame, & le vestement du nouuel Homme: & puis au lieu de cet homme gasté & corrompu, en la place de ce corps de peché, comme S. Paul l'appelle, & de cette ame d'iniquité, il luy donne vn homme pur, innocent & sainct, qui est Iesus-Christ, pour le purifier, & pour auec ses yeux, auec ses oreilles, auec ses mains, auec son cœur nettoier ses yeux, ses oreilles, ses mains, son cœur & sanctifier son corps & son ame. Voila la doctrine de S. Macaire; de laquelle & de ce que nous auons dit auparauant, nous pouuons aisément inferer quel est l'homme spirituel; voyons maintenant quelles sont ses actions, & à quoy il s'emploie.

Rom. 6. 6.

## SECTION II.

### Quelles sont les actions de l'Homme Spirituel.

COmme les operations, selon la maxime des Philosophes, suiuent necessairement la qualité de l'Estre, & les effets ont tousiours de la proportion auec leur cause, les actions de l'homme spirituel, comme celles de l'homme charnel, auront en suite du rapport & de la ressemblance auec ce qui les constituë dans cet Etat; ce qui fait que comme le S. Esprit est la forme essentielle des hommes spirituels, & le principe qui leur donne

T

cet estre excellent & diuin ; & au contraire la corruption, le vice & le peché est ce qui fait les hommes charnels, il faut que les actions des vns & des autres aient leurs marques & portent leurs couleurs.

Les actions de la vie Spirituelle sont d'aimer Dieu plus que soy-mesme, preferer les choses interieures aux exterieures, les celestes aux terrestres, & les eternelles aux temporelles; sont de tenir son corps en suiection, le chastier auec S. Paul, cóme vn seruiteur rebelle, luy refuser beaucoup de choses qu'il desire & luy en donner plusieurs autres qu'il ne veut pas; mepriser les richesses & les regarder comme de grands empeschemens de son salut, si on n'y veille de bien prez ; Ne se point soucier des honneurs ny des loüanges des hommes, mais faire état de l'opprobre de la Croix. Où celles de la vie charnelle sont d'auoir plus d'amour pour soy que pour Dieu, caresser sa chair, chercher en tout ses interests, aimer le bić, ambitionner les charges, desirer l'approbation, mendier la faueur des hommes, fuir toutes les souffrances.

1 Cor. 9. 27.

Les actions de la vie spirituelle sont celles que l'ame produit suiuant les inclinations & les pétes que le S. Esprit luy donne, & non selon les impressions & les mouuemens, ausquels les passions & les sentimens de la chair la poussent. l'aime vn hóme qui me veut du bien & qui m'en fait, cette action, à la prendre precisement, n'est pas vne action de la vie spirituelle, puisque les chiens & les chats en font bien autant; mais i'aime vn homme qui me hait, qui parle mal de moy, qui me persecute, c'est là vne action de la vie spirituelle, parce que c'est aimer selon le sainct Esprit, qui en est le principe, & l'Amour personel de Dieu, lequel nous a aimez iusques à nous donner son propre fils, comme nous estions ses ennemis, & passant plus outre, apres auoir crucifié & fait mourir ce cher fils, nous a baillé son sainct Esprit, & continuant fait luire tous les ious son soleil sur les mechans aussi bien que sur les bons. Ie suis triste & pour cela me laissant aller à la melancholie, ie ne veux point parler, ou si ie parle, ce sont des paroles d'impatience, rudes, aigres & teintes d'amertume; les pies & les perroquets se taisent de la mesme façon quand ils ne sont pas en leur gaieté, & le temps sombre & pluuieux met les singes en mauuaise humeur: mais si dans cette indisposition & dans cet ennuy ie fais des efforts sur moy, si ie parle, & ie tasche de composer mes paroles & mon visage à la douceur, à la mansuetude & à la charité, c'est proceder & parler en homme spirituel. Ie suis méprisé & ie m'en fasche, aussi font bien les Turcs & les Payens; mais ie porte cette attaque d'honneur auec patience & auec humilité; ie reçois ce mepris iettant les yeux sur la premiere cause d'où il me vient, qui est Dieu; ie considere qu'il me l'enuoie pour sa gloire & pour mon salut, & qu'il me sera vne source fecon-

Matth. 5. 45.

de de biens eternels, fi i'en vfe comme il faut, ce-la c'eft viure en homme fpirituel.

*Galat. 5. 16.*

Mais l'Apoftre decrit amplement les actions de ces deux vies, & de ces deux fortes d'hommes dans les Epiftres qu'il adreffe aux Galates & aux Coloffiens. Il dit en la premiere, la Chair & l'Efprit font toûjours appointés cótraires & ont continuellement les armes au poing pour fe battre & fe detruire l'vn l'autre. Il entend par la chair, fe-

*Lib. 14. de Ciuit. cap. 2. & ferm. 13. de verbis Apoft.*

lon la remarque qu'en fait S. Auguftin, l'Homme Pecheur qui mene vne vie charnelle & plongée dás les vices auffi bien de l'efprit que du corps, & par l'Efprit l'Homme Iufte, qui vit vne vie fpirituelle & verrueufe. Or voicy, pourfuit l'Apoftre, les œuures de la chair, la fornication, les moleffes, les attouchemens impudiques, les dereglemens des perfones mariées, l'Idolatrie, les empoifonnemens, les inimitiés, les quereles, les ialoufies, les choleres, les appetits de vengeance, les debats, les diffenfions, les enuies, les homicides, les excez au boire & au manger, & autres femblables monftres que la chair enfante, & qui, comme ie vous ay deja dit, ferment la porte du Paradis; mais les actions de la vie, que le S. Efprit communique, font la charité, la ioie, la paix & le calme de la confcience, la patience, la douceur d'efprit, la facilité d'humeur pour s'accommoder auec tous, la bonté cordiale & toujours prefte pour aider le prochain, la manfuetude dans les iniures, la foy, la modeftie, la téperáce & la chafteté;

## SPIRITVEL.

En la seconde voicy comme il parle. Il faut qu'ayans l'honneur d'estre Chrestiens, & voulans viure conformement à la saincteté de vostre profession, vous ne vous laissiez point aller à la cholere, à l'indignation, à la malice, à la medisance, aux paroles sales, ny au mensonge, mais que dépouillant entierement le vieil homme auec toutes ses œuures, vous vous reuestiez de nouueau pour conoistre, pour aimer & seruir Dieu, & porter en vos ames son image, que le peché y auoit effacée. Aiez pour vostre prochain des entrailles de misericorde, soiez benins, hubles, modestes, doux & patiēts, supportez mutuellement vos defaits, & si vous auez sujet de vous plaindre de luy pour quelque iniure que vous en aurez receue, mettez la sous le pied & la luy pardonnez de bon cœur, vous souuenant que Dieu vous en pardonne de bien plus grandes. Par dessus tout ayez soin de conseruer inuiolablement la charité, comme le lien & le nœud de toute la perfection que vous pouuez auoir. Enfin retenez ce mot, *Omnia & in omnibus Christus*. Efforcez vous que Iesus-Christ soit tout en vous; qu'il soit tout en vos pensées, en vos affections, en vos imaginations, en vos passions, en vos paroles, en vos œuures, & qu'il reluise en vostre interieur & en vostre exterieur. Voila la doctrine de S. Paul touchant la vie que menent l'homme spirituel & l'homme charnel, & les actions qu'ils produisent.

Surquoy il faut remarquer deux choses : la pre-

Coloss. 3. 8.

miere, que pour estre homme spirituel, il ne suffit pas de faire vne ou deux actions, non plus que pour estre homme charnel, ce n'est pas assez de se laisser emporter vne ou deux fois aux mouuemens de sa concupiscence, mais il y faut vne suite & vne continuation de ces actions, & y mettre les iours, les mois & les années. On ne dira iamais que cet homme seculier soit spirituel, qui le matin a fait sa priere, ou qui a entendu la messe, ou qui a ieuné vn ieune commandé de l'Eglise, ou donné vne aumône, si au partir de là il emploie le reste de la iournée en des occupations temporelles & auec vn esprit qui ne ressent que la terre: mais celuy-là passera dans l'estime de tous pour tel & en portera dignement le nom qui s'emploiera ordinairement en l'exercice des bonnes œuures, & s'appliquera aux actions de sa condition par principe de vertu & auec Esprit de Dieu. Ne plus ne moins que celuy n'est pas tenu pour soldat qui porte seulement vne épée, quand il va aux champs, non plus que celuy-là marchand qui a acheté de l'estoffe pour se faire vn habit ou vendu son cheual, mais celuy qui fait profession ouuerte de la milice & du trafic, & s'adonne tout à fait à cette vacation.

*Non si quis dixerit aliquid quod ad sapientiam pertinet,* dit fort bien S. Eucher, *continuò sapiens existimandus* 

<small>Vel auctor lib in libros Regum ç. 10.</small>

*est; sic nec quisquam si aliquando prophetauit, iam inter prophetas numerabitur. Num putas te virum esse spiritalem quia statutis horis in choro oscitanter psallis, aut per ali-*

*quam horulam cottidie diuina mysteria tepida mente consideras, cum tamen leuia peccata non timeas, tuos immoderatos affectus non ordines, virtutes & animi puritatem non quæras, sed aut in vanis studiis, aut in sæcularibus negotiis, aut in superuacuis colloquiis tempus & vitam impendas? Toto cœlo erras si hoc putas; imo videris inter sanctos & viros perfectos, quorum professionem sectaris, tanquam agrestis Saül inter cuneos prophetarum, dicemúsque de te non iam admirantes sed irridentes, quod de illo Asinario dictum est, quænam res accidit filio Cis? num & Saül inter Prophetas?* On ne donne pas la qualité de sage à vn homme aussi-tost qu'il a proferé quelque trait de sagesse, ny le nom de prophete à qui a vne fois predit comme par rencontre les choses futures. Vous croiez vous spirituel, parce que tous les iours vous psalmodiez l'office diuin mais laschement, ou vous faites vne petite heure de meditation auec vn esprit distrait & vne volonté tiede? ne vous souciant point cependant d'euiter les pechez veniels, de regler vos mouuemens precipitez, de moderer vos affections desordonnées, de pratiquer les vraies vertus & rechercher la pureté de cœur, mais bien de passer le temps en des emplois inutiles, en des affaires seculieres & en des discours superflus? vous vous trompez lourdement, si vous vous estimez auec cela homme spirituel, vous ne l'estes point, mais plustost vous ressemblez à ce rustau, lors qu'il se trouua parmy les troupes des prophetes, & nous dirons de vous non point par admiration, mais par raillerie, ce qui fut dit de cet Aſnier, Qu'eſt-il arriué au fils de Cis? voila vne choſe étrange! & quoy Saül fera t-il donc du nombre des prophetes?

La ſeconde choſe qu'il faut remarquer eſt, que pour eſtre ſpirituel il n'eſt pas neceſſaire de viure comme les Eſprits purs & degagez de la matiere, ſans auoir iamais aucune atteinte des paſſions ny aucun ſentiment de la chair, mais ſeulement de ne s'y point rendre & n'y pas aquieſcer. *Spiritu am-* *bulate* nous dit S. Paul, *& deſideria carnis non perficie-* *tis*; marchez dans le chemin de voſtre ſalut & par les mouuements du S. Eſprit, & viuez comme des hômes ſpirituels, & vous n'accomplirez point les appetits de la chair. Il ne dit pas, vous en ferez exempts, comme ſi vous n'auiez point de corps, mais vous ne leur obeïrez pas. Vn homme peut eſtre trauaillé les iours entiers de penſées tres-mauuaiſes, d'imaginations tres-ſales, & ſouffrir des emotiôs du corps fort ſenſuelles; il peut eſtre tenté de vanité, d'enuie, d'impatience, de chole-re; il peut auoir des obſcuritez dans l'entende-ment, des ſechereſſes dans la volonté, & des tri-ſteſſes dans l'ame; il peut eſtre inquieté de diſtra-ctions en ſes prieres, experimêter de grandes dif-ficultez à domter ſes paſſions & à pratiquer la vertu, & eſtre auec cela fort ſpirituel, parce que ce n'eſt point le ſentiment des impreſſions de la chair ny de toutes les choſes mauuaiſes qui fait vn homme charnel, mais le conſentement, & pour eſtre ſpirituel, on n'eſt pas obligé d'eſtre af-franchy

*Galat.* 5. 16.

franchy de tous ces assauts & de toutes ces miseres, mais de les vaincre.

Aiant suffisamment monstré par ce que nous auons dit iusques icy, en quoy consiste la vie spirituelle, il ne reste plus sinon que nous embrassions cette vie excellente & diuine, & que nous taschions par tous moyens de deuenir des hommes spirituels. *spiritu ambulate*, nous exhorte sainct Paul, marchez en esprit, viuez comme des hommes spirituels, & derechef: *Fratres, debitores sumus non carni vt secundum carnem viuamus; si enim secundum carnem vixeritis, moriemini; si autem facta carnis mortificaueritis, viuetis*, mes freres, nous ne sommes point redeuables à nostre chair pour donner les mains à ses conuoitises, & luy accorder tout ce qu'elle nous demande, car si vous viuez de la sorte, tenez pour certain que vous mourrez; où si vous resistez à ses appetits & la mortifiés auec vn esprit genereux, vous viurés.

Certe la vie du Chrestien doit necessairement estre vne vie d'esprit, parce que c'est vn ébauchement & vn commencemét de celle qu'il menera vn iour au ciel; attendu que c'est au iugement de tous vne vie de grace, cóme l'autre est vne vie de gloire, & que la grace est vne gloire commencée, cóme la gloire est vne grace acheuée. Or tout ainsi que la vie, dót le Chrestien viura dans le ciel, sera vne vie parfaittement spirituelle, pource que non seulement son ame sera animée & gouuernée en toutes ses operations par le sainct Esprit,

Gal. 5. 16.

Rom. 8. 11.

V

mais encore son corps, lequel sainct Paul pour cette cause appelle spirituel, il faut de mesme que la vie qu'il mene icy bas, se ressente de cette noble qualité & porte ce glorieux charactere. Ainsi le mesme dit aux Romains & à nous. *Non secundũ carnem ambulamus, sed secundum spiritum*, & encore, *Vos in carne non estis, sed in spiritu*. Nous autres Chrestiens, nous ne nous coduisons point par les mouuemens de la chair, mais par ceux du sainct Esprit, & nostre profession est de viure comme des hommes spirituels, & non comme des persones sensuelles.

*1. Cor. 15. 44.*

*Rom. 8. v. 4.*

*v. 9.*

### SECTION III.

*Du discernement de l'Homme vraiement spirituel d'auec celuy qui ne l'est qu'en apparence.*

POVR la parfaite connoissance de l'Homme spirituel, nous adiousterons à ce que nous auons dit sur ce sujet quatre choses, qui y ont vne liaison comme necessaire & qui sont tres-vtiles. la premiere est le discernement de l'Homme vraiement spirituel d'auec celuy qui ne l'est qu'apparemment. La seconde, le discernement des diuers esprits. La troisiéme, le discernement des mouuemens de la Nature & de la Grace; & la quatriéme, l'explication des sept Dons du S. Esprit. Touchant la premiere,

## SPIRITVEL. 155

Ie dis qu'il n'est rien, où il y ait tant de deguisement & detróperie qu'en la vraye vertu & en la vie spirituelle; Rien que l'on falsifie ny si souuent ny si aisement; les actions qui paroissent de vertu, n'en sont maintesfois que des phantômes, & tel porte le visage d'vn homme spirituel & en a la parole, qui n'en a point le cœur ny les œuures, de sorte qu'on peut dire de luy ce qu'Isaac dit de Iacob, lors qu'il se presenta à luy trauesti des habits parfumés de son frere aisné: il a bien la voix de Iacob, mais ce sont les mains d'Esaü.

Genes. 27, 22.

Il y a de certains animaux dans la Nature qui de loin semblent de petites estoilles brillantes, mais de prez on voit que ce ne sont que des vermisseaux. Tout ce qui luit n'est pas or, comme l'on dit, ny tout ce qui a de l'éclat n'est pas precieux: lors que Clement VIII. fut atteint de la maladie dont il mourut, les medecins iugerent que le souuerain remede pour guerir son mal, qui auoit du venin, estoit du besoar bien assuré; sur quoy chacun se met en deuoir pour en chercher, & on en enuoia de tous costés en si grande quantité, qu'on fut contraint de mander qu'il y en auoit plus qu'il n'en falloit : là dessus les medecins s'assemblét pour faire l'essay de ce besoar, & dans toute cette masse, ils n'en trouuerent qu'vn petit morceau qui fut bien franc & bien exquis. Voilà nostre portrait. Plusieurs entre les hommes & les femmes, parmy les Religieux & les seculiers, semblent vertueux & persones spirituel-

V ij

les, qui en font profeſſion & en menent exterieurement la vie, mais qui pourtant au fond ne le font pas. O *quam rari ſunt,* diſoit le Bien-heureux Laurent Iuſtinien, *qui ſpirituales re & nomine cenſendi ſunt. Vocabulum hoc denuntiatione ſortiuntur multi; effectum vero ipſius pauci.* ô qu'il y a peu d'hommes vraiement ſpirituels! il y en a pluſieurs qui en portent le nom, mais peu qui en aient l'effet. *ſcio opera tua,* dit l'Ange à vn de cette ſorte, *quia nomen habes quod viuas, & mortuus es.* Ie connois tes œuures; ie ſçay comme tu vis; à te voir on te prendroit pour vn homme ſpirituel, & neantmoins tu n'en as que le nom; on diroit à te conſiderer au dehors que tu menes vne vie interieure, mais tu y es mort.

Lib. de obedi. cap 16.

Apocal. 3. 1.

Ezech. 8.

Le Prophete Ezechiel raconte que Dieu luy fit vn iour voir par vn trou, qu'il luy commanda de faire dans la muraille du Temple, comme s'y comportoient les hommes & les femmes qui eſtoient conſacrez à ſon ſeruice, & que regardant il vid ſoixante & dix vieillards qui tenans des encenſoirs dans leurs mains parfumoient & adoroient des Idoles, & les images des ſerpens, des lezards & d'autres animaux, qui eſtoient peintes toutes autour ſur la muraille du Temple; & apres, *mulieres plangentes Adonidem,* des femmes toutes éplorées & noiées de triſteſſe, qui pleuroient la mort d'Adonis: c'eſt a dire, des hommes qui idolatrent leurs paſſions, & des femmes qui dans leurs exercices de pieté, ſe lamentent pour la perte de leurs lumieres, de leurs gouts & de leurs consolations; lors que Dieu pour les epreuuer, ou les purifier, les met dans vn état de tenebres, de secheresse & d'vn abandonnement sensible; car les femmes sont plus suietes à auoir mesme dans la vie spirituelle leur Adonis, & y rechercher leurs plaisirs. Voila comme on pallie ses vices, & comme les faux Spirituels se deguisent. Voyons pour cela les marques certaines & les enseignes assurées, d'vn homme vrayement spirituel, par lesquelles nous porrons le reconnoistre & le discerner d'auec celuy qui ne l'est que de mine.

Premierement c'est vne chose aueréé & mesme autorisée par le dire commun, qu'vn homme n'est point spirituel par l'habit, non plus que par la monstre exterieure, ny par les discours & les entretiens de pieté, ny par la profession de la vie, dautant que de là il faudroit inferer que toutes les persones Ecclesiastiques & Religieuses seroient spirituelles, ce qui est bien faux, parce qu'il arriue souuent & trop souuent, qu'on portera vn habit sainct pour l'habit du corps, mais celuy de l'ame sera ce vestement de tenebres, & ces vieux haillons, dont S. Macaire nous a parlé cy-dessus; qu'vne profession de vie celeste sera iointe à vne vie qui ne sentira que la terre; que des discours de deuotion prendront leur source dans de mauuais desseins, & dans des pensées infames, & qu'vn exterieur religieux couurira vn interieur tout gasté & corrompu des affections du monde. Ne voit on pas sur les Theatres que le fils d'vn villageois ou d'vn sauetier portera le nom & l'habit, & aura le geste & la parole, & mesme fera en feinte les actions d'vn Empereur, d'vn Alexandre & d'vn Cesar, & qu'vn homme vicieux & debauché representera la constance, la chasteté & les vertus heroïques des martyrs & des plus grands Saincts de l'Eglise? Nostre Seigneur dit de l'vn de ses Apostres & de ses domestiques, à sçauoir de Iudas, *ex vobis vnus diabolus est*, que nonobstant cette excellence & cette monstre de pieté, il estoit diable, parce qu'il en faisoit les œuures.

Ioan. 6. 71.

Secondement vn homme n'est point spirituel pour se confesser & se communier souuent, pour dire force prieres, & assister souuent aux Eglises; parce que toutes les persones qui professent la vie deuote, seroiét par ce moié spirituelles, ce qui n'est point. Ecoutons ce que nous en dira sainct Bernard, qui auoit toutes les lumieres necessaires pour la parfaite intelligence de ces secrets, *Miser homo*, dit-il, *qui totus pergens in ea quæ foris sunt, & ignarus interiorum suorum, putans aliquid se esse cum nihil sit, ipse se seducit. Comederunt alieni robur eius & ignorauit. Exteriorem quippe superficiem intuens salua sibi omnia suspicatur non sentiens vermem occultum, qui interiora corrodit, manet tonsura, ieiuniorum regula custoditur, statutis psallitur horis, sed cor longe est à me, dicit Dominus, attende solerter quid diligas, quid metuas, vnde gaudeas, aut contristeris.* Home miserable que tu es, qui appliquant toutes tes pensées, à former & polir tô

Serm. 2. in capite ieiunij.

Osea. 7. 9

exterieur & quittât le soin de tô interieur, tu crois estre quelque chose n'estant rien, tu t'abuses, & sçache que cette parole du Prophete Osée s'execute en toy: les étrangers ont mangé toute sa force, & il ne s'en est point apperçû. Car te regardant au dehors & voiant que tout y est dans l'ordre, à ce que tu iuges, tu estimes en suite que tout va bien, ne prenant pas garde au ver caché qui te consume au dedans & te ronge les entrailles, à cette vanité secrete, à cette ambition, à cette enuie, à cette attache à vne telle Creature ; tu portes la tonsure comme il faut, tu obserues les ieunes de l'ordre, & tu ne manques point tous les iours aux heures ordonnées de chanter au chœur, mais ton esprit & ton affection est cependant bien loin de moy, dit le Seigneur. Partant veux-tu sçauoir ce qu'il faut pour estre homme spirituel, examine soigneusement ce que tu aimes & ce que tu crains, considere les suiets de tes ioies & de tes tristesses, regarde si tu n'aimes point des choses defenduës, ou si aimant celles que l'on te permet tu les aimes d'vne façon permise, si ce n'est point auec passion & auec excez, & pour quelque intention oblique ; si tu ne crains point trop les mepris & les côfusions, & si tu n'as pas vne apprehension plus grande qu'il ne faut de la pauureté, de la faim, de la soif, du chaud, du froid, des incommoditez & des douleurs ; si l'accomplissement de tes desirs ; si l'amour, l'estime & les loüanges des hommes ne te donnent point trop de ioie & trop de complaisance ; ou si leurs contraires ne t'abbattent point le courage & t'accablent de tristesse.

Troisiémement ie dis que Iesus-Christ est le grand Original & le parfait Exemplaire des hommes vraiemét spirituels; qui ne le sont & ne le peuuent estre qu'en se formant sur luy, qu'en portant ses traits, qu'en prenát son esprit & imitát ses vertus. Tout le secret de la vie spirituelle est contenu dans ces paroles mysterieuses, *Verbum caro factum est*, le Verbe a esté fait chair, & la Diuinité s'est vnie personellement à l'Humanité, laquelle par cette vnion ineffable est deuenuë parfaitement spirituelle & infiniment saincte. Quiconque desire de se rendre homme spirituel, doit sur ce modele faire deux choses, la premiere, mener vne vie d'esprit : & la seconde, mener vne vie au dessus des sens.

Pour la premiere, il est clair par la seule lumiere, que le nom d'homme spirituel nous donne, que qui le veut estre & en meriter iustement la qualité & la gloire, doit necessairement viure vne vie d'esprit, vne vie interieure, vne vie qui se passe dans l'ame & dans le cœur. *Conuertimini ad me in toto corde vestro*, dit Dieu par le Prophete Ioël. Conuertissez vous à moy par le changement de tout vostre cœur. Il ne dit pas de vostre habit, de vostre condition ny de vostre exterieur, dautant que *Corporis conuersio*, dit S. Bernard rapportant ce passage, *si sola fuerit, nulla erit ; forma siquidem conuersionis*

Ioël. 2. 12.

Serm. 2. in capite ieiunij.

*uersionis est ista*, si la Conuersion ne se fait que du corps & des choses du dehors, elle est nulle. Les paroles de ce Prophete marquent la vraye, & nous apprennent qu'elle se doit operer au dedans.

*Venit hora, & nunc est*: dit nostre Seigneur à la Samaritaine: *quando veri Adoratores adorabunt patrem in spiritu & veritate; Nam & pater tales quærit qui adorent eum. Spiritus est Deus, & eos, qui adorant eum, in spiritu & veritate oportet adorare.* L'heure est venuë, & nous y sommes, que les vrais Adorateurs adorerōt le Pere en Esprit & en Verité, car il les veut ainsi faits & qu'ils luy rendent leurs hommages de cette façon, parce que comme il est Esprit, il le faut adorer aussi en esprit & en verité. Voila l'instruction importante que nostre Seigneur donna à cette femme, à dessein de luy monstrer la difference qu'il y auoit entre le Christianisme & le Iudaïsme, & entre la loy qu'il venoit apporter aux hommes & l'ancienne qui estoit fort ceremonieuse & exterieure, dans laquelle on s'appliquoit beaucoup plus au soin du culte qui ne frappoit que les yeux & les oreilles, qu'à celuy qui cultiuoit l'ame & taschoit de la rendre agreable à Dieu, & où il s'estoit glissée par tradition non seulement parmy les hommes du commun, mais encore parmy ceux qui passoient pour les plus habiles & les plus religieux, comme estoient les Pharisiens, vne coustume de se nettoier le corps tres-souuent, d'entrer dans le bain au retour de

Ioan. 4. 23.

X

la place publique, où leurs affaires les auoient appellez, de n'oser máger qu'ils n'eussent auparauant laué leurs mains à plusieurs reprises & mesme iusques aux coudes, de plonger dans l'eau pour la mesme fin leurs coupes, leurs vases, & leurs cuuettes d'airain, & mesme les lits, sur lesquels ils prenoient leur repas. *Pharisæi & omnés Judæi*, raconte S. Marc, *nisi crebro lauerint manus, non manducant, tenentes traditionem seniorum. A foro nisi baptisentur, non comedunt, & alia multa sunt, quæ tradita sunt illis seruare, baptismata calicum & vrceorum, & æramentorum, & lectorum.* La loy Chrestienne a osté tous ces baptesmes & tous ces lauemens superstitieux & les a conuertis en ceux de l'ame, qui sont pour la purifier par les actes interieurs de la Foy, de l'Esperance, de la Charité & des autres vertus, & retranchant toute cette grande multitude de ceremonies exterieures qu'auoient les Iuifs, & en établissant peu, bien meilleures & beaucoup plus significatiues, mettre sa plus grande étude à l'interieur, à adorer, à glorifier, à aimer & seruir Dieu, *In spiritu & veritate*, en esprit & en verité.

En esprit, mais pourquoy? pour trois raisons. La premiere est celle que nôtre Seigneur a touchée, qui consiste en ce que comme Dieu est vn Esprit, & que tous les estres ont naturellement de l'inclination & de la complaisance pour ce qui leur est semblable, ce n'est pas merueille, s'il demande l'esprit & vn culte spirituel. *Non accipiam*, dit-il

Marc. 7. 3.

Psal. 49. 9. 14.

par la bouche de Dauid, *de domo tua vitulos, neque de gregibus tuis hircos; immola Deo sacrificium laudis.* Ie n'ay que faire de tes troupeaux; tous ces sacrifices n'ont point de rapport auec moy, qui suis vn esprit; si tu veux m'en offrir vn qui me soit agreable, donne moy des loüanges. La seconde est parce que Dieu estant vne maiesté souueraine & absolument infinie, il veut que ce qui en chaque chose tient le premier rang de dignité & d'excellence luy soit consacré, & par consequent nostre esprit & nostre ame, qui est vne substance immortelle & diuine, & autant releuée en perfection par dessus nostre corps, que l'homme l'est par dessus les bestes. Et la troisiéme est que Dieu exigeant de nous des adorations, il entend qu'elles soient vraies, ce qu'elles ne peuuent estre si l'esprit & la volonté ne les produit: car nous sçauons, & il n'est que trop ordinaire, qu'vn homme peut honorer exterieurement quelqu'vn, luy rendre de grands respects, luy faire de profondes reuerences, se mettre mesme à genoux deuant luy, qu'il meprisera neantmoins en son cœur, & par consequent en verité. C'est dequoy Dieu se plaint lors qu'il dit par Isaïe. *Appropinquat populus iste ore suo, & labijs suis glorificat me; cor autem eius longe est à me.* Ce peuple s'approche assez de moy des leures, & me glorifie de parole, mais son esprit & son affection est loin de moy.

Isai. 29. 13.

Dauantage Saincte Athanase & sainct Basile disent qu'adorer Dieu en esprit, c'est l'adorer au S.

Athan. epist. ad Serapion. Basil. lib. de

*spiritu sancto c. 16. Pererius ibi.*

Esprit, c'est à dire, par les mouuements du S. Esprit, & non par ceux de la nature ny par humeur: c'est l'adorer auec les actes interieurs des vertus que le sainct Esprit nous suggere, pour les intentions qu'il nous inspire, & pour la production desquels il nous communique ses graces; & comme il est l'Amour essentiel & personel de Dieu, c'est adorer & seruir Dieu, & proceder en toute nostre conduite spirituelle par le principe & le motif d'vn tres-parfait amour & d'vne charité tres-pure.

Ils disent de mesme qu'adorer Dieu en verité, c'est l'adorer auec des adorations veritables & sinceres, ainsi que nous auons marqué cy-dessus, & de plus l'adorer en son fils qui est la Verité, c'est à sçauoir, adorer, honorer, aimer & seruir Dieu sur les exemples, que son fils nostre Seigneur nous en a donnez, pour y suiure autãt que nous pourrons, sa façon & y prendre ses motifs.

Voila la marque de l'homme vraiement spirituel, qui le distingue d'auec celuy qui ne l'est qu'exterieurement. Taschons de l'auoir & souuenons nous de la deuise d'Amphiaraüs. *Non videri sed esse*, qu'il ne faut pas sembler vne chose, mais l'estre, n'en auoir point l'apparéce, mais la verité. Pour ce suiet Dieu reietta du nombre de ses victimes le Cygne & l'Autruche, le Cygne, parce qu'il a les plumes blanches & la chair noire, & l'Autruche, dautant qu'il a des ailes sans pouuoir voler, desorte que d'estre en auoir que la monstre, sans

*ου δοκεῖν ἀλλ' ἦν.*

*Leuit. 11. 16. & 19.*

en posseder l'effet. Pour la mesme cause les trois enfans n'inuiterent point aux loüanges de Dieu auec les autres Creatures l'arc-en ciel, encore qu'il soit parfaitement beau & qu'il passe dans la nature pour vn des grands obiets d'admiration qui s'y voient, d'où les Grecs luy en ont mesme donné le nom, pource que toute sa beauté n'est qu'vne illusion des yeux, & que ses couleurs ne sont point vraies, mais apparentes & trompeuses. Θαυμαντίας

Dieu est vn Esprit, & pour cela il veut estre adoré en esprit, & en verité; en verité, & non point auec mensonge, de sorte que le dedans s'accorde auec le dehors. En l'esprit & en l'interieur, où nous rendons à Dieu nos plus excellens sacrifices: c'est par ce grand interieur, que nous sommes differens des Iuifs; Ne Iudaïsons donc point, ne seruons point Dieu à la Iuifue, & comme dans la Synaguogue, mais en vrais Chrestiens: & imitons S. Paul qui dit de soy, *Testis est mihi Deus, cui seruio in spiritu meo, in Euangelio filij eius.* Dieu m'est temoin, à qui ie sers, non selon les façons de la loy ancienne fort ceremonieuse & fort occupée à l'exterieur, mais selon la loy nouuelle, & dans le fond de mon ame, suiuant la doctrine que son fils Iesus-Christ nous en a donné, & les patrons qu'il nous en a laissez. Rom. 1. 9.

## SECTION IV.

*L'homme spirituel mene vne vie au dessus du corps & des sens.*

Voicy l'autre marque de l'hôme vraiement spirituel; à sçauoir, qu'il mene vne vie fort degagée de son corps & déprise de ses sens; où celuy, qui n'en a que le nom & la couleur, y est attaché & en recherche les plaisirs. Moyse racôte que Dieu au commencement du monde fit les oiseaux & les poissons d'vn mesme element, qui fut celuy de l'eau, & que les poissons y demeurerent pour y viure, mais que les oiseaux s'eleuans plus haut, & quittans ce lieu de leur naissance, prirent l'essor dans les airs où ils se tiennent. C'est l'Image & le portrait des vrais & des faux Spirituels, parce qu'ils sont tous deux formez d'vne mesme nature, mais leur vie est fort differente, dautant que ceux-cy, comme les poissons, *qui perambulant semitas maris*, ainsi que dit Dauid, qui se promenent & font toutes leurs operations dans les eaux, habitent autant qu'ils peuuent dans les eaux des voluptez & cherchent les aises de leurs corps, selon l'inclination de leur nature corrompuë, où ceux là se releuent au dessus.

Comme aussi est-il absolument necessaire à la vie qu'ils menent: Car il est impossible que qui a de l'attache à son corps & aime les plaisirs sen-

*Genes. 1. 20.*

*Psalm. 8. 9.*

suels, ie dis plus, qui ne mate son corps & ne mortifie ses sens aux choses mesmes, qui d'ailleurs luy pourroient estre permises, deuienne iamais homme spirituel; quoy qu'il fasse & quelque exercice de pieté qu'il pratique, s'il n'y ioint celuy-cy, il n'en aura iamais que la figure, mais il n'en possedera pas la verité. *Non permanebit*, dit Dieu dez le temps de Noë, *spiritus meus in homine in æternum, quia caro est.* Mon esprit se retirera de l'homme pour toujours, il ne fera plus sa demeure en luy, parce qu'il n'est que chair. *Caro & sanguis*, nous apprend Sainct Paul, *regnum Dei possidere non possunt.* La chair & le sang ne peuuent posseder le Royaume de Dieu, ny celuy de la gloire qui est en l'autre vie, ny celuy de la grace qui est en celle-cy, la porte leur en est fermée. & encore, *Animalis homo non percipit ea quæ sunt spiritus Dei*, l'Homme animal & sensuel ne sçauroit ny entendre ny gouster les choses de Dieu. Le Prophete Isaïe demandant qui d'entre les hommes sont ceux que Dieu trouue bien disposez pour receuoir la sagesse & estre éclairez de ses lumieres, répond, *Ablactatos à lacte, auulsos ab vberibus.* Que ce sont ceux qui ont dit adieu au laict, & quitté la mammelle. Et Iob s'enquestant de mesme, où la sapience faisoit sa retraitte, dit, *Non inuenitur in terra suauiter viuentiū.* Qu'il ne falloit point la chercher parmy ceux qui menent vne vie delicieuse, & qu'assurement on ne l'y treuueroit pas, parce qu'elle n'y est point. *Numquam humanus affectus*, dit Richard de Sainct

Genes. 6. 3.

1. Cor. 15. 50.

1. Cor. 2. 14.

Isai. 28. 9.

Iob. 28. 13.

De extermin. malit. ca. 16.

Victor, *ad æternitatis desiderium perfectè inflammatur, numquam humanus intellectus ad æternorum contemplationem plene acuitur, nisi carnis cura etiam in rebus licitis multúmque necessarijs frequenter fortitérque repellatur.* Iamais la volonté de l'homme ne sera en estat d'estre parfaitement enflammée du desir des choses eternelles, ny son entendement bien ouuert pour les contempler, s'il ne quitte souuent & auec courage le soin de son corps, mesme aux choses permises & fort necessaires. Remarquez particulierement ces derniers mots, aux choses mesmes permises & fort necessaires. Venons maintenant aux raisons qui mettront cette verité dans son iour, & nous la feront clairement connoistre.

La premiere est, qu'il n'y a rien de plus contraire à l'esprit que la chair, ny chose aucune plus opposée à la vie spirituelle que la vie sensuelle. Le ciel n'est pas si exaucé au dessus de la terre que l'esprit est releué au dessus du corps, & les choses spirituelles au dessus des corporelles ; dautant que si le ciel & la terre sont extremement éloignez l'vn de l'autre, aumoins s'accordent ils tous deux en vn mesme genre, en ce que ce sont des corps ; où l'esprit & le corps sont separez en des genres tout à fait differens. Comme l'oreille ne peut ouïr les sons, ny l'œil voir les couleurs, pource que cela passe les bornes de leur objet & est au dela de la ligne que la Nature leur a marquée ; de mesme le corps ne peut comprendre ny goûter
les

les choses spirituelles, ny s'y porter naturellement, d'où pour le faire il faut par necessité que l'homme se guinde & s'élance au dessus de son corps & de ses sens.

Pour cette cause Moyse ayant dit apres qu'il eut apperçu le buisson ardent: i'iray & ie verray de plus pres cette grande merueille, pourquoy le buisson est tout en flammes, sans toutefois se consumer, il entendit vne voix qui luy cria. *Ne appropies huc, solue calceamentum de pedibus tuis, locus enim in quo stas, terra sancta est.* Ne bouge, n'approche pas dauantage, qu'auparauant tu n'aies osté tes souliers de tes pieds, parce que le lieu, où tu es, est sainct; ce qu'vn Ange dit du depuis & quasi en mesmes termes à Iosué pour le rendre digne de sa veuë: surquoy Sainct Ambroise dit que les souliers, qui sont faits de peaux de bestes mortes, signifient nostre corps, lequel nous deuons mettre bas, c'est à dire, quitter l'affection dereglée que nous auons pour luy, si nous voulons nous faire capables des mysteres diuins.

Exod. 3, 5.

Serm. 17 in psal. 118.

En effet, *corpus quod corrumpitur*, comme le Sage nous enseigne, *aggrauat animā, & terrena inhabitatio deprimit sensum multa cogitantem*: il veut dire premierement: Ce corps corruptible & grossier appesantit l'ame & la tire touiours en bas, & cette maison de terre l'ébarasse & l'empesche fort par la multitude des soins qu'il faut prendre de son entretien & de ses necessitez, de se porter en haut & aux choses spirituelles, qui sont proportionnées à sa

Sap. 9. 15.

τῶν πολυφροντίδων.

Y

nature. Secondement, les plaisirs & les délectations du corps que l'on prend à manger, à boire, à dormir & à tout ce qui le concerne, font l'ame lourde & pesante, & la retiennent qu'elle ne puisse aller commodement & auancer au chemin de sa perfection, parce qu'elles bouchent les ouuertures aux sentimens de Dieu, rendent les exercices de pieté, de l'oraison, de la Communion, & les autres plus difficiles, & la deuotion insipide & amere : tout ainsi que si on iettoit quelques gouttes de fiel dans du laict, que sans doute l'on aigriroit.

C'est pourquoy si les persones sensuelles, qui traitent bien leurs corps, semblent par fois touchées de quelques mouuemens de pieté, & sentir quelque chaleur de l'amour de Dieu, on peut pour l'ordinaire estimer ces touches & ces affections trompeuses, comme estans plustost des effets de leur nature qui est ainsi disposée & facile à émouuoir, que des productions de la grace & des fruits de leur vertu ; Ainsi voyons nous que les femmes & les naturels tendres & molasses pleureront aisement au moindre recit de la passion de nostre Seigneur, & à la representation qu'on leur fera de leurs fautes, sans toutefois que ces larmes decoulent de la source d'vne vraie douleur, attendu qu'elles n'apportent aucun soin de s'en corriger; ny d'vn cordial amour ou d'vne compassion sincere enuers nostre Seigneur, puisqu'elles ne veulent point prendre part à ses souffrances.

## SPIRITVEL.

La seconde raison de cette verité est, que la chair se porte toujours à ses obiets, pour ce qui est de soy, d'vn mouuement qui n'est point raisonable. Mais pour deuelopper & étendre cette raisō, il faut remarquer, que cōme la faculté de raisonner & de iuger des choses, dont nous sommes doüez, n'est pas en nostre corps, mais en nostre ame, l'on doit inferer de là premierement, que nostre corps ne peut iamais rien cōnoistre, rien rechercher, ny faire aucun mouuemēt par iugemēt ny par raison, puisqu'il n'en a point, mais toujours par passion. Secondement, qu'il ne sçauroit discerner si ses conuoitises, ses recherches, & ses mouuemens sont aiustez aux commandemens de Dieu, ou s'ils leur sont contraires, & s'ils peuuent seruir à nostre salut ou luy nuire; car en effet nostre appetit se portera de soy aussi bien vn iour de ieusne à manger & à contenter sa faim qu'vn autre, sans examiner si cela est defendu ou permis, parce qu'il va à ce qui luy est cōforme par vne impetuosité aueugle & brutale, tout ainsi que les bestes. D'où en troisiéme lieu il faut conclure, que comme tous ses desirs & toutes ses cupiditez sont ou contre, ou au moins ne sont pas selon les regles de la vie spirituelle, qui sont d'agir par la raison & par la grace, qui veut entrer dans cette vie & en produire les actions, doit necessairement se detacher de son corps & s'éleuer au dessus, pour ne rien faire par son impression & par son seul ressort.

Y ij

La troisiéme raison se tire de ce que de tous les ennemis de nostre salut, qui se reduisent ordinairement à trois, au diable, au monde & à nostre chair, ce dernier est sans controuerse le plus dangereux & le plus nuisible. Premierement, parce que les deux autres nous font la guerre & nous surmontent par son moien & auec ses armes, sans quoy ils pourroient fort peu, dautant que comme elle demeure dans le logis, & en tient les portes qui sont les sens, ils taschent de s'entendre auec elle & de la corrompre, afin que leur ouurant, ils entrent chez nous, ils nous attaquent & nous tüent. De cette façon le diable s'adressa iadis à Eue, qui represente la chair, comme S. Augustin & Sainct Bernard remarquent, pour perdre Adam & en luy tout le genre humain; ce qui luy reüssist comme nous le sçauons & le regrettons tous les iours. Secondement, pource qu'encore que le diable & le monde aient des inimitiés furieuses contre nous, & soient resolus opiniastrément à nostre ruine, au moins sont ils hors de nous; de sorte qu'il est plus facile de nous garder d'eux & de parer leurs coups; car si vous voulez rompre tout commerce auec le monde, vous n'auez qu'à vous retirer dans les solitudes, où vous ne verrez & n'entendrez rien, & par ce moien vous serez loin de ses embusches & à couuert de ses charmes. Et si vous dites que le diable vous y peut suiure, il est vray, mais aussi il sera affoibly de la moitié, & là par la lumiere & la force qui vous sera communiquée du ciel vous pourrez aisement découurir ses entreprises, reconnoistre ses attaques, éuenter ses mines, & ainsi renuerser tous ses mauuais desseins. Mais nostre chair n'est pas hors de nous, elle est dedans nous & fait vne partie de nous mesmes; c'est pourquoy fuiez tant que vous voudrez dans les deserts, allez dans les Isles les plus abandonnées, & transportez vous aux extremitez de la terre & de la mer, où vous ne ne voiez & n'entendiez rien, & où mesme le diable vous laisse en repos, vous aurez là toûjours, & en tout autre lieu, & continuellement vostre chair, & en suite vous aurez sans relasche sur les bras auec vous & dedans vous le plus grand aduersaire de vostre salut. Et en dernier lieu nous auons de la haine pour nos autres ennemis, car personne n'aime le diable, mais tous le haïssent, & nous estimons le monde vn trompeur & vn fourbe; & si mesme quand nous sentons de l'affection pour luy & que nous le recherchons, c'est en faueur de nostre corps, afin d'estre bien logé, bien vestu, bien nourri, & d'estre à nostre aise, mais *nemo carnem suam odio habuit*, dit sainct Paul, *sed nutrit & fouet eam*. Iamais persone, suiuant l'inclinatió de sa nature, n'a esté ennemie de sa chair, au contraire elle la conserue tant qu'elle peut, elle en a soin, & si mesme elle la caresse & la choie. Ephes. 5. 28.

De tout cecy nous deuons recueillir que le plus grand empeschement que nous ayons pour mener vne vie vraiement spirituelle & goûter les choses de Dieu, est nostre chair & qu'il faut absolument nous détacher de l'affection dereglée, que nous luy portons, si nous auons dessein de deuenir des homes spirituels & de trouuer l'entrée des choses diuines. En effet nostre propre experience nous fait connoistre & sentir que le peu de progrez que nous faisons dans cette vie interieure & dans les voies de Dieu, ne vient fort souuent que du peu de mortification de nostre corps & de cette vie sensuelle, qui regne en nous & qui nous encline à desirer & à rechercher les contentemens de nos sens, à procurer nos besoins auec empressement & auec plus de soin qu'il ne faut, à trop appreĥender la faim, la soif, le chaud, le froid, & les mesaises, à emploier trop de moyens & vouloir trop de dispenses pour les euiter, à murmurer & à nous plaindre quand nos necessitez & nos petits accomodemens nous manquent; il faut mourir à toutes ces foiblesses & à cette vie des Sens, pour viure celle de l'Esprit.

## SECTION V.

*D'autres preuues de la mesme verité.*

In Phædone
Ficinus ad
Phædrum.

PLATON disoit elegamment que Dieu auoit attaché deux ailes à nostre ame, qui sont deux inclinations aux choses celestes & diuines; l'vne à nostre entendement pour voler à la premiere Verité, & l'autre à nostre volonté pour prendre l'essor vers la Bonté souueraine, & que ces ailes estoient liées, froissees & rõpuës par l'affection trop grande que nous auons à nostre chair. De plus que la felicité de l'homme consistoit en la seule sagesse, c'est à dire, en la connoissance & en l'amour du souuerain Bien, & qu'en cette vie nous y auions vn tres-grand obstacle, à sçauoir le fardeau de nostre corps, tant à raison qu'il est corps, comme à cause des tromperies & des illusions des sens ausquels l'ame se laisse surpredre, & de beaucoup d'infirmitez ausquelles il suiet, & des sottises & badineries d'éfant ausquelles il s'amuse: que pour cette cause le plus fort dessein que deuoit auoir vn home qui veut estre Sage & Bien-heureux, estoit de mourir tous les iours de plus en plus aux soins desordonnez de son corps. Dauantage que nostre ame se sentoit échauffée de deux amours contraires, dont l'vn l'enclinoit vers la Beauté diuine, & l'autre la poussoit du costé de son corps & des choses corporelles, & que perpetuellement elle estoit agitée de ces deux amours. Que ce sont comme deux Demons familiers & domestiques que nous auons, dont le premier, qui nous porte en haut, s'appelle Calodæmon, bon Demon, & le second qui nous tire en bas, se nomme Cacodæmon, mauuais Demon: Ce sont l'Eros & l'Anteros, l'amour & le contramour, l'Hercule & l'Antée des Anciens.

In conuiuio, Ficinus ad conu. Platonis cap. 8. orat. 6.

Καλοδαίμων.

Κακοδαίμων.

Nous auons vne excellente figure de cecy en  Genes. 25

Isaac & Ismaël les deux enfans d'Abraham, pour l'éclaircissement de laquelle il faut considerer les circonstances suiuantes. Abraham eut deux femmes en mesme temps, Sara & Agar. Sara qui estoit la Dame du logis, noble & issuë de mesme sang qu'Abraham, Agar la seruante & natiue d'Egypte, qui se voiant enceinte, commence à faire de l'insolente & à mépriser sa maistresse, parce qu'elle n'auoit point d'enfans; Sara ne pouuant supporter ses mepris, s'en plaind à son mari, qui luy dit que sa seruáte estoit en son pouuoir & qu'elle en disposat comme elle voudroit; surquoy Sara la traite mal & la persecute, dót Agar se depitant & ne voulât point le souffrir, s'enfuit du logis & prend le chemin de son païs; mais l'Ange luy commande de retourner sur ses pas, de rentrer dans la maison & de se rendre plus humble & plus soupple à sa maistresse, luy adioustant qu'elle auroit vn fils que Dieu releueroit beaucoup & feroit grand : Ce fils estant venu au monde & nommé Ismaël, & Dieu en aiant donné vn à Sara qui fut Isaac, comme vn iour Sara vid Ismaël qui ioüoit auec son fils, *ludentem cum Isaac filio suo*, dit la Parole saincte, elle le treuua fort mauuais & dit à son mari, *Eijce ancillam hanc & filium eius; non enim erit hæres filius ancillæ cum filio meo Isaac.* Chassez moy cette seruante auec son fils, ce que ie vois ne me plait pas, car resolûment le fils de la chambriere, n'aura point de part à l'heritage auec le mien. Abraham prit cela en mauuaise part, & auec

quel-

quelque sujet, parce qu'Agar estoit sa vraie femme, & Ismaël son fils legitime, pour lesquels par consequent il auoit de l'amour, & estoit mesme tenu de les conseruer & les retenir prez de soy & non de les en bannir, & ce luy estoit vne chose tres-dure d'en venir à cette extremité. Mais l'Ange luy apparoissant de la part de Dieu luy dit, Abraham, ne te fasche point des paroles de Sara, mais fai ponctuellement ce qu'elle t'à dit : là dessus Abraham étouffant tous les sentimens de la nature & faisant vn acte heroïque d'obeissance donna vn pain à Agar, & luy mit vn vase plein d'eau sur les épaules, & puis la fit sortir auec Ismaël de son logis. Voila la figure, tirons luy maintenant le rideau.

Tout homme a, ainsi qu'Abraham, comme disoit Philon, deux femmes ; vne Sara, & vne Agar, c'est à sçauoir, l'ame & la chair, l'ame qui est la principale & la maistresse, & la chair qui est la seconde & la seruante. Ces deux femmes ont leurs enfans; Agar son Ismaël, & Sara son Isaac, c'est à dire, que la chair a ses appetits sensuels & sa concupiscence portée au vice, & l'ame son inclination au bien & à la vertu. Ismaël ioüe auec Isaac, Sara s'en offense, parce que ce ieu estoit, comme l'expliquent les Docteurs, ou qu'Ismaël, qui auoit deja vingt ans, apprenoit à Isaac, qui n'en auoit encore que cinq, à faire de petites idoles & à les adorer, ou qu'il le battoit, & attentoit secretement sur sa vie, afin de pouuoir estre l'heri-

*Lyranus ad c 21. Genes. Pererius ibid.*

tier, ou qu'il faisoit des saletez & des attouchemens impudiques sur cet Enfant. La chair pratique le semblable enuers l'ame, si on n'y prend garde, parce qu'elle la porte à iouër, à rire, à folastrer, à passer son temps & prendre ses plaisirs, à idolatrer les richesses, les honneurs & les vanitez du monde, & à faire de choses sales. C'est pourquoy, *Ejyce ancillam hanc & filium eius.* Il faut chasser & le fils & la mere, & bannir cette vilaine seruante auec son Ismael.

Pour cette mesme raison les Anciens ont donné auec beaucoup d'esprit & de sagesse des noms fort mysterieux à la chair, qui expriment excellemment sa qualité maligne & les maux qu'elle nous cause. Sainct Gregoire de Nazianze l'appelle la Remore & l'arrete-nef de l'ame, parce que cette vie estant vn Ocean, & nostre ame y faisant voiage pour arriuer au port du salut & de la beatitude, nostre chair en arreste fort souuent le cours, & la met en danger d'estre prise des Pirates dont cette mer est pleine, ou poussée par les vens & par les tempestes contre les rochers, & y faire naufrage. Synesius dit que c'est vne Nuée grosse & épaisse qui nous derobe la clarté du Soleil de iustice & nous empesche sa chaleur, & où se forment les tonneres, les éclairs & les foudres de nos malleurs. S. Ambroise, que c'est vne Maison faite de boüe & de crachat, qui soüille nostre ame, qui la couure d'ordures & la remplit d'immondices. S. Basile auec les Payens mesmes, que c'est vne Prison où l'ame est captiue; & comme la prisõ est vne demeure triste, obscure, & pauure, où le prisonnier est mal logé, mal nourry, mal accommodé, où il ne fait pas ce qu'il veut, & où il passe les iours entiers dans vne infortunée oisiueté. C'est ainsi qu'il en va de l'ame dans le corps, parce qu'elle y souffre les mesmes miseres, & encore de bien plus rudes & bien plus nuisibles, si on n'y donne remede.

Platon, & deuant luy Pythagore, le nommoit vn Tombeau; de sorte que comme le Tombeau est vn lieu sous terre, tenebreux, étroit, infect, & puant, parmi les vers & les serpens, dont l'on est rongé; c'est le mesme du corps au regard de l'ame.

Enfin quelques vns ont assuré que la chair estoit la plus grande Sorciere & la plus dangereuse Magicienne qui soit au monde, laquelle par ses charmes & par ses enchantemens change & metamorphose les hómes, comme vne autre Circé ses hostes, en porceaux, en boucs, en chiens & en d'autres bestes. En effet que ne fit point Dalila à Samson, & Omphale à Hercule?

Partant écoutons l'Ange qui nous exhorte. *Eijce ancillam hanc & filium eius*, & executons le auec Abraham. *Sapiens cum illud diuinũ inquirit*, dit S. Ambroise, *absoluit animam à corpore & eius ablegat contubernium. Quando enim anima nostra non fallitur, quando solium Veritatis attingit, nisi quando se ab isto secernit corpore? Ideo relinquat illud & deserat. Vnde Apo-*

Libro de bono mortis cap. 3.

Z ij

Coloss. 2. 11.  *stolus clamat, Ne tetigeritis, ne attaminaueritis, ne gustaueritis, quæ sunt omnia ad corruptelam. In corruptelam enim sunt quæ sunt in corporis indulgentiam.* Le Sage pour se mettre en état d'aller & de paruenir à Dieu, se degage de l'affection de son corps, & quitte autant qu'il peut, son commerce : Aussi en faut-il vser ainsi. Car en effet quand est-ce que nostre ame ne se trompe point, & qu'elle est éleuée au throne de la Verité, sinon lors qu'elle se releue au dessus du corps ? qu'elle pense donc à l'abandonner : C'est pourquoy l'Apostre nous crie, Ne touchez point, ne maniez point, & ne goûtez pas ce qui vous peut corrompre ; ce que fait tout ce que l'on accorde au corps auec dereglement.

Ibid, cap. 5.  Et encore autre part il dit, que l'ame est deliurée par la mort de la compagnie du corps, & affranchie de la captiuité qu'elle y souffre, & que cependant que nous en sommes reuestus & chargez, nous deuons imiter la mort, deliant en esprit & par affection nostre ame de nostre corps, *tanquam de isto exurgamus sepulchro, abducamus nos à corporis nexu ; contendamus ad illud æternum ; ad illud diuinum euolemus pennis dilectionis & remigio charitatis, surgamus hinc. Dixit enim Dominus, surgite, eamus hinc.* C'est pourquoy sortons de ce sepulchre, retirons nous, autant que cette vie le peut souffrir, de la communication de nostre corps, & deploians les ailes d'vne sincere & ardente charité, prenons l'effort vers la Bonté souueraine & eternelle. Leuons

SPIRITVEL. 181

nous d'icy, suiuant ces paroles de Nostre Seigneur, leuez vous, sortons de ce lieu. Par lesquelles il nous commande. *Vt vnusquisque surgat de terrenis, erigat animam humi iacentem, ad superna attollat, excitet aquilam suam, illam, de qua dictum est, renouabitur sicut aquilæ iuuentus tua; ad animam hoc dictum est: anima ergo nostra sicut aquila alta petat, supra nubes volet, cœlo volatus suos inferat, vbi laqueos incurrere non possit. Auis enim quæ descendit ex alto, vel quæ in altum se extollere non potest, frequenter aut laqueis capitur, aut visco fallitur, aut quibuscumque irretitur insidijs.* Que chacun laissant les choses d'icy bas se porte en haut, & anime son aigle à voler, c'est à dire, son ame, car c'est d'elle que le Roy Prophete entend parler, lors qu'il chante. Tu raieuniras comme l'aigle : Que donc nostre ame, comme vne aigle roiale, étendant ses ailes s'eleue de la terre au dessus du corps, & perçant les nuës prenne son vol au ciel, où elle soit à couuert des embusches & hors de prise, parce que l'oiseau, qui descend en bas, ou qui ne peut monter en haut, tombe aisément dans les filets & dans les pieges ; Que comme les Daims & les Cheureils, pour parler auec l'Epouse, elle s'enfuye hors du monde & se retire dans ce beau Iardin, que Platon appelloit le Iardin de Iupiter, le Iardin de l'Esprit, & le Verger de la Sagesse, où elle se nourrisse des fruits sains & delicieux qui y sont, i'entend des Vertus. C'est ce que dit Sainct Ambroise.

Et voicy les paroles de S. Basile sur le mesme su-

Z iij

jet; Il faut reprimer les appetits & les mouuemens de la chair, comme on fait ceux d'vne beste farouche, il la faut chaſtier. Prendre les plaiſirs du corps, c'eſt ſe ietter dans la bouë; qui donc ne veut pas s'y ietter, doit abſolument y renoncer, quitter le trop grand ſoin qu'on a de luy, & n'en auoir qu'autant qu'il eſt neceſſaire pour acquerir la ſageſſe. Pythagore aiant eu aduis qu'vn de ſes diſciples ne penſoit qu'à ſe bien traiter & careſſer ſa chair, luy dit, ne ceſſeras tu point de te rendre ta priſon plus faſcheuſe? & il dit encore autre part, La mortification de la chair eſt le commencement de la vie ſpirituelle, la victoire des paſſions, l'aneantiſſement des vices & l'ennemie de la volupté. Que penſez vous que c'eſt que la volupté? c'eſt vn grand appas du Diable, qui nous encline puiſſamment au peché, & nous enueloppant dans ſes filets entraine noſtre ame à ſa ruine.

Mais écoutons parler vn Payen là deſſus, c'eſt le Triſmegiſte qui dône ces inſtructions à ſon fils *Niſi, ô fili, tuum corpus oderis, teipſum amare non poteris. impoſſibile eſt, ô fili, vtriſque ſimul intendere, mortalibus ſcilicet ac diuinis. duo tantum in ordine rerum inueniuntur, corporeum, & incorporeum, & illud quidem mortale, hoc diuinum; Electione vnius amittimus alterum. Quotieſcumque vnius cura remittitur, alterius cura intenditur. Potioris electio hominem Deum reddit, deterioris eum perdit.* Mon fils, ſi tu n'as ton corps en haine, tu ne l'aimeras iamais comme il faut. Il eſt impoſſible que tu aies le cœur appliqué coniointement aux choſes diuines & aux choses mortelles. Toutes les choses sont partagées en deux ordres, car ou elles sont corps ou elles sont esprit, celles-là sont mortelles & celles-cy diuines; le souuenir des vnes est l'oubly des autres, le soin de celles-cy produit la negligence de celles là, & le chois des diuines rend vn homme diuin & bien-heureux, & celuy des corporelles le fait méchant & miserable.

Et encore ailleurs voicy comme il luy décrit son corps, & l'exhorte d'é detacher son cœur auec ces termes choisis & expressifs, *In primis oportet vestem, quam circumfers te exuere, indumentum inscitiæ, prauitatis fundamentum, corruptionis vinculum, velamen opacum, viuam mortem, sensitiuum cadauer, sepulchrum circumuectile, domesticum denique furem, qui dum blanditur, odit; dum odit, inuidet; huiusmodi est, quo circutegeris, vmbraculum inimicum, ad seipsum te deorsum raptat, ne forte conspiciens veritatis decorem & proximum bonum, prauitatem illius oderis, nec eius insidias, quas in te assiduè machinatur, aliquando sentias, aciem interiorum oculorum obtundit.* Il faut que ta premiere étude soit de depoüiller l'habit que tu portes, l'affection de ton corps: cet habit d'ignorance, ce fondement de méchanceté, cette source de dereglement, ce lien de corruption, ce voile épais qui t'empesche de voir, cette mort viuante, ce cadauare animé, ce sepulchre portatif, & ce larron domestique, qui te hait en te caressant, & en te haïssant te porte enuie & emporte ton bien. Voila comme est faite la tente & le pauillon dont tu es couuert.

*Dialogo 7.*

Voila cóme il t'eſt contraire & nuiſible, il t'attire en bas auec ſoy & t'aueugle, de peur que voiát la beauté de la verité & le bon-heur qui eſt prez de toy & que tu touches, pour ainſi dire, tu n'aies en horreur ſa perfidie, & ne deuances les embuſches qu'il te dreſſe continuellement pour te perdre.

C'eſt pourquoy & derechef, *Eijce ancillam hanc & filium eius*, chaſſe moy cette ſeruante, & ſon fils auec, encore qu'ils te ſoient auſſi chers qu'Agar & Iſmael l'eſtoient à Abraham, lequel nonobſtant toute l'affection qu'il leur portoit, & l'intime liaiſon qu'il auoit auec eux, ne laiſſa pas de les congedier, & ce qui eſt fort merueilleux en vn homme ſi riche, ſi liberal, ſi magnifique, ſi hoſpitalier & ſi miſericordieux enuers les Pauures comme luy, ne leur donna qu'vn pain & vn vaſe plein d'eau, cóme le porte clairement le texte, & Toſtat auec d'autres le remarque, parce qu'il faiſoit cela non par manquement de bonne volóté, ny par auarice, mais par myſtere, pour nous apprendre comme nous deuons nous comporter enuers noſtre chair, & quel traitement luy faire.

*Pererius ibi.*

A la verité puiſque noſtre chair eſt le plus dangereux & le plus preiudiciable ennemy que nous aions, qui nous cauſe plus de maux, qui nous ſollicite à plus de pechez, qui nous pouſſe à plus de chutes & qui eſt la plus grande cauſe de noſtre ruine, nous deuons ſans doute, ſi nous ſommes ſages, le traiter de la ſorte. Souuenez vous que ſi vous

vous ne le faites, vous n'entrerez iamais dans la vraie liberté de l'esprit, & que vostre ame ne sera point capable des lumieres ny des sentimens de Dieu, parce que, comme dit sainct Pierre, *mortificatus quidem carne, viuificatus autem spiritu*, il faut estre mortifié en la chair, pour auoir vie & vigueur en l'esprit. Considerez la nature de la chair, qui est telle que si vous luy accordez vne chose pour son contentement, ou mesme pour sa necessité, elle en demande apres deux, & se rend comme ces Exacteurs fascheux & importuns, ainsi que mesme Iob l'appelle, qui ne sont iamais contens, ou comme ces Creanciers impitoyables qui sont toujours à la porte d'vn pauure Debiteur, & ne le laissent point en repos. Si elle n'est domtée, elle regimbe; si le corps ne sert, il domine; parce qu'il ne peut estre compagnon de l'ame, il faut necessairement qu'il soit ou son maistre ou son valet. Or quelle indignité est-ce que le Corps, estant fait pour obeïr à l'ame, il luy commande, & ne deuant s'occuper qu'à son seruice, il luy donne la loy & l'emploie à ses vsages?

Si vn homme auoit pour femme la fille d'vn grand & puissant Roy, Princesse tres-riche, tres-sage & douée d'vne excellente & parfaite beauté, & tout ensemble vne esclaue more, fille d'vn pauure villageois, laide & difforme au possible, volage, étourdie & grãde sorciere, & que cet homme enchanté par cette mal-heureuse vint à s'amouracher d'elle, & aueuglé de sa passiõ, à la preferer

1. Petri 3. 18.

Iob. 3. 18.

à sa femme legitime, de sorte qu'il luy donnat ses habits precieux & ses robes de soie & de toile d'or, la parat de ses ornemens & de ses ioyaux, la cherit, la caressat & la feit asseoir à sa table & par tout auprès de soy & contraignit sa femme, Princesse de si grand merite, & qui luy fait tant d'honneur, de porter les vestemens grossiers & crasseux de cette infame, & la seruir en qualité de chambriere, & après luy commandat de se retirer la nuit dans l'etable pour y coucher, quel dereglement seroit celuy-là, quelle infamie & quel insupportable spectacle ? C'est pourtant ce que font tous ceux qui aiment leurs corps au preiudice de leur ame, laquelle est Princesse issuë du ciel, fille de Dieu Createur & Seigneur de l'Vniuers, & la Dame du logis, incomparablement plus releuée en richesses, en beauté & en toutes sortes de perfection par dessus la chair, que cette Princesse ne le pourroit estre par dessus cette esclaue More, parce qu'après tout elles seroient femmes toutes deux & doüées chacune d'vne ame raisonnable, où les mesmes qualitez ne se peuuent à beaucoup prez rencontrer entre l'ame & le corps. C'est donc cette seruante qu'il faut chasser, & luy oster l'autorité qu'elle vsurpe iniquement, & donner à la maistresse le rang qu'elle merite. Apres cela il ne reste plus que de mettre icy la Pratique de la bonne conduite de nostre corps, qui contient trois poincts.

Le premier est, que nous nous souuenions

toujours que nostre Corps est le plus grand empeschement de la vie spirituelle & le plus dangereux ennemi de nostre salut que nous ayons; que nous le regardions pour ce sujet comme tel, & que nous le traitions & agissions auec luy dans cette veuë, trauaillant sans cesse à l'affoiblir, autant qu'il est raisonable, & à luy arracher les armes des mains, & veillant continuellement à ce qu'il ne nous nuise. Ne plus ne moins qu'vn homme qui se sçait auoir vn ennemy puissant & rusé sur les bras, est toujours en defiance & sur ses gardes; & ne va point aux champs ny mesme hors du logis, sans pouruoir à sa seureté, ce que sans doute il feroit encore auec plus de soin, si son ennemy demeuroit en vne mesme maison auec luy, comme fait le nostre.

La seconde est, que quand nostre corps nous demande quelque chose pour le manger, pour le boire, pour le dormir, pour les habits, & generalement pour tous ses petits soulagemens, ou pour ses plaisirs, il ne faut pas la luy accorder aussitost, parce qu'il la demáde sans raison, dont il n'a point l'vsage, ny auec déssein de la gloire de Dieu, ny du salut de l'ame, ny mesme du sien propre, parlant de l'eternel, dautant qu'il n'a point connoissance de tout cela, mais seulement conformement à ses sens & au besoin qu'il ressent, mais on doit l'examiner & en determiner l'enterinement ou le refus par les regles de la Raison, & par les maximes de la vie spirituelle.

La troisiéme est, que nous deuons luy donner ce qui est iuste & necessaire pour sa conseruation & pour son entretien, parce que l'ame ne peut se passer de son seruice pour faire ses operations, qu'il ne pourroit luy rédre si on l'accabloit, & s'il n'auoit des forces suffisantes. Mais comme ce poinct est extremement delicat & qu'il est fort difficile, attendu l'amour que naturellement nous luy portons, & les bonnes raisons qui nous obligent à en auoir du soin, & encore les mauuaises, & les artifices dont il se sert pour venir à bout de ses desseins, de sçauoir precisement ce qu'il faut luy donner, la mesure sera de luy donner touiours moins que plus, parce que ce procedé est plus asseuré, plus semblable aux actiós des Saincts, & plus propre pour acquerir la vertu & viure spirituellement. Et si par fois on traite son corps pour la nourriture ou pour quelque autre commodité vn peu mieux qu'à l'ordinaire, il faudra se souuenir de pratiquer la mortification dans cette mesme chose, afin que la chair ne se licencie point & ne soit pas pleinement satisfaite, & que l'ame exerce sur elle vn acte de son autorité, pour la tenir en bride, & luy faire sçauoir qu'elle est sa maistresse, & elle sa seruante.

## SECTION VI.
### Du Discernement des Esprits.

LA seconde chose dont nous auons à traiter, est du Discernement des Esprits, & de sçauoir quand nous sommes poussez à quelque chose, qui nous y pousse, si c'est Dieu, si c'est le diable, ou si c'est nous mesmes.

La decision de ce point est également difficile & importante, parce qu'il y va beaucoup de nostre salut, qui est l'affaire de la plus grande consequence que nous ayons au monde; & que les choses qui le regardent, sont spirituelles & en suite malaisées à connoistre, dautant qu'elles sont éloignées de nos sens & de nostre façon naturelle d'entendre, qui est auec dependance des images & des especes des choses corporelles; & que parlant vniuersellement, nous sommes extremement ignorans en tout, à cause des profondes tenebres & de l'aueuglement epais, dont le peché a obscurci nostre esprit; & que d'ailleurs nous auons des ennemis malins & rusez au dernier poinct. Pour tout cela il est tres-facile, si nous ne veillons sur nous de fort prez, que nous soyons trompez en la conduite de nostre salut.

C'est pourquoy Sainct Paul nous auertit que nous prenions garde à nous, que nous soyons attentifs sur nos mouuemens, parce que le diable se transfigure en Ange de lumiere : que nous considerions tout, que nous le mettions à l'essay afin de ne retenir que ce qui est bon: *Omnia probate, quod bonum est, tenete*, dit-il, & le disciple bien aymé : *Nolite omni spiritui credere ; sed probate spiritus, si ex Deo sint.* Ne vous fiez point à tous les esprits, mais examinez-les pour voir s'ils sont de Dieu; & nostre Seigneur encore, *Videte ne quis vos seducat, multi enim venient in nomine meo dicentes, ego sum Christus, & multos seducent*; ayez l'œil que personne ne vous abuse, parce que plusieurs s'en viendront à vous couverts d'vn beau-semblant qui vous diront ie suis le Christ, ie viens de sa part, il m'enuoie à vous, & en seduiront plusieurs; & il auoit coustume, selon le rapport des Peres, de dire dans cette pensée, *Estote probi Trapezitæ*, soiez bons Changeurs & connoissez vous bien aux monnoies, pour ne point prendre vne piece fausse pour vne bonne.

Mais parce que cela est tres difficile, à cause que nous auons trop peu d'esprit & que nos lumieres sont trop courtes pour voir clair dans ces obscuritez, & desmesler des choses si embroüillées, Dieu pour y apporter remede & empescher les tromperies, a donné à son Eglise le don de la Discretion des Esprits, comme Sainct Paul l'appelle, duquel i'ay dessein de parler maintenant, comme d'vne chose fort necessaire, & dire pour cela,

Premierement, que le nom d'Esprit signifiant dans les Sainctes Lettres vn grand nombre de

*2. Cor. 11. 14.*

*1. Ep. 4. 1.*

*2. Thess. 15. 21.*

*Matth. 24. 5.*

Hieronym. epist. ad Numerium & Alexandrum. Clem. Alex. Strom. lib. 1. Basil. in Isai. c. 1. Ambros. in Luc. c. 1. Cassian collat. 1 cap. 20.

*1. Cor. 12. 8.*

choses differentes, nous le prenons icy pour le mouuement interieur, dont nostre ame est excitée, par connoissance dans l'entendement, & par inclination dans la volonté à faire ou ne faire pas vne action; & pour le principe d'où ce mouuement luy vient, l'Esprit de Dieu &c.

Secondement, que sainct Thomas nous enseigne que la Discretion des Esprits est vne prudence celeste & diuine, par les lumieres de laquelle celuy, qui en est doüé, void clair dans les choses du salut, dont l'intelligence passe la portée de la raison humaine; & penetre particulierement dans le fond des consciences & descouure les secrets des cœurs pour en bien iuger. Sainct Chrysostome, que c'est vne connoissance interieure de la difference qui se treuue entre vn homme solidement spirituel, & vn qui ne l'est qu'à fleur de peau, entre vn vray Prophete & vn fourbe. C'est, dit vn autre, vne clarté surnaturelle qui fait reconnoistre & distinguer le bon d'auec le mauuais, les pierres precieuses d'auec les happelourdes, & les inspirations de Dieu d'auec les illusions du diable, où les affections de la Nature.

En troisiéme lieu Sainct Bernard fait mention de six Esprits differens, pour la connoissance desquels le don de ce discernement est conferé, & sur la distinction desquels il s'employe. Ces six Esprits sont le Diuin, l'Angelique, le Diabolique, l'Humain, le Charnel & le Mondain, desquels

*1. 2. q. 111. ar. 4.*

*Homil. 29. in 1. ad Cor.*
τὸ εἰδέναι τίς ὁ πνευματικὸς ᾖ τίς ὁ μὴ πνευματικός, τίς ὁ προφήτης, ᾖ τίς ὁ ἀπατεών.

*Serm. de septem spiritibus.*

ont tous fondement dans la Saincte Ecriture, en diuers lieux, que ce Sainct Pere remarque. De ces six Esprits il y en a trois qui sont euidemment mauuais, à sçauoir les Esprits du Diable, de la Chair & du Monde, deux qui sont infailliblement bons, l'Esprit de Dieu & celuy de l'Ange, & vn qui n'est ny bon ny mauuais, mais indifferent, qui est l'Esprit Humain, lequel deuient bon ou mauuais, & se fait vertueux ou vicieux selon le party qu'il suit. Et comme l'Esprit de l'Ange est ministre de l'Esprit de Dieu & n'agit que par ses ordres, & que ceux de la Chair & du Monde ne combattent que sous les enseignes de celuy du Diable, parce qu'ils n'enclinent qu'à ce qu'il veut & desire; delà vient que ces cinq Esprits se reduisent à deux, au bon & au mauuais, à l'esprit de Dieu & à celuy du Diable; Au milieu desquels se trouue l'Esprit Humain, qui est tantost poussé de l'vn & tantost de l'autre, ou immediatement de Dieu ou immediatemét du Diable, ou de Dieu par l'entremise des bons Anges ou du diable par le moien de la chair ou du monde, & par fois il se pousse soy-mesme & se donne le branle; c'est pourquoy tous ces Esprits n'en feront que trois, le Diuin, le Diabolique, & Humain.

Par le don de discernement, dont nous parlons, l'homme distingue ces Esprits & decouure duquel naissent les pensées, les affections & les œuures; il penetre dans les sentimens des autres hommes, & auec vn raïon de cette lumiere les va

voir

## SPIRITVEL.

voir iusques dans leur source, & les siens aussi, mais d'vne autre façon, à sçauoir par la disposition d'vne suaue tranquillité & d'vn gout diuin, comme Sainte Monique témoignoit de soy au rapport de son fils S. Augustin, *dicebat discernere se nescio quo sapore, quem verbis explicare non poterat, quid interesset inter reuelantem te & animam suam somniantem.* Elle me disoit, qu'elle reconnoissoit la difference qu'il y auoit entre les reuelations qu'elle receuoit de Dieu & ses songes par le moien d'vne certaine saueur interieure, que son ame goutoit & qu'elle ne me pouuoit expliquer. Il connoit cela, dit Gerson, *per inspirationem intimam seu internum saporem, siue per experimentalem quamdam dulcedinem, siue per illustrationem à montibus æternis effugantem omnes tenebras dubietatis.* Par vne inspiration qui se fait sentir dans le fond de l'Esprit, ou par vne manne cachée & vne douceur dont son ame est arrousée, ou par de certains raions que le Soleil de iustice luy tire de dessus les montagnes eternelles, qui chassent toutes les tenebres & tous les nuages des doutes. Venons maintenant aux marques par lesquelles nous pourrons distinguer l'Esprit de Dieu de celuy du diable.

Nous auons deux passages dans les saintes Lettres qui nous y peuuent donner beaucoup de lumiere, en prenant le contre-pied des qualitez qu'elles baillent à l'Esprit de Dieu, pour les attribuer à celuy du diable. Le premier est de l'Apostre Sainct Iaques qui dit dans sa Canonique;

*Confess. lib. 6. cap. 13.*

*Tractatu de Prob. Spit.*

*Epist. c. 3. v. 7.* *Quæ desursum est sapientia, primum pudica est, deinde pacifica, modesta, suadibilis, bonis consentiens, plena misericordia & fructibus bonis, non iudicans, sine simulatione.* La sagesse du ciel, c'est à dire, l'Esprit de Dieu, premierement est chaste & pudique, imprimant vne auersion extreme de toutes les voluptez lasciues, & donnant vn parfait amour pour la chasteté, purifiant encore l'ame de toutes les affections, qu'elle pourroit auoir auec dereglement pour petit qu'il soit, aux persones mesmes les plus sainctes : Apres elle est pacifique, portant toujours les Esprits à la concorde & à la paix & étouffant les diuisions ; elle est modeste, retenuë, traitable, soumise, facile à receuoir les bons aduis, pleine de compassion pour le prochain, & ne preferant point l'vn à l'autre iniustement ; Enfin elle n'a point de deguisement, & n'vse iamais enuers qui que ce soit de tromperie ; l'Esprit du diable est directement contraire.

*Sapientiæ 7. 22.* L'autre est tiré du liure de la Sapience : où le Sage donne à l'Esprit de Dieu ces noms illustres & ces magnifiques Eloges. *Est spiritus sanctus vnicus, multiplex, subtilis, disertus, mobilis, incoinquinatus, certus, suauis, amans bonum, humanus, benignus, stabilis, omnem habens virtutem.* L'Esprit Diuin est sainct, parce qu'il procede de la Saincteté mesme qui est Dieu, & parce qu'il y conduit. Vnique, dautant qu'il retire l'ame tant qu'il peut de la multitude & de la multiplicité, pour la porter à l'vnité & à la simplicité, & la rendre par ce moien capable de

Dieu qui est vn & tres-simple. Diuers, à cause qu'il mene au salut, à la perfection, à cette simplicité & vnité & à Dieu, par beaucoup de chemins fort differens. Subtil, pour ce qu'il entre dans l'entendement & dans la volonté par des portes inconnües, & s'y coule si subtilement qu'il seroit impossible de le deuiner, & par des moiens secrets & cachez fait seruir à nostre salut ce que nous pensions nous deuoir estre nuisible. Il est Disert, parce qu'il dit à l'ame des paroles de vie, si douces, si eloquentes & si efficaces, qu'il luy persuade tout ce qu'il veut. Il est Mobile, dautant qu'il fait des mouuemens prompts & subits dans les cœurs, & y opere des changemens admirables. Pur, pource qu'il porte toujours à la pureté du corps & de l'ame & donne de l'horreur pour tout ce qui la peut blesser tant soit peu, soit de parole la plus legere, ou de la moindre pensée. Certain, parce qu'il ne dit rien qui ne soit étably sur la Verité infaillible. Doux, Humain, Debonaire, à cause qu'il inspire la douceur, l'humanité & la debonnaireté. Il aime le bien, parce qu'il y encline, & qu'il detourne du mal. Il est Stable, à raison qu'il fortifie l'ame dans ses foiblesses, & luy donne de la resolution & du courage. Enfin il a vne force toute-puissante pour toucher les cœurs les plus obstinez, pour éclairer les entendemens les plus aueugles, pour embrazer les volontez les plus glacées, pour regler les passions les plus libertines, pour arracher les vices les plus enuieillis

Bb ij

& guerir les maladies les plus deſeſperées. Voila les riches traits & les nobles characteres de l'Eſprit de Dieu, par leſquels nous pouuons aiſement le diſtinguer de celuy du diable, qui luy eſtát diametralement oppoſé, aura ſans doute les contraires. Mais voyons-en plus particulierement encore quelques-vns des principaux, & conſiderons quelques marques plus notables de ces deux Eſprits ſi differens.

## SECTION VIII.

*Marques particulieres pour diſcerner les Eſprits.*

LA premiere ſe doit tirer de la Matiere, qui aux inſpirations de Dieu eſt toujours la Verité, la ſainctété, la doctrine & l'imitation de Ieſus-Chriſt; où aux ſuggeſtions du diable c'eſt le menſonge, le vice & tout ce qui eſt contraire à Noſtre Seigneur Ieſus-Chriſt; d'autant que comme il eſt impoſsible que le Soleil produiſe les tenebres & ne porte la clarté par tout où il eſt; de meſme l'Eſprit de Dieu ne ſçauroit rien dire ny rien inſpirer que de vray & de ſainct, ſans aucun mélange de faulſeté ny de peché, parce qu'il eſt l'Eſprit de la Verité & de la Sainteté. *Omnes viæ tuæ veritas*, dit Dauid. Et derechef, *Principium verborum tuorum veritas.* Toutes vos voies, toutes vos conduites & toutes vos paroles ſont touſiours vé-

Pſal. 118. 151. & 130.

ritables & à vn tel point, qu'elles meritent mesme de porter le nom de Verité, parce que le principe & la source, d'où elles découlent, est la Verité mesme. Dauantage comme l'Esprit de Dieu est l'Esprit de Iesus-Christ, ce que l'Esprit de Dieu insinuë particulierement & persuade auec plus de force, sont les veritez & les vertus de Iesus Christ, les veritez qu'il a enseignées, & les vertus qu'il a pratiquées, donnant lumiere pour connoistre les vnes & force pour imiter les autres, & élabourant continuellement en nous son image.

Au contraire comme le Diable est le pere de mensonge & vn Esprit tout confit en méchanceté, qui ne sçauroit vouloir aucun bien, toutes ses suggestions tendent à la faulseté, aux vices & aux pechez. De là naissent les heresies & les nouueautez au fait de la Religion, les tromperies & les illusions en la vie spirituelle, les faux-iours dans lesquels il fait voir les vertus & les vices; les Vertus, pour ne s'arrester qu'à l'écorce & à l'apparence & en quitter la solidité; pour ne prendre qu'vne fausse humilité au lieu de la vraie, vne patience trompeuse, vne obeissance deguisée, vne charité, vne modestie & vne deuotió masquées pour celles qui sont certaines & assurées. Les vices, nous faisats voir nos defauts beaucoup moindres qu'ils ne sont, les biens de la terre beaucoup plus grands & les vanitez & les plaisirs du monde auec des attraits qu'ils n'ont pas, nous donnant vne negli-

B b iij

gence, & ie ne sçay quel mepris des petits pechez & des manquemens legers, comme n'estans pas de consequence ny d'vne suite dangereuse, & nous iettans en beaucoup d'autres erreurs touchant nostre salut & nostre perfection.

Et parce qu'il a vne haine furieuse & implacable contre nostre Seigneur à cause que c'est luy qui l'a desarmé, qui l'a domté & qui a détruit son Empire, il se bande continuellement, & par tout, & en toutes les façons, dont il peut s'auiser & qu'il luy est permis, contre luy & contre ses desseins, & est le vray Antechrist, de qui celuy, qui viendra à la fin des iours, ne sera que le ministre. Dans ce mesme transport il empesche tant qu'il peut les hommes, & mesme les Chrestiens, de s'adonner à sa connoissance & à son amour, & les detache de luy de toute sa force, & quand il ne peut en venir à bout tout à fait, il tasche au moins de leur diminuer & amoindrir l'estime & l'affection qu'ils en ont, & à proportion qu'il a plus de pouuoir sur eux, il les remplit de mépris, d'auersion, de haine & de rage contre luy, comme il paroit euidemment aux Sorciers & aux Magiciens.

La seconde marque de distinction se prendra de la Fin diuerse que ces deux Esprits se proposent. Parce que l'Esprit de Dieu tend touiours à la gloire de Dieu & à nostre salut, nous excitant par tous les moiens interieurs & exterieurs, dont il se sert, à ce que nous procurions de l'honeur à Dieu & étendions sa gloire par toutes nos pensées, par toutes nos affectiós, par toutes nos paroles & par toutes nos actions, en nos ames, en nos corps, en nous, en nostre prochain, par tout & en toutes les façons qui nous seront possibles. De plus, à ce que nous vaquions au soin de nostre salut & à l'exercice des bonnes œuures, & que nous nous rendions saincts & parfaits, selon nostre condition, & suiuant l'excellence du Christianisme, & la mesure de la grace qui nous est conferée. Où comme le diable est ennemy irreconciliable de Dieu, à cause qu'il l'a precipité du ciel pour sa rebellion, qu'il l'a banny de sa presence comme indigne, & l'a condamné comme criminel aux supplices eternels, & qu'il est auec cela tres-superbe, il tasche sans cesse de faire que Dieu soit des-honoré, & emploie tous ses efforts pour empescher sa gloire & auancer la sienne. Et parce qu'apres tout il ne sçauroit nuire à Dieu, il décharge sa cholere & sa furie sur son image, qui est l'Homme, à qui il fait tous les maux qu'il peut, le poussant à commettre les pechez les plus enormes, & au refus de ceux-cy à d'autres moindres, ou, s'il y trouue encore de la resistáce, aux pechez veniels, & enfin aux imperfections, rodant incessamment comme vn Lyon rugissant, ainsi que dit S. Pierre, 1. Petri. 5. 8. à l'entour de luy pour trouuer le moyen de le deuorer & le perdre.

La troisiéme est fondée sur les diuers Effets, que ces deux Esprits produisent. L'Esprit de Dieu anime toûjours l'ame à la vertu, & luy apporte la consolation & la paix. *Mens quæ diuino spiritu impletur*, dit S. Gregoire, *habet euidentissima signa sua, Virtutes scilicet & Humilitatem.* L'ame, en qui le sainct Esprit habite, a pour signes tres-euidens de sa demeure les Vertus & en particulier l'Humilité, dont cét Esprit diuin luy donne les pensées & les affections, & luy en fait exercer les œuures. Mais sainct Bernard parlant de cecy par sa propre experience, dit plus au long : *Mox vt intus venit, expergefecit dormientem animam meam ; mouit & molliuit, vulnerauit cor meum quoniam durum lapideumque erat & male sanum. Cœpit quoque euellere & destruere, ædificare & plantare, rigare arida, tenebrosa illuminare, clausa reserare, frigida inflammare, nec non minere praua in directa & aspera vias planas, ita vt benediceret anima mea Domino, & omnia quæ intra me sunt, nomini sancto eius.* A mesme que le sainct Esprit est entré dans mon ame, il l'a réueillée de son sommeil ; il a touché, amolli & blessé mon cœur qui estoit malade, endurcy, & comme de pierre. Il s'est mis aussi tost à arracher & demolir, & à planter & bastir sur ces ruines, à arrouser les herbes qui mouroient de soif, à éclairer mes tenebres, ouurir ce qui estoit fermé, échauffer & enflammer ce qui auoit froid, dresser les chemins tortus, & applanir les raboteux, tirant par ce moyen de mon ame de grands sentimens de reconnoissance à sa Bonté, & de ma bouche mille benedictions & mille loüanges. *Ex motu cordis intellexi præsentiam eius, & ex fuga vitiorum carnalium-*

*que*

## SPIRITVEL.

*que compreßione affectuum aduerti potentiam virtutis eius, & ex quantulacumque emendatione morum meorum, & ex renouatione ac reformatione spiritus mentis meæ, ideſt, interioris hominis mei.* Ie reconnois ſa preſence & la certitude de ſa viſite par les ſecrets changemens que ie ſens dans mon cœur, par la fuite des vices, par le reglement de mes paſſions, par le refroidiſſement de l'ardeur de ma concupiſcence, par les corrections de mes mœurs, & par la reformation de mon interieur. Et encore autre part voicy ce qu'il dit ſur le meſme ſujet. *Hoc igne conſumpta omni labe peccati & rubigine vitiorum, ſi eam emundata ac ſerenata conſcientia ſequatur ſubita quædam ac inſolita latitudo mentis, & infuſio luminis illuminantis intellectum, oculus reſpicientis procul dubio eſt iſte.* Si apres que le feu a purifié la conſcience des taches des pechez & conſumé la roüille des vices, elle ſent ſon cœur ſubitement s'ouurir & s'epanoüir de ioie, & ſon entendement ſe remplir de clartez, qu'elle ne doute point que ces operations ne ſoient des regards de l'Epoux.

A propos des regards de l'Epoux, ſes yeux ſont comparez dans le Cantique aux yeux de la colombe. *Oculi eius ſicut columbæ.* Pourquoy de la colombe? Il ſemble que la comparaiſon eut eſté plus riche & plus auantageuſe, ſi elle eut eſté faite aux yeux de l'Aigle ou du Lynx, qui ſont extrememement ſubtils & perçans. Mais c'eſt pour nous apprendre, que comme les yeux de la colombe ſont purs & amoureux, ceux de Noſtre Seigneur,

Serm. 57. in Cant.

Cant. 5. 12.

Cc

c'est à dire, selon l'explication de Theodoret & de Cassiodore, ses lumieres, ses visites & les mouuemens du S. Esprit, produisent la pureté, l'horreur du peché, & l'amour de Dieu dans les cœurs.

*Apocal. 1. 14.*

*Oculi eius tanquam flamma ignis,* dit S. Iean. Ses yeux me paroissoient comme vne flamme de feu qui purifie, qui illumine, qui enflamme, qui penetre & qui reioüit ceux qui le regardent. *Oculi Iesu,*

*In Ioan. 6.*

dit Rupert, *fenestræ salutis sunt, & patentes misericordiæ ianuæ, per quas gratia virtusque emittitur.* Les yeux de Iesus sont les fenestres du salut, & les grandes portes de la misericorde, par où la grace & les vertus sortent. Et ceux là n'ont pas eu mauuaise grace, qui pour les representer, ont figuré le Soleil dardant trois raions, dont l'vn tombant sur vn mort luy rendoit la vie, l'autre sur vn rocher le mettoit en pieces, & le troisiesme sur vne montagne la liquefioit comme de la cire, auec ces paroles pour deuise. *Oculi Dei ad nos.* Voila la force des yeux de Dieu, quand il luy plait de nous regarder.

Ainsi nostre Seigneur iettant les yeux sur la Magdelene, sur sainct Matthieu & sur d'autres pecheurs morts à la grace & endurcis, brisa leurs cœurs & leur donna la vie, & regardant sainct Pierre, le fit fondre en larmes de penitence & de regret de son crime. *Quos Iesus respicit,* dit sainct

*Libro 10. In Lucani cap. 22.*

Ambroise, *plorant delictum, negauit primò Petrus, & non fleuit, quia non respexerat Dominus, negauit secundò & non fleuit, quia adhuc non respexerat Dominus, negauit*

## SPIRITVEL. 203

tertiò, & respexit Iesus, & ille amarissime fleuit. Ceux que Iesus regarde pleurent leurs pechez, c'est ce regard qui les fait pleurer. En effet, Pierre ne pleura point à la premiere fois, ny mesme à la seconde qu'il renia, parce que Iesus ne l'auoit point regardé, mais le regardant à la troisiéme, il changea ses deux yeux en deux fontaines de larmes tres-ameres. O que nous auons donc bien sujet de le supplier auec Dauid, *Aspice in me & miserere mei!* Regardez moy de ces yeux qui resuscitent les morts, qui rompent les rochers, qui éboulent les motagnes, qui amollissent les cœurs endurcis, qui illuminent les esprits aueugles & qui enflammét les volótés glacées; de ces yeux, dont vous regardez, non pas les cailloux, ny les bestes, ny les reprouuez, mais vos élûz, & auec lesquels vous auez fait verser des ruisseaux de larmes à Sainct Pierre, vous auez arraché Sainct Matthieu de sa banque, & embrazé de vostre amour la Magdelene, & faites moy misericorde. Ce sont là les effets que l'esprit de Dieu produit dans vne ame.

Ausquels il faut adiouter la paix & le repos qu'il luy apporte, comme celuy qui est son Centre & son Bon-heur, luy disant & operant en effet ce que nostre Seigneur dit lors, qu'apres sa resurrection il entra dans la sale où ses disciples estoient assemblez, *Pax vobis*, la Paix soit auec vous: aussi le Roy Prophete dit, *audiam quid loquatur in me Dominus Deus, quoniam loquetur pacem.* Ie presteray l'oreille aux paroles de Dieu mon Seigneur, parce que

Ioan. 10. 21.

Psal. 84. 9.

Cc ij

s'il me parle & daigne me visiter, il calmera le trouble de mon ame & la mettra en repos.

Ce n'est pas pourtant qu'à son entrée il ne mene par fois bien du bruit & ne iette l'épouuantement dans vn esprit, dautant qu'il agit sur luy selon qu'il le trouue disposé : se coulant dans les ames pures & vraiement spirituelles comme vne douce pluie, qui tombe sur la laine, qu'elle humecte, qu'elle moüille & trempe sans bruit ; mais entrant en celles, en qui les passions & les habitudes vicieuses regnent encore, auec force & auec terreur ; qui apres, lors qu'il les a assuieties & domté leur resistance, est suiuie de tranquillité & de ioie. *Vides intuitum Domini*, dit S. Bernard, *cum in se semper maneat idem, non tamen eiusdem semper efficaciæ esse, sed conformari meritis singulorum quos respicit, & alijs quidem incutere metum, alijs vero magis consolationem & securitatem afferre. Denique respicit terram & facit eam tremere.* Tu vois comme le regard de Dieu n'estant qu'vn en soy, ne produit pas pourtant tousiours le mesme effet, mais qu'il le diuersifie selon le merite de ceux qu'il regarde, étonnant les vns & reioüissant les autres, intimidant ceuxcy & asseurant ceux là. Enfin Dieu, cóme dit Dauid, iette les yeux sur la terre, c'est à dire, sur l'homme qui a vn cœur terrestre, & la fait trembler de son regard. Dieu effraie les pecheurs d'abord qu'il les visite ; mais apres il les console, parce que les voiant dissemblables à soy, il faut qu'il attaque & detruise cette dissimilitude & cette op-

*Serm. 57. in Cant.*

position, afin que se les rendant semblables il les rende en suite capables de sa diuinité & de sa paix. *Primùm quidem*, dit le mesme sainct Bernard, *sonans in auribus animæ vox diuina conturbat terretque, sed continuò, si bene aduerteris, viuificat, liquefacit, calefacit, illuminat, mundat.* La voye de Dieu se faisant entendre aux oreilles d'vne ame, premierement luy fait peur & la met en peine, mais incontinant apres, si vous y prenez garde, elle la viuifie, l'amollit & la fait fondre, elle l'échauffe, l'illumine & la purifie. Et S. Augustin excellemment & par sa propre experience : *Quid est illud quod interlucet mihi, & percutit cor meum sine læsione, & inhorresco & inardesco? Inhorresco, in quantum dissimilis ei sum; inardesco, in quantum similis ei sum. Sapientia, Sapientia est quæ interlucet mihi discindens nubilum meum.* Quelle est cette lumiere qui entre-luit aux yeux de mon esprit, & blesse mon cœur sans luy nuire? Ie me sens saisi par son moyen d'vne grande crainte d'approcher mon Seigneur, & tout ensemble brûler des flammes d'vn ardent desir de le ioindre? De crainte, en ce que ie ne suis pas comme luy, mais bien different; de desir, en ce que i'ay quelque rapport auec luy. C'est la Sapience & l'Esprit de Dieu qui éclaire ainsi mon ame, & qui auec ses rayons dissipe mes tenebres.

Il faut neantmoins remarquer que l'imperfection & le vice n'est pas la cause vnique de l'étonnement & de la frayeur, qu'vne ame sent lors que Dieu la visite, mais que où l'éclat de la Majesté

Serm. de multipl. vtil. verbi Dei.

Lib. II. confess cap. 9.

de Dieu ou bien de l'Ange, ou la grandeur des choses admirables qu'on luy fait connoître, ou la façon extraordinaire & inopinée de la visite, sont capables de produire cét effet dans les ames pures & parfaites : comme il arriua à Daniel à la veüe de l'Ange qui luy annonçoit la deliurance & le retour de son peuple dans la Iudée; à Zacharie le pere de S. Iean Baptiste, quand l'Ange luy promit de la part de Dieu la naissance de ce Fils; Et à nostre Dame mesme, lors que l'Archange Gabriel traicta auec elle le mystere de l'Incarnation du Messie, & luy declara que Dieu l'auoit choisie pour estre sa Mere, à cause que cela touchoit le poinct de sa Virginité, où elle estoit extremement delicate & sensible.

*Daniel. 10. 9.*

*Luc. 1. 13. & 19.*

Voila les effets que l'Esprit de Dieu cause dans vne ame, où celuy du Diable y en opere de tous contraires, à sçauoir les tenebres dans l'entendement, l'indeuotion & l'endurcissement dans la volonté, les desordres dans les passions, & le trouble & l'inquietude dans le cœur. Que s'il la console, ce n'est qu'au commencement & pour la tromper; car tousiours il la laisse triste, mécontente, penée & abbatuë, faisant comme la rose qui reioüit du premier aspect, mais qui apres piquant ensanglante de ses épines; parceque le propre du diable, dit S. Iean Chrysostome, est de troubler l'ame & la remplir d'obscuritez, comme celuy de Dieu est de l'illuminer & l'appaiser.

Par ces marques nous pouuons distinguer aisément l'Esprit de Dieu de celuy du diable; Voions encore cóme quoy celuy-cy differe de l'Esprit de la chair & de celuy du monde. Ces trois Esprits s'accordent en ce qu'ils sont tous trois méchás & pernicieux, en ce qu'ils s'opposent à la volonté de Dieu, qu'ils combattent sa gloire, & tendent toujours à la ruine de nostre salut. Ils different en ce que ce sont trois poisons capables de nous faire mourir, mais diuersement. S. Bernard parle de cecy en ces termes. L'Esprit de la chair & du monde sont comme les Assesseurs du Prince des Tenebres, comme les Couppe-jarets de ce cruel Tyran, & les Bandouliers de ce Voleur infame: Il y a neátmoins cette distinction entre eux que, *semper spiritus carnis mollia ; spiritus mundi vana, spiritus malitiæ amara loquitur*; l'Esprit de la chair porte toujours à la volupté ; l'Esprit du monde à la vanité, & celuy du diable à l'aigreur: quand donc vous vous sentirez attaqué de pensées sensuelles du manger, du boire, du sommeil, & de choses semblables qui touchent les aises de vostre corps, sçachez que c'est l'Esprit de la chair qui vous parle. Que si ces pensées regardent les pompes, les braueries, les honneurs & l'estime des hommes, faittes état que c'est l'Esprit du monde qui vous cajole; mais si elles sont de cholere, d'impatience, d'amertume, de vengeance, rapportez les à l'Esprit du diable. Voila comme vous discernerez ces trois Esprits;

Que si au commencement de leur suggestion,

*Serm. de septem spiritibus.*

ils se deguisent & si vous auez peine de les reconnoistre, il faut qu'à la fin ils se declarent & que le masque leur tombe, de sorte qu'ils se produiront pour lors comme le scorpion par la queuë, & la monnoie par le son qu'elle fait en tombant, parce que l'esprit de la chair finira toujours par quelque plaisir du corps, l'esprit du monde par quelque chose vaine, & celuy du diable par quelque aigreur d'esprit; mais gardez-vous tres-soigneusement de tous trois, parce qu'ils ne visent qu'à vous perdre. N'écoutez point, dit ce Sainct Pere, les sifflemens du serpent infernal, & bouchez les oreilles aux chants de cette Sirene, *vt nec spiritum carnis loquentem mollia, nec spiritum mundi vana suggerentem, nec spiritum nequitiæ audiatis immittentem amaritudinem & scandala seminantem*; afin que vous n'entendiez ny l'esprit de la chair qui plaide pour les delices, ny l'esprit du monde qui encline à la vanité, ny celuy du Diable qui pousse à l'amertume & à la discorde.

*Serm. sequenti de multiplici vtilit. Verbi Dei.*

## SECTION VIII.

*Le danger des voies extraordinaires, & le moien de distinguer les bonnes des mauuaises.*

POVR connoître touiours dauātage les qualités de l'Esprit de Dieu, nous dirós d'abondant que les voies, qu'il tient sur la conduite des ames

ames, sont bien diuerses, & qu'il vient les visiter par des chemins fort differens. C'est pourquoy le Sage dit, ainsi que nous auons rapporté cy-dessus, qu'il est *vnicus & multiplex, quia cum vnus sit*, explique Richard de sainct Victor, *diuersis tamen modis mentes visitat & afficit*: parce qu'estant vn & tres-simple en son essence, & tendant toûjours à vne mesme fin, qui est sa gloire, la simplicité diuine de nostre esprit & nostre salut, il se partage neantmoins & se multiplie à cause qu'il y conduit par diuers sentiers, qu'il a plusieurs espèces de lumieres, de sentimens & d'affections qu'il communique aux hommes pour leur salut, qu'il a beaucoup de sortes d'armes dont il les attaque, qu'il combat leurs vices de diuers costez, qu'il dresse des batteries differentes pour les renuerser à ses pieds, & emploie des machines dissemblables pour les prendre. Il se sert pour cela de la pauureté & des richesses, des infamies & des honneurs, des tristesses & des ioyes, de la lumiere & des tenebres, des maladies & de la santé, & il n'y a ny aucun bié, ny aucun mal, ny aucune creature au monde, qu'il ne fasse contribüer à son dessein quand il luy plaît, & les choses ou les plus foibles ou les plus contraires deuiennent dans sa main & tres-puissantes & tres-propres pour operer des changemens prodigieux dans les cœurs. L'Esprit de Dieu vient par fois dans les ames, cóme nostre Pere sainct Ignace, & deuant luy sainct Bernard ont remarqué, tout à coup, & y entre sás Fourrier

Parte 2. in Cant. ca. 13.

S. Ignac. exer. Regula 1.
S. Bern. Serm. 74. in Cant.

& sans Mareschal des Logis, pour ainsi dire, parce que comme il est maistre de sa creature, il tient toûjours la clef de son cœur pour l'ouurir quand il veut; par fois aussi il la dispose à sa venuë par des pressentimens & des affections auat-courieres, particulierement de crainte, de respect, de regret de ses fautes, & de desir. C'est ainsi qu'il se diuersifie, mais toutes ces diuersitez, & toutes ces voies differentes se reduisent à deux, aux ordinaires & aux extraordinaires.

Les voies ordinaires sont premierement les Commandemens de Dieu & de l'Eglise; *si vis ad vitam ingredi, serua mandata*, dit nostre Seigneur à vn qui luy demandoit le moyen de se sauuer: si tu veux aller au Ciel, & entrer dans la vie eternelle, garde les commandemens, en voila le chemin. Secondement ce sont les choses proportionnées à l'âge, à la cõplexion & à l'état d'vn chacun, & au temps auquel il vit: chaque âge a ses proprietez & ses dispositions, ce qui est bon à vn ieune homme qui est fort & vigoureux, qui a les passions viues & la concupiscence allumée, ou qui s'allume au premier souffle, ne le fera pas à vn hõme fait, qui est plus moderé, plus rassis, & plus sage; & ce qui est conuenable à celuy-cy, sera contraire à vn vieillard, qui est foible & imbecille. Vn qui commence de courir dans la lice de son salut, demande de certaines choses pour sa bonne conduite, dont celuy, qui y est plus auancé, n'a plus que faire, mais d'autres. Cõmme la complexion melan-

*Math.* 19. 17.

cholique, la sanguine, la phlegmatique & la bilieuse sont differentes, elles veulent aussi estre traitées diuersement; Ce qui est vtile à l'vne, nuiroit à l'autre. Les persones mariées ont leurs obligations, & les Ecclesiastiques, les Prestres & les Religieux les leurs. Les siecles mesmes ont leurs diuersitez & leurs vsages differens, ce qui se pratique en l'vn se doit omettre en l'autre ; L'air du nostre & où porte le S. Esprit, est de nous éloigner des choses extraordinaires, de nous attacher parfaitement à Nostre Seigneur, & établir absolument nostre perfection en la pratique des vertus solides, & en l'accomplissement de la Loy Euangelique, pour nous fortifier contre l'Antechrist qui approche tousiours, & qui auec ses ruses, ses illusions & ses faux miracles seduira les hommes & les attirera à son party : C'est de receuoir souuent les Sacremens de la Penitence & de l'Eucharistie, & selon que l'Eglise d'auiourd'huy, aussi sage que l'ancienne pour estre gouuernée par le mesme Esprit, le iuge. Toutes ces choses & semblables sont dans les voies ordinaires de Dieu, entant qu'auec ses inspirations & ses mouuemens il y porte les hommes, & leur donne grace pour y viure bien, tant à l'interieur comme à l'exterieur, chacun selon son âge, selon sa complexion, son état & le temps auquel il vit.

Venant maintenant aux Voies extraordinaires ie dis que ce sont des routes particulieres, & de petits sentiers écartez des grands chemins, par

Dd ij

lesquels Dieu mene vne ame à son salut, & premierement, que ce sont des actions heroïques de vertu, & certains hauts-faits d'armes, pour ainsi parler, en la milice spirituelle, qui passent plustost pour des objets d'admiration, que pour des exemples; comme quand Abraham se mit en deuoir de sacrifier son fils Isaac; quand Sainct Benoit se veautra tout nû sur des épines; lors que S. François Xauier appliqua sa bouche sur l'vlcere püant & insupportable d'vn malade & en bût le pus; Comme la vie prodigieuse & surnaturelle que S. Simeon Stylite mena plusieurs années sur vne colomne. Secondement que ce sont des Visions, des Reuelations, des Suspensions de puissances, des Extases, des Paroles interieures, des Miracles & choses pareilles, qui ne se donnent pas à tous, mais seulement à peu, & selon qu'il plait à Dieu. L'ange qui apparut aux Pasteurs à la naissance de Nostre Seigneur, & l'Etoille miraculeuse qui se fit voir aux Mages & qui les conduisit en Bethleem pour l'adorer, appartiennent à ce genre; duquel ie veux parler icy plus au long, parceque c'est vn des points plus importans du Discernement des Esprits, & dont l'éclaircissement est de tres-grande consequence.

Deuant que d'apporter les marques & les enseignes, par lesquelles nous deuons distinguer les bonnes visions & les reuelations assurées des mauuaises & trompeuses, il faut remarquer diligemment deux choses en cette matiere.

La premiere, que ces choses extraordinaires se conferent non seulement à ceux qui pour leur vertu & leur pureté les meritent en quelque façon, mais encore à ceux, qui à raison de leurs vices & de leurs pechez en sont tres-indignes; Non seulement aux Predestinez, mais aussi aux Reprouuez. Ces Graces & ces Prerogatiues, le Don de Prophetie, la Vertu de guerir les malades, de faire des miracles, parler diuerses langues, expliquer excellemment l'Ecriture, se communiquoient du temps des Apostres communement aux Chrestiens, encore qu'ils ne fussent pas tous consommez en vertu ny parfaits. Et ne sçauons nous pas que Iudas le plus mechant homme & le plus reprouué, qu'éclaira iamais le Soleil, a esté en qualité d'Apostre, priuilegié de ces faueurs par dessus tant d'autres, qui estoient saints & predestinez? *Impij, quibus erit in futuro Væ,* dit à ce propos Richard de sainct Victor, *hic quandoque etiam intimis donis reficiuntur. Inimici domini, ait, mentiti sunt ei, & cibauit eos ex adipe frumenti, & de petra melle saturauit eos. Inimici ergo dicuntur, & tamen non tam ex frumento, quā ex adipe frumenti saturantur etiam mystica & interna percipientes.* Les Impies & les Reprouuez, sur les testes desquels pend la damnation eternelle, ne laissent pas d'estre par fois en ce monde auantagez de dons fort particuliers, & nourris des viandes les plus exquises: Dauid dit pour cela d'eux, les Ennemis de Dieu ont menti à sa diuine Majesté, encore que par vne bonté

Psal. 80. 16.

speciale il les eût nourris de fine-fleur de farine, & eût ouuert les entrailles des rochers pour leur faire couler des ruisseaux de miel.

Et sur ce point il faut sçauoir vne verité tres-importante, que la Theologie nous enseigne, & qui est, que toutes ces graces gratuites, & toutes ces prerogatiues dont nous parlons, & qui est bien plus, toutes les graces mesme qui sanctifient l'ame, comme est la grace habituelle, l'acte de Contrition, & suiuant la doctrine de plusieurs, celuy du pur amour de Dieu, & celles qui l'y disposent, comme les graces actuelles, les actions des vertus & les bonnes œuures, sont compatibles, absolument parlant, auec sa Reprobation. Il n'y a qu'vne seule grace, qui ayt vne liaison necessaire auec sa Predestination, & qui en porte la certitude infaillible, qui est la grace des graces, & le benefice des benefices, à sçauoir la grace de mourir en grace & en bon état. Toutes les autres en quelque degré d'excellence, & en quelque multitude qu'elles soient, peuuent se trouuer en vn Reprouué, qui souuent en aura dauantage, & aura reçû de Dieu plus d'assistances & plus de secours qu'vn Predestiné; Comme il paroist euidemment aux Enfans qui meurent incontinant apres leur baptême, & qui de là s'enuolent au Ciel, & en plusieurs hommes, lesquels apres la grace du baptême & beaucoup d'autres que Dieu leur a conferées, pendant le cours de leur vie, meurent en peché mortel; comme en Iudas

*Soto l. de Natura & Grat. cap. 16. Vega in Trident. Lib. 6 c. 9 Suarez lib. 6. de Prædest. cap. 1.*

& au bon Laron, en Lucifer & aux bons Anges du dernier chœur.

La seconde chose qu'il faut remarquer est, que plusieurs s'egarent dans ces voies extraordinaires, & prennent en suite des chemins qui les menent à des precipices, se voians eleués si haut, les yeux leur éblouïssent & la teste leur tourne, de sorte que ne pouuans porter cet éclat ny tenir ferme sur leurs demarches, ils tombent dans des vices, comme dans la vanité, dans vn orgueil secret, dans l'attache à leurs sens & en d'autres, qui se derobent à leur veuë, & enfin dans leur ruine. S. Chrysostome dit que ces dons nuisirent aux Corinthiens & leur furent occasion de superbe, de diuision, & de rupture de charité, ceux, qui en auoient dauantage meprisans les autres qui auoient moins, & ceux-cy portans enuie à ceux là, & adiouste, que les Chrestiens de Rome se ressentoient encore vn peu de ce mal. C'est pourquoy l'Apostre apres auoir fait ses efforts pour guerir les Corinthiens & mettre les vns & les autres dans leur deuoir, leur dit; *Æmulamini charismata meliora, & adhuc excellentiorem viam vobis demonstro*, desirez & recherchez des dons bien meilleurs & bien plus vtiles que ceux là; & je vous veux monstrer vn sentier sans comparaison plus excellent & plus asseuré pour aller à Dieu & à vostre salut, qui est celuy de la charité. A dire le vray, les grands chemins sont tousiours bien plus seurs pour ne point se fouruoier, que les petits sentiers écartez, quoy

*Hom. 29. in 1 ad Corinth. διακνομένης αυτής της αγάπης.*

1. Cor. 11. 30

qu'ils soient par fois vn peu plus courts, parce qu'on trouue perpetuellement du monde dans ceux là, qui empesche de nous perdre; mais voions les raisons qui monstrent que ces chemins écartez & ces voies extraordinaires sont beaucoup plus perilleuses.

La premiere se doit tirer de la Prouidence de Dieu, qui a dressé de grands chemins à tous les hommes pour tendre & pour arriuer à leur salut, lesquels par consequent on a sujet d'estimer les meilleurs; parce que nous deuons auoir cette opinion de la bonté & de la sagesse infinie de cette Prouidence, que ce qu'elle a estably pour le salut de tous, est parfaitement bon, & parlant vniuersellement, toujours meilleur, que ce qu'elle fait pour le salut de quelques-vns. Ainsi voyons nous que dans la Nature les choses les plus communes sont les meilleures, comme le Soleil, les Astres & les Elemés; & dans la Grace qu'y a t'il qui en bóté & en vtilité approche de l'Incarnatió, de la Vie & de la Passion de nostre Seigneur, & des Sacremens qui sont cóstituez pour tous? Pour marque & figure de cecy, Moyse menant le peuple de Dieu à la conqueste de la terre promise enuoia demáder au Roy d'Edom la liberté du passage par son Etat en ces termes, *Non ibimus per agros nec per vineas, sed gradiemur via publica, nec ad dextram nec ad sinistram declinantes; per tritam gradiemur viam*, & de mesme au Roy des Amorrheens, *Obsecro, vt transire mihi liceat per terram tuam, non declinabimus in agros & vineas, via regia*

Num. 20. 17. & 19.

Num. 21. 22.

*regia gradiemur.* Ie vous prie de nous permettre de passer par vos terres, nous n'entrerons ny dans les champs labourez ny dans les vignes, nous n'irons ny deçà ny de là, mais nous tiendrons toujours les chemins publics & battus. C'est ainsi qu'on va à la Hierusalem celeste.

La secóde raison se prend du diable, qui n'est pas ennemy de ces choses rares & qui ont de l'éclat, au contraire qui en est bien aise, parce que de là il prend sujet de donner de la vanité à ceux qui y sont éleuez & leur faire accroire que Dieu les considere plus que les autres, de les occuper & les amuser apres cela, & détourner cependant leurs pensées & leurs soins des vertus solides. Et s'il luy estoit permis, il bailleroit encore bien plus souuent qu'il ne fait & tous les iours des extases, des reuelations & des visions pour tromper les ames.

La troisiéme est fondée sur nostre nature qui se plait en ces faueurs, & aime d'auoir quelque prerogatiue qui nous tire du commun, qui nous donne quelque relief & nous fasse particulierement regarder & estimer pour pouuoir dire auec le superbe Pharisien: mon Dieu, ie vous rends graces, de ce que ie ne suis point comme les autres.

Luc. 18, 11.

La quatriéme vient des choses mesmes, qui n'estans pas ordinaires, sont moins connuës & par consequent plus dangereuses, & où en suite nous voyons si souuent tant de tromperies & tant de

E e

chûtes. C'est pourquoy le grand chemin de la Foy & des Commandemens de Dieu est toujours beaucoup plus asseuré. O *quantos*, dit le Bien-heureux Laurent Iustinien à ce propos, *Cotidie legimus, audiuimus, nouimus corruisse à proposito sanctitatis, quoniã antiqui hostis minime agnouêre insidias?* O combien lisons-nous tous les iours, combien entendons-nous & connoissons-nous d'hommes, qui se sont relaschez, & qui mesme sont déchus tout à fait du dessein qu'ils auoient pris de se rendre vertueux & d'acquerir la perfection, pour n'auoir pas connu les embusches du diable & les pieges qu'il leur tendoit.

*De vita solitaria cap. 16.*

Dici non potest, ce sont les paroles remarquables du tres-docte & tres-pieux Chancelier de l'Vniuersité de Paris, Iean Gerson, qui a parlé excellemment de ce sujet en deux traitez particuliers, *quantum curiositas vel cognoscendi futura & occulta, vel miracula videndi vel faciendi, fefellit plurimos & à vera Religione frequêter auertit. Hinc superstitiones in populis, quæ Religionem inficiunt Christianam, dum sicut olim Iudæi sola signa quærũt, dum hominibus nec dum canonizatus, scripturis quoque non authenticis plusquam sanctis & Euangelio præstãt fidem.* On ne sçauroit dire combien la curiosité d'auoir des reuelations, ou de connoistre les choses futures ou cachées, ou de voir ou faire des miracles, a trompé de persones, & les a mesme souuent faites égarer du chemin de la vraie foy : de là naissent quantité de superstitions & d'abuz parmy le peuple, qui souillent

*Gerson Tract. de Probatione Spirituum.*

la Religion Chrestienne, lors qu'à la façon des Iuifs il ne desire que de voir des signes, qu'il fait tant de Beats, & canonise des hommes que l'Eglise n'a pas encore declarez Saincts, & adiouste plus de creance aux Ecrits de leurs visions & de leurs Reuelations, qu'aux Saincts reconnus de tous & à l'Euangile. *In hoc senio sæculi*, dit-il encore autre-part, *in hac hora nouissima, in præcursione Antichristi mundus tanquam senex delirus phantasias plures & illusiones somniis similes pati habet, & multi dicent, ego sum Christus, & recedentes à veritate & conuersi ad fabulas seducent multos.* En cét âge caduc des Siecles, en cette derniere heure des Temps auantcouriere de l'Antechrist, le Monde, comme vn pauure vieillard qui radote, se laissera aller à beaucoup de phantaisies & d'imaginations, & prendra ses grotesques & ses resueries, qui n'auront pas plus de solidité que des songes, pour de vrayes visions; de sorte que plusieurs diront : ie suis le Christ, & quittans la verité pour embrasser des fables, seduiront beaucoup de gens. Si Gerson, qui est mort il y a plus de deux cens ans, & à qui son sçauoir & sa vertu ont donné le nom honorable de Docteur tres-Chrestien, a dit cela de son siecle, nous deuons auec plus de sujet le dire du nostre, qui est encore plus vieil.

En effet on fait maintenant beaucoup d'état, & plus qu'il ne faudroit, de ces choses extraordinaires; on appuie grandement dessus, on en fait trafic. *Prophetæ*, dit Ieremie, *prophetabant menda-*

Tract. de distinctione verarum visionum à falsis.

Ierem. 5. 31.

*cium, & Sacerdotes applaudebant manibus suis, & populus meus dilexit talia.* Ces persones, qui font des Prophetes, ne debitoient que des mensonges & ne predisoient que des faulsetez, & neanmoins les Prestres, & mesme plusieurs qui pratiquoient la deuotion, leur applaudissoient & leur adiouſtoient foy, & le peuple, qui aime ces nouueautez, s'y laissoit prédre & piper. Le mesme Ieremie appelle elegamment autre part tout cela, *visionem mendacem, fraudulentiam*, ou comme traduit Vatable, *seductionem cordis sui.* Et encore ailleurs, *assumptiones falsas & eiectiones.* Des visions mensongeres, des illusions, des phantaisies & des caprices de leur teste, des éleuations d'esprit trompeuses, des subtilitez imaginaires, des faulses lumieres, des deuotions chimeriques, des communications & des vnions auec Dieu, qui sont plustost pour retirer l'ame de luy & l'en chasser bien loin, que pour l'en approcher & l'vnir.

Mais voions cecy par quelques exemples illuſtres, & il me suffira d'en produire trois ou quatre d'vn grand nombre que ie pourrois rapporter, & faisons pour cela vne Section nouuelle.

## SECTION IX.

*Preuue de cette Verité par quelques Exemples.*

LE premier sera d'vne Religieuse, qui au siecle passé trompa & épouuanta toute l'Eſpa-

gne, c'est de cette fameuse Magdelene de la
Croix, qui parut à Cordoüe des son ieune âge
auec vn esprit merueilleux, auec vne prudence
singuliere, & auec les marques d'vne saincteté
extraordinaire, qui la mirent en telle consideration parmy ses Compagnes, qu'elles la choisirent bien-tost pour leur Abbesse. Elle auoit vn
esprit miraculeux, elle parloit comme vn Ange,
elle decouuroit les choses secretes, donnoit aduis
de celles qui se faisoient bien loin, & predisoit
les futures. Ce n'estoient que visions, que reuelations & qu'extases; par fois on la voioit éleuée de
terre ; par fois toute couuerte de ses cheueux,
qui en vn instant luy croissoient iusques aux talons ; d'autresfois les murailles s'entrouuroient
d'elles-mesmes pour donner le moien de la voir
dans ses deuotions. On s'estimoit heureux de
pouuoir luy parler & l'oüir ; On la consultoit de
tous costés ; les Princes, les Seigneurs, & tous se
recómandoient à ses prieres, & les grádes Dames,
qui estoient proches de leurs couches, luy enuoioient les langes, dont leurs Enfans deuoient
estre enueloppez, pour les benir. Tout cela pourtant auec beaucoup d'autres choses grandement
merueilleuses, qui luy acqueroient l'estime &
l'admiration de tous, mesme des hommes fort
sçauans & de haute pieté, n'estoient que des fourbes du diable, comme il parut enfin, parceque se
voiant sur le point d'estre découuerte, elle alla au
deuant de son mal-heur faisant vne declaration

E e iij

sincere & ingenüe aux Inquisiteurs de la Foy de toutes ses mechancetez & en témoignant vn veritable regret, qui luy sauuans la vie selon leur coûtume à cause de cette libre reconnoissance la condamnerent à prison perpetuelle.

Lib.5.cap.10.   Le P. Ribadeneyra, apres auoir rapporté vne partie de cecy en la vie de nostre P. S. Ignace, adiouste ce qui suit qui fait bien à nostre propos. Nous auons encore vû ces années passées en diuers païs, & specialement en Espagne, comme à Lisbonne, à Seuille, à Saragosse, à Valence, à Cordoüe, à Murcie, & mesme dans la Cour du Roy beaucoup d'autres exemples de ces tromperies dans des femmes; dont les vnes paroissoient auec les stigmates, d'autres perdoient l'vsage de leurs sentimens & estoient rauies, d'autres se mesloient de predire les choses auenir, & portoient d'autres marques d'vne grande & rare sainćteté, si bié contre-faites & si artificieusement deguisées, que non seulement le peuple y estoit trompé, mais encore plusieurs hommes graues, sçauans & pieux, qui leur donnoient vogue & credit, & en épandoient la connoissance dedans & dehors le Royaume; De sorte que le mal prenoit grand pied, & fut allé plus loing, si l'Inquisition n'en eût arresté le cours & apporté le remede.

Le second exemple est d'vne fille qui seduisit Paris & toute la France il n'y a pas si long temps. Elle estoit natifue de Reims & s'appelloit Nicole, dont voicy ce que raconte feu Monsieur du

Val Docteur tres-celebre pour son sçauoir &
pour sa vertu, dans la vie de la B. Marie de l'Incarnation, que par estime & par respect ie cou-
cheray icy auec ses propres termes ; Voicy donc
le recit qu'il en fait. Cette fille fut si prodigieuse-
ment trompée, que ie ne sçay si iamais il s'en est
rencontrée vne semblable. Plusieurs grands personages tant Religieux que Seculiers la conside-
rerent long-téps, l'examinans de poinct en poinct
tant sur sa vie comme sur ses paroles, & autres
actions, & le Diable se cachoit auec tant d'artifice, faisant paroistre des choses si singulieres en
vertu & en pieté, qu'on ne pouuoit humainement douter qu'elle ne fut assistée de Dieu, d'vne
grace fort particuliere. Elle procuroit que le peuple par toutes les villes de France se mit en bon
état, & comme elle viuoit durant les troubles ar-
riuez sous Henry III & Henry IV elle mainte-
noit que ces calamitez publiques ne prouenoient
qu'à cause des pechez, desquels si l'on s'abste-
noit, on en verroit bien tost la fin ; de sorte qu'en
quelques villes sur sa parole, les prieres & proces-
sions publiques furent ordonnées, & le peuple se
confessoit & communioit auec beaucoup de fer-
ueur : Et ainsi fit-elle ordonner vn iour à Paris
vne Procession generale, menaçant le Superieur
Ecclesiastique qu'il mourroit dedans l'année, s'il
negligeoit l'auertissemét qu'elle luy en donoit de
la part de Dieu ; si bien que le Parlement & les Iu-
stices inferieures, auec tous les marchands &

gens de meftier vacquerent vne matinée pour cette Proceffion.

Elle alloit vifiter plufieurs perfones qui tiroient à la fin, les auertiffant de certains pechez qu'elles n'auoient iamais confeffez & auffi-toft reconnoiffans qu'elle difoit vray, fe confeffoient auec beaucoup de contrition. Elle predifoit les chofes futures, & les voioit-on arriuer comme elle les auoit predittes. Ses difcours tenoient plus du diuin que de l'humain, & alleguant des paffages du Cantique de Salomon leur donnoit vn fens fi fublime & fi à propos, qu'vn Docteur bien celebre s'y fut trouué bien empefché. Les extafes luy eftoient ordinaires, les reuelations & vifions fort frequentes. De grands Seigneurs tant dehors que dedans le Royaume enuoioient exprez vers elle pour fe recommander à fes prieres, & s'informer du fuccez de leurs affaires.

Elle fut vn iour fi malade, qu'on croioit qu'elle fut vraiement morte, & fut fon corps ofté du lit, mis fur vne table, enueloppé d'vn linceul qu'on alloit coudre; elle reuint apres cela & dit d'vne voix douce & intelligible. Ah mon Dieu! puis qu'il vous plait me redonner la vie, ie la confacre à voftre feruice, & parut depuis fi parfaite en tout, que les plus verfez en la vie fpirituelle, encore qu'ils l'examinaffent fort foigneufement, n'y pouuoient remarquer la moindre imperfection, foit en fon maintien, ou paroles, foit en fes œuures & deuotions. Elle defira d'auoir pour
Directeur

Directeur vn Pere d'vn Ordre tres-reformé, lequel elle nomma de son propre nom, & le designa si bien, encore qu'elle ne l'eut iamais veu, qu'on ne doutoit point que Dieu ne luy eut monstré en esprit & vision. Estant vne autre fois malade, plusieurs Docteurs & Religieux estans lors en sa chambre, voicy qu'vne grande lumiere enuironna son lict, & à l'instant vne voix fut entenduë distinctement, *Aue soror, saluete fratres*, qui est à dire: bon-iour ma sœur, bon-iour mes freres: la lumiere venant à disparoistre, la fille se trouua parfaitement guerie, de quoy chacun se trouua grandement étonné.

Vn iour allant à la Messe auec nostre bonne Damoiselle, il entend la B. Marie de l'Incarnation pour lors encore seculiere, aux Capucins de Meudon prez Paris, elle fut enleuée visiblement d'aupres d'elle, & fut l'espace d'vne heure sans reuenir, & comme on ne sçauoit où elle estoit, ny ce qu'elle estoit deuenuë, voicy qu'elle reuint en l'Eglise des Peres Capucins, où estoit encore cette bonne Damoiselle, laquelle luy demanda aussi-tost où elle auoit esté, & luy répódit qu'elle auoit esté iusques à Tours, & s'estoit abbouchée auec vn des plus grands du Royaume pour vne affaire, qui sous apparence de bien alloit renuerser de fond en comble la Religion. Tout cecy faisoit qu'vn chacun admiroit cette fille, &se tenoit-on fort heureux de la voir, de luy parler, & d'estre recommandé à ses prieres.

Mais nonobstant tous ces effets si prodigieux, Madamoiselle Acarie souftenoit fortement que cet esprit n'estoit point de Dieu, ains de Satan, qui se traueftissoit en elle en Ange de lumiere, qui pour voir la fin d'vne chose, où les plus habiles se trouuoient bien en peine, donna à cette fille qui demeuroit en sa maison, vne Lettre fermée seulement d'vn fueillet de papier, sans cachet, pour la bailler à quelqu'vn qui la deuoit venir querir, & s'en alla à la ville à quelques affaires, sans luy dire autre chose. Elle auoit mis dans cette Lettre expressément de petits morceaux de papier pas plus grands que la pointe d'vne épingle pour estre quasi imperceptibles, afin de reconoître s'il y auoit de la curiosité en cét esprit, pource qu'ouurant la Lettre pour la lire, ces petits papiers tomberoient sans qu'elle s'en apperçut, & Dieu permit que le diable n'eust point connoissance de ce dessein. Nostre Bien-heureuse estant partie, cette fille ne faillit pas d'ouurir la lettre & la lire, puis la referma comme elle estoit, mais en la lisant ces petits papiers tomberent sans qu'elle y prit garde. La bóne damoiselle estant de retour, luy demanda si on n'estoit point venu querir cette lettre, & si elle ne l'auoit point leuë, elle luy dit que non & la luy rédit; & estant à part, l'ouurit, & n'y trouua plus ces petits papiers; elle reconnut en cela que cette pauure fille l'auoit ouuerte & qu'il y auoit de la curiosité & mensonge en son fait: Ce qui la confirma dauantage en l'opinion qu'elle en auoit, & delà en auant l'obserua encore de plus pres, & ne manqua pas depuis de plusieurs experiences, qui acheuerent de persuader à elle & aux autres le vray état de cét Esprit.

Cette petite faute de curiosité accompagnée de mensonge, laquelle, quoy que legere, est lourde & tres-remarquable en vne ame, qui seroit éleuée à des choses si extraordinaires & qui fait profession d'vne si grande perfection, fit prendre resolution de la traiter de là en auant d'vne autre sorte. Satan impatient de se voir découuert, & que les desseins qu'il auoit par le moyen de cette fille à la ruine de plusieurs sainctes Congregations de l'Eglise, s'en alloient estre en euidence, ne put contenir sa rage, de sorte qu'vne fois nostre Bien-heureuse estant en sa chambre auec elle, & quelques bós Peres Capucins & autres, l'on vid manifestemét faire vne traisnée de poudre à canon dás la chambre & le feu y prendre auec vne puanteur, dont toute la Compagnie fut infectée. Chacun crut, que c'estoit le congé que Satan prenoit de cette pauure fille, qu'il laissa de là en auant à son naturel.

Elle n'auoit plus cet esprit éleué, ces beaux discours, ces conceptions hautes, la monstre de ces vertus, mais estoit fort grossiere, rude, imparfaite; ne pouuoit plus ieuner ny demeurer long-temps à l'Eglise, mesme se maria contre la volonté de ses parens, & fut en terme de se faire hugue-

Ff ij

note, n'eust esté qu'vn Pere de la Compagnie de Iesus, qui l'auoit autrefois veüe en sa perfection imaginaire, l'en empescha, & luy persuada de viure comme font les honnestes femmes qui sont dans le monde & au mariage, c'est ce que raconte ce sage & fameux Docteur.

Voila sans doute deux histoires memorables, & afin que l'on ne croie pas que ces tromperies ne tombent que dans les esprits des filles & des femmes, les deux Histoires suiuantes nous feront voir, que si les hommes n'y prennent garde, ils y peuuent aussi estre suiets.

*Lib. 1. cap. 9. apud Sur. 23. Iunij.*

Le sçauant Cardinal Iaques de Vitry rapporte en la vie de la B. Marie d'Oëgnie, qu'vn des principaux amis de cette Saincte, religieux de profession, pensa se perdre par les ruses & les illusions du diable, qui se deguisant en Ange de lumiere, & portât vn beau semblant de pieté luy apparoissoit souuent en songe, & pour l'abuser plus finement & luy couler auec plus de facilité son poison dans le cœur, le reprenoit par fois de quelques-vns de ses defauts, l'exhortoit de s'en corriger, & l'excitoit à faire de certaines bonnes œuures. En effet comme cet homme seduit de cette apparence de vertu, eut rendu de la creance & de la soumission à ce qui luy estoit dit & monstré, alors cet Imposteur commence à glisser quelques mensonges parmy les veritez, & mesler des choses mauuaises entre les bonnes, que l'autre n'examinant point, mais les croiant simplement, il se vid enfin conduit par ce mauuais Guide ſur le bord de ſon precipice, où il fut indubitablement tombé, ſi cette Bié-heureuſe n'eut connu diuinement le malheur où eſtoit cet homme; à qui parlant auſſi-toſt & luy remonſtrant que ces viſions & ces reuelations ne venoient point de Dieu mais du diable, & luy au contraire ſouſtenant qu'il ne pouuoit ſe perſuader que cet Eſprit, qui luy cauſoit de ſi grands biens, qui le portoit à la vertu & luy annonçoit tant de choſes futures, qui apres ſe trouuoient vraies, ne fut bon, & voulut le tromper. Ne pouuant donc en venir à bout & le deſabuſer par ſes raiſons, elle eut recours à la priere, ſuppliant à chaudes larmes la Bonté diuine qu'il luy pluſt ouurir les yeux à ce pauure aueugle & leuer le charme, & cótinüa iuſques à ce que le diable luy apparut tout éclatant de lumiere, vne nuit qu'elle eſtoit en oraiſon, à qui demandant qui il eſtoit & comme il s'appelloit; Qui ie ſuis? répondit, la regardant d'vn œil de trauers & d'vn viſage farouche, Ie ſuis celuy que tes prieres ont fait venir icy, pour te dire, maudite que tu es, que tu me rauis mon amy. Pour mon nom, ie m'appelle le Sommeil, qui me monſtre à pluſieurs, & particulierement aux perſones Religieuſes, pendant qu'elles dorment auec des beautez feintes & des clartez empruntées, dont ie les abuſe & les enchante, pour leur faire croire ce que ie leur dis, & les porter à la vanité, comme s'eſtimans dignes d'eſtre viſitées & entretenües des Anges. Et ſi tu

Ff iij

n'eusses secouru ce mien amy, c'estoit fait de luy, il alloit le grand galop à sa ruine, & ie l'eusse infailliblement precipité dans son dernier malheur.

L'autre Histoire est du pauure miserable Heron, qui apres auoir passé cinquante ans dans la solitude en ieunes continuels & en vne extreme austerité de vie, se jetta dans vn puits tres-profond à la persuasion du Diable, qui luy apparoissoit en forme d'Ange, sur l'assurance qu'il luy donna, qu'à raison de ses vertus & de ses merites il ne luy pouuoit point arriuer de mal; d'où estant tiré auec grande peine tout froissé & tout brisé, il mourut au bout de trois iours obstiné, & iusques à vn tel poinct, qu'il ne fut iamais possible de le detromper & luy faire connoistre le piege du Demon. Cassian, qui raconte cét accident funeste en rapporte en suite d'autres semblables. Mais nous en auons dit assez pour monstrer que ces voyes extraordinaires sont tres-perilleuses, & qu'il est fort aisé que non seulement les femmes, mais encore les hommes y soient pris.

A dire le vray comme d'vn costé les choses spirituelles sont de leur nature difficiles & obscures, puis qu'elles sont spirituelles & éloignées de nos sens; & qu'entre les choses spirituelles, celles dont nous parlons, sont enuelopées de plus grandes difficultez & couuertes de plus épaisses tenebres; & que de l'autre le Diable a vn esprit incomparablement plus subtil & plus fin que nous, & auec cela vne experience de six mille ans, ce

Collat. 2.
cap. 5.

n'est pas merueille si ayant tant de connoissances & tant de rusés, si apres tant de combats qu'il a donnez, & tant de victoires qu'il a remportées, il trompe vne fille, vne femme, & mesme vn homme fort sçauant, qui n'est auec toute sa science aupres de luy qu'vn Enfant.

C'est pourquoy afin d'éuiter ses embusches & n'estre point pris dans ses lacets, il faut veiller extremement sur soy, auoir tousiours peur de luy, & estre bien instruit des marques, par lesquelles nous deuons distinguer les bonnes visions & les reuelations diuines des diaboliques & trompeuses, dont nous allons maintenant parler; mais brisons icy & reprenons haleine.

## SECTION XI.

### Marques pour discerner les Visions & les Reuelations.

COmme il y a des Visions & des Reuelations faulses, & en grand nombre, dont le diable va seduisant les ames, il en est aussi de vraies, & tousiours dans l'Eglise le S. Esprit a operé, & opere encore pour l'accomplissement de ses desseins & le bien des Elûs des choses extraordinaires; voyons pour ce sujet comme nous les pourrons distinguer.

Sur quoy ie dis tout premierement qu'il y a de certaines choses que Dieu seul peut faire, comme la grace, des vertus & nostre salut; d'autres aussi que seul emonde diable & ceux qui luy adherent, peuuent produire, comme les vices, les pechez & nostre damnation; & vne troisiéme espece de celles que Dieu & le diable peuuent operer, comme les visions, les reuelations, les extases, les paroles interieures & choses semblables. Ce qu'il y faut remarquer, est, que l'on doit reconnoitre & verifier les choses douteuses par celles qui sont certaines, & les estimer plus asseurément bonnes si elles ont de la liaison auec celles dont Dieu seul peut estre auteur; & au contraire les tenir beaucoup plus probablement mauuaises, quand elles se treuuent iointes auec ce qui ne peut venir que du diable.

*In Prologo defensionis Reuelat. Sǣ Birgittæ.*

Le Cardinal Turrecremata écriuant pour defendre les Reuelations de Saincte Brigitte, dit que les Reuelations sont tousiours bonnes, lors qu'elles ont ces cinq conditions. La premiere, quand elles sont approuuées par le iugement des grands personages, qui sont eminés en science & en pieté. La seconde se prend de leurs effets, lors qu'elles en produisent de bons dans les esprits de ceux qui les reçoiuent, & y donnent accroissement à l'humilité, à la charité & aux autres vertus. La troisiéme se tire de leur matiere, à sçauoir s'il ne se trouue rien en elles qui ne soit vray. La quatriéme de leur forme, si elles sont aiustées à la doctrine des Sainctes Lettres. Et la cinquiéme du costé de la persone, si elle est vertueuse & éleuée

à quelque

à quelque degré de sainćteté. Quand toutes ces choses se rencontrent en vne vision ou en vne reuelation, elle peut sans crainte passer pour bóne.

Iean Gerson consommé en sçauoir, en pieté & en l'intelligence de la vie spirituelle traitant ce sujet, compare les Reuelations diuines à la bonne monnoie & les diaboliques à la faulse, & dit que la monnoie spirituelle des Reuelations doit auoir cinq qualitez, & qu'il faut en faire l'essay par elles, à sçauoir le poids, la flexibilité ou la disposition à s'étédre, à se tirer & estre mise en œuure, la durée, la figure, & la couleur: Que l'Humilité luy donne son iuste poids; la Discretion sa flexibilité; la Patience sa durée ; la Verité sa figure, car c'est le coin du Roy qui la doit marquer & luy bailler cours; & la Charité sa couleur: de sorte que pour iuger de cette monnoie & n'y estre pas trompé, il faut examiner, *si habeat pondus humilitatis absque curiositate & tumoris vanitate; si flexibilitatem discretionis absque superstitiosa æstimatione & abiectione consilij; si durabilitatem patientiæ in aduersis absque murmuratione & ficta æmulatione; si veritatis configurationem absque mendosa aut incerta assertione; si colorem viuidum & sincerum diuinæ charitatis absque carnalitatis scoria & fæce.* Si elle a le poids de l'Humilité, & n'est point trop legere par quelque curiosité, ou quelque vanité qui s'y mesle; si la Discretió & la Docilité, sans attache à son sens & sans refus de conseil, la rend flexible; si elle monstre de la Patience & de la Force dans les aduersitez, ne murmurant point si elle

Tract. de distinct. Verar. Reuel. à falsis.

est blâmée, & ne se couurant point d'vn faux zele; si la Verité exempte d'erreur, de doute, & d'impertinence luy donne sa figure; & la Charité épurée des immodices de tout amour sensuel & charnel luy baille sa couleur. C'est ce que dit Gerson elegamment & sagement ; Apres qui & le Cardinal Turrecremata,

Nous disons que ce qui doit estre premieremēt consideré en fait de reuelations, de visions, & de choses pareilles est la Verité, de sorte qu'elles soient veritables, sans faulseté aucune, parce que si elles viennent de Dieu, qui est la Verité mesme, elles ne peuuent sans doute estre faulses. C'est la marque aussi qu'il donne par Moyse, lors qu'il dit, si tu demandes, *quomodo possum intelligere verbum quod Dominus non est locutus ; hoc habebis signum. Quod in nomine Domini Propheta prædixerit, & non euenerit, hoc Dominus non est locutus, sed per tumorem animi sui Propheta confinxit.* Comment pourray-ie connoître, que quand le Prophete me parle de la part de Dieu, ce n'est point Dieu qui parle par sa bouche ; ie te répond que tu le connoîtras, si la chose que le Prophete te dit deuoir arriuer, n'arriue pas. Car alors comme la chose ne se trouue point vraie, tien pour certain que Dieu ne l'a point dite, mais que c'est vne pure inuention & vne beueüe de l'esprit du Prophete. Comme tout ce que Dieu reuele, est infailliblement en son tout & en chacune de ses parties veritable, ce qui au contraire sort de la boutique du diable, est tou-

*Deuteron. 18. 21.*

jours fabriqué au coin du menſonge, ou entierement ou en quelque façon, car pour tromper auec plus de ſubtilité, ce luy eſt aſſez de gliſſer parmy cent veritez qu'il debitera, vne ſeule faulſeté; & auſſi n'en faut il pas dauantage pour s'aſſurer que c'eſt ſon ouurage.

Suiuant cela comme les Veritez diuines ſont contenües & couchées dans la ſaincte Ecriture, on doit examiner diligemment ſi les Reuelations, les Viſions & toutes ces choſes extraordinaires s'aiuſtent auec elle, & s'accordent auec les inſtructions qu'elle nous donne. Pour cette cauſe Noſtre Seigneur voulut en ſa Transfiguration auoir à ſes coſtez Moyſe & Elie, afin de nous apprendre que pour approuuer & legitimer ces transfigurations lumineuſes, les Viſions, les Reuelations & choſes ſemblables, nous deuons touſiours auoir, ſelon que Richard de Sainct Victor l'explique, le témoignage de Moyſe & des Prophetes, & les voir appuiées ſur leur doctrine.

S. Gregoire le Grand dit à ce propos, *Ordo Prædicatorum in omni, quod ſpirituali reuelatione didicit, Patrum veterum dicta conſuluit, vt tunc demum à Domino ſibi fuiſſe reuelatum crederet, cum ab eo, quod in ſacra Scriptura legebat, nequaquam differre cognouiſſet. Nam facile fallitur, qui hoc, quod occulta contemplatione colligit, in præclara ſacræ Scripturæ veritate neſcit diſcutere quale ſit; Vnde & Apoſtolus denunciat dicens, Transfigurat ſe Satanas in Angelum lucis. Ad Heli currit Samuël quoties à Domino vocatur. Ergo ſancti Prædicatores ne falſæ lucis*

Lib. 3. expoſit. in 1. Regum cap. 3.

*imagine in intima contemplatione fallantur, modum occultæ reuelationis in aperta sacræ Scripturæ veritate discutiunt.* Les Predicateurs ont coutume en tout ce qu'ils apprennent par reuelation, d'auoir recours aux Sainctes Lettres, pour déterminer que la chose leur vient de Dieu, lors qu'ils voient qu'elle ne leur est point contraire ; Estant autrement bien facile que qui n'examine par cette regle ses veuës & les sentimens qui luy sont communiquez dans le secret de la Contemplation, se trompe. C'est pourquoy l'Apostre nous auertit que le diable se deguise en Ange de lumiere. Et Samuël, autant de fois que Dieu luy parle, s'encourt à Heli. Afin donc que les Predicateurs ne s'abusent dans leurs connoissances & ne prennent pour des faulses clartez de veritables tenebres, ils regardent au iour des Ecritures Sainctes les choses obscures qu'on leur monstre.

*Lib. de vnit. Ecclesiæ cap. 16.*

Sainct Augustin auoit dit deuant luy sur le mesme sujet, *de Visis fallacibus legant quæ scripta sunt, quia ipse Satanas transfigurat se tanquam Angelum lucis. Audiant etiam quid enarrent Pagani de Templis & Dijs suis mirabiliter vel facta vel visa, & tamen Dij Gentium dæmonia. Exaudiuntur ergo multi & multis modis non solum Christiani Catholici, sed & Pagani, & Iudæi & Hæretici. Exaudiuntur autem vel à Spiritibus seductoribus, qui tamen nihil faciunt nisi permittantur, Deo sublimiter atque ineffabiliter iudicante, quid cuique tribuendum sit, sicut ab ipso Deo vel ad pœnam malitiæ, vel ad solatium miseriæ, vel ad monitionem quærendæ salutis æterna.* Pour s'inſtruire ſur la matière des faulſes viſions qu'on liſe ce qui eſt écrit, que Satan couure ſes difformitez de beautez contrefaites & ſe traueſtit en Ange reſplendiſſant. Que l'on apprenne ce que les Payens racontent de leurs Dieux, comme ils ont apparu ſouuent auec des façons étranges & fait des choſes admirables, encore que ce ne fuſſent que des Diables. Pluſieurs, & non ſeulement des Chreſtiens Catholiques, mais encore des Infideles, des Iuifs & des Heretiques, ſont exaucez & en diuerſes façons dans leurs demandes, ou des Demons, quoy qu'ils ne puiſſent qu'autant que Dieu le leur permet, qui auec vne ſageſſe profonde & ineffable voit ce qu'il faut accorder à chacun, ou de Dieu meſme, ſoit pour punir leur malice, ſoit pour ſoulager leur miſere, ou pour les exciter à la recherche de leur ſalut eternel. *Ipſe Dominus Jeſus*, pourſuit ce ſainct Docteur, *cum reſurrexiſſet à mortuis & diſcipulorum oculis videndum manibúſque tangendum corpus ſuum offerret, ne quid tamen fallaciæ ſe pati arbitrarentur, magis ex teſtimonijs Legis & Prophetarum, & Pſalmorum confirmandos eſſe iudicauit, oſtendens ea de ſe impleta, quæ fuerant tantò ante prædicta.* Comme noſtre Seigneur apres ſa glorieuſe Reſurrection monſtroit ſon ſacré corps à ſes Diſciples pour eſtre vû de leurs yeux & touché de leurs mains, iugea, afin de leur leuer tout le doute qu'ils euſſent pû auoir de quelque tromperie & de tout phantôme, qu'il valoit mieux les fortifier dans la creance de ſa resurrection par les paroles de Moyse, de Dauid & des Prophetes, leur faisant voir par le menu comme tout ce qui auoit esté predit de luy, auoit eu son effet, & estoit accomply. Et expliquant ces mots du psalme cent quarante quatriéme, *fidelis Dominus*, dit, qu'encore que nous puissions & que nous deuions croire Dieu quand il parle, & seulement parce qu'il parle, Nostre Seigneur pourtant *noluit sibi credi dicenti, sed voluit teneri Scripturam suam sanctam*, n'a point voulu qu'on adioustat foy à sa parole toute nüe, mais à sa parole reuestüe & appuiée de celles de l'Ecriture Saincte.

Sainct Augustin donc a estimé que nostre Seigneur n'a point voulu, non plus que ses Apostres apres luy, emploier son autorité pour se concilier la creance des peuples, sans l'autoriser des preuues des Liures Saincts, encore qu'estant Dieu, cela ne luy fut point necessaire, & que ses miracles & les actions prodigieuses qu'il faisoit à la veuë de tous, le rendissent assez croiable. S. Pierre écriuant aux Fideles, leur dit, qu'estant sur la montagne de Thabor, il auoit entendu vne voix qui portoit temoignage de la Diuinité de Nostre Seigneur, & que s'ils faisoient quelque difficulté de le croire, *habemus firmiorem propheticum sermonem*, il auoit pour garant les paroles du Prophete, il entend Dauid, qui n'estoient pas au fond plus veritables que les siennes, mais seulement plus assurées à leur égard, à cause qu'ils n'en pouuoient pas douter, & qu'ils faisoient bien de se seruir de

2. Petri. 1. 19.

Psalm. 2. 7.
Beda. Gagneius ibi.

l'Ecriture, *quasi lucernæ lucenti in caliginoso loco*, comme d'vne lampe allumée pour les éclairer dans les lieux obscurs, & dissiper les tenebres de leurs doutes.

La seconde chose, à laquelle il faut prendre garde tres-soigneusemét, est l'Humilité, qui accompagne toujours les bonnes visions & reuelations, comme au contraire la Vanité & l'Orgueil est inseparable des mauuaises : Parce qu'à mesme que Dieu éleue vne ame par quelque operation extraordinaire, il l'abaisse, à cause qu'il luy communique plus de lumiere qu'elle n'auoit, laquelle luy fait voir plus à clair ses defauts, ses pechez & son Neant, que le diable luy cache tant qu'il peut, pour ne luy monstrer que des vertus pretenduës & des perfections imaginaires, dont il l'ebloüit, & auec quoy il luy persuade qu'elle est digne de ces visites. Ce n'est pas pourtant qu'vne persone, à qui Dieu aura conferé quelqu'vne de ces graces éclatantes, ne puisse apres en estre combattuë d'orgueil, & le diable en tirer sujet pour la tenter de vanité ; Cela peut estre, mais nous entendons que ces graces ne portent pas d'elles mesmes à l'orgueil, mais à l'humilité, & à la vraie.

Ce que i'adiouste, dautant que les persones trompées pourront bien en auoir vne feinte. Elles pourront dire qu'elles sont grandes pecheresses, & indignes non seulement de ces faueurs, mais mesme de marcher sur la terre, & semblables autres paroles & ceremonies exterieures qui porteront vne apparence d'humilité, mais le fond fera gasté & plein d'orgueil, dont mesme elles ne s'apperceuront pas, pour ce que, comme dit fort bien le sçauant & éclairé Chancelier de Paris à ce propos, *Instar Pharisæi latentem hærentémque ossibus superbiam, sicut nec Phtisicus febrilem calorem, superbus non attendit. Quid enim facilius quam se vilissimum peccatorem dicere, sed viuaciter simplicitérque ita sentire ex intimis, hoc diuini muneris est, non humani solius exercitij.* L'orgueilleux ne voit & ne sent point son orgueil, qui est caché dans ses entrailles, & qui luy tient iusques aux os, non plus que le superbe Pharisien ne découuroit pas le sien, & le Phtisique ne sent point sa chaleur febrile. En effet qu'y a t'il de plus aisé que de s'appeller pecheur tres-vil, mais de le dire de cœur aussi bien que de bouche, & d'en auoir vn veritable sentiment, cela n'est pas facile; car outre nostre application & nostre soin, il y faut beaucoup de grace. Et cela paroît euidemment, pource que ces persones abusées & ces Humbles contrefaits s'impatientent si on les repréd, si on trouue à redire dans leur conduite, si on fait passer leurs visions & leurs reuelatiós pour des imaginations & pour des songes: où les vrais Humbles souffrent auec douceur, auec patience & humilité quand on contrôlle les leurs, quand on les improuue, quád on parle mal d'eux, quand on les persecute, & qu'on les estime trompez, suiuant cette parole du Sage, *doctrina viri per patientiam noscitur*, on connoist vn homme à sa patience,

Loco cit.

Prouerb. 19. 11.

rience, & par ce moyen que ses Reuelations viennent de Dieu.

Cette marque de l'Humilité est tres-assurée & infaillible, parce qu'en effet il n'y a rien que le Diable haïsse dauantage que cette vertu, comme aussi n'y a t'il rien qui luy soit plus opposé. Sainte Catherine de Siene s'etonnant de ces grandes caresses que nostre Seigneur luy faisoit, & de ces frequétes visions & reuelatiós, qu'elle receuoit de sa part, se trouuant saisie d'apprehension qu'elle ne fut trompée, & que le diable sous vne telle monstre & vn masque de pieté ne se mélat là dedans, Nostre Seigneur luy apparoisſāt luy dit deux choses. La premiere, qu'il approuuoit son apprehension, & qu'aucun homme, tandis qu'il viuoit en terre, ne deuoit estre iamais sans cette crainte salutaire pour les choses de son salut. La seconde, que l'Indice indubitable, par lequel elle pourroit distinguer ses visions & ses reuelations de celles du diable, estoit l'humilité : car il faut que tu sçaches, luy dit il, qu'à cause que ie suis la Verité mesme, ie produis tousiours par mes apparitions dans l'ame à qui elles se font, vne connoissance plus grande de la verité, & en suite de moy & d'elle, ce qui la porte à s'humilier du fond du cœur, à se mepriser & à m'honorer veritablemét; Où le diable, qui est le pere de mensonge & le Roy de tous les orgueilleux, pousse toujours ceux, à qui il se monstre, à la superbe & à vne fausse estime d'eux mesmes, & opere en eux vne certaine

Apud Suriū in eius vita. 29. April.

Hh

hardiesse & confiance secrete, par laquelle ils s'appuient sur les forces qu'ils pensent auoir, & s'en font bien accroire.

<small>In eius vita. cap. 30.</small> Comme le S. Esprit faisoit des graces admirables à la B. Angele de Foligny, & la traittoit de Fille, de Bien-aimée, d'Epouse, & qu'il auoit dessein d'executer de grandes choses en elle & par elle, & de faire par son moien éclater sa gloire deuant tout le monde, la Sainte demeura effraiée & confuse de ces paroles, & iettant les yeux sur ses pechez & sur ses defauts, dit, qu'elle n'estoit pas digne de ces faueurs, & qu'elle se defioit fort de ces discours, & ne pouuoit croire que ce fut le S. Esprit qui les luy tint, parce que ces graces ne luy appartenoient point, qu'elle estoit fragile & pouuoit tomber par là en vanité. A qui le S. Esprit répondit, qu'elle n'y tomberoit pas quand mesme elle y tascheroit, & quelle ne pourroit diuertir son esprit sur d'autres obiets que sur ses pechez, ce qui arriua: Car quoy que ie fisse, dit elle, i'auois tousiours deuant les yeux les images de mes offenses, & ie ne pouuois voir en moy que <small>Cap. 50.</small> des imperfections, qui me donnerent les plus grands sentimens d'humilité & d'abaissement que i'aie iamais eus. Vne autre fois estant agitée du mesme doute, le sainct Esprit luy dit qu'il luy donneroit vn signe tres-certain de sa presence, à sçauoir vn tres-ardent desir de souffrir, de sorte qu'elle endureroit les mepris & les outrages & tous les maux qu'on luy diroit & feroit, non seu-

lement auec patience & humilité, mais encore auec contentement & iubilation de cœur, qu'elle les tiendroit à grande grace, qu'elle s'en estimeroit indigne, & en remercieroit de cœur ceux, de qui ils luy viendroient: Ce qui auint en effet.

Gerson estime tant cette marque de l'humilité pour faire le discernement, dont nous traitons, qu'il dit qu'elle seule suffiroit; voicy ses paroles qui meritent bien de trouuer icy place. *Humilitatis est primum, & præcipuum signum inter signa nostræ monetæ spiritualis. Monitiones itaque omnes intrinsecæ, omnes instinctus vehemẽtes, omnis reuelatio, omne miraculũ, omnis amor extaticus, omnis contemplatio, omnis raptus, omnis denique nostra interior exteriorque operatio, si Humilitas præcedat, & comitetur, & sequatur, si nihil eā perimens misceatur, crede mihi signum habent à Deo esse, nec falleris. Contra si quid dictorum originem sumat à superbia, siue eam secum duxerit, suspecta habe omnia. Humilitatis ergo signum si perfecte nosceretur, frustra multiplicarentur alia, quoniam Superbia & Humilitas numisma spiritualium operationum sufficienter condistinguunt.* L'Humilité est la premiere & la principale marque à laquelle il faut s'arrester, pour voir si nostre monnoie spirituelle est bonne & loyale: C'est pourquoy tous les auertissemens & toutes les paroles interieures, tous les grands mouuemens de pieté, toutes les reuelations, tous les miracles, tout l'amour extatique, toutes les contemplations, tous les rauissemens, enfin toutes les operations interieures & exterieures qui re-

Tract. cit. de dist. ver. vision. à falsis.

gardent la vie spirituelle, si elles sont deuancées, accompagnées, & suiuies de l'Humilité, & que rien ne s'y glisse qui la blesse, vous pouuez croire sans crainte d'illusió, qu'elles sont de Dieu. Que si elles prénent leur origine de la superbe, ou tirent en quelque façon ce vice auec elles, tenez tout cela pour suspect. C'est pourquoy si on auoit vne parfaite connoissance de ce seul signe de l'Humilité, il n'en faudroit pas chercher d'autres, par ce que l'Orgueil & l'Humilité suffisent pour faire l'essay des mouuemens des operations spirituelles, & pour les distinguer les vnes des autres.

## SECTION XI.

### Les autres Marques.

LA troisiéme chose, & qui a beaucoup de rapport auec la precedente est, que la persone, laquelle est menée à son salut par ces chemins écartez & extraordinaires, ne doit point parler de tout ce qui se passe dans son interieur, mais le tenir fort caché, & dire auec Isaie. *Secretum meum mihi, secretum meum mihi,* mon secret est pour moy, il est renfermé dans mon cœur, où ie ne le monstre à persone, pour euiter l'estime & les loüanges qu'on m'en pourroit donner, & qui me mettroient en peril de vanité; & aussi parce que ie les dirois parauenture à des gens, qui n'en estans pas capables & n'entendans point ces mysteres, les

Isai. 24. 16.

tourneroient en risée, & rapporteroient aux resueries d'vne teste creuse & d'vne phantaisie estropiée des graces celestes, ou bien éblouïs de leur éclat, en auroient enuie & desireroient d'estre ainsi conduits.

Mais comme cette persone doit celer à tout autre son interieur, il faut aussi qu'elle l'ouure & le declare fidelement & succinctement, sans multiplication de paroles inutiles, & perte de téps, à son Directeur, & à ceux à qui il sera necessaire, pour en estre éclaircie & asseurée, & apres qu'elle suiue sans manquer leur iugement & leurs ordres ; autrement qu'elle s'attende de tomber inéuitablement dans les pieges du diable, qui l'épie à ce passage & l'attend aux aguets. *Ne sis sa-* *piens apud temetipsum*, nous auertit le Sainct Esprit. *Ne innitaris prudentiæ tuæ. Sine consilio nihil facias & post factum non pœnitebis.* Ne te fie point en ta sagesse, & ne t'appuie sur ta prudence. Ne fai rien, particulierement en chose malaisée & importante, sans prendre auis, & tu n'auras pas sujet de te repentir.

Ainsi nostre Seigneur enuoia sainct Paul à Ananie, apres cette memorable apparition dans laquelle il le conuertit ; & l'Ange Corneille le Centenier à S. Pierre. Ainsi les mages consultent les Prestres de la Loy & demandent où estoit né le Roy des Iuifs ; Et ceux-cy les Sainctes Lettres qui leur apprennent la verité. Ioseph raconte ses songes mysterieux à son pere Iacob. Quand le petit

Prou. 3. 7. & 5. Eccl. 32. 24.

Act. 9. 7. 11.

Act. 10. 5.

Matth. 2. 2. & 5.

Genes. 37. 11.

Samüel entendit la voix de Dieu, il ne luy répondit point, mais il s'encourut au grand Prestre Heli pour sçauoir de luy comme il auoit à se comporter dans cette cóioncture. L'Abbé Ioseph parlant de cecy dans Cassian dit, que ce, dont sainct Paul nous auertit, que le diable se deguise & se masque en Ange de lumiere, arriue souuent & va nous iettant dans l'Esprit de faulses & tenebreuses clartez pour nous tromper en la vie spirituelle; C'est pourquoy, *nisi humili & mansueto corde suscepti maturissimi Patris vel probatissimi Senioris reseruentur examini, & eius iudicio diligenter excussi aut abijciantur aut recipiantur à nobis, sine dubio venerantes in cogitationibus nostris pro Angelo lucis Angelum tenebrarum, granissimo feriemur interitu.* Si nous n'exposons auec humilité & soumission ce qui nous arriue, à l'examē de persones sages & illuminées pour nous tenir au iugement qu'elles en feront, soit pour le condamner ou pour l'approuuer; assurons nous que prenans & honorans par vne malheureuse & coupable ignorance l'Ange de la nuit pour celuy du iour, nous encourrons vn dommage irreparable & tomberons dans vne misere extreme. L'Abbé Moyse dit le mesme & en apporte des exēples funestes, comme celuy de Heron, dont nous auōs parlé cy-dessus, & beaucoup d'autres, qui pour auoir trop tenu à leur sens & n'auoir pas rendu assez de deference pour la decision de leurs affaires spirituelles à ceux qu'il falloit, se sont lamentablement perdus.

En troisiéme lieu ce qui est bien à considerer en cette matiere, sont les qualitez & les effets des Reuelations. Premierement les bonnes sont toujours serieuses & accompagnées de sagesse, non point legeres ny impertinentes, n'y aiant point d'apparence de faire dire à Dieu des choses volages & pueriles, qu'vn homme bien auisé ne diroit pas. Dieu, de qui les paroles, aussi bien que les œuures, sont les productions d'vne sagesse consommée ne dit iamais rien de friuole ny qui soit indigne de son infinie Majesté; Tout ce qui vient de luy, porte les marques de ses perfections, & il n'est point pour amuser ses amis d'entretiens indiscrets & de visions inutiles.

Secondement, Gerson nous auise qu'il faut considerer si la verité, qui a esté reuelée ne passe point la portée de l'esprit humain, parce qu'alors elle en est plus douteuse, dautant qu'elle ne semble pas necessaire, puisque nostre esprit y peut atteindre: Ainsi pour l'estimer bien assurée & à couuert des tromperies, elle doit estre au dessus de la capacité de l'Homme & des Demons. *Loco cit.*

Troisiémement, les bonnes Visions & Reuelations produisent toûjours des effets tres-salutaires au corps & en l'ame: elles apprennent des veritez profitables & importantes; elles donnent des instructions excellentes pour le salut & la perfection; elles detournent puissamment du vice & des pechez, mesme des plus petits, & excitent à toutes sortes de vertus; elles adressent, comme l'Ange les Pasteurs, & conduisent, ainsi que l'Etoille les Mages, à l'Etable & à la Creche de nostre Seigneur pour le regarder & l'imiter dans sa pauureté, dans son humilité & ses mépris ; elles portent à la Patience, à la Mortification, & à la Croix. Ainsi nostre Seigneur sur le Thabor parloit auec Moyse & Elie de sa Passió & de sa Mort, & l'Ange, qui luy apparut au Iardin des Oliues, l'exhortoit & luy donnoit courage pour la souffrir. Voila ce que sont & ce que font les Visions & les Reuelations diuines, où les diaboliques ont des characteres tout contraires, & tendent toûjours, soit ouuertement soit couuertement, au mal.

La derniere chose qu'il faut considerer en ces Voyes extraordinaires est la persone ; & en premier lieu pour le corps, si c'est vn homme ou vne femme, de quelle complexion & de quelle humeur elle est ; si elle est ieune ou vieille, ou dans la maturité de l'âge ; si saine ou maladiue : & secondement pour l'esprit, si elle l'a bon ou foible, si elle est considerante & auisée, ou bien credule & aisée à persuader ; si elle est sçauante ou sans lettres, & choses semblables.

Parce qu'à parler generalement vne femme sera plus facile à estre trompée qu'vn homme, d'autant que la Nature est plus imbecille en elle pour le corps & pour l'esprit, que non point en luy. Aussi sainct Paul dit qu'Adam ne fut point seduit par le demon ; mais Eue, & on remarque pour cette

2. Tim. 2. 14.

te cause que Dieu s'est quasi toûjours serui d'hommes & fort rarement de femmes pour annoncer ses mysteres: En effet il s'est treuué en la Loy ancienne peu de Prophetesses: Marie la sœur de Moyse, les deux Annes, Debora, Olda, & fort peu d'autres, & il y a eu quantité de Prophetes: où le Diable a employé beaucoup plus de femmes & de filles encore ieunes, que d'hommes pour debiter ses oracles & publier ses faulsetez: C'est l'artifice du Demon de s'adresser au sexe qu'il connoît plus capable de ses ruses, & par ce moyen surprendre l'autre, dont autrement il ne viendroit pas si aisement à bout, comme il fit Adam par Eue. De cette façon le Diable & les Heresiarques ont pour l'ordinaire, ainsi que remarque S. Ierome, interposé des femmes, qu'ils disoient animées & poussées du S. Esprit, pour établir & étendre leurs heresies, comme Simon Magus son Helene; Apelles sa Philumene; Seuere vne autre du mesme nom; Montanus ses deux fameuses Prophetesses, Priscilla & Maximilla, qui eurent bien le pouuoir d'embaboüiner enfin auec leurs faulses visions & reuelations le plus sçauant homme de son siecle Tertullien, d'éteindre ses grandes lumieres, & le precipiter dans les tenebres de plusieurs tres-lourdes erreurs, & mesme apres auoir écrit contre elles tres-doctement la verité.

Et il n'y a pas si long-temps qu'au Perou vn Ecclesiastique de pieté, tres-habile en Theologie,

*Horoscus lib. de vera & falsa Prophetia apud Delrio disq. mag. lib. 4. cap. 1. quæst. 3. sect. 3.*

*Ad Ctesiphont. adu. Pelagium. Apud Baron. in Epit. anno Christi 35. 12. anno 146. 9. anno 174. 5. anno 173. 3. Tertul. de Anima ca. 5.*

qui l'enseignoit mesme publiquement, & qui passoit pour l'Oracle de tous ces quartiers là, par la communication qu'il eut auec vne femme, qui se disoit estre visitée & instruite d'vn Ange, & que l'on voioit souuét rauie & priuée de l'vsage de ses sens, fut tellement fasciné & enchanté, & tomba dans vn tel abysme de mal-heurs, que comme raconte Acosta temoin oculaire, il abandonna la foy & auança plus de cent & dix propositions heretiques, qu'il soûtint deuant les Inquisiteurs, sans vouloir iamais ny par raisons, ny par prieres, ny par menaces s'en dedire, de sorte que n'y pouuans rien gagner ils le condamnerent suiuant leurs loix à estre brulé tout vif, ce qui fut executé, de façon que nous pouuons encore en ce sens produire sur ce sujet ces paroles de l'Ecclesiastique, *mulieres apostatare faciunt sapientes*, les femmes ont demonté de cerueau & fait égarer les sages. Ce qui arriue encore auiourd'huy, comme on en pourroit alleguer d'autres exemples.

{marginalia: Acosta de no-uiss. Temporibus, lib. 2. cap. 11 apud Delrio loco cit.}

{marginalia: Eccl 19. 2.}

Outre le sexe, il faut considerer dans les persones, en qui ces choses se treuuent, l'âge, la santé, la complexion, l'humeur & la disposition de l'ame; parce que les vieilles gés, en qui les organes sont déja presque vsez, & les forces beaucoup diminuées, radotent aisement: les ieunes, à cause de l'abondance des humeurs & de la viuacité des passions, qui enuoient quantité de nuages en haut & offusquent la lumiere de la raison, facilement se trompent; les malades, ceux qui sont épuifez d'efprits & ont le cerueau foible ; les Melancholiques qui naturellement font ombrageux & imaginatifs; les Phlegmatiques, que la douceur du Phlegme rend credules; ceux qui ont de l'amour ou de la haine, & generalement tous ceux qui font tranfportez de quelque paffion violente, fe figurent bien fouuent des chofes qu'ils prennent pour des vifions veritables, & penfent voir & entendre ce qu'ils ne voient & n'entendent point. Vne perfone d'âge meur & parfait, d'vne complexion iouiale, d'vn bon fens, d'vn iugement folide, & qui a l'efprit moderé & tranquille, ne fera point fi fujette aux illufions.

Voila les marques & les indices, par lefquels nous pouuons diftinguer les Vifions & les Reuelations. I'adioufteray feulement pour la fin quatre aduis importans; mais faifons pour cela vne Section nouuelle.

## SECTION XII.

*Quatre Aduis importans touchant les Vifions & les Reuelations.*

LE premier eft, que l'on ne doit iamais les defirer ny les demander: fi vous me dittes qu'il s'eft trouué des Saints, qui en ont demandé à Dieu & qui les ont obtenuës, comme Sainct Ephrem, S. Maur, S. Herebert & d'autres. Ie répond qu'il fe lit dans les vies des faincts plufieurs chofes, que nous deuons plus admirer qu'imiter

Amphilochius in vita S. Bafilij apud Sur. I. Ianuarij. In vita S. Mauri apud Sur. 15. Ian. In vita S. Hereb Sur. 16. Martij.

& qui nous font pluſtoſt des obiets d'étonnement que des exemples, comme celle-cy, parce qu'en eux elle découlera, à cauſe de leur ſaincteté, d'vne ſource pure & nette, où en nous il y a bien danger que le principe en ſeroit bourbeux, naiſſant ordinairement d'vn orgueil caché & d'vne ſecrete eſtime de ſoy-meſme, qui fait qu'on ſe croit digne de ſemblables graces, ou de quelque curioſité: outre que la vertu ny la perfection Chreſtienne ne conſiſte point du tout en ces choſes extraordinaires, & ne rendent point vn homme plus agreable à Dieu, mais le mettent ſouuent en plus grand hazard de l'eſtre moins, à cauſe du peril de la vanité: tout ainſi que plus que quelqu'vn eſt éleué, plus il eſt en danger que la teſte luy tourne & qu'il tombe: les lieux bas ſont toûjours les plus ſeurs. Saincte Tereſe apparoiſſant à vne de ſes Religieuſes apres ſa mort, luy dit qu'elle auertit le Prouincial qu'on ne fit point de cas en ſes Maiſons des Viſions ny des Reuclatiós, par ce qu'encore qu'il y en ayt quelques-vnes de vrayes, il y en a auſſi beaucoup de fauſſes, & que c'eſt vne choſe tres-penible, voire meſme perilleuſe, de tirer des veritez incertaines d'entre des menſonges; plus on fait état de cela, plus on ſe detourne de la Foy, qui eſt la vertu certaine & aſſurée; mais que les hommes les ayment tellement qu'ils tiennent pour Sainctes les perſones qui en ont, Ce qui eſt nier l'ordre que Dieu a étably pour la Iuſtification d'vne ame, à ſçauoir par le

L'Eueſque de Taraſſ. en la vie de S. Tereſe. 1. Part. liu. 2. cap. 39.

moyen des vertus & par l'acomplissement de sa Loy. Car comme les femmes sont tres-faciles & de peu d'entendement, elles se trompent aisement, & ayant recours à ceux qui ne sont point tant doctes ny si prudens pour la conduite des ames, il peut arriuer beaucoup d'inconueniens: Au reste que la recompense qu'elle auoit au Ciel ne luy auoit point esté donnée pour ses Reuelations, mais pour ses vertus; cecy est de Saincte Terese. Sainct Augustin raconte que le Diable auoit tâché souuent & en beaucoup de façons de l'induire à demander à Dieu quelque miracle ou des presages de l'auenir, mais qu'il luy auoit toûjours fortement resisté, sçachant combien cette curiosité auoit causé de maux à plusieurs. C'est pourquoy il nous auertit autre-part que nous nous abstenions constamment de tout cela, & que nous ne cherchions point le Royaume de Dieu qui est en nous & inuisible, dans des choses visibles & apparentes, non seulement naturelles, mais encore surnaturelles.

*Lib. 10. confess. cap. 35.*

*Lib. de vera Religione.*

Le second auis est, que si quelque Vision ou quelque Reuelation arriue à quelcun, sans l'auoir ny desirée ny demandée, il sera bon qu'il la renuoie & la repousse auec crainte & humilité; & qu'il n'ait point de peur d'offenser le sainct Esprit ne la voulât point receuoir, quand bien elle viendroit immediatement de luy. S. Diadochus apporte pour cela vne excellente comparaison d'vn seruiteur fidele, qui de nuit ne veut point ouurir

*Cap. 39.*

la porte du logis à son maiſtre, lequel retourne d'vn long voiage, & qui l'appelle, de peur de ſe tromper à ſa voix, & mettre les biens qu'il luy a confiez, en hazard d'eſtre pillez ; Car le lendemain ſon maiſtre ne le blâmeroit pas de luy auoir tenu la porte fermée, mais l'en loüeroit ſçachant le deſſein pour lequel il l'a fait. Ainſi liſons nous que l'admirable Vierge Saincte Colete dit à Dieu qui luy vouloit declarer beaucoup de ſecrets : Monſeigneur, ce m'eſt aſſez que i'aie connoiſſance de vous & de mes pechez, & que vous m'en faſſiez miſericorde. Vn S. Pere d'entre les anciens Anachoretes voiant le diable qui luy apparoiſſoit ſous la figure de noſtre Seigneur, & qui luy diſoit qu'il eſtoit venu pour le viſiter & pour receuoir ſes adorations & ſes homages, il dit à part ſoy conſiderant la choſe de prez. Et quoy ? n'adore-je pas Ieſus-Chriſt tous les iours ? à quoy bon donc cette apparition ? Et puis aiant ſon recours à l'humilité, il répondit au diable, Prend garde à qui tu es enuoié, dautant que ie ne ſuis pas digne de voir Ieſus-Chriſt, ce qui mit ce Fourbe en fuite. Vn autre dans vne pareille cóionéture porta auſſi-toſt ſes deux mains ſur ſes yeux criant, ie ne veux point veoir Ieſus-Chriſt en terre, ce me ſera bien aſſez ſi i'ay le bonheur de le voir au ciel.

Le docte & illuminé Chancelier de Paris rapporte ces deux derniers traits & adiouſte. C'eſt donc vn conſeil tres-ſalutaire de s'armer contre ſemblables illuſions des armes de l'humilité, s'e-

*In cius vita cap. 5.*

*Loco. cit.*

stimer de pensée & d'affection tres-indigne que Dieu veuille particulierement le visiter & luy reueler ses secrets: *si autem aliqua huiusmodi sibi contingant, reijciat à se cum sancto, humili, verecundoque pudore.* Que si quelque chose de telle nature luy arriue, qu'il la chasse auec vne humble & saincte confusion; qu'il l'atribuë plutost à la foiblesse de son cerueau, ou à quelque extrauagance de son imagination; qu'il craigne que Dieu pour châtiment de ses grands & enormes pechez ne l'ait reprouué & exposé aux tromperies du Diable. Cette Humilité fera euanoüir ces Visions & ces Reuelations, si elles sont sataniques, ou du moins, si Dieu veut qu'il en soit trauaillé, elles ne luy nuiront point. Que si Dieu en est l'auteur, elle disposera encore mieux son esprit pour receuoir plus abondamment ses dons & ses faueurs, qui luy dira au cœur, *Amice, ascende superius.* Mon amy, monte encore plus haut, ton humilité t'en rend digne. Ainsi Moyse priant Dieu, qui l'enuoyoit à Pharaon pour deliurer son peuple, qu'il luy plût de jetter les yeux sur vn autre, & luy donner cette commission, par ce qu'il en estoit incapable, en fut rendu tres-capable & l'executa auec vn succez merueilleux. Ieremie dit à Dieu, Ah Seigneur, vous voulez que i'annonce vos volontez aux hommes, & ie suis vn Enfant qui ne sçais point parler! & deuint par ce moyen vn Prophete tres-excellent. Sainct Pierre dit à nostre Seigneur, *Exi à me Domine, quia homo peccator sum.*

Luc. 14. 10.

Exod. 3. 11.

Ierem. 1, 6.

Luc. 5, 8.

Seigneur, retirez vous de moy, qui ne suis qu'vn pecheur; & nous sçauons en quelle consideration il a esté deuant nostre Seigneur, & quel rang d'honneur il y tient.

Le troisiéme Auis est, que si apres toutes ces resistances & tous ces refus, la personne ne peut éloigner de soy ces choses extraordinaires, qu'elle les reçoiue auec crainte & auec grande consideration, les examinant auec toutes les precautions qu'elle pourra ; A l'exemple de nostre Dame, qui entendant la Salutation de l'Archange, lequel luy parloit d'vne chose, qui naturellement deuoit aller au preiudice de sa Virginité, où elle estoit extremement delicate, *cogitabat*, dit le Texte Sacré, *qualis esset ista salutatio*, Pensoit attentiuement au sens de ces paroles, & comme quoy elles pourroient s'effectüer sans faire tort à son integrité. Quand le vent violent, le grand bruit, le feu & le Zéphire passerent pardeuant le Prophete Elie, il considera prudemment dans lequel des quatre Dieu deuoit se manifester, & y apporta le discernement necessaire. Et auparauant vn Ange apparoissant à Iosué sous la forme d'vn homme armé, ce sage Capitaine sans passer plus outre, voulut sçauoir qui il estoit, & luy dit : *noster es, an aduersariorum?* Estes-vous pour nous ou contre nous ? De nostre costé ou de celuy de nos ennemis ? pour nous aider ou pour nous nuire ? Et sçachant qu'il estoit l'Ange de Dieu qui venoit pour les secourir, alors il luy fit la reuerence & l'adora.

l'adora. Pour s'aſſûrer il ſera bon, particulierement s'il y a tant ſoit peu de ſujet de douter, de faire le ſigne de la Croix, & prononcer le ſainct Nom de Ieſus, parce que les Demons n'en ſçauroient porter la vertu, mais ſont contraints de ceder à la force inuincible de ces armes, & de s'enfuïr.

Le quatriéme & dernier Auis eſt, qu'apres tout ſi la perſone qui eſt conduite par ces ſentiers écartez, ne peut, apres auoir conſideré ce que nous auons dit, ny voir par ſoy ny par d'autres ſi clairement, ny determiner ſi preciſement de quel eſprit eſt ce qui ſe paſſe en elle; qu'elle ne ſe trouble & ne s'inquiete point, mais ſeulement qu'elle prenne garde d'en faire vn bon vſage, & en deuenir plus humble, plus obeïſſante, plus detachée de ſoy & des Creatures, & plus parfaite: Comme faiſoit ſaincte Aldegonde, de qui l'Auteur de ſa vie dit ces mots: *In cunctis huiuſmodi reuelationibus virgo prudens magis magiſque ſe humiliabat, regno Dei propior fiebat, ſponſo cœleſti feruentiùs inhærebat.* Cette ſage & prudente Vierge n'appuyoit ſur toutes ſes Reuelations que pour s'en bien ſeruir, & ne penſoit qu'à en tirer des ſujets de s'humilier dauantage, d'aller toûjours auant au chemin de la perfection, & de s'vnir auec plus d'amour à ſon Epoux celeſte. Parce que le Diable, qui par toutes ces viſions & toutes ces operations éloignées du commun, ne pretend que de rendre la perſone ſuperbe, hautaine, impatiente & vicieuſe, &

In eius vita. cap. 1.

enfin la perdre, voyant que tout le contraire arriue, & que pour luy il n'y a qu'à gagner des coups, il n'est pas pour s'y amuser long-temps.

## SECTION XIII.

*Le Discernement des mouuemens de la Nature & de la Grace.*

NOvs entendons icy par la Nature, non point celle que Dieu a faite droite & innocente, mais celle que nous auons à present gastée & corompuë par le peché d'Adam & par les nostres, & cét esprit humain que nous sentons si enclin au mal, suiuant cette parole que Dieu dit dez le temps du deluge, *sensus & cogitatio humani cordis in malum prona sunt ab adolescentia sua*, les pensées & les affections du cœur de l'homme se portent au peché dez son enfance.

Nostre Nature ainsi consideree & l'esprit humain regardé de ce costé produit de soy-mesme le mal, comme la terre les ronces & les espines, sans y estre autrement poussé ny du Diable, ny du Monde, ny de la Chair, deuenant & Diable & Monde & Chair à soy-mesme pour se perdre & se precipiter de son propre mouuement dans son malheur. *Fit aliquando*, dit S. Bernard à ce propos, *vt spiritus noster à quolibet horum trium crebrò superatus & seruus addictus illi in suam ipsius perniciem, heu! vices illius agat, vt iam sine omni alterius spiritus suggestione*

*Genes. 8. 11.*

*Serm. de 7. spiritibus.*

SPIRITVEL. 259

*ipsa ex se anima aut voluptuosas, aut vanas, aut amaras pariat cogitationes.* Il arriue par fois que nostre esprit apres qu'il a esté souuent vaincu par l'vn de nos trois ennemis declarez, préd pour luy par vne deplorable misere les armes contre soy mesme, & se forme de son propre genie des pensées, ou de volupté, ou de vanité, ou d'aigreur.

Aussi l'Apostre sainct Iacques dit en sa canonique, *Vnusquisque tentatur à concupiscentia sua abstractus & illectus, deinde concupiscentia cum conceperit, parit peccatum,* Chacun est tenté & charmé par sa propre concupiscence, laquelle conçoit le peché par la delectation qu'elle y prend, & puis l'enfante par le consentement parfait qu'elle y donne. S. Athanase raconte que le diable deguisé sous la figure d'vn homme d'vne grandeur si demesurée & si enorme qu'il sembloit toucher le Ciel de la teste, fut vn iour frapper à la porte du Monastere de sainct Antoine, qui vint luy mesme luy ouurir & luy demandant qui il estoit, repondit, ie suis Satan: tu es Satan, repart le sainct, & que viens tu chercher ceans? ie viens, luy dit le diable, me plaindre à toy de tes Religieux & generalement des Chrestiens, de ce qu'ils vomissent contre moy continuellement des maledictions & des imprecations; tu as tort, replique sainct Antoine, & ils ont raison; pourquoy aussi ne fais-tu autre chose que de les inquieter, de les tourmenter & les solliciter au mal? tu te trompes, répond le diable, ce sont eux mesmes, car maintenant ie ne

Cap. 1, 14.

In vita S. Antonij ca. 9.

Kk ij

puis quasi plus rien, N'as tu point lû ces paroles,
*Inimici defecerunt frameæ in finem, & ciuitates eorum destruxisti.* On a arraché l'épée à l'ennemy, on a vuidé son carquois, on luy a rompu ses flesches, & on luy a osté les moiens de me nuire; vous auez ruiné les lieux où il auoit du pouuoir. Voila ce que dit Dauid, de sorte que maintenant ie suis desarmé, ie n'ay plus ny lieu ny ville dont ie dispose pleinement, par tout, mesme dans les solitudes, le nom de Iesus-Christ retentit hautement; c'est pourquoy que les Chrestiens ne m'attribüent point les pechez qu'ils font, qu'ils sçachent que fort souuent ils en sont les seuls auteurs, qu'ils se defendent seulement bien d'eux mesmes, & ne me maudissent point, comme ils font, sans sujet. Voila come nostre propre Esprit & nostre Nature corrompuë va de soy-mesme au mal: Or voiós par quels mouuemens, & apportons le flambeau pour les pouuoir discerner d'auec ceux de la Grace.

Le liure d'or de l'Imitation de Iesus-Christ a vn Chapitre excellent de cette matière. Pour l'intelligence de laquelle il faut remarquer en premier lieu, que nostre Nature est fine & rusée au dernier point pour venir à bout de ses desseins: *Prauum est cor omnium & inscrutabile: quis cognoscet illud?* dit Ieremie, & comme traduit Vatable, *fraudulentum est cor præ omnibus rebus & peruersum.* Le cœur de l'homme est malin, trompeur, dissimulé & extremement couuert, qui aura la veuë assez perçante pour penetrer dans son fond? De sorte que ny le Labyrinthe de Candie, ny le Fleuue Meandre n'auoient pas vn si grand nombre de tours ny de detours ny de retours, de plis ny de replis que le cœur humain en a, & vn vieil lieure n'a pas tant de finesses ny de ruses pour échapper deuant les chiens qui le courent, que nostre Nature poursuiuie de la Grace en employe pour esquiuer & ne pas se laisser prendre. Voila comme tous les hommes sont faits. *Ecce*, dit le mesme Prophete, *ambulat vnusquisque post prauitatem cordis sui mali*, Chacun suit la malice de son cœur peruers. D'où il arriue tres-facilement que nostre cœur ainsi deguisé & artificieux nous trompe, & nous fait passer les actes de l'amour propre pour ceux de l'amour de Dieu, qu'il donne la couleur de la Prudence à la finesse, celle de la douceur à la lascheté, celle de la parcimonie à l'auarice, & en general nous fait prendre le Vice pour la Vertu.

 Secondement, il faut remarquer que nostre Nature fine & madrée comme elle est, rapporte toutes ses pensées, toutes ses affections, toutes ses entreprises, & absolument tout ce qu'elle fait, & mesme ce qu'elle ne fait pas, comme les Vertus, la Grace, la Gloire, & Dieu encore à soy-mesme, pour se conseruer & se maintenir: où la Grace refere tout à Dieu & à nostre salut, parce que la Nature ne veut point du tout mourir, mais fait son possible pour viure toûjours, encore que

*Ierem. 16. 12.*

sa vie soit miserable, remplie de troubles, d'inquietudes & d'amertumes, dans les vices & les pechez, dans les tenebres de l'Entendemēt, dans les desordres de la Volonté, dans les extrauagances de l'Imagination, dans la tyrānie des Passions & dans les saletez & les badinages des Sens. Mais la Grace tend continuellement à faire mourir la Nature & à détruire sa corruption, d'autant qu'il est impossible qu'elle viue iamais de la vraie vie, qu'elle reçoiue la guerisō de ses maladies, qu'elle soit affrachie de sa captiuité, qu'elle soit deliurée de ses tenebres, que sa Volōté soit reglée, ses Passions soumises, & enfin qu'elle sorte de l'estat infortuné où elle est, pour iouïr de son repos & de son bon-heur, si auparauant elle ne meurt; sa mort est entierement necessaire à sa vie & à sa felicité.

Noſtre Seigneur l'a souuent declaré & particulierement par ces memorables paroles. *Amen* *Amen dico vobis, nisi granum frumenti cadens in terram mortuum fuerit, ipsum solum manet; si autem mortuum fuerit, multum fructum affert: Qui amat animam suam, perdet eam; & qui odit animam suam in hoc mundo, in vitam æternam custodit eam.* Ie vous dis & vous redis auec verité que si le grain de froment ietté en terre ne vient à s'y changer & à mourir, il demeure tout seul & n'en produit point d'autres; mais s'il y meurt & perd la vie, il multiplie heureusement & deuient fort vtile. Qui aime son ame en ce monde, la perd; & qui là hait, la conserue & la sauue.

Ioan. 12. 24.

*Amen, Amen dico vobis,* voilà des paroles qui par la comparaison qui suit du grain, monstrent la necessité de cette mort. qui aime son ame la perd, & pour ne la point perdre mais la sauuer, il la faut haïr. *Magna & mira sententia,* s'écrie S. Augustin, là dessus, *quemadmodum sit hominis in vitam suam amor vt pereat: odium ne pereat; si male amaueris, tunc odisti; si bene oderis, tunc amasti. Felices qui oderunt custodiendo, ne pereant amando.* Sentence grande & merueilleuse! côme vn homme peut aimer, & haïr sa vie de telle façon, qu'en l'aimant il la haïsse, & en la haïssant il l'aime : qu'en l'aimât il la perde, & en la haïssant il la sauue : tu la hais si tu t'aimes d'vn amour dereglé, & tu t'aimes si tu la hais d'vne sainte haine. ô que Bien-heureux sont ceux qui pour la sauuer, la haïssent, de peur de la perdre pour la mal-aimer !

tract. 51. in Ioannem.

Le Docteur Angelique expliquant ces paroles de nostre Seigneur dit celles cy. Tout homme aime son ame & sa vie, parce que naturellement il a grand amour pour soy; mais les vns l'aiment absolument & veritablement, & les autres seulement en quelque façon & auec tromperie. Celuy là aime son ame qui veut du bien à son ame, pource qu'on a toûjours dit & defini, qu'aimer estoit vouloir du bien. Qui donc veut à son ame les vrais biens qui la peuuent rendre bonne & bien-heureuse en verité, comme Dieu, qui est le Bien absolu & souuerain, comme la gloire eternelle, la grace & les vertus, celuy-là aime son ame verita-

In illum locum Ioann.

Simpliciter. Secundum quid.

blement & absolument; mais s'il ne luy veut que les honneurs, les plaisirs & les richesses de la terre, comme ces biens sont petits, passagers & fort souuent nuisibles, qui souillent l'ame, & la portent aux pechez, & en suite la priuent des biens asseurez & indubitables de la grace & de la gloire, il faut dire qu'il n'aime son ame qu'en quelque façon, mais qu'à tout prendre, il la hait ; ce qui a fait dire au Prophete Royal, *qui diligit iniquitatem, odit animam suam,* qui aime l'iniquité, a son ame en haine. Ne plus ne moins que quand nous voyons deux malades attaquez d'vne grosse fieure, dont l'vn ne veut estre seigné, ny prendre medecine, ny faire diete, mais au contraire il boit du vin, & mange quand il veut & de ce qu'il veut : où l'autre s'abstient de tout cela & se laisse gouuerner aux Medecins pour prendre tout ce qu'ils voudront, & ne manger ny boire que quand & comme ils iugeront necessaire pour le bien de sa santé. Nous disons que le premier se hait & se tüe, & que pour euiter vne petite peine, & iouïr d'vn plaisir leger, il est ennemy de soy-mesme ; mais que l'autre pour souffrir cette peine & se priuer de ce plaisir, s'aime certainement.

La troisiéme chose qu'il faut considerer, est que la Nature emploie, comme nous venons de toucher, tout son esprit, tous ses soins & tous ses artifices, & n'épargne rien de tout ce qui est en son pouuoir & dont elle peut s'auiser, pour se conseruer en vie & ne point mourir, quoy qu'elle

*Psalm. 10. 6.*

viue

vive en miseres & en pauureté, esclaue, aueugle, malade & accablée de maux: mais encore aime-t'elle mieux viure de cette sorte que de mourir, bien que ce soit pour reuiure à vne vie de franchise, de contentement & de bon-heur. Pour cela elle s'oppose de toutes ses forces à tout ce qui l'attaque, & detourne tout ce qu'elle voit luy estre contraire. Elle desire & procure auec des diligences & des empressemens incroiables tout ce qui la peut conseruer, & fuit tant qu'elle peut toutes les occasions de mourir; si on luy en presente, elle les refuse; si on l'y force, ou elle se depite, ou elle s'y recherche & tasche mesme de s'en nourrir, & d'en tirer de l'aliment pour sa vie. La grace au rebours veille sur toutes les occasions d'abbatre & de faire mourir la Nature; elle se réjoüit quand on luy en donne, & les ayant, elle en fait bon vsage, ressemblant à l'abeille qui compose son miel de toutes les fleurs, mesmes des plus ameres; où la Nature est comme l'arhignée qui fait du poison des fleurs les plus douces.

La Grace, qui a pour but le salut de l'homme, agit de cette sorte; parce qu'autant que la Nature perd de ses forces & meurt, autant acquiert-elle de vraie vie, de santé, & de lumiere, & se dispose à la beatitude, qu'elle peut posseder en ce monde & en l'autre. *Augmentum charitatis*, dit sainct Augustin, *diminutio cupiditatis, Perfectio, nulla cupiditas.* La diminution de la Concupiscence produit l'accroissement de la charité, qui aura sa perfection,

Lib. 83. quæst. 36.

lors que la Concupiscence sera entierement ruinée. Tout ainsi que l'or se purifie à proportió qu'il se décharge de ses immondices, & que le metal étranger, qui luy est allié, va se consumant, dont quand il est pleinement nettoié & affiné, il est alors au dernier poinct de sa pureté & de sa perfection.

## SECTION XIV.

*Discernement plus particulier des mouuemens de la Nature & de la Grace.*

COmme ce que nous auons dit, n'est quasi que general, il faut maintenant que nous venions au détail de ce que la Nature fait pour sa conseruation; & sans parler de ce qui est plus grossier & plus clair, comme de vouloir du bien & ne s'en point contenter dans les bornes de la necessité, ny mesme de la mediocrité, mais passer iusques à l'abondance qui n'ait point de limites, amasser de grandes richesses & en prendre à toutes mains, rechercher tous les plaisirs de ses sens, poursuiure passionnement les honneurs & les dignitez ecclesiastiques & seculieres; se mettre dans la plus haute reputation que l'on peut, & choses semblables, voyons ce qui est plus delicat & ses finesses plus subtiles, & nous prendrons premierement celles de l'Entendement, & puis celles de la Volonté.

Pour l'Entendement, la Nature en premier lieu aime à penser aux choses naturelles, corporelles & sensibles, parce qu'elles luy sont conformes; aux choses grandes & sublimes qui ont de l'éclat, & donnent de l'estime & de l'admiration, parce qu'elles nourrissent son ambition & le desir secret qu'elle a de la reputation & de l'honneur; aux choses plaisantes & agreables soit à l'entendement, soit à la volonté, ou aux sens, pource qu'elles contentét en quelque façon son inclination pour les voluptez & les plaisirs ; aux choses curieuses, diuerses, & prises encore en grand nombre, dautát qu'elles repaissent la faim insatiable, dont elle est trauaillée, de sçauoir toujours des choses nouuelles: Mais elle ne s'applique pas si volontiers à la consideration des choses inuisibles, spirituelles & diuines, ny en suite à en parler comme des premieres; Et la Grace fait tout le contraire.

Secondement si la Nature se voit contrainte de penser aux choses spirituelles & mediter les mysteres de nostre salut, elle diuertit finement l'esprit de celles qui luy sont plus opposées pour l'appliquer à d'autres, qui ont plus de rapport à ses objets naturels, qui ne sont pas tant spirituelles, & qui nous detachent moins des creatures ; Elle regarde plus volontiers vn mystere qui luy fera moins de mal qu'vn autre qui la blessera dauátage: car en toutes les parties de la vie spirituelle il y a de certaines choses, dont la consideration

& la pratique eſt bien plus capable de domter & faire mourir la Nature, que nõ point celle des autres, & la Nature par vn artifice & vne adreſſe ſubtile euite tant qu'elle peut celles-là pour prendre celles-cy. Ainſi elle ne s'applique qu'auec peine à la meditation de la Paſſion de noſtre Seigneur, & ce n'eſt qu'auec apprehenſion qu'elle le regarde dans cet état de ſouffrãces, parce qu'il n'y a point de myſteres, qui luy dechargent de ſi rudes atteintes ny qui luy portét des coups plus mortels, que celuy-là, c'eſt pourquoy elle s'en éloigne, & ſouffre bien plus qu'on l'emploie à la contemplation des perfectiós diuines, qui pour n'eſtre ſouuent priſes, comme il faut, ne fait point d'effet dans les perſones, ſi ce n'eſt de leur fournir de belles & hautes penſées, mais qui pour l'ordinaire ne reuiennent à rien, leur donner des lumieres ſteriles & des rayons d'vn ſoleil d'hyuer, & auec cela les entretenir dans leurs vices.

La Grace prend toute vne autre route, parce qu'elle propoſe toujours à l'eſprit des choſes ſpirituelles, celeſtes, & qui regardent le ſalut; elle retranche cette multitude inutile de penſées & d'obiets pour les reduire à peu, & ſimplifie l'ame autant qu'il eſt poſſible, afin de la rendre capable d'eſtre vnie à Dieu, qui eſt tres-ſimple & tres-vnique; & parce qu'elle eſt l'acquiſition de noſtre Seigneur & le fruit de ſes trauaux, principalement de ſa paſſion & de ſa mort, elle pouſſe toujours l'ame de ce coſté-là, & la porte à conſiderer & imiter la vie de noſtre Seigneur, & ſingulierement és ſouffrances & ſa mort, l'animant continuellement à faire ſes efforts pour luy reſſembler dans la Croix, comme eſtant le myſtere de la perfection & du ſalut, & à prendre dans les autres ce qui eſt plus propre pour ruiner & aneantir la nature corrompuë.

Par faute de quoy pluſieurs s'abuſent dans la vie ſpirituelle & dans la pourſuite de la perfectiõ, à laquelle peu arriuent en vn haut degré; parce qu'apres qu'ils y ont fait quelque progrez & acquis quelque vnion auec Dieu, dans laquelle s'ils continüoient à la cultiuer & s'y auancer, ils ſe rendroient enfin parfaits; par vn artifice & vne ruſe de leur Nature, qui ne veut point de cette perfection, parce qu'elle ne la peut auoir ſans en mourir, ils ſe relaſchent à d'autres choſes, où encore qu'elles ſoient ſpirituelles, la Nature conſerue mieux ſa vie. En effet il ſe trouue tres peu de perſones qui veulent mourir tout à fait à elles meſmes, qui aneantiſſent leurs ſentimens, & qui ſouffrent que toutes leurs affections ſoient transformees en Dieu. Car toûjours l'hôme par l'amour naturel qu'il ſe porte, ſe reflechit en mille manieres inconnües & ſubtiles ſur ſoy meſme, & aime mieux demeurer en ſoy tout tel qu'il eſt, que de paſſer en Dieu, encore qu'il ſoit ſon ſouuerain Bien. Voila les fineſſes de noſtre Nature dans noſtre Entendement.

Pour celles de la Volonté, qui eſt ſon vray element, & où sa corruptiõ & son venin particulierement reside, à sçauoir l'Amour propre, qui fait là son plus grand dégat, & se repand de là par tout; ie dis que par ce que la Nature, comme nous auons déja declaré plus d'vne fois, ne veut point mourir, & pour cette cause rapporte à soy & à sa conseruation tous ses mouuemens, elle fait, & manifestement, & en secret, & en toutes les façons qu'elle peut, ce qui suit.

Premierement elle veut bien ce qu'elle veut, elle s'attache à ses desseins, & a peine de s'en departir; si on l'empesche, si mesme on la detourne en son action, elle entre aisement en mauuaise humeur, elle se fâche, elle s'aigrit, par ce qu'on la retient de faire ce qu'elle veut, & d'aller où elle tire, ce qu'elle ne veut pas, ny souffrir d'obstacle en ce qu'elle desire. La Grace au contraire ne se lie pas ainsi aux choses, pour bonnes mesme qu'elles soient, mais seulement par grace, & n'y a point d'autres liaisons que de Raison & de Vertu, & non de passion ny d'amour propre. Elle les prend & les laisse tranquillement & paisiblement, comme des moyens pour aller à Dieu, & des instrumens de nostre perfection. Et pour la propre volonté, c'est à elle qu'elle en veut dauantage, & contre qui elle dresse ses plus fortes machines, & lasche ses plus puissantes batteries, parce que c'est la cause de tout nostre mal, n'y aiãt aucun peché qui ne soit l'effet de nostre volonté propre: pour ce sujet elle la combat incessam-

ent comme sa plus grande ennemie, & nous va
par diuers moiens inopinez suscitât tous les iours
beaucoup de choses contraires, & qui ne nous
laisent pas pour la detruire: Ce que les ames é-
lairées sçauent bien reconnoistre, & remercier
Dieu de ces occasions, & en faire bon vsage pour
establir & fonder tousiours de plus en plus le
Royaume de Iesus-Christ en elles sur les ruines de
leur Nature.

 Secondement la Nature ne veut point estre
contrainte ny gesnée, mais auoir les coudées
franches & viure en sa liberté; elle fait difficulté
de porter la domination d'vn autre, non seulemẽt
d'vn inferieur ou d'vn égal, mais mesme d'vn superieur legitime; elle ne peut souffrir d'estre vain-
cüe, & ce n'est qu'à viue force, & apres toutes les
resistances qu'elle a pû faire, & tous les combats
qu'elle a pû soutenir, qu'elle rend les armes, & demeure assujetie & domtée. Où la Grace encline
l'homme à viure auec ordre & discipline, à se de-
pouiller volontiers de sa liberté, & la mettre entre les mains d'vn autre, à fuir l'autorité & l'empire sur qui que ce soit, & plier pour l'amour de
Dieu, suiuant le conseil du Prince des Apostres, 1. Petri 2. 13.
sous toute creature humaine.

 Troisiémement la Nature n'aime point du tout
les mépris ny les confusions, mais au contraire elle les fuit tant qu'elle peut; d'où vient que nos vices & nos fautes nous en rendant dignes tant à
nous qu'aux autres, elle nous les cache auec mille

artifices, faisant que nous n'en ayons point la connoissance, ny par nous mesmes en nous detournant de les considerer, ny par les autres de qui nous ne voulons point en estre instruits, ou s'ils nous en auertissent, les nians tout à fait si nous y trouuons quelque iour, & s'il n'y en a point les excusans & les amoindrissans, ou attribüans souuent à enuie, ou à manquement d'affection ce qu'on nous en dit. Et parce que la Nature a peur d'estre reprise, elle prend garde assez de fois de ne point faillir pour euiter le blâme du manquement, & meriter l'estime & la loüange d'estre auisée & vertueuse. La Grace au rebours donne du desir & de la ioie pour les mepris & pour les opprobres, comme S. Luc raconte des Apostres, qu'ils sortoient de l'assemblée des Scribes & des Pharisiens bondissans d'aise de ce qu'ils auoient esté faits dignes de souffrir des contumelies & des affronts pour le nom de Iesus-Christ. A ce dessein elle porte l'homme à découurir ingenuemét ses fautes, à les reconnoistre quand on l'en auise, à les auoüer franchement, à ne les point excuser ny les diminüer, mais les amplifier plustost & estre bien aise que les autres les connoissent, afin d'en deuenir plus humble, & si encore pour le mesme sujet elle fait par fois commettre des certains manquemens, où Dieu n'est point offensé, & où seulement l'on perd vne partie de la bonne estime que l'on auoit acquise.

Quatriémement, la Nature veut toûjours auoir
& n'est

*Act. 5. 41.*

& n'est iamais contente, elle ayme mieux posseder deux choses qu'vne, deux robes & deux maisons qu'vne, & ainsi du reste de ses necessitez, parce qu'elle a toûjours peur que quelque chose ne luy manque: Car comme elle ne s'appuye que sur les Creatures, & que les Creatures sont perissables, elle craint qu'elle ne perisse auec elles. C'est pourquoy elle veut pouruoir à ce danger, que la possessio d'vne seule chose luy cause, par la possession de deux & de trois, si elle peut. La Grace au contraire se fondant sur Dieu source viue & inepuisable de tous biens, est satisfaite de peu de choses, elle se confie en luy & goûte la verité de ces riches paroles, *Qui a Dieu, a tout, &, Trop est auare, à qui Dieu ne suffit.* Au lieu de multiplier les choses, elle les diminuë, & têd toûjours à apauurir l'ame & la denüer des Creatures pour la preparer à l'vnió Diuine, à quoy cette nudité est necessaire, car comme chantoit le B. Frere Gilles, *Vne à Vn, Vne à Vn,* voulant signifier que pour vnir l'ame à Dieu qui est vn, il faut qu'elle soit vne & denüée de tout.

En outre la Grace va toujours dauantage au moins qu'au plus pour ce qui est des choses de cette vie, dautant que par ce moyen elle rend l'homme plus semblable à Iesus-Christ, qui est son grand dessein; Et aussi pource qu'elle méprise les biens de la terre, & ne fait état que de ceux du ciel & du salut, comme de vray il y en a sujet: Car vne seule bonne pensée, & vn seul sentiment de pieté, que Dieu nous donnera, est sans comparaison vn plus grand bien & vn benefice plus estimable, que s'il nous bailloit le Royaume de France & d'Espagne, attendu le prix que cette pensée & ce sentiment coustent, à sçauoir le sang du Fils de Dieu, & l'effet de grace & de gloire qu'ils peuuent produire, qui est de nous rendre bós & iustes en cette vie, & bié-heureux en l'autre.

Ioignez à tout cela que comme les biens de ce móde ont de gráds atraits & de puissans charmes pour captiuer le cœur humain, & en suite pour le debaucher & le corrompre; la Grace pour cela s'employe beaucoup plus à les amoindrir qu'à les augmenter, & fait connoistre à l'homme qu'elle conduit à son salut, qu'il doit tenir à grande misericorde & à singuliere faueur lors que Dieu ne luy donne pas de grandes richesses, qu'il ne le met point dans les dignitez ny dans l'éclat, qu'il ne luy baille pas le moyen de faire bonne chere & d'auoir toutes ses aises, parce que la Nature dans ces rencontres, estant mesme aidée du secours ordinaire de Dieu, n'est pas assez forte pour s'y tenir debout, & n'y point commettre beaucoup de fautes ; Comme il paroit euidemment aux Grands & aux Puissans du móde, parmy lesquels c'est vne chose assez rare d'en treuuer, qui dás l'abondance de leurs biens, de leurs honneurs & de leurs plaisirs viuent sans peché morrel; & beaucoup moins qui veillent à ne point souiller leurs ames des veniels. C'est donc vn ef-

SPIRITVEL. 275

fet de la bonté de Dieu & vn témoignage particulier de l'amour qu'il porte à vne personne, quand il luy retire les occasions de ces chûtes, & c'est à quoy la Grace trauaille.

I'adiouste encore à ce point que la Nature dans ce desir qu'elle a de posseder beaucoup de choses, veut qu'elles soient belles, propres & bien gentilles, rebutant celles qui sont simples, grossieres & mal polies; que la Grace toutefois prefere souuent aux autres, & aime mieux en vser.

En cinquiéme lieu la Nature est legere, volage & badine, qui s'arreste à des pensées ridicules & à des affections impertinentes, qui s'amuse à des sotises & s'ocupe à des bagateles & à de vrays ieux d'enfans. Neron faisoit le Comedien; Domitian passoit son temps à attraper & embrocher des mouches, Hartabe Roy des Hircans à prendre des Taupes. Aerope Roy des Macedodiens à faire des lanternes, & semblables extrauagances & occupations honteuses, fort conuenables à la verité, à la qualité de ces monarques, & bien cóformes à ces paroles du Prophete Isaïe, *Princeps ea quæ digna sunt Principe, cogitabit*, le Prince aura des pésées de Prince, & ne s'employera qu'à ce qui est bien-seant à sa dignité. La cause de cette foiblesse vient de ce que la Nature, gastée comme elle est, a peu de raison & beaucoup de passió; ce qui fait que ses pensées, ses affections & ses desirs en sont tous teints, & qu'elle degenere aisement en des occupations d'enfans, qui ne se con-

Isaiæ 32. 8.

M m ij

duisent point par raison mais par passion : ainsi Seneque disoit, *adhuc non pueritia in nobis, sed quod est grauius, puerilitas remanet, & quod quidem peius, quod auctoritatem habemus senum, vitia puerorum.* Nous n'auons plus l'enfance de l'âge, mais, ce qui est bien pis, nous auons conserué l'enfance des meurs, & ce qui est encore plus deplorable, c'est que dans l'autorité que la vieillesse nous donne, nous y faisons paroistre les vices & les foiblesses des petits garçons. La Grace prenant le contre-pied est graue, serieuse & sage, parce qu'elle est éclairée & gouuernée par le S. Esprit, qui est vn Esprit de sagesse.

Sixiémement la Nature est prompte, brusque, impetueuse & ardente en ce qu'elle desire, d'autant que la Passion, qui est son guide, & dont le mouuement est de soy necessaire & non point libre, est ainsi faite. *Omne vitium præceps est*, dit le Chancelier de Paris, tout vice est precipité & étourdy, mesme celuy de la Paresse qui va trop lentement en besogne, par ce que tout vice est le defaut d'vn esprit qui ne considere pas assez les choses. La Grace au contraire est retenüe & consideréé: *Desiderium Iustorum omne*, dit Salomon, *bonum est*; *Præstolatio Impiorum furor*. Et comme traduit Vatable, *Indignatio, excandescentia*. Tous les desirs des Iustes sont bons, non seulement à raison de la matiere, & de l'intention, mais encore à cause de la façon, pource qu'ils ne sont point trop pressans, ils ne sont ny trop chauds ny trop froids: où ceux des pecheurs sont toujours brulans; ils ne sçauroient attendre, si on ne fait aussitost ce qu'ils veulent, ils se faschent, ils tempestent, ils entrent en fureur. *Omnia tempus habent*, Eccl. 3. 1. dit le mesme, chaque chose a son temps propre & determiné; celle que vous souhaitez, n'est pas dans sa maturité, son temps n'est pas encore venu; donnez vous vn peu de loisir, l'impetuosité gaste tout.

*Da spatium, tenuémque moram; male cuncta ministrat Impetus.*

Comme nous voions qu'en la monstre d'vn horloge, où toutes les heures du iour sont marquées, l'aiguile marche de l'vne à l'autre sans se presser ny courir, mais posément & auec ordre; Nous deuons faire le mesme aux actions de nostre iournée & de nostre vie. Et pour prendre vn exemple bien plus illustre, le decret en vertu duquel Dieu a creé le monde, a precedé d'vne eternité toute entiere son execution; sans que Dieu se soit hasté d'vn moment de le mettre en effet, mais attendant doucement & paisiblement l'heure, qu'il auoit resolüe pour ce grand ouurage. La Grace nous enseigne d'agir de la mesme sorte.

*Differ: habent paruæ commoda magna moræ.*

Vn peu de delay pour mieux considerer la chose, apporte de grãds biens, que la precipitatiõ ruine.

En septiéme lieu, la Nature est indiscrete, elle marche en confusion & en desordre, elle broüille & renuerse tout, & ne fait rien qu'à tort & à trauers, & dans l'excez ou du trop ou du moins, parce qu'elle agit dans les nüages de la passion: où la Grace est prudente, elle applique à tout la regle & le compas, & ne laisse rien sortir de ses mains, sinon *in mensura & numero & pondere*, comme parle le Sage, qu'elle ne l'ait auparauant mesuré, calculé & pezé; elle arrange les choses, elle les met en leur place, elle monstre ce qu'il faut faire & ce qu'il faut dire en tel temps & en tel lieu, quel moyen on doit employer pour venir à bout d'vne telle affaire, comme il faut exercer les vertus prudemment & auec ordre, & s'y auancer peu à peu, allant de ce qui n'est pas si parfait à ce qui l'est dauantage, & ajustant tout aux forces & à la disposition de la persone.

La Passion au contraire va sans regle, ne considerant point que les Vertus, suiuant la doctrine de tous, sont des Mediocritez & des Eloignemés, des Extremitez & des Excez. *Sapientia est Deus*, dit sainct Bernard, *& vult se amari non solum dulciter, sed & sapienter; vnde Apostolus, Rationabile obsequium vestrum; Alioquin facillimè zelo tuo spiritus illudet erroris, si scientiā negligas.* Dieu, qui est la Sagesse mesme, veut estre aimé non seulement affectueusement, mais encore sagement; d'où l'Apostre nous auertit que nous luy rendions vn seruice raisonable; autrement il sera bien aysé que l'erreur & l'indiscretion se meslent dans ton zele, & que le Diable te trompe si tu méprises la science & la conduite. *Introduxit me in cellam vinariam; ordinauit*

*Sap. 11. a.*

Ἀκρότητες ἰσότητες.
Cassian. collat. 2. cap. 16.
Arist. 2. eth. 6.
Ἄριστον μέτρον
Cleobul. ap. Stob. serm. 21.
Hieron. epist. 8. ad Demetriad.
Bern. serm. 20. in Cant.
Rom. 12. 1.
Cant. 2. 3.

*in me charitatem*, dit l'Epouse. Mon Epoux m'a introduit dans la caue de ses vins precieux, il m'a donné la liberté d'en boire, mais pourtant auec sobrieté, il desire que ie l'aime & parfaitement, mais toutefois il veut que ce soit d'vn amour reglé & d'vne charité ordónée. *Sine consilio*, dit l'Abbe Moyse dans Cassian, *nihil agere omnino Scripturæ autoritate permittimur, ita vt ne ipsum quidem spirituale vinum, quod lætificat cor hominis, sine discretionis namur moderatione percipere, secundum illud, cum consilio omnia fac, cum consilio vinum bibe.* La saincte Ecriture ne nous permet pas de faire aucune chose sans conseil, ny de boire mesme le vin spirituel, qui réjoüit le cœur de l'homme, sans moderation. Il faut vser de discretion en tout, ce qui obligea sainct Antoine de faire marcher cette vertu à la teste de toutes les autres, comme celle qui les deuoit gouuerner & les mettre en exercice.

Collat.t.c.4.

Enfin la Nature ne regarde que les choses temporelles & presentes, & elle s'applique toute entiere à ce qui concerne cette vie, pour s'y mettre à son aise & y viure auec contentement. C'est pourquoy elle se reioüit de tout ce qui l'y établit & auance, & s'attriste de tout ce qui l'y apporte de l'incommodité & de la perte. Elle a tousiours sa pensée vers les Creatures, auec lesquelles elle est bien aise de conuerser, de s'amuser, & auoir des liaisons & des intrigues. Mais la Grace ne pense qu'aux choses éternelles & futures, & elle sollicite continuellement l'ame d'employer tous ses soins pour l'acquisition des biens de l'autre vie, & comme tout son thresor est au Ciel, où rien ne court risque & ne se perd, tous les dommages qu'elle souffre pour les choses de ce monde, luy sont peu sensibles. Elle retire l'ame des Créatures autant qu'elle peut, & ne luy laisse de communication auec elles, qu'autant que l'amour de Dieu & celuy du prochain luy en permettent; elle luy fait aimer la solitude & le silence pour vaquer plus à Dieu ; son mouuement est de la multiplicité à l'vnité & de la circonference au centre, se recueillant & s'vnissant de plus en plus; où celuy de la Nature est de l'vnité à la multiplicité & du centre à la circonference, s'elargissant & se dissipant tousiours dauantage.

## SECTION XV.

### Conclusion de la chose.

NOus auons parlé du Discernement des Esprits & donné les marques pour reconnoistre les bons d'auec les mauuais, & pour distinguer l'inspiration de la suggestion, & l'illumination de l'illusion ; Nous auons declaré les diuers mouuemens de la Nature & de la Grace, & decouuert les finesses & les ruses du cœur humain. Ie sçay qu'il y en a encore beaucoup d'autres, mais outre qu'elles se peuuent reduire à celles que nous auons remarquées, la lumiere du sainct

Esprit

Esprit, & son Onction les enseignera selon les rencontres, où la connoissance en sera necessaire. *Non necesse habetis*, disoit le Disciple bien-aimé, *vt aliquis doceat vos, sed sicut vnctio eius docet vos de omnibus*, Vous n'auez pas besoin qu'on vous die tout, parceque l'onction du sainct Esprit vous en instruira. Or pour acquerir cette connoissance & meriter cette onction diuine, trois choses sont requises, auec lesquelles nous finirons ce sujet.

1. Ep. 2. 27.

La premiere est de la demander à Dieu. Sainct Bernard nous suggere ce moyen, lors qu'il nous dit, *Arguit nos pro certo negligentiæ & incuria ipsa inopia nostra. Nam si quis nostrum integrè & perfectè, iuxta verbum Sapientis, cor suum tradat ad vigilandum diluculò ad Dominum qui fecit illum, & in conspectu Altissimi deprecetur, simulque votis omnibus studeat, secundum Isaïam Prophetam, parare vias Domini, rectas facere semitas Dei sui. Cui cum Propheta sit dicere, oculi mei semper ad Dominum; &, quia prouidebam Dominum in conspectu meo semper: Nonne hic accipiet benedictionem à Domino, & misericordiã à Deo salutari suo? visitabit profecto frequenter.* Nostre pauureté & nostre misere est sans doute vne marque assurée de nostre negligence & vn témoignage que nous n'auons pas assez de soin pour nous en tirer. Car si quelqu'vn, suiuant le conseil du Sage, est à frapper du matin à la porte de Dieu & le prier auec affection, à dresser les chemins & preparer les auenües pour son entrée, selon Isaïe, & auoir toujours les yeux attachez sur luy, comme parle le

Eccl. 39. 6.

Isai. 40. 3.

Psal. 24. 15.
Psalm. 15. 8.

Prophete royal, & ne le point perdre de veuë pour le prier & l'importuner sans cesse; celuy qui y procede de la sorte, ne receura-t'il point les benedictions de Dieu & les effets de ses misericordes? ouy assurement, & Dieu le visitera souuent & luy donnera lumiere pour voir clair dans les choses obscures, & échapper les pieges de ses ennemis.

Partant comme nous sommes fort aueugles aux choses de nostre salut, & que les chemins qui y menent, sont malaisez à tenir & tous couuerts de lacets ; comme le diable est plein de finesses & de malices, aussi bien que de rage, pour nous enuelopper dans ses filets & nous perdre; comme nostre propre Nature est extrememement artificieuse & rusée pour nous tromper, & que pour nous garentir de tous ces maux, qui autrement nous sont ineuitables, la lumiere de Dieu nous est absolument necessaire, il la faut demander sans relasche à Dieu, qui, comme dit S. Iacques, ne nous la refusera point, mais au contraire nous la communiquera en abondance, & luy dire pour ce sujet auec Dauid. *Vias tuas demonstra mihi & semitas tuas edoce me: domine, deduc me in iustitia tua propter inimicos meos, dirige in conspectu tuo viam meam.* Seigneur, apprenez moy vos voyes, & faites-les moy reconnoistre d'auec celles du Demon & de la Nature, móstrez moy où ie dois mettre le pied, pour ne le pas poser sur vn piege, & enseignez-moy les vrayes routes qu'il faut que ie tienne pour faire mon salut & arriuer à la perfection, où il est fort fa-

Iacob. 1. 5.

Psalm. 24. 4.

Psalm. 5. 9.

cile de me méprendre, & où mes ennemis me dressent des embusches, gouuernez-y mes pas, s'il vous plait, & seruez moy d'escorte.

La seconde chose est d'auoir vn bon guide pour vous conduire en ces chemins difficiles & perilleux, & vn Directeur capable; & pour l'auoir il le faut instamment demander à Dieu, parce que c'est vn grand don & vn des plus puissans moiens pour vous empescher de vous égarer, & vous faire auancer beaucoup en peu de temps. Demandez-le à Dieu, dautant qu'il faut necessairement qu'il vous le donne, car s'il ne le donne pas, mais ou qu'il se donne luy-mesme à vous, ou que vous le preniez de vostre mouuement, assurez vous que quelque habile & intelligent qu'il soit, il ne vous seruira pas beaucoup, tout le commerce que vous aurez ensemble, ne reuiendra quasi à rien, vostre temps s'en ira en des discours inutiles & des paroles perdües; les instructions qu'il vous baillera, ne seront pas celles qui vous sont propres; il ne mettra pas sur vos maladies les appareils qu'il y faut; il ne vous exercera point dans les vertus ausquelles vous estes particulierement appellée: il n'entendra pas le trait du Sainct Esprit sur vous & detournera mesme sans y penser ses voies; dont voicy la raison, parce qu'vn Directeur ne peut vous estre vtile, s'il n'a les lumieres necessaires pour vostre conduite & des paroles de grace pour vous dire. Or d'où les doit-il tirer & d'où les peut-il attendre ? certainement ce n'est.

pas de foy, il faut doncque ce soit de Dieu, qui seul les luy peut fournir, & qui ne les luy fournira pas, s'il n'a dessein de l'employer à vostre direction. C'est pourquoy, si vous voulez auoir le Directeur qui vous est propre & qui vous fasse faire de grands progrez en la vertu, retenez qu'il vous doit venir de la main de Dieu, à qui pour ce sujet vous le deuez demander, & n'y plaindre ny le temps ny les prieres.

Quand Dieu vous l'aura donné, dont vostre cœur agissant auec pureté, & le profit que vous en receurez, porteront témoignage, faites-en grand état, regardez-le comme vostre Ange tutelaire qui vous doit rendre dans vostre voyage le mesme office & faire le mesme bien que l'Ange Raphaël fit au ieune Tobie dans le sien; écoutez-le, donnez luy vne entiere creance, & faites que vostre ame luy soit toute transparente & de crystal, afin qu'il voye iusques au fond les choses les plus menües, & suiuez absolûment ses ordres.

Mais aussi prenez bien garde de ne vous point attacher à luy auec excez, mais seulement comme à vn instrument, dont Dieu se sert pour vous perfectionner & vous sauuer, & ainsi ne vous troublez ny ne vous inquietez, quand par mort ou autrement il viendra à vous le retirer, mais rendez le luy auec actions de graces comme vn depôt, & comme vn instrument dont il ne veut plus s'aider pour vous polir, & assurez vous que si vous y procedez de la sorte & vous resignez humblement à ses dispositions, & vous confiez en sa prouidence y ioignant les prieres ordinaires, il vous en donnera vn qui fera encore mieux & qui vous sera plus profitable; comme nous lisons de quelques Saincts, nommément de Saincte Françoise Romaine, que Dieu luy changea son Ange Gardié, & luy en bailla vn autre d'vn ordre superieur.

Le Directeur, à qui Dieu aura donné vne ame à conduire, & de qui il voudra se seruir comme de son second pour la rendre parfaite, doit en prendre vn grand soin, & comme c'est vn employ extremement difficile, luy demander pour cela ses lumieres, & comme sçauoir de luy par où il veut qu'il la mene. Il ne doit pas mettre le poinct de sa conduite en plusieurs entretiens ny en beaucoup de paroles, mais en de bonnes instructions, appropriées & ajustées à la disposition de la personne, qu'il luy doit donner auec ordre & mesure, & les luy faire pratiquer en suite, & puis passer à d'autres, selon le progrez qu'elle fera. Il faut qu'il ait l'œil à la fortifier toûjours autant qu'il pourra, à la lier à nostre Seigneur & à son imitation, & à luy faire prendre son esprit, à la detacher de soy, à la faire mourir aux Creatures & l'aneantir deuant Dieu, à voir à quel vice elle est particulierement encline pour le guerir par l'exercice de la vertu contraire.

Que s'il remarque qu'elle soit conduite par ces sentiers écartez & par ces choses extraordinaires, dont nous auons traité cy-dessus, il faut encore

& plus de soin & plus de lumiere, parce que ces chemins sont beaucoup plus malaisez & qu'il est bien plus facile de s'y égarer: c'est pourquoy qu'il considere tout, qu'il examine tout, qu'il ne determine rien legerement, qu'il ne loüe iamais la persone pour ces choses qui ont de l'eclat, qu'il n'estime & n'admire point ses visions ny ses reuelations, au contraire qu'il la reprenne & l'humilie, comme Iacob fit son fils Ioseph, lors qu'il luy raconta ce qu'il auoit vû en songe, de qui l'Ecriture dit, *Increpauit eum pater suus; pater vero rem tacitus considerabat.* Son pere luy en fit vne bonne correction, mais pourtant il ne laissoit pas de peser la chose à part soy, sans faire semblant de rien. *Caue*, dit le Sage & sçauant Chancelier de Paris sur ce sujet, *applaudas tali personæ, non laudes eã, non mireris quasi sanctam dignámque reuelationibus atque miraculis; obsiste potius, increpa durè, sperne eam.* Gardez vous bien d'applaudir à cette persone, de luy témoigner de l'admiration de ce qui se passe en elle, ny luy en donner des loüanges, comme si elle estoit deja saincte, & digne d'auoir des reuelations & faire des miracles; opposez vous plustost à elle, resistez luy, faites luy de vertes reprimendes, meprisez là, bafoüez là de ce qu'elle fait la Grande; de ce qu'il luy faut des chemins particuliers pour operer son salut & qu'elle n'est pas contente d'aller par le commun, à sçauoir, par la doctrine des Ecritures & des Saincts, & par la lumiere de la raison naturelle, si encore les Anges & Dieu mes-

Genes. 7. 10. & 11.

Loco cit.

me ne luy parlent, & ne la menent par deſſous les bras. *Talem admone*, continuë ce Docteur, *non ſublime ſapere, ſed ſapere ad ſobrietatē, quoniā veriſſimè ait, qui dixit, ſuperbia meretur illudi.* Auertiſſez ſoigneuſement cette perſone, de ne point s'en faire accroire pour ces graces, mais au contraire de s'en humilier & s'en auilir, parce que celuy-là a rencontré tres-veritablemét qui a dit, que la ſuperbe meritoit pour ſon iuſte chaſtiment d'eſtre trōpée.

Que ſi cette ame ne goûte point ces reſiſtances & des reprehenſions de ſon Directeur, & allegue contre, qu'elle ſe ſent interieurement aſſurée, que la Viſion ou la Reuelation qu'il luy conteſte & luy veut faire paſſer pour fauſſe, eſt vraye, & qu'eſtant vraye, elle reſiſteroit au ſainct Eſprit de luy reſiſter, & étoufferoit en ſon principe & en ſon germe vne ſemence, qui eſtant cultiuée, luy peut apporter beaucoup de fruits. Gerſon répond à cela que cette perſonne ne doit point ſe laiſſer aller à ces craintes, qui ne ſont point legitimes mais vaines, & pluſtoſt des ſources d'illuſions, mais ſçauoir que Dieu n'eſt pas vn Dieu de diuiſion pour condamner par ſon miniſtre ce qu'il aura approuué, au contraire qu'il le confirmera & l'autoriſera par ſon ſentiment & par ſa bouche, parce qu'il n'eſt pas pour permettre qu'vne ame, qui ſe confie en luy, & qui fait ce qu'elle peut pour ſa ſeureté, ſoit abuſée en vne choſe de ſi grande importance.

Pour l'aſſûrance interieure qu'elle penſe auoir,

elle peut toujours fort raisonnablement s'en defier, & la soupçonner de quelque orgueil secret & attache à son sens, & pour cela prendre la partie la plus seure, qui est de se rendre à l'auis de son Directeur; car de le suiure, il ne peut y auoir ny d'offense contre Dieu ny de mal pour elle, mais bien vn tres-grand merite, que sa soumission & son obeissance luy acquerront, où en s'appuiant sur soy & tenant ferme en son opinion elle peut beaucoup faillir & donner ouuerture à plusieurs maux, dont apres elle se verra accueillie. Et il ne faut pas auoir peur que le sainct Esprit se retire de cette ame, quand par humilité elle fera ce que son directeur luy dit. *Profecto Spiritus Sanctus*, dit Gerson, *qui se dat humilibus, nequaquam ex humiliatione, quam prædiximus, se subtrahet; intrabit potius, exaltabit & in beneplacito suo deducet victor super excelsa animam hanc in oculis suis vilem, & absque vlla ruga fictionis humilem & simplicem.* Certainemét le Sainct Esprit qui se communique aux humbles, n'aura garde de s'étranger de l'ame qui pratiquera l'humiliation dont nous auons parlé, mais au contraire la voyant ainsi vile à ses yeux, humble, & simple sans dissimulation ny feintise, il entrera encore plus auant chez elle, il la comblera de faueurs, & auec de nouuelles graces & des témoignages d'vn amour plus special il l'éleuera au sommet de la perfection & de la gloire.

La troisiéme chose est l'Humilité, dont ce que nous venons fraichement de dire, rend déja temoimoignage. L'Humilité est absolument necessaire pour obtenir les graces & les lumieres, desquelles nous traittons icy. Plus vn homme sera humble, plus il sera éclairé & moins sujet aux tromperies, & plus il sera orgueilleux, plus se trouuera-t'il aueugle & susceptible des illusions des Demons & des ruses de la Nature, encore qu'il ne le pense pas: *Mittet illis Deus*, dit S. Paul, *operationem erroris, vt credant mendacio.* 2. Thessal. 2. 11.

Touchant l'Humilité nostre Seigneur dit à son pere, *Confiteor tibi, Pater Domine cœli & terra, quia abscondisti hæc à sapientibus & prudentibus, & reuelasti ea paruulis. Ita Pater, quoniam sic fuit placitum ante te.* Matth. 11. 25. Mon Pere, Seigneur du Ciel & de la terre, ie vous loüe & vous benis, de ce que vous auez caché ces secrets aux sages & aux suffisans du monde & les auez découuerts aux Húbles. Oüy mon Pere, vous l'auez ainsi voulu. L'Abbé Moyse dans Cassian establit cette verité en plusieurs lieux, disant tantost, *Solis humilibus à Deo hæc cognitio datur*, tantost, *Vera discretio nonnisi vera humilitate acquiritur.* Collat. 2. Cap. 10. Cap. 16. Puis, *omni conatu debet discretionis bonum virtute Humilitatis acquiri*, c'est seulement aux Humbles que Dieu donne cette connoissance. La vraye discretion & la lumiere pour bien discerner les Esprits ne s'obtient que par la vraye Humilité, qu'il faut pour ce sujet tascher de toutes ses forces d'acquerir, afin de posseder ce grand bien.

O o

Pour la Superbe maintenant, sainct Paul le fait voir euidemment dans les Philosophes Payens, de qui il écrit aux Romains, que pour châtiment de leur orgueil & de la bonne opinion qu'ils auoient de leur esprit & de leur science, *Obscuratum est insipiens cor eorum*, Dieu permit qu'ils tombassent dans des aueuglemens étranges & deuinssent auec tout leur esprit & tout leur sçauoir de vrays foux. Sainct Bernard parle de cecy bien au long en vn de ses Sermons sur les Cantiques, où il dit entre autres choses. *Ecce venit saliens in montibus, transiliens colles : quid superbis terra & cinis ? de Angelis transilit Dominus execrans eorum superbiam. Ergo repudiatio Angelorum fiat emendatio Hominum. Cooperetur mihi in bonum etiam diaboli malum, & lauem manus meas in sanguine peccatoris.* Regarde comme l'Epoux saute sur les montagnes & bondit par dessus les collines : pourquoy donc entres-tu en vanité terre & cendre ? Considere qu'il passe les Anges & qu'il les abandonne, ayant en horreur leur orgueil : que donc le rebut qu'il fait des Anges & de ces nobles Intelligences serue pour corriger & faire sages les Hommes : que le malheur du Diable me cause du bien & contribüe à mon salut, & que ie laue & nettoye mes mains dans le sang de ce fameux pecheur.

*Hæc legens, reserensque oculos in me & intuens diligenter inuenio me peste ipsa infectum, quam in Angelis*

Rom. 1. 15.

Serm. 54. in Cant.

*Dominus in tantum exhorruit : & pauens treménsque dico ad memetipsum, si sic actum est cum Angelo, quid de me fiet terra & cinere ? Ille in cœlo intumuit, ego in sterquilinio. Quis non tolerabiliorem in diuite superbiam quam in paupere dicat ? Væ mihi si tam durè in potente illo animaduersum est pro eo quod eleuatum est cor illius, nec ei profuit quod cognata potentibus superbia esse cognoscitur, quid de me exigendum est & misero & superbo ?*
Quand ie lis cét abandon de l'Ange rebelle à cause de son orgueil, & qu'apres jettant les yeux dessus moy, ie me vois frappé de cette peste & soüillé de ce vice que Dieu a tellement haï en cette excellente Creature, ie me dis à moy-mesme tout saisi de crainte & transi de frayeur, si Dieu a ainsi traité l'Ange, comment se comportera-t'il enuers moy qui ne suis que boüe & que poussiere ? L'Ange s'est enorgueilli au Ciel, & moy ie m'enfle sur vn fumier ! Qui ne iuge que l'orgueil est plus tolerable en vn riche qu'en vn pauure ? Malheur à moy ! si la superbe & la vanité a esté si epouuentablement punie en ce grand & puissant Esprit, encore qu'elle ayt vne liaison comme naturelle auec la grandeur & la puissance, quel supplice exigera t'on de moy qui suis & miserable & superbe ?

*Non sine causa ab heri & nudius-tertius inuasit me languor animi & mentis hebetudo, insolita quædam inertia spiritus. Currebam bene, sed ecce lapis offensionis in via ; impegi & corrui : superbia inuenta est in* me & *Dominus declinauit in ira à seruo suo.* Ce n'est pas sans sujet que depuis quelques iours ie me sens tout abbatu & failly de courage, que ie suis deuenu stupide & hebeté & que i'ay l'ame toute engourdie ; I'allois d'vn bon pas, & mesme ie courrois dans la carriere de la perfection, mais par malheur i'y ay rencontré vne pierre contre laquelle venant à heurter ie suis tombé. Cette pierre est la superbe, parce que Dieu a découuert en moy de la superbe & de la vanité, & pour cela il s'est éloigné de moy tout en cholere ; de là sont venües les tenebres de mon esprit, les indeuotions & les secheresses de ma volonté, les extrauagances de mon imagination, la dureté de mon cœur, & ie ne sçay où i'en suis. *In veritate didici nihil æque efficax esse ad gratiam promerendam, retinendam, recuperandam, quàm si omni tempore coram Deo inueniaris non altum sapere sed timere. Beatus homo qui semper est pauidus.* C'est pourquoy i'ay reconnu en verité qu'il n'y a rien de plus efficace pour acquerir, pour conseruer & pour recouurer la grace que de ne s'en point faire acroire ny auoir bonne opinion de soy, mais s'humilier toûjours deuant Dieu, & craindre suiuant cette parole du Sage, Bienheureux est l'homme qui n'est iamais sans apprehension & sans crainte. C'est ce que dit S. Bernard.

Prou. 28. 14.

Et le docte Chancelier de Paris marchant

sur ses traces & entrant dans ses pensées, nous a laissé ces paroles. O *formidandas ergo iugiter fraudes, quis non expauescat ? ô fallaces vbilibet mille deceptionum tendiculas, quis has euadet ? quis arcto tramite sic obscuro, sic obsesso securus ambulabit ? profecto solus ille beatus & decies beatus humilis & pauperculus, qui Sapienti obediens, semper est pauidus & qui in Dei timore instanter se tenet. Dauid experius dicit, custodiens paruulos Dominus humiliatus sum & liberauit me. Beatus homo qui semper est pauidus. Hanc Humilitatis lucem quisquis intrauerit, per medios tentationum laqueos quantumlibet absconditos tutus incedet, frustra rugiet aduersarius vt Leo, frustra circumiet quærens quem deuoret, frustra insidiabitur in spelunca sua vt rapiat pauperem & contritum; quoniam tibi, Domine, derelictus est pauper, orphano tu eris adiutor.* O tromperies toûjours redoutables, qui donc de tous ceux, qui font profession de la vie spirituelle, n'en aura point de peur ? ô pieges & lacets tendus par tout pour prendre les ames, qui s'en pourra deffendre ? qui dans vn chemin si tenebreux & remply de tant de hazards marchera en asseurance ? A la verité il n'y aura seulement que l'homme humble, homme vne & dix fois bien-heureux, qui suiuant l'instruction du Sage opere son salut dans la crainte de Dieu & dans les sentimens de sa bassesse. Dauid conuaincu par sa propre experience dit, J'ay connu que Dieu conseruoit les Humbles,

Tract. de dist. verar. visionum à falsis.

Psal. 114. 6.

c'est pourquoy ie me suis humilié, & par ce moyen il m'a garenti des embusches de mes ennemis. Bien-heureux est l'homme qui est toujours craintif. Quiconque aura acquis cette lumiere de l'Humilité, ira surement au beau milieu des filets pour couuerts qu'ils soient, sans estre pris ; il marchera tout au trauers des tromperies sans estre trompé ; en vain le Diable rugira comme vn Lyon contre luy, & rodera à l'entour pour le deuorer ; s'il épie finement l'occasion de le perdre, tous ses efforts seront inutiles ; parce que vous auez pris le soin du pauure, & vous estes le Protecteur de l'orphelin. Voila l'auis important que sainct Bernard & Gerson nous donnent touchant l'Humilité pour marcher surement dans la vie spirituelle, pour y faire du progrez, & pour nous y garentir des illusions du Demon & des finesses de la Nature.

*En la vie.* Suiuant cela saincte Catherine de Bologne raconte de soy-mesme qu'elle fut trompée par trois fois du Diable qui luy apparut sous la forme de nostre Seigneur crucifié, & sous celle de nostre Dame tenát son petit enfant entre ses bras, à qui, comme elle les prenoit pour vrays, elle rendoit ses adorations & ses hommages, & adiouste que la cause de ce mal-heur luy vint d'vne confiance secrete qu'elle auoit aux dons de Dieu & en soy-mesme, que le Diable n'auoit point d'artifice si caché, ny de ruse si subtile, pour la decouuerte de laquelle elle n'eust assez de lumiere & dont elle ne pensât pouuoir se garentir: Vanité, qu'elle paya bien apres tant par ces illusions, que par d'autres supplices tres-longs, & si griefs, que parfois elle estoit horriblement tentée de desespoir.

Partant, *Humilia valde spiritum tuum*, comme nous disent les sainctes Lettres, humilie toy grandement, tien toûjours ton esprit fort bas deuant Dieu, & de cette façon tu euiteras tous les pieges, & rien ne te pourra nuire. Les hommes sont sujets à deux grands maux qui en attirent beaucoup d'autres, l'vn est dans la deuotion & consiste aux illusions & aux tromperies, dont nous auons parlé; & l'autre dans la doctrine de la Religion & gist aux erreurs & aux nouueautez, où les hommes sçauans s'engagent pensans rencontrer la verité, lesquels puis apres sont suiuis de plusieurs autres, & mesme de quelques personnes vertueuses soubs pretexte d'vn plus grand bien, & d'vne perfection plus pure, que Dieu, ou pour punir leur curiosité, ou pour chastier leur inconstance, ou pour d'autres iugemens profonds qui nous sont inconnus, laisse tomber dans ce precipice, de façon qu'on peut dire d'eux ces paroles du Sage, *Iustus perit in iustitia sua*. Le iuste pour ne pas prendre garde à soy, & mettre le pied

Eccl. 7. 19.

Eccl. 7. 16.

inconsiderément où il ne faut pas, se perd auec toute sa iustice & son bon zele : Car il va des nouueautez en fait de Religion comme du mauuais air d'vne ville, qui nuit aussi bien aux sains qu'aux mal-disposez s'ils ne sont attentifs à leur conseruation, & n'vsent de preseruatifs & d'antidotes.

1. Cor. 10. 12. C'est pourquoy, *qui se existimat stare, videat ne cadat*, nous auertit sainct Paul, qui pense estre debout, veille sur soy pour ne pas cheoir. Le Remede de tous ces maux est contenu dans ces paroles, que nous deuons grauer profondement dans nos cœurs, *Humilia valde spiritum tuum*, Humilie grandement ton esprit. Il est dans l'Humilité à se deffier beaucoup de sa suffisance, à auoir fort peu d'opinion de son esprit, à suiure plutost l'auis d'autruy que le sien, à s'attacher inseparablement à ce que Dieu nous donne icy bas de stable & d'immobile, & à le prier continuellement qu'il ne permette pas que nous soyons trompez.

## SECTION XVI.

## SECTION XVI.

### Des sept Dons du Sainct Esprit.

LA derniere chose que nous traiterons pour declarer la nature & les qualitez de l'Homme Spirituel, seront les sept Dons du S. Esprit qui meritent bien de trouuer icy place, par ce que leur connoissance est tres-excellente, tres-vtile & tres-necessaire.

Elle est tres-excellente à raison de son objet, qui sont les Dons du S. Esprit, dons inestimables, ornemens tres-riches & ioyaux tres-precieux, qui rendent l'ame plus belle que le iour & plus brillante que les astres. Elle est tres-vtile, pour ce que ces Dons nous apportent de grands thresors & nous enrichissent de biens immenses. Nous deuons, dit le Docteur mystique Iean Rusbroche, nous representer l'Amour eternel & personel de Dieu, à sçauoir le S. Esprit, residant au milieu de l'ame Iuste, & là s'épandant sur elle & sur ses facultez, en qualité de Fontaine de vie par ces sept Dons, côme par sept ruisseaux; en façon de Soleil tres-lumineux l'éclairant de sept rayons, & comme vn grand Feu qui l'échauffe & la brûle de sept flammes. Elle est encore tres-necessaire, par ce que ces Dons sont si importans & si requis pour la Vie spirituelle, que ce sont eux qui en

*Lib. de Tabern. Moysi.*

produisent la perfection & qui l'éleuent à son comble, ainsi que nous verrons apres.

Et si pourtant cette connoissance est fort rare, car c'est dequoy on ne parle pas beaucoup, dequoy on s'instruit peu, & ce, qu'attendu son merite & sa necessité, on n'eclaircit pas assez. Pour cela & parce qu'il fait grandement à mon sujet, i'ay dessein d'en parler plus au long, & premierement de tous les sept Dons en general, & puis de chacun en particulier.

### Des sept Dons du S. Esprit en general.

LEs sept Dons du S. Esprit sont sept Habitudes tres-nobles communiquées par le sainct Esprit à l'ame Iuste, & receuës les vnes dans son entendement, & les autres dans sa volonté, pour la rendre auec ces Facultez soupple & maniable à ses mouuemens, lors qu'il la pousse aux actions des Vertus, particulierement aux difficiles & heroïques. Voila en gros la nature de ces Dons diuins, que l'éclaircissement mettra dans son iour.

Nous disons que ce sont des Habitudes, c'est à dire, des qualitez fixes & de durée, comme est la grace sanctifiante, que ces Dons suiuent & accompagnent toujours inseparablement. Surquoy il faut remarquer qu'vne chose peut-estre dans l'homme en trois façons ; la premiere par puissance, comme l'on dit d'vn enfant doüé d'vn beau & riche naturel, qu'il est bien-heureux, non qu'il possede déja la beatitude, puis que son âge l'en rend incapable, mais on vse de ces termes pour signifier qu'il y a vne grande disposition & beaucoup d'ouuerture. La seconde est par habitude, comme on assûre d'vn grand Philosophe qui dort, que c'est vn homme fort sçauant, encore qu'il ne pense pour lors à rien, & qu'il ayt l'entendement entrepris & plongé dans l'ignorance du sommeil; Et la troisiéme par acte, comme quand ce Philosophe se represente les belles idées qu'il a des choses, ou qu'il s'applique effectiuement à la connoissance de quelque objet nouueau. Entre la puissance qui est vne disposition & capacité naturelle à quelque chose, & l'acte, qui est l'effet & l'œuure de cette puissance, l'habitude se trouue au milieu, laquelle est vne qualité attachée à la puissance, qui la porte à exercer aisement son action.

Par cette proprieté les Dons du S. Esprit ressemblent aux Vertus & different des Beatitudes & des Fruits, dont parle S. Paul écriuant aux Galates; où sainct Thomas nous enseigne la distinction des Dons, des Vertus, des Beatitudes & des Fruits, disant, que l'on peut considerer dans la Vertu deux choses, l'Habitude & l'Acte; l'Habitude prepare & ajuste la Faculté pour bien agir, & si c'est pour agir bien & vertueusement d'vne façon ordinaire, elle se nomme Vertu, si pour operer d'vne maniere excellente & qui passe le com-

*Galat. 5. 22. In illum locum Pauli.*

*Valentia ad 1.2. q 69. & 70.*

mun, elle s'appelle Don. Pour l'acte de la Vertu, où il est parfait & accompli, & lors c'est vne Beatitude, *Beatitudo est actus virtutis perfecta*, dit ce sainct Docteur à ce propos encore ailleurs, la Beatitude, comme on la prend icy, est l'acte de la vertu consommée, où il remplit de ioye l'ame qui le produit, & il porte le nom de Fruit; car comme le bon fruit, quand il est arriué à sa maturité & à sa perfection, est delicieux à celuy qui le mange, de mesme lors que l'action bonne est parfaite, elle cause vn grand plaisir à l'ame qui l'exerce; *Fructus spiritus dicuntur quædam vltima & delectabilia*, dit encore S. Thomas autre-part, les Fruits de l'esprit sont des ouurages acheuez qui donnent du contentement. Ce qui se doit mesme entendre des actions des Vertus qui choquent nostre nature & contrarient nos sens, pourueu que l'ame les fasse auec ioye, comme est la Patience & la Continence, qui ne sont pas sans combat, que sainct Paul pour cela specifie au lieu sus-allegué & les met au nombre des Fruits.

De cette doctrine nous apprenons comme les Dons du S. Esprit s'acordent auec les Vertus en ce que ce sont des Habitudes comme elles, d'où quelques saincts Peres ont pris suiet de les appeller par fois des Vertus, non pourtant qu'au fond c'en soient, quoy qu'en veulent dire quelques Theologiens; car l'opinion de S. Thomas & des autres qui y mettent de la difference, est beaucoup plus probable & bien mieux appuyée.

Premierement, par ce que les sainctes Lettres parlent tout autrement des Dons que des Vertus, appellans les Dons des Esprits, comme Isaïe, l'Esprit de la Crainte, l'Esprit de la Pieté, & ainsi des autres; ce qu'elles ne disent pas des Vertus. Secondement, pour ce que nostre Seigneur ayant possedé tous les Dons, n'a point neantmoins eu toutes les Vertus comme la Foy, la repentance de ses pechez; d'où il faut inferer qu'au moins les Vertus, qui ne se sont point trouuées en nostre Seigneur, non par defaut, mais par abondance de perfection, dautant que ces Vertus enueloppent quelque manquement, ne seront pas Dons du S. Esprit, au sens que nous les entendons icy. Troisiémement, par ce que les Vertus peuuent de leur nature estre dans vne ame sans la grace sanctifiante, mais les Dons de la leur, en sont inseparables. Quatriémement, pource que les Vertus ont pour leur employ de rendre l'homme docile à la Raison, où celuy des Dons est de faire qu'il se laisse conduire sans resistance à la direction du S. Esprit. En cinquiéme lieu, dautant que les Vertus se contentent de produire des actes legers & menus, mais les Dons s'éleuent plus haut & se portent aux excellens & heroïques; de sorte que l'action vertueuse qui regarde vn objet, émane bien d'vne telle Vertu, dont la nature est de se proposer cét objet particulier, mais la maniere haute & sublime auec laquelle elle y tend, vient du Don qui correspond à cette

*Isaiæ cap. 11. 1.*

*Durandus.*

Vertu, & luy est assigné pour luy donner la perfection. Que si nous voulons dire que les Vertus ont assez de courage pour faire ces puissants efforts & executer ces grands exploits, il faudra toujours tomber d'accord que c'est d'vne autre sorte, parce que les Dons ne sont pas, comme les Vertus, des Habitudes qui disposent si proprement & immediatement l'ame à agir de soy, mais plutost à pâtir & à receuoir l'impression d'autruy, de façon qu'elle produit l'action bonne, non par son mouuement & par la determination de sa volonté, comme elle fait quand elle opere par la Vertu, mais par le mouuement & par l'impulsion du S. Esprit. Enfin S. Gregoire distingue euidemment les Dons des Vertus, lors qu'expliquant le mystere caché dans le nombre des dix enfans de Iob, il entend par les trois filles, les trois Vertus Theologales, & par les sept garçons les sept Dons du S. Esprit.

*S. Thom. 1. 2. q. 68. & 1. 2. q. 8.*

*Lib. 1. Moral. cap. 12.*

De tout cecy nous deuons recueillir auec les Theologiens que les Dons sont d'vne nature plus noble & plus illustre que les Vertus, c'est à dire les Morales & non les Theologiques; Car Dieu a établi cét ordre que ce qui est de meilleur & de plus propre pour nous rendre saincts & parfaits icy bas, sans parler des Sacrements, sont les Vertus Theologales, apres lesquelles marchent les Dons du S. Esprit, & puis toute la troupe des Vertus Morales; de sorte que les Vertus Theologales, la Foy, l'Esperance, & la Charité tiennent le

*S. Thom. 1. 2. q. 68. a 8. Vat. ibi. Dionys. Carthus. Tract 1 de Donis Spir. Sancti art. 6.*

premier rang dans ce glorieux deſſein, par ce qu'elles regardent Dieu directement & nous vniſſent immediatement à luy, où giſt noſtre perfection & noſtre ſainéteté. Les Dons ont le ſecond, pource qu'ils prennent leurs ordres des Vertus Theologales, & les ſeruent pour les faire agir auec excellence. Toutes les autres Vertus apres viennent les dernieres, dautant qu'elles ne vont pas à Dieu en droite ligne, mais à ſon ſeruice, ainſi que la Religion, ou à noſtre bonne conduite, ſoit enuers nous, ſoit à l'endroit de noſtre prochain côme les autres. Et puis les Dons ſurpaſſent encore les Vertus pour cette autre raiſon que le Docteur Angelique nous fournit, Qu'il faut que la choſe qui doit receuoir quelque mouuement, ayt par neceſſité de la proportion & de la ſymmetrie auec celle qui le luy doit donner, & qu'ainſi plus cette cauſe mouuante ſera excellente, plus le mobile doit par des diſpoſitions plus parfaites ſe rendre capable de ſon mouuement, comme nous voyons qu'vn diſciple doit eſtre plus auancé pour prendre de ſon maiſtre auec profit les leçons d'vne ſcience plus haute & plus ſublime. Or il eſt aſſûré que les Vertus acquiſes ne dreſſent proprement l'homme que par rapport à la Raiſon, à ce qu'elle le gouuerne en tout ce qu'il fait ſoit interieurement ou exterieurement, & qu'il faut de cette ſorte qu'il ſoit preparé par des qualitez plus nobles pour eſtre conduit de Dieu, qui eſt vn Moteur ſans comparaiſon plus

1.1. q. 68.
art. 1.

releué; Ces qualitez sont les Dons du S. Esprit, qui ont pour leur employ de le rendre facile & traitable à son maniement, & le soûmettre entierement à sa direction, suiuant cette parole du Prophete Isaïe, *Dominus aperuit mihi aurem, ego autem non contradico, retrorsum non abij.* Le Seigneur m'a ouuert l'oreille pour entendre sa voix, quoy qu'il me die, ie ne luy contredis point, mais ie m'assujetis à tout ce qu'il veut de moy sans faire vn seul pas en arriere, pour quelque difficulté qui se presente. Atant ce sainct Docteur, passons outre.

<small>Cap. 50. 5.</small>

Ces Dons precieux s'attribuent specialement au sainct Esprit, non que le Pere & le Fils ne les produisent & ne les conferent conjointement & par indiuis auec luy, puisque ce sont des productions exterieures de leur bonté. Mais c'est parce qu'il est le premier Don de Dieu, attendu qu'il est son amour, le cœur & l'amour estant toujours par necessité le premier present qui se fait, quand on donne vrayement, comme la cause de tous les autres. De plus, parce que la bonté, la bienveillance, & la communication, qui sont les principes des bien-faits, aussi bien que la iustification, la sanctification & la perfection des ames, se rapportent par precipu au sainct Esprit, qui fait les ames des esprits saincts par proportion comme luy, & les rend parfaites & vnies à Dieu, ainsi qu'il est d'vne certaine façon la Perfection derniere de la tres-saincte Trinité, comme il en est la derniere Persone, & qu'il est le Lien qui lie & vnit d'vne

<small>Dion. Carth. Tr. 1. de Donis art. 4.</small>

tres-

tres-excellente maniere, à sçauoir par Amour le Pere auec le Fils, & le Fils auec le Pere. Enfin c'est pource que les Dons assuietissent particulierement l'ame aux mouuemens & aux touches du S. Esprit.

Dauantage ces Dons sont sept en nombre, que le Prophete Isaïe parlant de nostre Seigneur rapporte en ces termes, *Requiescet super eum Spiritus* *Domini, Spiritus Sapientiæ & Intellectus, Spiritus Consilij & Fortitudinis. Spiritus Scientiæ & Pietatis, & replebit eum Spiritus Timoris Domini.* L'Esprit du Seigneur reposera sur luy, l'Esprit de la Sagesse & de l'Intelligence, l'Esprit du Conseil & de la Force, l'Esprit de la Science & de la Pieté, & il sera remply de l'Esprit de la Crainte du Seigneur. Ils sont sept parce qu'il en faut autant dans l'ame iuste, pour policer & regler sa Raison & sa Volonté, côme les sept Planetes dans les Cieux pour conduire l'Vniuers. Car ou sa Raison est speculatiue, dit S. Thomas, & s'employe à la connoissance de la Verité, ou elle est pratique & trauaille à l'execution; si elle doit connoître la Verité & percer dâs le sein des choses pour la trouuer, le Don d'Intelligence l'y aide beaucoup; si elle veut s'occuper à l'action, celuy de Conseil luy rendra seruice; Que si sa Raison doit non tant étudier & connoître les choses comme en porter iugement, le Don de Sagesse vient à son secours pour l'en faire bien iuger si elle est speculatiue, & celuy de Conseil si elle est pratique. Sa Volonté maintenant est dres-

Isaïæ 11. 2.

1. 2. q. 68. a. 4.

Qq

sée & fortifiée pour bien agir en ce qui touche les autres par le Don de Pieté, & à l'endroit de soy-mesme contre nos foiblesses par le Don de la Force, & par celuy de la Crainte contre les assauts & les charmes de la Concupiscence. Ainsi des sept Dons il y en a quatre, à sçauoir ceux de Sagesse, d'Intelligence, de Science & de Conseil, qui font leur residence dans la faculté de l'Entendement, comme dans leur propre habitation, & y sont assis comme dans leur thrône, & les autres trois, la Force, la Pieté & la Crainte sont dans la Volonté.

Que si vous demandez quels sont les plus excellens, ou ceux qui perfectionnent l'Entendement, ou ceux qui polissent la Volonté, nous répondons auec le Docteur Angelique, que ce sont les premiers, comme aussi les Vertus Intellectuelles sont de leur nature plus nobles que les Morales; & qu'ils gardent encore entre eux cet ordre de dignité, que le Don de la Sagesse l'emporte par dessus celuy de l'Entendement, celui-cy par dessus le Don de la Science, & le Don de la Science par dessus celuy de Conseil. Qu'entre ceux qui sont pour cultiuer la Volonté, le premier degré d'honneur est dû au Don de Pieté, le second au Don de Force, & le troisiéme à celuy de Crainte.

Il est encore à remarquer sur ce sujet, que le Prophete Isaïe faisant le denombrement des sept Dons, les fait aller de compagnie & deux à deux, excepté le septiéme, qui dans vn nombre impair doit necessairement aller seul, & cette association

*1. 2. q. 68. a. 7. Valent. ibi.*

*Dion. Carth. Tract. 1. de Donis art. 31*

& cét appariement se fait de ceux qui ont du rapport l'vn à l'autre, & dont l'vn regarde l'entendement, & l'autre la volonté, parce que celle-cy a besoin, comme aueugle qu'elle est, d'estre éclairée & conduite par celuy-là, qui porte le flambeau deuant elle; & de cette sorte il ioint le Conseil à la Force, & la Science à la Pieté. Que si le Don de Sagesse & le Don d'Intelligence logent en vn mesme Palais & ont vne mesme Faculté, à sçauoir la Raison superieure, pour leur demeure, & les lie ensemble, il le fait par ce que le Don d'Intelligence prepare & ouure l'entendement, pour receuoir celuy de la Sagesse, qui se fait apres sentir à la volonté d'vne façon bien plus noble & bien plus sauoureuse; d'où vient qu'on dit que le Don de Sagesse perfectionne la Vertu Theologale de la Charité, & celuy de l'Intelligence celle de la Foy.

### Les Effets de ces Dons.

Pour venir maintenant aux excellens & admirables Effets que ces riches Dons produisent dans l'ame iuste, nous disons que le premier & le principal est de la rendre susceptible des impressions du sainct Esprit, de sorte qu'il la manie & la tourne tout ainsi qu'il veut. *Dona*, dit le Docteur Angelique, *sunt quidam habitus perficientes hominem ad hoc, quod prompte sequatur instinctum Spiritus Sancti; sicut Virtutes Morales perficiunt vires*

1. 2. q. 68.
a. 4.

*appetitiuas ad obediendum Rationi.* Les Dons sont de certaines Habitudes qui donnent facilité à l'homme pour se laisser conduire promptement & sans resistance aux mouuemens du S. Esprit, Comme les Vertus Morales la communiquent à ses Facultez appetitiues pour suiure les Ordres de la Raison. Et le Seraphique traitant du mesme sujet enseigne que ces Dons sont des Habitudes surnaturelles versées par le S. Esprit dans les ames, *quibus disponantur ad sequendum instinctus Spiritus Sancti ; qui instinctus sunt memoriæ admonitio, intellectus illuminatio, & voluntatis motio*, lesquelles les rendent soupples à ses inspirations, qui sont l'auertissement de la memoire, l'irradiation de l'entendement, & l'excitation de la volonté, car c'est le propre du S. Esprit de nous émouuoir & nous pousser au bien, ainsi que Tertullien l'a remarqué disant, *Regula Fidei est Iesum Christum misisse vicariam vim Spiritus Sancti, qui credentes agat.* Vn des Points de nostre Foy est de croire que Iesus-Christ nous a merité le S. Esprit, & nous l'a enuoyé comme en sa place, pour exciter les Fideles, pour les faire marcher à leur salut, & les presser & haster d'aller à leur perfection. Sainct Gregoire expliquant le miracle que nostre Seigneur fit de guerir vn sourd mettant ses doigts dans ses oreilles, dit que le S. Esprit est le doigt de Dieu, & que *digitos in auriculas mittere, est per Dona Sancti Spiritus mentem surdi ad obediendum aperire*, Mettre ses doigts dans les oreilles de l'ame est les luy ouurir

*Lib. de septem Donis Spiritus sancti cap. 1.*

*Tertull. de Præscr. adu. Hæret. c. 13.*

*Marc 7. In Ezech lib. 1. hom. 10.*

SPIRITVEL.

auec les Dons du S. Esprit, pour la rendre docile & obeïssante à sa voix.

Le mesme sainct Pontife nous découure d'autres Effets de ces Dons, lors que les comparant aux sept fils de Iob, & rapportant comme ces sept fils faisoient chacun en son iour vn grand festin en sa maison & regaloient ses freres & ses sœurs, dit: *Filij per domos conuiuium faciunt, dum Virtutes singulæ iuxta modum proprium mentem pascunt, vnde bene dicitur, Vnusquisque in die suo; dies enim vniuscuiusque filij est illuminatio vniuscuiusque Virtutis: Alium enim diem habet Sapientia; alium Intellectus; alium Consilium; alium Fortitudo; alium Scientia; alium Pietas; alium Timor.* Les Fils de Iob font vn banquet somptueux en leur logis, lors que les Vertus, c'est à dire, les Dons du S. Esprit, font festin à l'ame chacun à sa façon; d'où vient que ces paroles sont significatiues & energiques, chacun traitoit en son iour, car le iour de chaque fils de Iob est la lumiere que chaque Don communique à l'ame, qui est differente selon qu'ils sont diuers, parce que le Don de Sapience a sa lumiere particuliere; celuy de l'Entendement la sienne, & ainsi des autres: A tant S. Gregoire.  Lib. 1. Moral. cap. 15. aliàs 16.

Apres qui sainct Bonauenture marchant sur les mesmes pas dit. *In regno animæ dies spiritalis oritur; dicit enim Gregorius, dies vniuscuiusque doni est sua illuminatio. Ipsa enim dona lumina sunt, cuius ratio est, quia ille donatur in eis, qui est Sol infiniti splendoris & ardoris, scilicet Spiritus Sanctus.* Il se fait vn iour spirituel au  Lib. de 7. Donis cap. 1. de Dono Pietatis.

Qq iij

royaume de l'ame, fuiuant la doctrine de sainct Gregoire, qui enseigne que le iour de chaque Don est son Illumination, & la façon speciale auec laquelle il nous éclaire : car les Dons du S. Esprit sont des clartez & des lumieres, par ce que le sainct Esprit, Soleil d'vne splendeur & d'vne ardeur infinie, nous est donné en eux. I'adiouste à cela que pour ce sujet ces Dons ont esté representez suiuant l'interpretation de quelques vns par ces sept yeux ouuerts & clairuoians dont parle Zacharie.

Cap. 3. 9.

Le mesme Docteur Seraphique descendant plus en particulier dit que les sept Dons portent le nom de rayons de feu, d'autant que le S. Esprit, qui est le Soleil d'où ils émanent, se sert d'eux comme vn grand feu d'amour pour faire ses operatiós dans les ames; pour abbaisser les Esprits altiers par le Don de Crainte; pour amollir les endurcis par le Don de Pieté; pour illuminer les tenebreux par le Don de Science; donner la fermeté aux flottans & aux foibles par le Don de Force; radresser les égarez par le Don de Conseil; polir les metaux qui sont encore bruts par le Don d'Entendement, & enflammer les froids par le Don de Sapience; de sorte que le S. Esprit, *per dona sua nobis donat lumen veræ cognitionis, & feruorem sancti amoris, quæ duo maxima dona & bona sunt, quæ nobis hîc dantur ad felicitatem æternam prægustandam*, nous communique par ces Dons la lumiere des vrayes connoissances, & les ardeurs du S. Amour, qui sont

Lib. citato cap. 1.

les deux plus riches dons, & les deux plus grands biens qui nous peuuent estre conferez icy bas, pour nous faire goûter par auance la felicité eternelle, laquelle nous est promise.

Disons encore que les sept Dons du S. Esprit donnent secours aux trois Vertus Theologales, & aux quatre Cardinales, ausquelles toutes les Morales se reduisent, & par consequent à toutes les Vertus, dans les occasions d'importance & les rencontres difficiles, où elles pourroient plier. Le Don d'Entendement appuye & soustient la Foy de peur qu'elle ne branle. Le Don de Science viuifie nostre Esperance, & nous fait voir comme nous sommes lourdement trompez de nous fier aux hommes & aux choses creées. Celuy de la Sagesse donnant à la Charité la saueur de Dieu & des choses diuines, luy baille plus de pointe & la met toute en flammes. La Prudence seroit trop courte & s'abuseroit souuent sans le Don de Conseil. La Pieté fait tenir la balance à la Iustice dans vne parfaite iustesse, & dans la moderation requise, de peur qu'elle ne soit ou ingrate aux Superieurs, ou trop seuere aux Inferieurs. La Force se treuueroit foible dans de certains perils & rendroit assurément les armes à l'ennemy, si le Don, qui porte son nom, ne luy seruoit de second, & ne l'assistoit dans le cóbat. Et le Don de la Crainte est necessaire à la vertu de Temperance pour reprimer les violentes impetuositez de la Concupiscence, & la retenir quád elle est plus en fougue.

Dauantage les Dons du sainct Esprit nous defendent & nous mettent à couuert, comme sainct Gregoire nous apprend, des plus grands maux dont nous pouuons estre attaquez. La Sapience nous arme & nous protege contre la Folie dans les choses de nostre salut. L'Entendement contre la stupidité dans les mysteres de la Foy. Le Conseil contre la precipitation dans nostre conduite. La Science contre l'Ignorance. La Force contre la Pusillanimité & la Foiblesse. La Pieté contre la Dureté. Et la Crainte contre le Libertinage.

D'où nous deuons conclure, ce qu'il faut bien remarquer, que les Dons du sainct Esprit ne nous sont point seulement vtiles pour faire excellemment nostre salut & arriuer à la perfection, mais qu'ils y sont mesme necessaires, acquis toutefois en vn haut degré, car si l'on ne les possede que comme ils se treuuent ordinairement dans les iustes auec la grace, ils ne le peuuent: dauantage, que ce sont eux qui font les Hommes vrayement Spirituels; que sans eux on ne peut bien se défaire de ses vices, domter absolument ses passions, arracher ses mauuaises habitudes enuieillies, resister aux rudes assauts de la Chair, du Monde & du Diable, & en remporter des victoires signalées, exploiter de grandes choses pour son auancemét, & pour la gloire de Dieu, & paruenir à la sainteté.

*Lib. de 7. Donis cap. 2.*
*Greg hom. 3. sup. Ezech.*

*Vt mundus septem diebus est perfectus*, dit sainct Bonauenture suiuant la pensée de S. Gregoire, *sic &*

*& minor mundus septem Donis Spiritus perficitur. Sunt septem Dona necessaria homini pro vita Actiua & Contemplatiua; Nam, vt ait Anselmus, Intellectus & Sapientia sunt pro vita Contemplatiua, Reliqua quinque pro Actiua, & sic septem Dona sunt septem Radij spirituales tam splendidi quam igniti, procedentes à Sole ardentissimæ charitatis, quibus Sapientia ædificauit sibi domum, excidit columnas septem.* Tout ainsi que ce grand Monde fut acheué & fini en sept iours, de mesme le Petit, qui est l'Homme, est rendu parfait par les sept Dons du S. Esprit, dont il a besoin & pour la vie Actiue & pour la Contemplatiue; car, comme sainct Anselme dit, les Dons d'Entendement & de Sapience sont requis aux occupations de la vie Contemplatiue, & les autres cinq aux emplois de l'Actiue. Et ce sont comme sept Rayons qui portent lumiere & chaleur issus du Soleil tres-ardent de l'amour, auec lesquels la Sagesse diuine se bâtit dans les Ames Iustes des maisons magnifiques & des superbes palais, qui sont fondez & établis sur sept Colomnes. Mais pour donner encore plus d'éclaircissement à cecy.

 Il faut sçauoir qu'il y a trois choses en l'Homme Iuste, qui concourent à son salut & élabourent sa perfection; la premiere est la Grace sanctifiante, qui le releue extrememement au dessus de sa nature, & luy confere vn estre celeste & diuin, le fait enfant de Dieu & le rend digne de sa possession eternelle, elle est receüe en la substance de son ame; les secondes sont les Vertus qui

Lib. de Simil. cap.131.

Prou. 9 1.

ornent & perfectionnent ses Facultez, comme la Foy son Intellect, la Charité sa Volonté, la Temperance son Appetit Concupiscible, la Force l'Irascible, & de ces Vertus il en est de trois sortes, les premieres sont les Theologales, qui sans difficulté emportent le dessus, parce qu'elles ont Dieu pour leur propre objet, ainsi que nous auons déja dit, & qu'elles vnissent l'ame à luy, la rendant par cette vnion veritablement parfaite. Et mesme sainct Augustin definit la Diuinité, en la façon qu'il se peut, par ces trois Vertus, lors que demandant qu'est-ce que Dieu, il répond: *quod neque dici neque concipi potest, sed quod credi, sperari & amari potest*, Dieu est-ce qui ne peut-estre ny expliqué par paroles, ny conçû par pensée, mais ce qui peut estre cru, esperé & aimé. Les secondes sont Intellectuelles, comme la Prudence, qui nous sert de Guide & de Porte-flambeau pour nous conduire; & les autres sont Morales, qui s'emploient ou à nous faire rendre à Dieu le culte qui luy est dû, ou à contenir nos passions dans leurs bornes, comme autant de bestes farouches dans leurs caueaux, à brider leurs mouuemens dereglez, & les assujetir aux loix de la Raison. Apres viennent les Dons du S. Esprit qui ne sont pas proprement & prochainement ny pour l'embellissement de l'ame ny pour la perfection de ses Facultez, mais pour les Vertus qui y resident, afin qu'elles puissent déployer librement leurs forces, & exercer sans resistance & d'vne emi-

Dionys. Carthus.
Tract. 1. de Donis art. 5.

SPIRITVEL. 315

nente maniere leurs actions ; d'où sainct Gregoire dit, qu'ils sont conferez, *in adiutorium Virtutum*, pour le secours & la perfection des Vertus.

A quoy ils sont necessaires, dautant que sans leur assistance les Vertus Morales, ny mesme les Theologales ne peuuent, comme le Docteur Angelique enseigne, nous fortifier iusques au point qu'il faut pour nous faire arriuer à nostre fin surnaturelle, ou si elles ont ce pouuoir, elles n'en ont pas assez pour nous y faire atteindre hautemét & nous faire operer nostre salut d'vne façó sublime; de mesme nostre Raison toute réforcée qu'elle sera de ces Vertus, y sentira toujours de grandes foiblesses, & n'y ira qu'à petit pas ; comme il se voit euidemment par l'experience iournaliere de la plus-part des Iustes, qui auec toutes leurs Vertus & Theologales & Morales, ne connoissent, n'aiment & ne loüent Dieu que fort imparfaitement, n'esperent en luy que petitement, ne font point ou fort peu d'actions genereuses & heroïques, & n'auancent gueres dans le chemin de la perfection. Richard de sainct Victor dit que le cœur de l'homme, quand il pense s'appliquer aux choses spirituelles, s'il n'est assisté particulierement du sainct Esprit & secouru de quelqu'vn de ses Dons, en est aisement diuerti & emporté à des sotises, suiuant cette parole du Sage, *sicut parturiens cor tuum phantasias patitur, nisi ab Altissimo fuerit emissa visitatio.* Ton cœur souffrira les phantaisies & les appetits d'vne femme grosse, si le

1. 2. q. 68. a. 2.

Apud Bonau.
2. Itiner.
Æterɴ. dist 5.
art 4.

Eccl. 34, 6.

Rr ij

sainct Esprit ne te visite & ne t'aide.

Les Vertus seules ne peuuent rendre vn homme que mediocrement vertueux, & non excellemment; c'est l'entreprise & l'ouurage des Dons; les Vertus l'ébauchent & luy impriment leurs figures, mais les Dons auec les Vertus l'acheuent. Et de vray tout ce que nous lisons dans les Histoires des Saints, toutes ces grandes & illustres actions, toutes ces operations admirables & diuines qui les ont éleuez au sommet de la perfection, ne sont quasi que des productions & des effets de ces Dons.

Ibid.

Sainct Thomas compare la force des Vertus à la clarté de la Lune, & l'energie des Dons à la lumiere du Soleil, qui est beaucoup plus forte, plus claire, plus ardente & plus efficace que celle de la Lune. Il est de trois sortes d'Oiseaux si nous les considerons pour voler ; les vns ont des ailes, & ne peuuent s'en aider, comme l'Autruche; Quelques autres peuuent bien s'en aider, non pas toutefois beaucoup ny pour voler bien haut, comme les Poulles; mais d'autres s'en seruent aisement, & long-temps, & volent sur les plus hautes montagnes, sur les pointes des rochers & à la plus sublime region de l'air, ainsi que les Aigles : Les Vertus infuses sont dans les enfans baptisez de la premiere façon oyseuses & sans action, elles font voler les Iustes de la seconde, mais les Dons leur donnent des ailes d'Aigle, auec lesquelles ils prennent vn grand essor, & s'emportent hautement à la perfection.

Comme le vaisseau qui n'a que des rames, va bien sur Mer, mais ce n'est ny sans trauail ny si viste, que celuy qui va à rames & à voiles, & qui a le vent en pouppe : de mesme l'ame Iuste fait sa nauigation sur l'Ocean de ce Monde pour cingler au port de son salut auec vne grande facilité & diligence, quand auec les Vertus ces Dons, que l'Ecriture appelle des Esprits qui signifient par fois des vents, enflent ses voiles, c'est à dire, ses Facultez, & soufflent dedans : car alors elle fait en peu d'heures beaucoup de chemin. Les roües neuues d'vn chariot ne se tournent qu'auec bruit & auec peine, où quand elles sont ointes & huilées, elles vont paisiblement & auec promptitude ; C'est ainsi que le S. Esprit fait aller les roües de nostre ame, i'entend ses Puissances, l'Entendement & la Volonté auec l'onction & le baume de ses Dons, que l'Eglise qualifie du nom d'Onction spirituelle, *spiritalis Vnctio*, qui autrement n'iroient qu'auec difficulté. Voila ce que les Dons operent dans l'ame Iuste, & les effets merueilleux de perfection & de saincteté qu'ils y produisent. Aussi le Prophete Roy dit, *Emitte Spiritum tuum & creabuntur, & renouabis faciem terræ.* Psal. 103. 30. Vous enuoyerez à l'ame vostre sainct Esprit auec ses Dons, qui luy communiquera vn nouuel estre, qui luy donnera vn Entendement nouueau, vne Volonté nouuelle, de nouuelles Affections, de nouueaux Yeux, de nouuelles Oreilles, vne nouuelle Langue, vn Corps & vn Esprit nouueaux, & la rendra toute autre.

*Exod. 25.*

Il y auoit dans le Temple de Salomon, & auparauant dans le Tabernacle, qui eſtoit comme vn Temple portatif, vn Chandelier duquel Dieu donna ce commandement à Moyſe, *Facies Candelabrum ductile de auro mundiſsimo, haſtile eius & calamos, ſcyphos, & ſphærulas, ac lilia ex ipſo procedentia. Sex calami egredientur de lateribus, tres ex vno latere, & tres ex altero, facies & lucernas ſeptem & pones eas ſuper Candelabrum, vt luceant ex aduerſo.* Tu feras vn Chandelier de tres-fin or, battu & cizelé, qui aura vne tige & ſix branches, trois de chaque coſté, & au deſſus autant de Lampes, qui feront ſept & qui luiront toujours en ma preſence. Tu mettras pour ornemens en chaque bras, comme auſſi en la tige, des Vaſes faits en forme de Couppes propres pour boire, de petits Globes & des Fleurs de lys d'or.

*Apud Villalp. ad cap. 41. Ezech. c. 59.*

Les Rabbins penſans mieux penetrer dans le ſens du mot Hebreu, pour lequel S. Hierôme a traduit, des Globes d'or, mettent des Grenades d'or. Arias Montanus dit que ces Lampes eſtoiét d'vn coſté ſemblables à l'œil de l'homme, & de l'autre, où le lumignon éclairoit, à ſon oreille.

Ce Chandelier ſi lumineux auec ſes ſept Lampes eſt, ſelon l'explication du Venerable Bede, vne éclatante figure des ſept Dons du S. Eſprit: Il eſtoit d'or tres-pur, à cauſe de la charité, que ces Dons accompagnent & ſur laquelle ils ſont fondez; Ce ſont des Lampes faites d'vn coſté en forme d'yeux, parce qu'ils nous illuminent & nous conduisent; & de l'autre comme des oreilles, qui est l'organe de l'obeïssance, pource qu'ils rendent l'ame docile aux instructions, & pliable aux mouuemens du S. Esprit. Les Couppes à boire, les Globes, & les Fleurs de lys representent les biens inestimables que ces Dons apportent à l'ame Iuste, les Lis la pureté, & l'innocence, les Globes auec leur rondeur, & les Grenades auec leurs coronnes & la multitude de leurs grains, la perfection & vne pleine abondance de bonnes œuures, & les Couppes les contentemens & les saintes delices dont ils la comblent.

Il ne reste plus sinon que comme nous sommes le Temple de Dieu, ainsi que dit S. Paul, nous tenions toujours allumé dedans nos cœurs ce Chandelier mysterieux à sept Lampes pour luire deuant luy, & que nous tâchions de l'aimer & de le seruir auec les sept Dons du S. Esprit.

2. Cor. 6. 16.

### Les moyens d'acquerir ces Dons.

Quelqu'vn me demandera maintenant par quels moyens nous pourrons acquerir ces Dons. A quoy ie répond. Premierement, que i'ay déja dit qu'ils sont toujours & infailliblement distribüez auec la Grace santifiante, mais comme en cét état commun & de minorité pour ainsi parler, ils ne sont pas pour faire si grand effet, vous desirez sçauoir comme quoy nous pourrons

en meriter vn notable accroissement & les posseder en vn haut degré.

Ie répond en second lieu qu'il y a pour cela
trois moyens. Le premier est de s'en rendre digne par vn retranchement des affections du monde, & par l'application aux choses spirituelles. S.
Bonauenture dit touchant cecy, *Istorum Donorum
& actuum tam excellentium, & radiorum tam splenden-
tium non sunt capaces mundi amatores.* Les esprits mondains & les cœurs attachez à la terre sont incapa-
bles de ces Dons precieux, de ces rayons brillans
& des operations excellentes qu'ils produisent
dans les ames : & il en adioûte la raison, *quia in eis
datur Spiritus Sanctus.* Parce que le S. Esprit se donne en eux & auec eux: duquel nostre Seigneur dit,
que *mundus non potest accipere,* qu'il ne se communique point au monde, c'est à dire, aux Hommes
mondains, dautant qu'ils y ont des oppositions
formelles, *quia non videt eum, nec scit eū.* A cause qu'ils
ne sçauent qui il est, & en suite de leur ignorance,
ils n'ont point d'amour pour luy ; Tellement que
leur premiere indisposition est celle de leur Entendement qui est stupide & aueugle pour les
choses de Dieu, suiuant ces paroles de l'Apostre,
*animalis homo non percipit ea quæ sunt Spiritus Dei.*
L'Homme animal ne sçauroit comprendre les
choses spirituelles, & celles-cy du Psalmiste, *oculos
suos statuerunt declinare in terram,* ils ont resolu de
tenir leurs yeux baissez & collez sur la terre. Et la
seconde est celle de leur Volonté, qui n'aime &
ne

*Lib. de 7.
Don. cap. 5.*

*Ioan. 14. 17.*

*1. Cor. 2. 14.*

*Psal. 16. 11.*

ne goûte que les Creatures, & ces trois choses dont S. Iean dit que le Monde est composé, & qui sont si contraires au S. Esprit, la Concupiscence de la Chair pour les plaisirs, la Concupiscence des yeux pour les richesses, & la Superbe de la vie pour la gloire: Car ce sont là les Elemens des Hommes du Monde, c'est l'eau où ils se baignent, l'air qu'ils respirent, le feu qui les échauffe, & la terre qui les porte & les nourrit.

1. Ep. 2. 16.

La seconde est la Demande & la Priere, car comme ce sont Dons du S. Esprit, il est raisonable & necessaire de les luy demander, & comme ce sont de tres-grands Dons, les luy demander tres-ardemment & auec toutes les instances & toutes les violences possibles. Pour cela, outre les prieres que nous pourrons faire de nous mesmes à ce dessein, il faudra dire souuent & auec vne affection tres-grande, le *Veni Creator*, & cette belle Prose qui se lit à la saincte Messe pendant toute l'Octaue de la Pentecoste; A quoy aussi le petit Office du S. Esprit pourra beaucoup seruir. Et il sera mesme bon durant quelque temps d'en demander vn & faire toutes ses diligences pour l'impetrer, & puis vn autre.

Le troisiéme est de s'vnir intimement à nostre Seigneur Iesus-Christ. Mais pour mieux entendre ce moyen il faut apprendre la doctrine de S. Thomas, qui nous enseigne que la chose principale & qui tient lieu de fondement à toutes les autres dans la Religion Chrestienne, est la Grace

1. 2. q. 108. a. 1.

du S. Esprit, parce que c'est elle qui nous iustifie, qui nous sanctifie, qui nous fait enfans de Dieu, & qui nous sauue ; parce que sans elle nous nous rendons esclaues de nos passions, nous nous laissons entrainer à nos vices, nous nous soüillons de toutes sortes de pechez, nous ne pouuons pratiquer la vertu ny exercer les bonnes œuures, & nous nous precipitons infailliblement à nostre ruine.

Or poursuit ce sainct Docteur, nous acquerons cette grace par nostre S. Iesus-Christ, qui pour ce sujet en a esté remply & pour soy & pour nous, *Verbum caro factum est*, dit S. Iean, *plenum gratiæ & veritatis*. Le Verbe a esté fait chair, le Fils de Dieu est deuenu fils de l'Homme, & il a esté rempli de grace & de verité. Pour soy premierement, & sans mesure : *Non enim ad mensuram dat Deus spiritum*, dit le mesme sainct Iean, & encore sans merite de sa part, pource que cette plenitude luy a esté communiquée en vertu de l'vnion hypostatique ; & puis pour nous, parce que, *de plenitudine eius nos omnes accepimus, & gratiam pro gratia : quia lex per Moy-sen data est, Gratia & Veritas per Iesum Christum facta est*, dit encore le mesme Apostre ; Nous puisons tous les graces que nous auons dans sa source, dautant que la Loy de Dieu a esté bien donnée aux Hommes par le ministere de Moyse, mais sa Grace & les connoissances de ses plus hautes Veritez nous sont conferées par Iesus-Christ ; pourtant auec mesure, car *vnicuique nostrum data est gra-*

Ioan. 1. 14.

Ioan. 3. 34.

Ioan. 1. 16.

Ephes. 4. 7.

*tia secundum mensuram donationis Christi*, dit sainct Paul, & par ses merites nous l'ayant impetrée par les trauaux de sa vie, & par les douleurs de sa mort, qui ont obligé son Pere de nous donner tous les secours necessaires pour faire nostre salut & verser dessus nous, comme parle l'Apostre, toutes sortes de benedictions celestes. Ephes. 1. 3.

Entre ces benedictions & ces graces il n'y a point de doute que les sept Dons du S. Esprit ne tiennent vn des premiers rangs, & comme nostre Seigneur en a esté sur-abondamment rempli & pour soy & pour nous, nous deuons nous conioindre tres-etroitement à luy pour les prendre de luy. Clement Alexandrin appelle elegamment nostre Seigneur la Mammelle de Dieu le Pere, dont le Prophete Isaïe luy a donné sujet, lors que parlant de luy, il dit: *Mammilla Regum lactaberis*, tu seras allaité de la Mammelle des Rois. Il faut nous attacher à cette sacrée & amoureuse Mammelle & en tirer le lait dont elle est pleine, *sicut modo geniti infantes lac concupiscite*, dit le Prince des Apostres. Nous voyons comme les enfans, quand ils ont faim, s'élancent & se iettent sur celles de leurs Meres, & auec quelle auidité ils les tetent, par ce qu'ils sçauent par vne science que la Nature leur a apprise, que c'est là où ils treuueront leur nourriture & leur soûtien. Nous deuons faire le mesme à l'endroit de cette chére Mammelle du Pere, nous deuons la prendre & la succer auec ardeur pour en attirer nostre aliment, & les Dons du

Pædag. c. 6.

Isaïe 60. 16.

1. Petti 2, 2.

sainct Esprit, dont elle abonde.

Que si vous voulez sçauoir comme on la succe, ie vous diray que c'est auec les actes de Foy, croyant que nous n'auons point ces Dons, que nous en sommes tres-indignes, qu'ils nous sont necessaires pour acquerir nostre perfection, que nous ne pouuons les auoir de nostre chef, qu'il n'y a que luy qui nous les puisse donner, que ses merites seuls nous les ont obtenus, & qu'il en est pleinement rempli & pour soy & pour nous. De plus c'est auec des Desirs, & des souhaits embrazez de les auoir; auec des Demandes, des Prieres & des Coniurations pressantes & continuelles; & auec des Actes d'Esperance & d'Amour. C'est ainsi que l'on tire & que l'on attire cette liqueur diuine de cette aimable mammelle.

### Du Don de Crainte.

APres auoir expliqué en gros la nature & les effets des Dons du S. Esprit, venons maintenant à parler de chacun en detail & par le menu, & commençons par le Don de Crainte, comme par celuy qui est le fondement des autres, & la porte par laquelle ils entrent dans vne ame.

Il y a deux ordres entre les Dons du S. Esprit, l'vn est l'ordre de perfection, selon lequel le Don de Sapience est sans difficulté le premier & le plus noble, Le Prophete Isaïe l'a suiuy au denombrement qu'il fait de ces Dons au sujet de nostre

Seigneur, comme aussi l'a t'il dû faire, parce que nostre Seigneur les posseda tous & au plus haut degré de leur excellence dés le premier instant de sa conception, par l'infusion qui luy en fut faite. L'autre est l'ordre d'acquisition, auquel le Don de Crainte se presente le premier sur les rangs, parce qu'il luy donne ouuerture, comme celuy que l'on doit acquerir le premier, & par luy les autres. C'est pourquoy encore que les sept Dons nous soient infus & versez tous ensemble auec la grace dans le baptéme, neantmoins parce qu'ils ne nous sont donnez que petits & comme ébauchez, & que nous deuons tâcher d'en meriter l'acroissement & la perfection, nous commencerons par le Don de la Crainte.

Pour la declaration duquel nous disons que S. Thomas apporte quatre sortes de Craintes, qu'il met au iour & étalle auec ce raisonnement. La Crainte, dit-il, nous fait en quelque façon ou aller à Dieu ou nous en retirer, cár comme elle regarde le mal comme son objet, il arriue par fois que la Crainte du mal nous fait tourner le dos à Dieu, & lors cette Crainte est mauuaise & s'appelle Humaine ou Mondaine. Par fois aussi elle nous porte à luy & nous attache à son seruice, & si c'est seulement la Crainte de ses châtimens, cette Crainte se nomme seruile, si la Crainte de son offense, c'est la Filiale. Que si cette Crainte enueloppe l'vn & l'autre, elle est ditte Initiale ou la Crainte des Commenceans. Voilà la doctrine de S. Thomas.

2.2. q.19.a.2.

A laquelle S. Bonauenture adiouste qu'il y a d'abondant vne Crainte naturelle, qui nous fait auoir peur de la mort & de tout ce qui nous est contraire, laquelle de soy n'est ny bonne ny mauuaise, mais vne pure passion qui suit la nature, dont nostre Seigneur a voulu ressentir pour nous au Iardin des Oliues les rigueurs & en souffrir toutes les affres. Il distingue la Mondaine de l'Humaine, & dit, que celle-là trauaille vn esprit, lors qu'on redoute dauantage la perte de ses biens & de son honneur, que celle de l'amitié de Dieu; comme les Iuifs, qui par raison d'état & pour se maintenir dans la possession de leur païs firent mourir le Fils de Dieu. Que celle-cy est quand on apprehende plus les incommoditez & les douleurs du corps que le peché, ainsi que S. Pierre, quand si laschement il renia nostre Seigneur.

Le mesme Docteur Angelique nous apprend que la Crainte Filiale est la plus parfaite de toutes, & nous la declare de cette sorte; la liaison qu'a vn seruiteur auec son maistre est fondée sur l'autorité qu'a le maistre sur son seruiteur, en vertu de laquelle le maistre tient son seruiteur en son pouuoir & en dispose selon sa volonté, où celle du fils à son pere, & de l'épouse à son époux n'eva pas ainsi, & ne descend point du haut en bas, comme celle du maistre au valet, mais monte du bas en haut, du fils au pere & de la femme à son mary, ausquels ils s'assujetissent & se soûmettent, le fils par l'amour filial, & la femme par l'amour coniugal, d'où nait en celuy-là la Crainte Filiale, & en celle-cy la Crainte Chaste. Car c'est vne Regle generale que toute Crainte découle de quelque amour comme de sa source, dautant que nous ne craignons que le mal qui est contraire à ce que nous aimons; Nous craignons la mort, par ce que nous aymons la vie, vn pere apprehende tout ce qui peut nuire à son fils, parce qu'il luy est cher, s'il n'auoit de l'affection pour luy, tous ses maux luy seroient comme indifferens. C'est pourquoy l'amour pur & parfait, comme est celuy d'vn bon fils enuers son pere, & d'vne femme chaste à l'endroit de son mary doit necessairement engendrer en eux vne Crainte parfaite & excellente.

Que Cassian décrit elegamment en ces termes, *Quisquis fuerit in Charitatis perfectione fundatus, necesse est vt ad illum sublimiorem timorem gradu excellentiore conscendat, quem non pœnarum terror, non cupido præmiorum, sed amoris generat magnitudo, quo vel filius indulgentissimum patrem, vel fratrem frater, vel amicum amicus, vel coniugem coniux sollicito reueretur affectu, dum eius non verbera neque conuicia, sed vel tenuem amoris formidat offensam, atque in omnibus non solum actibus verum etiam verbis attenta semper pietate distenditur ne erga se quantumcumque feruor dilectionis illius intepescat.* Quiconque est arriué à la perfection de la Charité & du vray amour de Dieu, doit tout ensemble auoir atteint le plus haut degré de la Crainte, que

Collat. 11. cap. 13.

produit non la peur des peines, ny le defir de la recompenfe, mais la grandeur de l'amour, comme eft celuy qu'vn bon fils porte à fon tres-bon pere, vn frere à fon frere, vn amy à fon amy, & vne chafte & aimante époufe à fon tres-aimable époux, dont il luy fait apprehender viuement non les coups ny les reproches, mais le plus petit manquement qu'il pourroit commettre contre fon amour, & le tient non feulement en toutes fes actions, mais encore en toutes fes paroles dans vne attention continuelle & foigneufe, que la flamme de fon affection ne vienne à fe refroidir tant foit peu. Telle eft la nature de la Crainte chafte & filiale.

Qui de toutes les bonnes Craintes eft proprement celle qui merite la qualité honorable de Don du S. Efprit, & du premier des fept Dons, parce qu'elle eft infeparable de la Charité, & prend d'elle fa vie. Ce que S. Thomas va ainfi expliquant: Les Dons du S. Efprit font des Habitudes furnaturelles qui perfectionnent les facultez de l'ame pour les plier aux mouuemens du S. Efprit, comme les Vertus Morales les rendent fouples à la Raifon. Or afin qu'vne chofe reçoiue fans peine le mouuement d'vn autre, il faut en premier lieu qu'elle luy foit obeïffante & foûmife, & qu'elle ne luy refifte point du tout, dautant que la refiftance, que le mobile fait au moteur, eft ce qui empefche le mouuement. La Crainte filiale produit cette foûmiffion en nous, parce

# SPIRITVEL.

parce qu'elle nous imprime vne grande veneration enuers Dieu, nous fait auoir peur de l'offenser & de nous souſtraire de son obeïſſance. Pour cette cauſe la Crainte filiale eſt le premier des Dons du S. Eſprit, qui ſe communique à l'ame iuſte, parce qu'elle monte à tous les autres par elle, & que tous les autres la ſuppoſent.

Et autre-part il apporte à ce propos ces paroles celebres de Dauid, que ſon fils Salomon a couchées deux fois dans ſes Prouerbes, & Ieſus fils de Sirach vne dans ſon Eccleſiaſtique, *Initium Sapientiæ timor Domini.* La Crainte du Seigneur eſt le commencement, la porte & l'entrée de la Sageſſe. C'eſt par elle comme par le premier Don du ſainct Eſprit qu'on arriue au plus haut de tous qui eſt celuy de la Sageſſe, & par conſequent à tous ceux qui ſont entre-deux. *Donorum primum*, dit ſainct Bonauenture, *ſcilicet infimus gradus aſcendendi ad guſtum ſapientiæ eſt timor Domini, de quo Anſelmus ſic, horum Donorum primum eſt timor Dei, veluti aliorum quoddam fundamentum.* Le premier Don du S. Eſprit, c'eſt à dire, le premier échelon pour monter au goût de la Sapience eſt celuy de la Crainte de Dieu, comme meſme ſainct Anſelme le dit, & qu'il appelle pour cela le Fondement des autres.

Sainct Bernard maniant ce ſuiet dit auec beaucoup de lumiere. *Bene initium ſapientiæ timor Domini, quia tunc primùm Deus animæ ſapit cum eam afficit ad timendum : Times Dei iuſtitiam, times potentiam? Sapit tibi iuſtus & potens Deus, quia timor ſapor eſt.*

Art. 7.
Pſal. 110. 10.
Prou. 1. 7. &
9. 10.

Eccl. 1. 16.

Lib 7 de Donis cap. 1.
Lib. de ſimilit. cap. 130.

Serm. 23. in Cant.

Tt

*Porro sapor sapientem facit, sicut scientia scientem, sicut diuitiæ diuitem. Præparatio rerum cognitio est: Verum hanc facillimè sequitur elationis tumor, si non reprimat timor, vt meritò dicatur, initium sapientiæ timor Domini, qui se pesti insipientiæ primus opponit.* C'est auec raison que la Crainte du Seigneur est nommée le commencement & l'ouuerture de la Sagesse, par ce que l'ame commence à goûter Dieu quand elle commence à le craindre. Vous craignez la Iustice de Dieu, vous redoutez son pouuoir, Dieu donc iuste & puissant vous est sauoureux, pource que la Crainte est vne espece de saueur. Que si la Crainte est vne saueur, elle ébauche sans doute en l'homme la Sagesse, parce que comme la sciéce rend vn homme sçauant & les richesses riche, la connoissance sauoureuse le fait sage. La connoissance est le preparatif de nos esprits pour les choses, mais comme la vanité se glisse aisément dans les connoissances, si la Crainte ne l'empesche, de là vient qu'on dit à bon droit que le commencement de la Sagesse est la Crainte, laquelle s'oppose la premiere à la sotise. A tant sainct Bernard.

Le Don de Crainte est donc le premier de tous les Dons du sainct Esprit, & non seulement des Dons, mais encore des Graces de Dieu, & la Mere & la Gardienne de toutes les Vertus ; parce que comme rien ne nous peut separer de Dieu ny nous faire méchans que le peché, & que la Crainte par la soûmission qu'elle nous fait rendre à la diuine Majesté, le bannit loin de nous, elle nous dispose en suitte à la reception des graces de Dieu, & à l'acquisition de toutes les vertus. Dauantage comme la Crainte chasse l'Orgueil qui est le premier de tous les vices, & la cause de tous nos maux, & par vne liaison necessaire engendre l'Humilité, qui est la source de tous nos biens, elle rend nos ames plus capables des faueurs diuines.

Apres auoir consideré la nature du Don de Crainte, voyons à present ses effets, que sainct Bernard nous represente en ces termes dans vn Sermon qu'il a fait des sept Dons du sainct Esprit, *Primus contra Negligentiam timor exsurgit ; Nimirum ipse est, quo concutitur anima, discutitur conscientia, excutitur sopor letalis, incutitur sollicitudo, denique qui timet Deum, nihil negligit, sed veretur omnia opera sua.* La Crainte est la premiere qui se bande contre la Negligence, & qui prend le bouclier & l'épée pour s'en defendre & la porter par terre; c'est elle qui donne à l'ame de sainctes secousses, qui la fait entrer dans son interieur pour examiner attentiuement ce qui s'y passe, qui dissipe son assoupissement & sa letargie, & luy fait ouurir les yeux & se mettre en deuoir pour executer tout & ne manquer à rien: car suiuant la parole du Sage, celuy qui craint Dieu, ne neglige rien, mais il a toujours apprehension qu'il ny ayt quelque chose à redire en ses œuures.

Le docte & pieux Cardinal Iacques de Vitry

Tt ij

racontant comme la B. Marie d'Oegnie possedoit ce Don, dit ces mots, la grandeur & la sincerité du parfait amour, que cette Saincte portoit à Dieu, la rendoit extremement soigneuse & circóspecte sur la veille non seulement de ses actiós, mais encore de ses paroles & de ses pensées pour y prendre garde de tres-pres & n'y rien oublier. La creance qu'elle auoit que Dieu tenoit continuellement ses yeux attachez sus elle, faisoit qu'elle auoit toujours peur pour ses œuures qu'il n'y eût quelque chose qui luy deplût. *Erat igitur ei timor castus in corde tanquam fascia pectoralis, quæ cogitationes constringeret ; tanquam frenum in ore, quod linguam coërceret ; in opere ceu stimulus, ne desidia torperet ; denique velut norma & regula in omnibus, ne vnquam modum excederet. Ab hoc timore erat adeo exigua in oculis suis, vt se nihili loco haberet, summe cuperet latere.* Et cette peur luy seruoit comme d'vne ceinture pour resserrer & arrester les pensées de son cœur, à ce qu'elles ne vinssent à se dissiper & à se répandre ; comme d'vne bride en sa bouche pour moderer & bien gouuerner sa langue ; comme d'vn aiguillon pour la faire aller & ne point s'amuser en chemin ; Enfin comme d'vne regle en tout pour ne point exceder ny passer la ligne. Cette saincte Crainte la faisoit si petite à ses yeux & si humble qu'elle se tenoit pour vn neant, & qu'elle eût voulu ne paroistre iamais.

Denys le Chartreux décriuant ces effets, dit, que le Don de Crainte chasse le peché, fait fuïr la

*Lib. 2. Vitæ B. Mariæ Oegni cap. 2 apud Sur. 23. Iunij.*

*Tract 3. de Denis, art. 46*

paresse, tient lieu de racine à la Sapience, donne de la fermeté à vn esprit, qui autrement est tousjours en branle: ce que les sainctes Lettres nous apprennent, quand elles nous disent, *Timor Domini expellit peccatum. Qui timet Deum, nihil negligit. Radix Sapientiæ timere Deum. Nisi te in timore Domini constanter seruaueris, citò subuertetur domus tua.* Eccl. 1. 27.
Eccl. 7. 19.
Eccl. 1. 25.
Eccl. 27. 4.

Le sage fils de Sirach dés l'ouuerture de son Liure dit des merueilles de ce Don! *Timor Domini, ce sont ses paroles, gloria & gloriatio, & lætitia & corona exultationis. Timor Domini delectabit cor, & dabit lætitiam & gaudium. Plenitudo sapientiæ est timere Deum, & plenitudo à fructibus illius. Corona sapientiæ timor Domini, replens pacem & salutis fructum.* La Crainte du Seigneur est la gloire, l'honneur, la ioye & la parfaite alegresse, qui comble le cœur d'vn contentement inexplicable. Le vray poinct de la sagesse est de craindre Dieu, d'où découlent le salut & toute sorte de biens. Eccl. cap. 1.

Le Roy Prophete s'étendant sur ce sujet en plusieurs de ses Psalmes, voicy ce qu'il dit en l'vn: *Timete Dominum omnes sancti eius, quoniam non est inopia*, & comme d'autres traduisent de l'Hébreu, *non est defectus timentibus eum.* Vous qui estes saincts, craignez le Seigneur, par ce que rien ne manque à ceux qui ont sa crainte, ils n'ont point de défauts, ils se purifient auec grand soin de leurs imperfections, ils se rendent exempts de plus en plus de tous vices, ils deuiennent fort parfaits & par la Crainte de Dieu ils montent au comble Psalm. 33. 10.
Bellarm. ibi.

d'vne vertu consommée : & autre part il s'écrie, *Quam magna multitudo dulcedinis tuæ, quam abscondisti timentibus te! abscondes eos in abscondito faciei tuæ à conturbatione hominum; proteges eos in tabernaculo tuo à contradictione linguarum.* O que grande & abondante est la douceur que vous gardez pour ceux qui vous craignent! Vous les cachez dans la splendeur de vostre face, où vous les couurirez de lumieres, les rauissant à l'iniustice des hommes, & à la violence des Grands de la terre; Vous les mettrez dans vostre Tabernacle à l'abry des menaces & des calomnies des Méchans, vous rendant leur Protecteur.

Pſalm. 30, 20

Voila comme les Docteurs & les Saincts parlent des effets du Don de Crainte, mais entre tous il y en a trois principaux, dont le premier est, que ce Don donne vne singuliere retenüe & vne composition tres modeste tant à l'interieur comme à l'exterieur deuant Dieu, qui tient l'ame en sa presence dans vn tres-grand respect & vne tres-profonde reuerence, qui passe mesme iusques au tremblement, comme l'Ecriture dit des Colomnes du Ciel & des Seraphins qu'ils fremissent deuant la Majesté diuine.

Ainsi l'ame tres-saincte de nostre Seigneur se tenoit pendant qu'il estoit mortel, & se tient encore, & se tiendra à iamais là hault au Ciel dans vn extreme respect deuant la Diuinité: Aussi Isaïe dit de luy, *replebit eum Spiritus timoris Domini.* Que l'Esprit de la Crainte reuerentiale du Seigneur le remplissoit & le possederoit, & pour cela *exauditus est pro sua reuerentia*, dit sainct Paul, il a esté exaucé en ses prieres, à cause de la parfaite reuerence qu'il portoit à Dieu, & auec laquelle il les faisoit. Quelle reuerence pratiqua-t'il en celle du Iardin des Oliues? Quels furent ses abaissemens & ses humiliations? A vray dire plus vne ame connoist la grandeur & la majesté de Dieu, plus de respect a t'elle pour luy, & plus luy rend-elle d'honneur; Et comme l'ame de nostre Seigneur en a vne connoissance infiniment plus claire & plus parfaite que tous les Anges & tous les Hommes, aussi elle est incomparablement plus respectueuse en sa presence. Ainsi les ames, qui possedent le vray Esprit de Iesus-Christ, & ont reçû le Don de Crainte en vn hault degré, sont extremement considerées, retenuës & craintiues deuant Dieu; elles le reuerent auec des sentimens si humbles & si profonds, qu'elles se sentent comme fondre & aneantir, se souuenant seulement qu'il les regarde.

Abraham estoit vrayement touché de cette affection, lors qu'ayant receu trois Anges, qui luy apparurent sous la figure de trois ieunes hommes, il se mit à preparer luy mesme ce qui estoit necessaire pour les regaler, & puis les ayant faits asseoir, *ipse stabat iuxta eos sub arbore*, dit le Texte sacré, il se tenoit debout sous vn arbre auprés d'eux pour les seruir. Où sainct Chrysostome remarque, vn si grand personage, vn patriarche si

Hebr. 5. 7.

Genes. 18. 8.
In Genes.
hom. 41.
Παρειστήκει ὁ ἑκατοντάρχης
τοῖς ἀνδράσιν

illustre, recommendable pour tant d'actions heroïques, vn venerable vieillard âgé de cent ans, se tenir debout comme vn valet dauant trois ieunes hommes, qui estoient assis & qui mangeoient son bien. Quel merueilleux respect! qu'il accrut encore lors qu'apres le disner parlant à l'vn d'eux il vsa de ces termes. *Loquar ad Dominum meum, cum sim puluis & cinis.* Ie prendray la hardiesse de parler à mon Seigneur, encore que ie ne sois que poudre & cendre.

Sainct François apportoit tant de reuerence en ses prieres, qu'il ne les faisoit iamais assis, ny appuyé à quoy que ce fut, mais toujours à genoux, ou debout, & teste nüe, & lors qu'il estoit en voyage il descendoit de sa pauure monture, quãd sa foiblesse l'auoit contraint d'en prendre, & s'arrêtoit, & vne fois que la pluye le surprit dans ce sainct exercice, il ne bougea de là, & ne se hasta point d'vne syllabe, mais continüa tout mouillé qu'il estoit, dans la mesme reuerence. Voila où porte le Don de Crainte.

Qui par cette reuerence rend vne ame extremement agreable à Dieu, & capable d'vne abondante participation de ses graces, conformément à ces paroles qu'il dit par le Prophete Haïe, *Ad quem respiciam nisi ad pauperculum & contritum spiritu & trementem sermones meos?* Sur qui ietteray-ie les yeux? qui regarderay-ie fauorablement & auec bien-veillance? sinon celuy qui s'abaisse deuant moy, qui s'estime pauure & comme vn neant, qui tremble

tremble de respect en ma presence, & entend mes paroles auec fremissement.

J'adiouste pour conclusion de cét effet que le Don de Crainte ne donne pas seulement du respect enuers Dieu, mais qu'il l'étend encore par proportion à l'endroit des Hommes, comme en estans dignes pour estre des Creatures tres-excellentes & diuines, sur le front desquelles Dieu a graué les traits de ses perfections, & y fait reluire auec vn grand éclat les rayons de sa beauté: de sorte qu'on deuient retenus, modestes, respectueux & deferans enuers eux. A la verité si le Sage a dit à Dieu, *Tu dominator virtutis cum magna reuerentia disponis nos.* Seigneur, encore que vous ayez tout pouuoir & que vous soyez infiniment grand, vous nous conduisez toutefois auec vne grande reuerence, & vous gouuernez les Hommes auec honneur; nous deuons sans doute auec beaucoup plus de sujet traitans auec eux faire le mesme. Sap. 12. 18.

Le second effet du Don de Crainte est vne apprehension inexplicable de la moindre offense de Dieu, vne auersion extreme & vne haine mortelle de tout peché: & en suite vne fuite tres-soigneuse de toutes les occasions qui y peuuent porter: Le peché est à ces ames sainctemét craintiues le seul objet de leurs peurs, de leurs inimitiez, de leurs abominations & de leurs horreurs; elles aimeroient mille fois mieux se lancer dans les flammes, & dans tous les tourmens de l'Enfer, que d'en commettre vn seul; les Bien-heureux choisiroient plutost de sortir du Paradis, de perdre leur felicité, & estre à iamais miserables, que de dire seulement vne parole oyseuse. Ainsi lisonsnous que plusieurs filles & femmes pour conseruer leur chasteté & empescher les pechez, ausquels leur beauté, quoy qu'innocemment de leur part, donnoit des attraits, se sont precipitées, iettées dans les eaux, défigurées le visage & enseuelies toutes viues dans des sepulchres pour y finir leurs iours.

Hom. 16.

Sainct Macaire l'Egyptien dit fort remarquablement sur ce poinct ces mots. Les Hommes vrayement spirituels ne sont pas exempts de crainte; Ce n'est pas qu'ils soient sujets à celle, dont les Commenceants & les Nouices sont trauaillez de la part des Diables, qu'ils apprehendent de voir, ou d'en estre molestez; mais toute leur peur & toute leur apprehension regarde l'offense de Dieu & le bon vsage des graces qu'il leur a conferées, afin qu'ils n'y sassent rien qui luy deplaise tant soit peu. Et à propos de la crainte

Liu. 1. c. 13.

des Diables, l'Euesque de Tarassonne Iacques d'Yepes apres auoir rapporté dans la vie qu'il a composée de saincte Terese, que nostre Seigneur ayant dit à cette saincte: Ne crain point, ma fille, c'est moy, ie ne t'abandonneray pas: & que ces paroles luy donnerent vn merueilleux courage contre les Démons, dont apres elle se moquoit, adiouste sagement: En effet de voir vne ame, qui sert Dieu sans feintise, auoir vne autre peur que celle de l'offenser, c'est vn tres-grand desordre, parce que c'est faire tort à vn si grand & si puissant Seigneur, que de craindre vn autre que luy.

Le troisiéme effet de ce Don est, quand on a offensé Dieu, mesme pour peu, vne grande honte & vne confusion penetrante de sa faute. L'ame est honteuse d'auoir fait quelque chose qui deplait à Dieu, elle en est toute transie, ce peché luy peze sur le cœur, cette offense luy fait grande peine & la tient en ceruelle iusques à ce qu'elle soit effacée & oubliée. L'Histoire est memorable de cette Dame, qui ayant violé la foy qu'elle deuoit à son mary, seigneur de qualité & de qui elle estoit cherement aimée, en fut punie de cette façon. Son mary cruellement irrité de ce sanglant outrage, banit cette perfide de sa presence en vn lieu sombre & retiré de son chasteau pour y passer ses iours en tristesses & en pleurs, & ne l'en faisoit sortir que pour vne plus grande punition, car c'estoit pour venir manger auec luy & boire dans le test de son adultere mis à mort, qu'il auoit fait enchasser dans de l'argent. Il n'y a point de doute que cette femme ne fut horriblement confuse & couuerte d'vne vergogne étrange, lors qu'elle paroissoit deuant son mary dans la souuenance qu'elle auoit de sa bonté & du parfait amour dôt il luy auoit donné tant de preuues, & de son infidelité. Les ames profondement frappées de cette

*Antoine du Verdier en sa Bibliotheque.*

saincte Crainte reffentent deuant Dieu les mef-
mes difpofitions pour des offenfes bien moindres
& pour leurs petites fautes: auffi merite-t'il infiniment dauantage.

  Sainct Iean Climacus fait mention de certains
Penitens admirables & fameux, qui auoient des
fentimens extraordinaires & nompareils de leurs
pechez; il rapporte comme témoin oculaire cecy
d'eux entre autres chofes. I'ay veu des Hommes
humiliez pour leurs pechez, brifez de repentáce,
& accablez fous le poids de leur douleur, faire
leurs prieres auec des foupirs, auec des fanglots
& des cris fi lamentables, qu'ils euffent pû donner de la pitié aux rochers. On peut auec grande
raifon leur appliquer les paroles de Dauid, & dire
d'eux: *Toto die contriftati incedebant, obliti comedere pa-*
*nem fuum, & potum aquæ lachrymis & fletu mifcebant;*
*puluerem & cinerem pro pane comedebant; offa cuti ad-*
*hærebant, & ipfi tanquam fœnum exaruerunt:* & le refte,
dont la feule lecture eft capable d'émouuoir les
cœurs les plus durs. Ils paffoient les iours plongez
dans vn profond ennuy, s'oublians de prendre
leur nourriture; & quand ils la prenoient, c'eftoit
vn peu de pain, & mefme au lieu de pain, de la
poudre & de la cendre, & vn peu d'eau mélée de
leurs larmes; ils n'auoient que la peau & les os, &
eftoient fecs & fletris comme du foin, paroiffans
plutoft des fcheletes que des hommes viuans.
Voila les trois effets que produit le Don de
Crainte. Le refpect enuers Dieu; la haine & la

*Gradu 5.*

Αὐτῶ τῶ τ
κινῶν αἰϑησιν
καταϱύξαι.

Pfalm. 37.

fuite de son offense, & la confusion quand on en a commis quelqu'vne.

Sans ce Don on est aisement emporté aux trois choses contraires. Au lieu du respect, l'ame prend des libertez auec Dieu qu'elle ne doit pas, elle traite auec luy trop priuément, elle se comporte en ses prieres auec des irreuerences, elle luy parle en termes trop hardis, elle agit trop familierement & comme de pair, elle commet deuant son infinie Majesté des inciuilitez & des lourdises, qui donnét par fois iusques à l'effronterie, à cause de l'ignorance criminelle qu'elle a, & d'elle & de soy: comme vn enfant qui ne connoissant pas le Roy ny le merite de sa souueraine dignité, fait de l'enfant, ioüe & badine deuant luy.

Ce n'est pas pourtant que le Don de Crainte oste les sages libertez, les confiances & les caresses d'vn Fils enuers son Pere, & d'vne Epouse à l'endroit de son Epoux, mais seulement elle bannit l'insolence, l'audace & les façons suffisantes & trop libres; comme il parut en Abraham, qui dans tout le respect qu'il porta à l'Ange, dont nous auons parlé cy-dessus, ne laissa pas de luy demander, & par six fois consecutiues, vne chose tres-grande, à sçauoir le pardon pour les Sodomites. La reuerence n'est pas opposée à l'amour, mais au contraire elle luy donne plus de pointe, & elle ne gesne & ne contraint pas, mais seulement elle purifie & perfectionne les priuautez. Vne ieune Princesse doüée d'vn excellent naturel, d'vn tres-bon esprit & parfaitement bien eleuée ne manqueroit pas pour le grand respect qu'elle porte à son mary, qui est vn Roy tres-puissant, orné de toutes sortes de perfections & beaucoup plus âgé qu'elle, de luy rendre tous les témoignages d'vn ardent amour & d'vser de toutes les familiaritez bien-seantes.

Si le manquement de ce Don fait commettre ces fautes enuers Dieu à qui elles deplaisent grandement, parce qu'elles naissent d'vn orgueil secret & du peu d'estime de sa Majesté, il les fait encore faire auec plus de licence enuers les hommes, dont pour cela on ne tient pas assez de compte, à qui on porte trop peu d'honneur, sur qui on prend des autoritez iniustes & on exerce de petites tyrannies, à qui on parle auec des termes hautains & fiers, on se rend inciuil, rude, rebutant, farouche & outrageux.

Au lieu de la peur & de l'auersion du peché, l'ame ne craint pas beaucoup d'offenser Dieu, elle ne fait pas grand état des petites fautes, elle s'y laisse aisement aller, elle n'apprehende point les occasions de cheoir, elle ne s'en donne pas autrement de garde, s'appuiant sur ses forces & croyant qu'elle s'en tirera bien, elle vse negligemment, & mesme elle abuse des graces de Dieu, comme si la continuation luy en estoit assurée, ou si c'estoit peu de chose.

Et pour la honte de son peché, elle n'en est pas piquée, mais elle tombe dans le malheur, dont

parle Ieremie, *Confusione non sunt confusi, & erubes-*    Cap. 6. 15.
*cere nescierunt,* ils n'ont pas esté confus d'auoir offensé Dieu, & la rougeur ne leur en est point
montée sur le visage.

Pour aller au deuant de ces grands maux, &
nous disposer à receuoir les biens dont nous auós
parlé, efforçons nous d'auoir cette saincte & diuine Crainte, & pour cela demandons là instamment au sainct Esprit, luy disant souuent auec
Dauid, *Confige timore tuo carnes meas.* Percez moy    Psal. 118. 120
de vostre Crainte, & remplissez ma volonté &
tout mon interieur si abondamment de ce Don,
qu'elle découle & déborde sur mon corps & sur
tout mon exterieur. Demandons là à nostre Seigneur, & sucçons cette sacrée Mammelle qui en
est toute pleine.

Produisons-en des actes tous les iours, nous imprimant bien auant cette importante instruction
que le Roy Prophete nous donne, *seruite Domino*    Psalm. 2. 12.
*in timore & exultate ei cũ tremore.* Seruez Dieu auec
crainte, & que la ioye & le contentement que
vous auez d'estre à luy, que vos affections & tous
les hommages que vous luy rendez, soient ac-
compagnez toujours d'vn respectueux tremblement, selon que sa Majesté infinie le merite. Quelque eleuation d'esprit que vous ayez, de quelque
sentiment de pieté & de tendresse que vous soyez
touchez, de quelque amour que vous soyez embrazez, & dans toutes les communications que

vous aurez auec Dieu, prenez garde de ne perdre iamais le respect, vous souuenant que s'il est vostre Pere & vostre Epoux, il est aussi vostre Dieu, vostre Roy & vostre Iuge; & que les Grands demandent cela, qu'en toutes les caresses qu'ils font à leurs Fauoris & en toutes les priuautez qu'ils leur accordent, ils ne veulent iamais qu'on les traite tout à fait d'égaux & qu'on oublie ce qu'ils sont. A plus forte raison le Grand des Grands, deuant qui tous les Grands sont petits, & les tres-Grands & les plus puissans Monarques ne sont que des atômes : Aussi vn peu apres que

Cant. 1. v. 1. l'Epouse transportée de son affection eût fait cette saillie d'amour, *osculetur me osculo oris sui*, qu'il me baise d'vn baiser de sa bouche, qui fut la premiere parole qu'elle dit à son Epoux nostre Seigneur, la premiere parole aussi que nostre

v. 7. Seigneur luy dit, fut celle-cy, *si ignoras te, ô pulcherrima inter mulieres, egredere & abi*. O la plus belle d'entre les femmes, si tu te méconnois auec toute ta beauté, & que tu prennes plus de liberté que ne porte la grandeur de ma condition & la petitesse de la tienne, va t'en & retire toy de ma presence, & que ie ne te voie iamais.

*Du Don*

## Du Don de Force.

NOvs pouuons parler de la Force, & comme d'vne Vertu & comme d'vn Don du sainct Esprit: si nous en parlons comme d'vne Vertu, nous treuuerons qu'elle a deux visages, parce que par fois elle signifie vne fermeté & vne constance d'esprit pour resister à tous les vices, pour reprimer les mouuemens desordonnez, & assujetir les passions aux loix de la raison, & alors la Force n'est pas vne Vertu speciale, mais generalement toutes les Vertus, parce que chaque Vertu a cette proprieté inseparable de son essence de fortifier l'ame dans la pratique du bien qu'elle regarde comme son objet, & luy faire repousser hardiment tout ce qui luy est contraire; d'où vient que le docte Euesque de Paris a remarqué apres l'Orateur Romain, que le premier nom que la Vertu a porté & sous lequel elle s'est premierement renduë connoissable, a esté celuy de la Force.

Mais la Force qui est vne Vertu particuliere & l'vne des quatre Cardinales, qui fait sa demeure dans l'appetit irascible, ne s'attache qu'à deux de nos passions, à sçauoir à la Crainte & à l'Audace, pour leur donner le iuste temperament qu'il leur faut, & les mettre dans leur mediocrité raisonable, & singulierement où il est fort difficile de la garder, comme au sujet de la mort, pour estre de toutes les choses celle que la Nature redoute da-

*Guiliel. Paris. Tract. de Virtutibus, cap 4.*

uantage, & dont elle a plus de peur, par ce que c'eſt ſa ruine, afin de ne la point craindre auec excez, ny auſſi s'y precipiter inconſiderément & ſe jetter à l'aueugle dans les perils, où elle peut ſe treuuer.

Cette Vertu a deux offices, qui ſont attaquer & ſoûtenir, agir & patir, & pour cela elle eſt ſemblable à vn vaillant ſoldat, qui porte d'vne main l'épée, & de l'autre le bouclier. L'épée pour aſſaillir, & le bouclier pour ſoûtenir; l'épée pour donner des coups, & le bouclier pour en receuoir: ce dernier eſt plus mal-aiſé & plus hazardeux que le premier, & pour cela c'eſt l'acte le plus propre & le plus parfait de la Vertu de Force, parce qu'on ne ſoûtient qu'vn plus fort que ſoy, où l'on n'attaque que celuy qu'on croit deuoir eſtre plus foible, de vray le patir eſt l'effet de l'infirmité comme l'agir de la puiſſance, & ſi l'on dit que les Martyrs ont eſté inuincibles dans leurs combats, cela ne s'entend qu'au regard de leurs courages & de leurs ames, qui n'ont iamais plié ny ſous la volonté des Tyrans, ny ſous la cruauté de leurs ſupplices, & non de leurs corps qui y ont cedé & ont eſté vaincus par la mort: outre que les maux ſont preſens dans la ſouffrance, & ainſi font vne impreſſion bien plus violente que quand ils ſont éloignez, où ſi l'aſſaillant en doit auoir, il ne ſe les imagine au plus que comme futurs. C'eſt pourquoy Ariſtote & apres luy ſainct Thomas enſeignent que ceux qui endurent des

3.Eth. cap. 9.

2.2. q. 113.
a. 6.

choses fascheuses sont les plus forts de tous, & meritent de passer pour les plus vaillans ; d'où vient que le sainct Esprit dit que le Col de l'Eglise ressemble en sa force à la Tour & à la Citadelle de Dauid, qui estoient flanquez de bons bastions & munis de grandes deffenses, & que des creneaux *mille clypei pendent ex ea, omnis armatura Fortium*, pendoient mille boucliers, qui sont toutes, c'est à dire, les principales armes des Forts : Considerez qu'il ne dit pas des epées ny des flechies, ny aucunes autres armes offensiues & à faire du mal, mais des boucliers qui sont pour en receuoir. Cant. 4. 4.

J'adiouste encore sur ce sujet vne autre doctrine remarquable de S. Thomas, qu'il emprunte d'Aristote, lequel dit qu'vn homme peut faire de fortes actions, sans toutefois estre fort par vertu, pource que la Vertu de la Force ne sera point la mere de ces actions, & elles ne seront pas ses vrais enfans, à qui elle donne l'estre, mais des enfans supposez; ce qui peut arriuer, dit-il, en trois façons; La premiere, par ce que celuy qui exploite ces actions, ne les estime pas difficiles, ou pource qu'effectiuement il n'en connoit pas la difficulté ny la peine, ou s'il en a connoissance, il croit qu'il en viendra aisément à bout par son experience, ou par son adresse, ou par quelque bonheur. La seconde, pour ce qu'il fait ces actions à la chaude, à l'etourdy & par boutade, non pas auec consideration & lumiere. Et la troisiéme, à 2. 2. q. 113. a. 1 ad 1. 3. Ethic. c. 8.

cauſe qu'il manque en la fin qu'il s'y propoſe, qui ne ſera pas l'honeſteté de la vertu de la Force, mais ou le deſſein de la gloire, ou l'eſperance du gain, ou la veüe de quelque autre intereſt qui ternit le luſtre de ces actions, & les fait non pas des vertus, mais plutoſt des vices. Voila pour la Force quand elle eſt vertu.

Mais lors que nous la conſiderons comme vn Don du S. Eſprit, elle a vne nature bien plus excellente, & des ornemens & des atours bien plus riches. Car c'eſt vne habitude ſurnaturelle communiquée à la volonté de l'homme iuſte, & delà à ſon appetit iraſcible pour y perfectionner dans la volonté, la ſeconde Vertu Theologale qui eſt l'Eſperance, afin qu'elle entreprenne hardiment ſans s'arreſter pour aucun obſtacle, ny ſe rendre à aucune oppoſition tout ce qui eſt neceſſaire pour venir à bout de ſes deſſeins : & dans l'appetit iraſcible la Vertu Cardinale de la Force pour faire & ſouffrir auec vn grand courage des choſes tres-difficiles, où de ſoy-meſme cette Vertu ſeroit trop foible.

Le Don de la Force fait tout ce que peut faire la Vertu qui porte ce nom, & paſſe encore bien au delà, parce que ſes actions viennent d'vn plus excellent principe & d'vn bras plus puiſſant, à ſçauoir du bras & du mouuement du ſainct Eſprit à qui ce Don rend l'ame maniable & ſoumiſe, où la Vertu de la Force dans ſon propre deſſein ne trauaille qu'à la faire obeir à la Raiſon. De plus parce que ce Don execute bien d'autres exploits & pousse bien plus auant ses victoires, & pour des intentions beaucoup plus releuées & plus diuines que cette Vertu. Voyons maintenant quels sont ces exploits & ces victoires.

Comme les choses corporelles sont les craions & les ombres de celles qui se passent dans les Esprits, la force prodigieuse de corps que Dieu donna à Samson, est l'image & la representation de celle qu'il confere aux ames iustes par le moyé du Don, duquel nous parlons. Dieu fit Samson si fort & si robuste de corps, que iamais homme ne l'a ny deuancé ny mesme égalé en cette perfection. Les sainctes Lettres racontent qu'vn Lyon furieux venant vn iour à sa rencontre, il se ietta sur luy, le déchira & le mit en pieces, comme si c'eust esté de la chair d'vn ieune cabry; qu'estant lié de deux grosses cordes toutes neuues, pour estre en cét état liuré au pouuoir des Philistins ses ennemis, il rompit ces deux cordes quand ils vinrent pour le prendre, aussi aysement que nous voyons le feu consumer des étouppes, & tua mille Philistins auec vne machoire d'asne qu'il treuua sur la place; qu'vne autrefois il arracha les portes de la ville de Gaze auec leurs gonds, & les porta sur le sommet d'vne montagne voisine aussi facilement qu'il eût fait deux petits bastons. Le sainct Esprit opere spirituellement les mesmes effets dás les ames Iustes auec le Don de la Force. *Qui dat lasso virtutem,* dit Isaïe, *& his qui non sunt fortitudinem*

*Iudic cap. 4.*

*Cap. 15.*

*Cap. 16.*

*Isaïe 40. v. 29. & 31.*

X x iij

*& robur multiplicat. Mutabunt fortitudinem, assument pennas sicut Aquilæ, current & non laborabunt, ambulabunt & non deficient.* Dieu remplit de vigueur celuy qui est las & recrû, & donne vn nouueau courage aux esprits atterrez & aux cœurs faillis. Ils se sentiront tous changez & tous refaits, ils voleront comme des aigles, ils courront sans se fatiguer, & iront à grands pas & à demarches de Geants, sans s'arrester dans le chemin de la perfection. Certes ce Don produit dans vne ame allangourie la mesme operation, que ces eaux cordiales & ces essences, dont six ou sept gouttes font reuenir & reuiure ceux qui sont demy-morts.

Serm. de Donis Spiritus Sancti cap. 4.

Prou. 28, 1.

Hebr. 11. 36.

Sainct Bernard parlant de ce Don dit, *Contra quælibet aduersa fortis, insuperabilis & imperterritus existit. Vnde Salomon ait, Iustus vt Leo confidit & absq; terrore erit. Hoc spiritu erant præditi omnes, de quibus loquitur Apostolus, Sancti ludibria & verbera experti, insuper & vincula & carceres; lapidati sunt, secti sunt, tentati sunt &c.* Le Don de la Force rend vn homme fort, insurmontable & sans peur dans toutes les aduersitez; ce qui a fait dire à Salomon que le Iuste est assûré comme vn Lyon, & qu'il ne craindra rien. Ces grandes Ames & ces Saincts sans reproche, dont parle sainct Paul, estoient animez de cét esprit, lors qu'auec vn courage inuincible ils souffroient les mocqueries, les outrages, les foüets, les chaines, les prisons & toutes sortes de maux. Et autre part encore traitant des effets que le S. Esprit produisit dans les Apostres au iour de la Pentecoste, pour l'attente duquel nostre Seigneur leur auoit dit lors qu'il les quitta, *sedete in ciuitate, quoüsque induamini virtute ex alto; accipietis virtutem superuenientis Spiritus sancti in vos.* Demeurez dãs la ville clos & couuerts, cõme foibles & imbecilles que vous estes, iusques à ce que vous soyez reuestus d'enhaut de la force, qui vous est necessaire pour vous acquitter des commissions que ie vous laisse, dit, *dat robur vitæ, vt quod per Naturam tibi est impossibile, per Gratiam eius non solum possibile, sed & facile fiat, itavt in laboribus, in vigilijs, in fame & siti, in omnibus obseruantijs, quæ nisi farinula ista dulcorentur, prorsus mors in olla appareat, delectabiliter incedat, sicut in omnibus diuitijs.* Le sainct Esprit donne à l'ame à laquelle il se communique, vne vigueur interieure & vn courage diuin, qui luy rend les choses, que la foiblesse de sa Nature apprehendoit & dont elle n'osoit approcher, non seulement possibles, mais encores aisées; de sorte qu'elle porte les trauaux de la Religion, les veilles, les ieusnes, & tous les autres reglemens, qui d'ailleurs sans cette sauce seroient de tres-mauuais gout, auec autant de plaisir, qu'en receuroit vn auaricieux que l'on cõbleroit de richesses. Et comme les Apostres, qui apres le secours de ce Don sortoient auec ioie, ainsi que raconte S. Luc, des Tribunaux & des Chambres criminelles, parce qu'ils auoient esté faits dignes d'y endurer des outrages & y souffrir des affronts pour Iesus-Christ.

Luc. vlt. v. 9.
Act. 1. 8.

Serm. 2 in festo Pentec.

Act. 5. 41.

L'HOMME

Collat. 11.
cap. 13.

C'est vn admirable ouurage de Dieu, dit Cassian, qu'vn homme qui est autant pestri d'infirmité comme il est composé de chair, puisse se dépoüiller de ses affections charnelles, c'est à dire, de soy-mesme & dans vne si grande multitude & diuersité d'accidens contraires qui le choquent, se tenir ferme & constant sans s'alterer. Comme ce sainct vieillard d'Alexandrie qui estant extremement molesté & tourmenté de paroles & d'effets par les Gentils, & interrogé d'eux par moquerie, *quid miraculi Christus vester, quem colitis, fecit?* mais encore dites-nous, quel miracle a fait ce Iesus-Christ, que vous adorez? leur répondit froidement, *vt his ac maioribus, si intuleritis, non mouear, nec offendar iniuriis,* le miracle qu'il a fait est, que les iniures que vous me dites, & les maux que vous me faites, quand ils seroient encore plus grands, ne sont point capables de m'offenser ny de m'emouuoir.

lib. 2. vitæ
B. Mariæ
Oegniæ c. 5.
apud Sur.
23 Iunij.

Le Cardinal Iaques de Vitry rapportant les nobles sentimens que ce Don conferoit à la B. Marie d'Oegnie, dit que Dieu ouurant ses thresors en auoit tiré vne pierre precieuse entre autres, à sçauoir le Don de Force pour en orner cette Saincte, qui la mit en cette haute assiete, que dez-lors elle n'estoit point abbatuë par les aduersitez, ny éleuée par les prosperitez, qu'elle receuoit les contumelies & les outrages auec tranquillité d'esprit, qu'elle ne rendoit point la pareille quand on luy faisoit du mal, mais au contraire

SPIRITVEL.

traire le payoit auec de bons offices & auec des effets d'vne charité cordiale. Elle estoit inébranlable dans les sainctes resolutions qu'vne fois elle auoit conceuës, elle entreprenoit auec vn courage grand & heroïque pour le seruice de Dieu des choses arduës, & auec vne confiance ferme d'en voir vn bon succez, sans apres se troubler si la chose ne reüssissoit pas. Elle attendoit sans inquietude les maux qu'elle preuoioit deuoir fondre sur elle, & puis les portoit constamment sans chagrin ny murmure. Estant vn iour trauaillée d'vne maladie fort douloureuse, & vne persone de vertu touchée de pitié priant pour elle, comme elle sentit que sa priere operoit & adoucissoit la rigueur de son mal, elle enuoya luy rendre graces & la supplier de ne point passer outre, desirant de souffrir son mal tout entier. Voila quelques effets du Don de Force ; en voicy encore d'autres.

Ce Don regle l'interieur & l'exterieur de l'hôme, donnant à l'vn & à l'autre vne sage fermeté & constance, bannissant toute legereté, toute precipitation, toute action inconsiderée & étourdie; faisant qu'on areste ses impetuositez & ses saillies ; qu'on retient ces promptitudes naturelles dont l'on se sent poussé de faire, de parler, de répondre ou trop tost, ou trop viste ; qu'on étouffe & mesme qu'on preuient tant de petites agitations de nos esprits & tant de pensées volages ; qu'on retranche tant de mouuemens de la teste,

Y y

des yeux, des mains & des autres parties du corps, qui font inutiles & fuperflus & qui ne fe font que par vne nature, laquelle cherche fes commoditez, ou qui veut vfer de fa liberté, ou par vne mauuaife couftume; qu'on veille fur la garde de fon cœur, afin qu'il ne s'émeuue & ne s'altere pour les contrarietez qui arriuent tous les iours, afin que l'ame ne s'épouuante point des difficultez & ne fe cabre à la prefence des maux, comme elle fait naturellement, & d'où luy viennent la pluspart de fes tempeftes, mais qu'elle les regarde auec vn œil ferme & vn maintien affuré fans s'etonner, & en reçoiue l'impreffion l'adouciffant autant qu'il fe peut par vne fouffrance tranquille.

Dauantage ce Don met en main au foldat Chreftien vne épée & vn bouclier; vne épée pour agir, & vn bouclier pour patir. Pour agir, luy faifant entreprendre des chofes grandes & difficiles pour le feruice de Dieu, luy donnant la force de l'efprit & du corps pour pratiquer des aufteritez tres-rigoureufes, pour ieufner plufieurs iours au pain & à l'eau, & mefme fans rien prendre du tout, pour s'abftenir long-temps du fommeil, pour faire des oraifons de fix, fept & huict heures, & perçer les nuits en prieres, comme S. Antoine, qui encore au leuer du Soleil fe pleignoit de luy qu'il venoit le troubler, & chofes femblables.

Maintenant pour patir, ce Don fait endurer

des maux estranges & de tres-grandes afflictions interieures & exterieures, aux biens, en l'honneur, en la santé & en toutes sortes de pertes. Que n'a point souffert sainct Simeon Stylite sur sa colomne, & saincte Liduuine dans ses maladies? mais que diray-ie des Martyrs? se peut il conceuoir rien de plus grand & de plus admirable, que des Reines, des Princesses, des filles tres-delicates & de dix à douze ans, que des enfans ont resisté inebranlablement aux promesses, aux menaces, aux persuasiós, aux prieres, aux larmes & à tous les efforts de leur peres, de leurs meres, de leurs freres, de leurs sœurs & de tous leurs amis & ennemis, & ont enduré le feu, la rouë, le déchiremét de leurs mébres, & tous les plus horribles tourmens que la furie des hommes & la rage des demons pouuoit inuenter, & enduré non seulement auec patience, mais encore auec ioie, *lætißime & glorianter*, dit l'Eglise de l'vne, c'est de Saincte Agathe, *ibat ad carcerem quasi ad epulas inuitata*. Elle alloit pompeusement & auec autant de plaisir à la prison, que si elle fut allée à vn festin & aux nopces. Il est vray, ce Don les rendoit plus forts & plus indomtables que le diamant, dit S. Chrysostome, lequel pour grands coups qu'on luy décharge, ne se brise point & ne cede à aucune violence, de sorte que celuy qui le frappe, ne fait que se lasser & se nuire.

In officio sanctæ Agathæ 5. februarij.

A ἀδάμαντι ϛερρότερος. Hom. 4 in Genes.

 Dieu dit au Prophete Ieremie, *Ne formides à facie eorum; nec enim timere te faciam vultum eorum. Ego*

Cap. 1. 17.

*quippe dedi te hodie in ciuitatem munitam, & in columnam ferream, & in murum æneum super omnem terram, Regibus Iuda, Principibus eius & sacerdotibus cum populo terræ, & bellabunt aduersum te & non præualebunt, quia ego tecum sum, ait Dominus, vt liberem te.* N'aye point de peur de tous ces gens là, par ce que ie t'armeray d'vne telle force, que tu n'auras aucun sujet de les craindre, mais plutost de te mocquer d'eux & de toutes leurs attaques : Car ie te rendray comme vne ville imprenable que c'est peine perdüe d'assieger, comme vne colomne d'acier qui resiste à tous les heurts, & tout ainsi qu'vne muraille de bronze qui rend inutiles toutes les batteries. Quád tu serois assailly de tous les Roys de l'vniuers, ils auront beau te declarer la guerre, & employer tous leurs efforts pour te vaincre, ils n'en remporteront que de la honte, parce que ie suis auec toy pour te defendre.

Il arriue aussi par la vertu de ce Don que dans des maladies fort violentes, dans des douleurs tres-aigües, le corps extrememét abbatu & à deux doigts de sa mort, & l'ame n'y tenant plus qu'à vn petit filet & à vn pas de sa sortie, les malades se treuuent au dedans fort tranquilles & paisibles, sont presens à eux & se possedent, & ont l'esprit tres-libre pour aller à Dieu & s'occuper doucement, deuotement & amoureusement dans leur interieur auec luy. Ce qui sans doute est vne signalée operation de la grace, par ce que les grandes douleurs font naturellement vne gráde impression sur les ames aussi bien que sur les corps, à cause de l'étroite & intime liaison de ces deux parties, & ont vne merueilleuse puissance pour attirer à elles l'attention de l'esprit.

La B. Angele de Foligny raconte de soy, qu'estant par vne grace speciale de Dieu animée de cét Esprit de Force, elle souhaitoit ardemment de mourir de la mort la plus cruelle & la plus aigüe qui peust estre; qu'elle desiroit que toutes les douleurs possibles vinssent fondre sur elle, & se fissent sentir à chacun de ses membres auec toutes leurs rigueurs; & qu'elle ne s'étonnoit pas beaucoup de tout ce que les Martyrs auoient souffert, puis qu'elle se treuuoit dans vne veritable disposition d'en endurer encore plus; qu'elle eut esté rauie que tout le monde luy eut fait des hontes, luy eut dit des iniures, l'eut chargée d'opprobres & assommée de coups, & qu'elle eut eu vne grande ioye de prier pour ceux qui luy eussent fait tous ces maux, & de les aimer tendrement, & qu'elle n'estimoit pas que les Saincts, qui auoient prié pour leurs persecuteurs, eussent fait si gráde chose, luy estant aduis qu'ils ne deuoient pas seulement prier pour eux d'vne façon commune, mais auec ardeur, & leur obtenir de Dieu quelque grace signalée.

Ces effets sont merueilleux & bien au delà de la foiblesse de nostre nature, mais ne plus ne moins que l'ambre, qui est, comme dit sainct Ambroise appuyant sur ce qu'on raconte qui se

*In eius vita cap. 5. num. 90. & 91. apud Bolandum 1. Ianuar.*

*Ambros. lib. 5 Hexam. cap. 15.*

passa dans le fleuue du Pau, la liqueur & la larme precieuse d'vn arbrisseau, s'endurcit en pierre quand il est separé de son principe, & le Corail dans le lieu de sa naissance, qui est l'eau, est tendre & mol, & dehors deuient grandement dur; de mesme l'homme est extremement infirme consideré dans sa nature, mais dehors & secouru de ce Don du sainct Esprit, il est tres-fort & inuincible. Comme ce Chrestien Iaponnois durant la persecution, qui pour estre d'vne complexion grandement delicate & sensible, apprehendoit viuement les douleurs, & nommément celle du feu, lequel pour s'y preparer, s'il en falloit venir là, ou renoncer au Christianisme, s'approchoit du feu & l'enduroit le plus ardent & le plus longtemps qu'il pouuoit, mais comme il se sentoit tant soit peu brûler, il se retiroit perdant courage de pouuoir souffrir vn tel tourment, & qu'ainsi il se verroit contraint, s'il estoit pris, de renier la Foy, & ensuite d'estre damné, ce qui le mettoit en des angoisses inexplicables: mais nostre Seigneur voulant par sa bonté infinie le consoler dans son affliction, reuela à vn autre Chrestien qu'il luy dist de sa part que la chose n'iroit pas de cette sorte & qu'il ne se laissast point ainsi abbatre, qu'il seroit assurément martyr & par le feu, mais qu'il luy fourniroit pour lors vn si puissant secours, qu'il endureroit constamment ce supplice, ce qui arriua.

Enfin ce Don éleue vn homme par dessus les

## SPIRITVEL. 359

richesses & la pauureté, par dessus les honneurs & les mépris, par dessus les plaisirs & les douleurs, par dessus la santé & les maladies, par dessus la vie & la mort, & le rend maistre & victorieux de tout.

Voila les grandes choses que le Don de Force fait & executer & souffrir aux ames iustes, & encore apres en estre tres-humbles, & ne s'en attribüer aucune gloire ny aucune loüange, mais la referer toute à Dieu, sur cette veüe, que si vn enfant de sept ou huit ans venoit dans vn combat qu'il auroit auec vn Geant, à le terrasser & luy trancher la teste, l'enfant ne pourroit rapporter cette victoire à ses forces, qui ne sont nullement comparables à celles de son aduersaire, mais à celles d'vn autre. C'est ainsi que font & que doiuent faire ces Forts & ces Vaillans, & rendre vn million de graces à Dieu de ce courage qu'il leur donne; comme ce genereux Martyr de Iesus-Christ qui souffrit à Lampsaque sous l'Empereur Dece, nommé Pierre, fort ieune d'âge & doüé d'vne excellente beauté, lequel estant interrogé par le Proconsul s'il estoit Chrestien, répondit aussitost & hardiment, *Planè Christianus ego sum*, oüy ie le suis, & tout à fait; & comme on luy rompoit tous les membres & brisoit tous les os sur vne roüe, plus ses tourmens estoient cruels & ses douleurs violentes, plus sentoit-il son courage se fortifier, qui luy fit ietter les yeux sur son iuge auec moquerie & mepris, & puis les éleuer au ciel pour

*Sur. 15. Maii.*

dire à nostre Seigneur ces paroles, *Gratias tibi ago, Domine Iesu Christe, quod hanc mihi dare dignatus es tolerantiam, vt possim superare iniquißimum hunc tyrannum*, ie vous remercie de tout mon cœur, ô Iesus-Christ mon Seigneur, de ce que vous auez daignez me donner cette patience & cette force de vaincre ce Tyran tres-inique & surmonter tous ses supplices.

Or comme ce Don nous rend forts, courageux & inuincibles, iusques au poinct que rien ne nous étonne, rien ne nous ébranle & ne nous renuerse; Aussi quand il nous manque, nous sommes foibles, lasches, & tres-aisez à vaincre; nous craignons tout, & la moindre chose est capable de nous troubler, de nous faire peine & nous ietter par terre. Auec ce Don les roseaux sont des colomnes, comme saincte Agnes, saincte Agathe & tant d'autres, & sans ce Don les colomnes deuiennent des roseaux, ainsi que Dauid & le prince des Apostres, qui apres tant de graces receües tant de miracles veus, tant d'instructions oüies, & apres auoir donné si solemnellement sa parole à nostre Seigneur, & eu de luy tant de preuues d'vne tres-particuliere amitié & tant de marques d'honneur, il le renie, & à la voix d'vne simple seruante, & par trois fois.

Auec ce Don on ne brûle point dans les fournaises; on ne se noie pas dans la plus haute mer; on n'est point abbatu par les vens les plus furieux; on ne se gaste pas en maniant des ordures;
on n

on ne tóbe point en deſcendãt vne pente verglacée; on n'eſt point endommagé au milieu de la peſte. Où ſans ce Don parmy les ſains & dans vn air tres-ſalubre on deuient malade; on choit en beau chemin & dans vne prairie; on ſe ſoüille des rayons du ſoleil; le moindre ſoufle de vent eſt aſſez fort pour porter vn homme par terre; on ſe noie en deux gouttes d'eau, & vne étincelle eſt ſuffiſante pour nous reduire en flammes.

Auec ce Don on eſt recueilli dans le plus fort des occupations & au milieu des places publiques, ſans ce Don on eſt diſſipé dans la retraite & au fond des ſolitudes. Auec ce Don on eſt chaſte dans les lieux infames, ſans ce Don la chair ſe rebelle dans la conuerſation des Anges & parmy le maniement des plus ſainɛts myſteres. Auec ce Don on eſt humble dans les plus grandes vertus & les plus éclatantes loüanges, mais ſans ce Don on eſt glorieux meſme de ſes deffauts & de ſes vices. Enfin auec ce Don rien ne nous peut inquieter, & ſans ce Don vne paille miſe en Croix nous exerce beaucoup, *deficient pueri*, dit le Prophete Iſaïe, *& laborabunt, & iuuenes in infirmitate cadent.* les plus vigoureux viendront à ſe laſſer & à defaillir, & les plus vaillans ſeront honteuſement vaincus & rendront laſchement les armes.

Partant puiſque ce Don eſt ſi excellent, ſi vtile, & ſi neceſſaire, prenons peine & apportons vn grand ſoin pour l'acquerir, & en vn haut degré. En voicy les moyens.

Iſai. 40. 30.

Z z

Le premier est la Demande, empruntant pour cela quelques Versets de Dauid, comme celuy-cy que les Religieux anciens disoient quasi incessamment, & que la saincte Eglise nous met en l'office diuin si souuent dans la bouche, *Deus in adiutorium meum intend: Domine, ad adiuuandum me festina,* ô Dieu, veillez, s'il vous plaist, à mon secours & hastez vous de m'aider, fortifiez mon bras de la vigueur du vostre, & remplissez moy de courage. & cet autre, *Redde mihi lætitiam salutaris tui, & spiritu principali,* & selon la traduction de S. Ierosme, *potenti confirma me,* Rendez moy la ioie salutaire de mon cœur que mes laschetez m'ont rauie, & donnez moy vn esprit fort & genereux pour faire & souffrir de grandes choses pour vous.

<small>Psalm. 69. 2.</small>

<small>Psalm. 50. 14.</small>

Et lors qu'on entreprendra quelque action difficile & qu'on sera sur le poinct de l'executer, il faudra reïterer sa priere, comme fit Iudith, quand elle voulut trancher la teste à Holoferne, car alors elle dit à Dieu du plus profond de son ame & auec larmes, *Confirma me, Domine Deus Israel, & respice in hac hora ad opera manuum mearum, vt hoc, quod credens per te posse fieri cogitaui, perficiam.* Et derechef comme elle le tint par les cheueux, *Confirma me, Deus, in hac hora,* Seigneur Dieu d'Israël, fortifiez moy maintenant pour mettre à chef ce que i'ay crû que ie pourrois auec vostre assistance; asseurez mon bras à present pour vn si haut dessein, en vn coup si dangereux & de telle consequence, qui doit apporter vne si grande reuolution à nos affaires.

<small>Iudith. 13, v. 7. & 19.</small>

SPIRITVEL. 363

Voila le premier moyen à sçauoir la Demande, qui pour estre plus efficace deura toujours auoir pour compagnes l'Humilité & l'Esperance, parce que ces deux vertus ont vne proprieté particuliere d'impetrer, dautant que l'Humilité se deffiant de soy, & l'Esperance se confiant en vn autre, elles meritent de receuoir ce qu'elles poursuiuent, & d'estre secourües de celuy, de qui elles ont besoin.

Le second moien est la digne participation du Corps & du Sang de Iesus-Christ au Sacrement adorable de l'Eucharistie ; Car c'est là où l'on succe proprement & à longs traits cette diuine Mammelle, dont nous auons parlé ; où l'on s'vnit à nostre Seigneur, qui est fort & la Force mesme, le Bras du Tout-puissant, comme sa saincte Mere l'appelle dans son Cantique, & le Lyon de Iuda, ainsi que le nomma ce Bien-heureux vieillard qui parla à sainct Iean dans l'Apocalypse. On conte que Chiron Gouuerneur d'Achille nourrissoit ce ieune Prince de moëlles de Lyons, d'où luy vint cette force admirable & cette grandeur extraordinaire de courage : La verité est que quand nous prenons le sainct Sacrement de l'Autel, nous mangeons la Chair & la Moëlle, & beuuons le Sang du Lyon de Iuda : qui rendra nos ames, comme dit Tertullien, vigoureuses & nous donnera vn enbonpoint diuin, *Caro corpore & sanguine Domini vescitur, vt anima de Deo saginetur.* Nous sortons de cette Table, dit S. Chrysostome,

Luc. 1. 51.

Cap. 5. 5.

De Resurrect. carnis cap. 8.

Z z ij

tout ainſi que des Lyons qui iettent feu & flammes, nous faiſans redoutables au Diable.

*Ὡς λέοντες πῦρ πνέοντες φοβεροὶ τῷ διαβόλῳ.*
Hom. 46. in Ioann.

Pour cette cauſe l'Euchariſtie eſt appellée par le Roy Prophete ſous la figure de la Manne, le Pain des Anges & des Forts. *Panem Angelorum*, & comme ſainct Ierôme traduit, *Panem Fortium* ou *Robuſtorum manducauit homo*, parce qu'elle rend tels ceux qui la reçoiuent auec les diſpoſitions requiſes. A cét effet on la donne aux malades qui ſont à l'extremité, afin de les encourager & les fortifier à ce dernier combat, où il s'agit de la plus importante affaire qu'ils ayent au monde, à ſçauoir de leur Eternité bien-heureuſe ou malheureuſe; & ceux qui alloient au martyre s'en muniſſoient touiours auparauant pour pouuoir genereuſement & conſtamment endurer les ſupplices. *Hoc calice*, dit à ce propos ſainct Auguſtin, *inebriati erant martyres, quando ad paſſionem euntes ſuos non agnoſcebant, non vxorem flentem, non filios, non parentes*. Les Martyrs auoient bû abondamment de ce vin myſterieux, & en reſſentoient les diuines fumées, lors qu'allans à la mort ils n'eſtoient point touchez de l'affection de leurs Proches, ils ne connoiſſoient ny leurs femmes noyées dans leurs larmes, ny leurs enfans qu'ils rendoient orphelins, ny leurs peres, ny leurs meres. Et parlant de S. Laurent, il dit, *In illa longa morte, in illis tormentis, quia bene manducauerat & bene biberat, tanquam illa eſca ſaginatus & illo calice ebrius tormenta non ſenſit*. Cet inuincible martyr dans cette longue mort &

Pſalm. 77. 30.

In Pſalm. 22.

Tract. 23. in Ioann.

ces horribles peines qu'on luy fit souffrir, pour auoir dignement mangé le corps & bû le sang de Iesus-Christ, engraissé de cette sacrée viande & enyuré de ce vin precieux perdit le sentiment des douleurs.

Le troisiéme & dernier moyen est de se seruir fidelement du courage naturel que Dieu nous a donné soûtenu de sa grace ordinaire & de la Vertu & du Don de la Force au poinct que nous les possedons pour bien faire nos actions iournalieres, afin de nous disposer par ce moyen à des actions plus grandes, & à receuoir le Don de la Force en vn degré plus eminent. C'est de s'acoutumer à se vaincre tous les iours en de petites choses; à entreprendre de plus en plus sur soy pour le reglement & la bonne conduite de tous ses mouuemens interieurs & exterieurs, pour l'assuietissement de ses passions, pour la ruine de ses mauuaises habitudes & la victoire de ses vices; à donner vn peu plus de plomb à sa viuacité trop grande & fixer son Mercure, agir auec plus de consideration & de maturité; à se contraindre pour se rendre dauātage attentif en ses prieres & estre plus recueilli le long du iour, se souuenir plus souuent de Dieu & tirer plus de profit de ses Exercices de deuotion; à ne point tant parler, étouffer dans sa bouche vn mot qu'on a bien enuie de dire; à ne pas regarder vn obiet ou curieux ou dangereux agreable qui se presente, fermer l'oreille à vne nouuelle inutile, souffrir vn peu la faim, la soif, le chaud, & le froid ; à s'accommoder sagement auec vne humeur antipathique, supporter vn visage froid, receuoir auec tranquillité vn petit mépris, aimer vne abiection legere, endurer quelque opposition que l'on fait à sa volonté, à son iugement, à ses desseins & faire tous les iours de semblables petites vaillances qui seruiront de dispositions à vne abondante infusion du Don de Force. Car on ne deuient point Capitaine ny General d'armée sans auoir esté soldat, il faut passer par les plus bas degrez de la milice, deuant que de monter aux plus hauts.

Où neantmoins nous manquons souuent, parce que nous negligeons de faire pour nostre perfection ce qui est en nostre pouuoir, & nous voudrions faire ce qui le passe ; nous desirerions de renuerser vn Geant, sans nous estre epreuué auparauant, & auoir mesuré nostre épée contre vn homme de nostre taille. Ce qui rendit Dauid, ieune homme & desarmé, capable de combattre auec vne fonde & cinq cailloux Goliath, d'adresser si heureusement son coup, & meriter la grace de luy trancher la teste fut qu'il auoit deuant attaqué & defait les Lyons & les Ours ; Quand nous aurons vaincu les Lyons & les Ours, c'est à dire, nos passions, la grace nous sera donnée pour plus. La communication abondante du Don de Force est la recompense des actions que nous aurons produites, & des victoires que nous auros remportées par la Vertu de la Force aux rencontres qui se presentent tous les iours.

### Du Don de Pieté.

POVR parler du Don de Pieté, il faut sçauoir d'abord que le nom de Pieté est equiuoque & signifie trois choses differentes. La premiere, vne affection naturelle ; La seconde, vne vertu ; & la troisiéme vn des sept Dons du sainct Esprit, qui est nostre sujet.

Premierement, il signifie vne affection naturelle, vne inclination & vne tendresse que la Nature nous imprime enuers nostre Pére & nostre Mere, & enuers tous ceux qui leur ont du rapport comme nos Proches, & l'imprime ou plus ou moins auant, qu'ils nous touchent de plus prez: dauantage enuers nostre Patrie, & en suite à l'endroit de tous ceux qui ont de la liaison auec elle, comme nos Concitoiens, & ceux qui y sont nais, & encore enuers les persones affligées & miserables.

Cette affection est vne passion de l'appetit sensitif & vn mouuement tout pur de la Nature, qui n'est ny loüable ny blâmable, puisqu'il se retreuue dans les bestes, comme dans la Cicogne, qui secourt & nourrit ses pere & mere en leur vieillesse, & que pour cette cause les Latins, ainsi que remarque sainct Ambroise, ont appellée, apres les

5. Hexame, cap. 16.

חֲסִידָה  
חָסִיד ᵃ

Hebreux, *Auis pia*, l'Oiseau pieux, on peut toutefois dire qu'elle est en quelque façon loüable en l'homme, parce que c'est en luy vn ébauchement & vn dispositif à la vertu.

En second lieu la Pieté se prend pour vne vertu morale qui se rapporte à la iustice, dautant que nous faisons par sa conduite, iustice à qui nous la deuons; de sorte que comme la vertu de latrie nous fait rendre à Dieu le culte & l'honneur, dont nous luy sommes obligez, de mesme la Vertu de Pieté nous porte à nous aquiter de nos deuoirs enuers nos pere & mere, & nostre patrie, & enuers tous ceux qui leur appartiennent.

Troisiémement par la Pieté on entend vn des sept Dons du S. Esprit, qui nous lie & nous vnit à Dieu en qualité de nostre Pere & à toutes les choses qui sont à luy, & à proportion qu'elles sont à luy & qu'elles luy sont cheres. Comme les Dons du sainct Esprit, dit le Docteur Angelique, parlant de celuy-cy, sont des Preparations habituelles qui rendent l'ame de l'homme iuste soupple aux mouuemens du sainct Esprit, *inter cætera autem monet nos Spiritus Sanctus ad hoc, quod affectum quemdam filialem habeamus ad Deum secundum illud Romanorum, accepistis spiritum adoptionis filiorum, in quo clamamus: Abba Pater.* Et que le sainct Esprit entre autres mouuemens qu'il nous donne, nous pousse & nous emeut particulierement, comme estant l'Esprit du Fils de Dieu, à ce que nous prenions vn esprit filial, & vn cœur d'enfant enuers Dieu,

2. 2. q. 121.  
a. 1.  
Rom. 8. 15.

comme

comme enuers noſtre Pere, ſuiuant cette parole de l'Apoſtre, vous auez reçû l'eſprit des enfans adoptifs, qui nous fait appeller dans le fond de nos ames auec vne clameur ſecrete & amoureuſe, Dieu noſtre Pere. Le Don de Pieté nous prepare à receuoir ce mouuement diuin, & cette impreſſion tres-noble, de façon qu'il nous lie premierement à Dieu comme à noſtre vray pere auec la chaine d'or d'vn Eſprit filial, & puis auec la meſme chaine il nous ioint & nous enchaine à toutes les choſes de l'vniuers entant qu'elles ſont à luy.

Les effets de ce Don ſont tres-excellens: le premier & la ſource de tous les autres eſt, qu'il diſpoſe parfaitement l'homme iuſte enuers Dieu, comme nous venons de dire, dautant qu'il luy donne tous les ſentimens qu'vn bon fils doit & peut auoir pour ſon pere, faiſant qu'il le reconnoit, qu'il l'honore & l'aime comme ſon vray pere; qu'il a de grandes tendreſſes pour luy; qu'il le defend & a zele pour ſa gloire; qu'il reçoit toutes les paroles de ſes Ecritures auec veneration, qu'il en reſpecte toutes les ſyllabes, qu'il s'en ſert pour ſe conſoler en ſes aduerſitez, pour ſe fortifier en ſes combats & pour s'animer à la vertu; qu'il luy obeït en tout; qu'il prend de ſa main paternelle auec vn eſprit filial tous les états où il ſe met, & toutes les diſpoſitions qu'il fait de luy, ſoit pour les honneurs ou les mépris, pour les richeſſes ou la pauureté, pour la ſanté ou la maladie, &

Aaa

generalement pour tout; qu'il defire ardemment de luy plaire ; qu'il a des apprehenfions inexplicables de l'offenfer ; & fi ce mal-heur luy arriue, qu'il en conçoit de grands ennuis & de violens regrets, & luy en demande pardon comme vn enfant extremement touché de fa faute le demande à fon pere.

Apres, ce Don luy imprime des affections, des amours, des tendreffes & des zeles pour la fainéte Eglife Catholique, Apoftolique & Romaine fa Mere, & fait qu'il fe foûmet auec vne fimplicité d'enfant à fes Ordres, & qu'il eftime & reuere toutes fes ceremonies iufques aux plus petites; fes perfecutions étrangeres, fes diuifions domeftiques & le rabais de fon autorité l'affligent & luy perçent le cœur, il en forme des plaintes, il en jette des foupirs & en verfe des larmes, & ne pouuant y apporter remede, il prie & fe tourmente pour le meriter de Dieu.

*1. 2. q. & 2. cit. fupra.*

Il le porte, dit fainct Thomas, à honorer les Saincts, & fingulierement la Saincte des Saincts Noftre Dame, comme la Creature du monde qui touche Dieu de plus pres, en qualité de Fille du Pere, de Mere du Fils, & d'Epoufe du S. Efprit, & encore à la refpecter & aimer comme fa vraye Mere pour ce qui concerne fon falut.

Dauantage il luy donne de grandes inclinations pour tous les Hommes, parce qu'ils font à Dieu d'vne façon particuliere, & par des titres de poffeffion & d'acquifition tres-authentiques

& merueilleux. Et suiuant cela il luy remplit l'entendement d'estime pour ne les considerer que comme des Creatures diuines, comme les Images de Dieu, comme les Chefs-d'œuure de ses mains, comme ses Enfans adoptifs, & les Freres & les Coheritiers de son Fils naturel. Il remplit sa volonté d'affection & d'vn vray amour fraternel, & son cœur de suauité & de douceur. Il le rend facile à accorder auec des paroles gracieuses, auec vn visage ouuert & vne façon franche & cordiale tout ce qu'on luy demáde s'il le peut, própt à faire plaisir à qui l'en requiert, enclin à pardonner les fautes où il y a tant soit peu de lieu de faire misericorde, compassif aux miseres d'autruy, faisant qu'il les regarde auec des yeux de pitié, & auec des entrailles attendries & touchées. Il donne vne conuersation affable, honeste & genereuse, mettant sur sa langue des termes de ciuilité, d'honneur, de respect, de consolation, d'instruction, & dans ses mains les bonnes œuures & les secours aux necessitez spirituelles & corporelles. *Pietas*, dit sainct Gregoire, *in suo die conuiuium exhibet, quia cordis viscera misericordiæ operibus complet.* Le Don de Pieté fait son festin à son tour, auquel il donne à manger à ses conuiez, & à boire d'vne liqueur qui leur échauffe les entrailles d'vn vray & ardent amour, & les porte puissamment à toutes sortes d'œuures de misericorde.

 Enfin la Pieté imprime des sentimens pour toutes les creatures de Dieu dans la veüe qu'elles luy

Morul. lib. c. cap. 15.

appartiennent, & fait qu'on les considere d'vne façon releuée, comme ses Biens & ses Possessiós. Tout ainsi que quand nous voyons les Pages du Roy & les Valets de pied des Princes, à cause que leurs couleurs & leurs liurées les rendent remarquables, nous ne les regardons iamais qu'auec la pensée de la liaison & de l'appartenance qu'ils ont à leurs Maistres, & traitons autrement auec eux, que s'ils ne leur auoient point de rapport. *Hoc Donum*, dit Harphius, *generat in Homine generalem quandam & amorosam inclinationem ad omnes Creaturas propter earum Creatorem, quasi aliquid eius.* Ce Don engendre dans le cœur de l'Homme vne inclination de bien-veillance & vne certaine pente amoureuse vers toutes les Creatures en consideration de leur Createur, parce qu'elles sont à luy. Et voila ce que le Don de Pieté produit en l'Homme.

<small>Lib. 2, myst. Theolog. Part. 3. c. 38.</small>

Qui sans ce Don se comporte tout autrement enuers Dieu, parce qu'il ne se souuient pas que Dieu est son Pere, il ne s'adresse & ne luy parle point comme à son Pere, il n'agit & ne conuerse point auec luy comme auec son Pere, mais comme auec vn étranger, il ne reçoit point ses maladies & ses aduersitez de luy comme de son Pere, mais comme d'vn ennemy, ny de sa prouidence paternelle qui pense à son bien, mais comme d'vn cas fortuit, ou de l'ignorance des creatures, ou de la malice de ses persecuteurs.

Et enuers les Hommes il est sans affection,

dur, inhumain, d'vne humeur seche & mal-gracieuse, qui n'a point de sentiment des miseres de son prochain, qui n'entre point dans ses necessitez, qui le tient comme indifferent, qui ne veut rien souffrir de luy, ny se contraindre en rien pour son sujet, ny rien corriger de ce qui en luy le fasche : *Homines*, comme sainct Paul les décrit, *seipsos amantes, cupidi, elati, superbi, sine affectione, immites, sine benignitate, habentes speciem quidem pietatis, virtutem autem eius abnegantes*, des hommes pleins de l'amour d'eux mesmes, qui n'ont affection pour persone, d'vn esprit altier, dédaigneux, sans douceur, sans pitié, farouches & cruels, qui portent par fois vn certain masque de pieté, mais qui tousjours la dementent par leurs œuures.

2. Timoth. 3. 2.

Comme ce Don nous est tres-necessaire tant au regard de Dieu, comme à l'endroit de toutes ses Creatures, & singulierement des Hommes ; qu'il est tres-releué, puisque c'est vn ruisseau découlant de la Misericorde infinie de Dieu, vn rayon de sa Bonté, & vne participation de sa Charité, qui nous encline à nous communiquer au dehors sur son modele & à sa façon & nous fait excellemment deïformes ; demandons-le instamment au sainct Esprit, attendu que c'est son Don ; & au Fils de Dieu nostre Seigneur, afin que nous entrions dans son Esprit filial pour estimer, honorer & aimer Dieu nostre Pere par proportion comme luy. Toutes & quantes fois que nous recitons l'Oraison Dominicale, prononçons là auec

Aaa iij

cét Esprit filial, & sauourons les premieres paroles qui nous assûrent que Dieu est nostre Pere, & qui nous obligent d'auoir pour luy tous les sentimens d'vn vray enfant. Exerçons nous aux œuures de pieté, suiuant le conseil de sainct Paul, qui nous dit aussi bien qu'à Timothée : *Exerce te ipsum ad pietatem.*

1. Tim. 4 7.

Taschons de nous accoustumer à cette noble pensée, & de nous la rendre tellement ordinaire & familiere qu'elle passe mesme comme en nature, que Dieu est nostre Pere; que nous pensions & parlions à luy, que nous traitions auec luy, que nous luy offrions nos prieres, que nous luy fassions nos demandes, que nous receuions tout ce qui nous arriue pour le corps & pour l'ame, & generalement tout ce qui se passe dans le monde; que nous pratiquions les vertus, que nous fuïons les pechez, que nous ayons regret de les auoir commis, & luy en demandions le pardon ; Enfin que nous fassions absolument tout auec vn esprit filial, executans ce que Dieu dit par Ieremie, *saltem à modo voca me, Pater meus tu es.* Commence au moins maintenant de m'appeller ton Pere, & d'agir auec moy comme mon Enfant.

Cap. 3. 4.

Efforçons nous de plus de traiter auec les Hómes auec cét esprit de Pieté, de cette excellente & diuine maniere, dont nous auons parlé, les regardant comme les plus acheuez Ouurages de Dieu, comme ses Portraits & ses Enfans auec des yeux de respect, auec deference & honneur, n'admettans aucune pensée qui choque l'estime & la charité que nous deuons auoir pour eux, & n'arrestant pour l'ordinaire nostre esprit que sur les qualitez de nature & de grace qui les releuent & les rendent les plus rares Creatures de l'Vniuers.

### Du Don de Conseil.

LE Don de Conseil, qui est le premier des sept qui perfectionnent l'Entendement de l'ame iuste, est tres-important, & duquel, pour les grands & continuels dangers, dont nostre vie est attaquée, nous auons vn extreme besoin. Mais deuant que de monstrer ce besoin, il faut que nous declarions premierement sa nature, & que nous le fassions voir, pour ainsi dire, au visage.

Le Don de Conseil est vne Lumiere surnaturelle, dont le sainct Esprit éclaire l'Intellect de l'Homme Iuste pour pouuoir discerner le bien du mal, pour connoistre dans les cas particuliers, & difficiles, où sa Raison est trop courte & dont elle ne pourroit se démeler toute seule, ce qu'il faut faire & ne faire pas, ce qu'il est expedient de dire & de taire, d'entreprendre & de quiter : Comme il arriua au Patriarche Ioseph quand il laissa son manteau entre les mains de son impudique maitresse, & à Salomon au iugement qu'il rendit à ces deux femmes, qui disputoient en sa presence sur le sujet de l'enfant qui auoit esté éteint. Genes 39. 22.

3. Reg. 3. 25.

Ce Don ne dresse point l'Homme en ce qui est

de sa Fin, mais seulement dans la connoissance, dans le chois & l'execution des moyens qui l'y conduisent: C'est pourquoy sainct Iean Damascene dit qu'il ne se treuue point en Dieu, parce qu'il sçait tout, mais seulement dans vne nature ignorante qui est en peine de sçauoir ce qu'il faut faire. Neanmoins comme nostre Seigneur la Sagesse incarnée le possede, au rapport du Prophete Isaïe, aussi bien que les autres six, il faut dire auec les Docteurs que le Conseil se doit prendre en deux façons, & considerer en deux sujets, à sçauoir en celuy qui le donne, & en celuy qui le reçoit: suiuant la premiere nous disons ordinairement d'vn homme prudent, qui donne de bons aduis & qui fournit des expediens propres pour venir à bout des affaires, que c'est vn homme de bon conseil. Ainsi sainct Antonin s'appelloit par precipû & par excellence communement à Florence, deuant mesme qu'il en fut Archeuesque, & n'estant encore que simple Religieux, *Consilium*, le Conseil. Pour lors le Conseil n'est autre chose qu'vne abondance de lumieres capables de guider & d'adresser dans les choses obscures & douteuses; Et en ce sens il a esté en nostre Seigneur & se treuue en Dieu: mais non au second, auquel il n'appartient qu'à vn esprit enueloppé de tenebres. Suiuant cela le Don de Conseil conduit l'Homme Iuste par vne regle surnaturelle, à sçauoir par le mouuement du sainct Esprit, dans l'élection & l'vsage des moyens qui le menent à sa

*Apud Dionys Carthus. Tract. 4. de Donis, Addit. 30.*

*Apud Sur. 2. Maij.*

### SPIRITVEL. 377

à sa fin eternelle, comme la Vertu de Prudence infuse le guide dans le mesme sentier par vne autre regle surnaturelle, qui est la Foy des Veritez pratiques que nostre Seigneur nous a apprises, & celle de Prudence acquise le gouuerne dans les actions iournalieres par la regle naturelle de sa Raison, qui luy sert de flambeau pour luy faire connoistre les choses.

Ce Don n'instruit proprement & principalement l'Homme Iuste que dans les choses grandes & ardües, d'où vient qu'il prend la direction de la Force, laquelle se porte aux objets de mesme nature, & qui sans luy ne feroit que des coups temeraires, & degenereroit en vice. De plus S. Bonauenture dit que c'est dans les choses indecises, qui ne se doiuent pas faire toujours d'vne mesme maniere, & qui à l'vn sont bonnes & à l'autre seroient mauuaises, qu'il reluit & éclate, car c'est lors particulierement, ainsi qu'a remarqué Aristote, que le Conseil est necessaire: En quoy ce Don differe de celuy de Science, qui conduit l'Homme aux choses arrestées & resoluës par la Loy de Dieu : Et voila pour l'essence de ce Don. *Lib de 7. Donis Spiritus Sancti cap. 1.*  *Lib. 3. Ethic. cap. 3.*

Maintenant par sa necessité: Nous disons auec sainct Thomas, que Dieu gouuernant ses Creatures auec vne souueraine sagesse & vne infinie bonté, ne détruit point les inclinations naturelles, qu'il leur a données, mais au contraire les conserue & les perfectionne, s'en seruant pour *2. 1. q. 52 a. 1.*

B b b

les acheminer aux fins qu'il leur a marquées ; & que l'Homme estant doüé de raison, & en suite connoissant la verité des choses non pas tout à coup, comme les Anges & les Ames detachées de la matiere, mais par discours, & se portant à faire vne chose ou à ne la faire pas, à la prendre plûtost qu'vne autre, ou embrasser la contraire, auec des enquestes & des recherches, que nous appellons Conseil, Dieu pour s'ajuster à sa façon d'agir, & s'accommoder à son genie, l'excite aux choses bonnes par voye de Conseil.

Pour à quoy luy seruir, il luy donne premierement la Prudence & Infuse & Acquise, Vertu qui le regle en la conduite de sa vie, qui est la Gouuernante & la Directrice de ses actions, & l'Oeil de toutes les Vertus pour les guider dans leurs operations.

22. q. 47. 1. 8.

Cette noble Vertu fait trois ouurages & exerce trois actes, ausquels tous les autres se reduisent. Le premier est de deliberer & consulter, qui consiste à chercher des expediens & des moyens pour treuuer les iointures des choses, & les mener au poinct qu'il faut. Le second est de iuger, c'est à dire, prononcer sur les choses deliberées & determinées quel moyen est bon, & quel est le meilleur pour arriuer à la fin qu'on se propose. Et le troisiéme est d'en commander l'execution, qui est son acte principal, parce qu'il ioint de plus prez, comme dit sainct Thomas, la Raison pratique, qui ne vise qu'à mettre en effet les conseils pris & arreſtez, & qui pour ce ſujet appartient pluſ prochainement, & en ſuite plus proprement à la Prudence, qui eſt definie par le Philoſophe, la Raiſon droicte & la iuſte Regle pour faire les choſes.

<small>6. Ethic. c. 5. Recta Ratio agibilium.</small>

La Prudence a deux ſortes de Parties, les vnes ſont appellées Integrantes, parce qu'elles compoſent ſon integrité, comme nos membres conſtituent celle de noſtre corps : & les autres ſe nomment Potentielles ou Organiques, dautant que ce ſont les Puiſſances & les Organes, auec leſquels la Prudence ſe produit : Tout ainſi que nous diſons que l'Entendement & la Volonté ſont les parties Potentielles de l'ame raiſonable, pour ce que ce ſont les facultez dont elle ſe ſert pour faire ſes operations.

Les parties Potentielles de la Prudence ſont trois, ſelon la doctrine de ſainct Thomas, à ſçauoir, trois Vertus Intellectuelles, dont la premiere s'appelle *Eubulia*, comme qui diroit vne bonne & ſage Conſeillere, parce que ſa fonction eſt de donner vn bon conſeil. La ſeconde eſt ditte *Syneſis*, qui ſignifie Iudicieuſe & vn bon Sens, dont l'action eſt de iuger ſainement des choſes communes & renfermées dans les termes de la Loy. Et la troiſiéme eſt *Gnome*, Iudicieuſe par excellence, qui auec la bonté de ſa raiſon naturelle iuge des choſes extraordinaires, auſquelles la Loy n'a point pourueu, ny pû pourueoir, à cauſe des circonſtances inopinées, qui arriuent ſou-

<small>2. 2. q 48. art. vnico.</small>

uent dans les affaires. Ces deux dernieres sont dans les choses pratiques ce que la Science & la Sapience sont dans les speculatiues, par ce que comme la Sapience s'y gouuerne par des causes plus sublimes & y considere des principes plus hauts, que la Science; de mesme la Iudicieuse par excellence suit en ses resolutions & en ses iugemens des regles plus releuées que la simple Iudicieuse, qui ne s'attache qu'à ce que les Loix determinent precisément. Comme par exemple, les Loix nous commandent de rendre le depost à celuy qui nous l'a confié, mais si nous sçauons assûrement qu'il en veut abuser pour la ruine de la Republique, la Iudicieuse par excellence, qui porte sa veüe plus haut que la Loy & penetre dans l'intention du Legislateur, nous le defend.

Ces trois Vertus sont necessaires à la Prudence pour produire ses actes auec perfection, comme il est aysé de voir, dautant qu'il est clair qu'elle a besoin pour cela d'vn bon conseil, & c'est l'occupation & le deuoir d'Eubulie la bonne & auisée Conseillere de le luy suggerer. De plus qu'elle doit iuger sagement des choses, & si elles sont ordinaires, en iuger par les regles communes, qui sont les Ordonnances des Loix, enquoy Synesis la Iudicieuse luy rendra seruice. Que si les Loix n'ont rien prescrit de ces choses, & que pour les decider il faille auoir recours à vne cause superieure, c'est le fait de Gnomé la Iudicieuse par excellence de la secourir en cette coniončture.

Pour les Parties Integrantes de la Prudence, le Docteur Angelique en marque huict, que voicy; la Memoire, l'Intelligence, la Docilité, la Viuacité, la Raison, la Preuoyance, la Circonspection, & la Precaution. Les cinq premieres luy appartiennent entant qu'elle est connoissante & directrice, & les trois autres luy conuiennent lors qu'elle est pratique, & qu'elle rapporte & applique ses connoissances à l'œuure. Si nous la considerons par les connoissances qu'elle nous donne & portant le flambeau pour nous éclairer, ou ces Connoissances sont des choses passées, ou des choses presentes; si des passées, c'est Memoire; si des presentes, c'est Intelligence. Ie sçay que quelques vns passans plus outre donnent trois yeux à la Prudence, auec lesquels elle regarde les trois temps, le passé, le present & l'auenir, dautant qu'elle se souuient des choses passées, qu'elle considere les presentes, & presage les futures, & qu'elle fait grand état & grand vsage de conferer le passé auec le present pour en coniecturer le futur: d'où aussi le mot latin *prudens*, est dit, *quasi prouidens*, qui voit les choses de loin.

Dauantage ou nous deuons acquerir ces Connoissances de nous mesmes, où les apprendre d'autruy: si les acquerir de nous mesmes & par nostre inuention, la Viuacité & la Subtilité d'esprit nous y est necessaire pour les treuuer, & decouurir les expediens qui sont propres pour arriuer à nos desseins: si vn autre nous les doit donner, il faut que la Docilité nous rende capables de les receuoir. Et quand nous auons acquis ces Connoiſſances, ſoit par nous ou par d'autres, la Raiſon apres doit venir au ſecours pour nous inſtruire comme quoy nous deuons en vſer ſuiuant les diuerſes rencontres qui ſe preſentent.

Que ſi nous regardons la Prudence lors qu'elle porte à l'action, trois choſes luy ſont requiſes. La premiere eſt la Preuoiance pour ordonner ſagement des moiens conuenables à la fin où l'on viſe. La ſeconde eſt la Circonſpection, pour examiner attentiuement & pezer dans vne iuſte balance toutes les circonſtances & tous les incidens de l'affaire que l'on traite. Et la troiſiéme eſt la Precaution pour detourner d'vne main adrete tous les empeſchemens qui la pourroient trauerſer. Voila pour les parties de la Prudence, paſſons outre & diſons :

1,2,q 55. a. 2.

Que cette excellente Vertu a pour Aduerſaires & Ennemis iurés dix Vices, ſix qui la combattent par l'excez, & quatre par le defaut. Les premiers ſont la Prudence de la chair qui tend à ſes fins, à ſçauoir, aux biens, aux honneurs & aux contentemens de ce monde par des voyes obliques, & à qui pour venir à bout de ce qu'elle pretend, tous moiens ſont bons. La Fineſſe, la Tromperie & la Fraude, qui different en ce que la Fineſſe eſt vn Art de ruſer & de feindre à ſon auantage, & vne conoiſſance des artifices & des inuentions mauuaiſes, quoy que propres, pour ſeduire

2. 2. q. 55.
art. 3 & 5.

les Simples, auec deſſein de s'en ſeruir; la Tromperie & la Fraude s'accordent en ce que l'vne & l'autre ſont l'execution de la Fineſſe, mais auec cette diuerſité, que la Fraude ne s'execute proprement que par les œuures, où la Tromperie s'exerce & par les œuures & par les paroles. Le Soin exceſſif des choſes temporelles, & les Soucis trop empreſſez pour les futures. Les ſecondes ſont la Precipitation, l'Inconſtance, & la Negligence.

 Comme les actes de la Prudence ſont le Conſeil, le Iugement, & le Commandement, ainſi que nous auons dit, la Precipitation eſt oppoſée au bon Conſeil, l'Inconſideration au ſain Iugement, & l'Inconſtance ou la legereté d'eſprit auec la Negligence au ſage Commandement. Ce ſont les Vices qui attaquent la Prudence pour la ruiner, contre leſquels auſſi la Prudence prend les armes pour les exterminer & les perdre.

 Cóme donc nous tendons à noſtre fin, & à l'accópliſſemét de nos deſſeins par le conſeil & par la recherche de la verité, ſuiuant ce qui a eſté dit cy-deſſus Dieu nous a dóné la Vertu de Prudéce pour nous y ſeruir de Guide en toutes les façons que nous venons d'expliquer. Mais comme toute noſtre Prudence & l'Acquiſe & l'Infuſe eſt ſouuent trop foible pour diſſiper les tenebres épaiſſes de nos entendemens, & nous faire voir clair dans de certaines affaires embroüillées & difficiles, d'où nos penſées, ainſi que dit le Sage, ſont   *Sap. 9. 14.*

craintiues & nos esprits flottans pour ne pas bien sçauoir ce que nous auons à faire & à dire : & que d'ailleurs nous sommes assiegez de tous costez de tres-puissans ennemis, qui nous attaquent sans cesse pour nous rauir vn bien d'vne consequence infinie, à sçauoir nostre salut eternel, & qui ne nous attaquent pas seulement à force ouuerte, mais encore auec ruse, nous dressant des embusches & nous cachant des pieges, qu'il est tres-difficile & quasi impossible de decouurir & d'éuiter; Dieu ayant pitié de nostre infirmité, nous y assiste par soy-mesme, & comme les causes ne produisent leurs effets que selon les dispositions, qu'elles treuuent dans les sujets sur lesquels elles s'emploient, pour nous preparer à receuoir ses conseils & nous rendre susceptibles de ses auis, il nous confere vn don particulier, qui pour cela est appellé le Don de Conseil.

Lequel, & le sainct Esprit par luy produit en nous de tres-excellens effets, car premierement il perfectionne la Vertu de Prudence en toutes ses parties. Apres il nous illumine dans les voyes de nostre salut, il nous monstre quelles routes nous deuons tenir, il nous fait connoître les moyens les plus propres pour arriuer à la Vertu. *Spiritu* *Consilij*, dit à ce propos le Cardinal Iacques de Vitry rapportant comme la B. Marie d'Oegnie possedoit ce Don, *Christi ancilla instructa nihil præceps, nihil inordinatè facere volebat, sed omnia diligenter, circumspectè, & cum deliberatione agens in omnibus, quæ*

Lib. 1. vitæ cap. 6.

*vel*

*vel fieri vel omitti oporteret, expectabat eum qui salvam faceret ipsam à pusillanimitate spiritus & tempestate; Nihil interim per pusillanimitatem omittens, nihil turbulenter vel tempestuose, nihil inconsideratè, nihil per impetum efficiens.* La seruante de Iesus-Christ estant éclairée de l'Esprit de Conseil ne faisoit rien par precipitation & en desordre, mais tout auec soin, auec circonspection, & auec deliberation, attendant en tout ce qu'il falloit ou faire ou laisser celuy qui la deuoit preseruer de l'esprit pusillanime, & de l'esprit turbulent, pour ne rien omettre par pusillanimité, ny aussi pour ne rien faire par impetuosité & par boutade.

Le sainct Esprit auec ce Don nous va animant puissamment à la perfection, & nous donne des conseils excellens de saincteté : Comme toutes les causes tendent toujours à produire leur semblable, & à se representer dans leurs effets, il vise pour cela par toutes ses lumieres & par tous ses mouuemens à rendre l'homme spirituel & le faire sainct. Il rappelle sans cesse l'ame au dedans, il recueille & reünit ses pensées, il la porte à agir tant à l'interieur comme à l'exterieur auec vne grande paix, d'vne maniere non point passionnée, ny simplement raisonable, mais diuine: dans l'interieur, il la pousse à vn écoulement continuel de sa memoire, de son entendement & de sa volonté en Dieu; pareil à celuy de la riuiere dans l'Ocean, de la pierre à son centre, & de la flamme à sa sphere; & dans l'exterieur à vne ap-

Ccc

plication simple, innocente & pure à toutes les choses creées, les considerant comme les ouurages de Dieu sur lesquels il a graué les traits de ses perfections, dans lesquelles & par lesquelles il veut estre honoré, aimé & serui, & comme des sujets de vertu, que sa bonté luy fournit, les vns de patience, les autres d'humilité, les autres de charité, de misericorde, de mansuetude, de iustice & des autres vertus, pour les pratiquer excellemment & acquerir la perfection, à laquelle Dieu l'a destinée.

Adioûtons à cela que le sainct Esprit inspire par fois auec ce Don à quelques Ames choisies des choses si merueilleuses, qu'il les excite à des actions si extraordinaires, & leur fait entreprendre des façons de vie si étranges & si écartées du cómun, que les Hommes, qui ne pezent les choses qu'au poids du public & non à celuy du Sanctuaire, les mesestiment & les condamnent; comme il est arriué à ces Saincts, qui par vne folle sagesse & vne tres-sage folie ont voulu passer pour des Ignorans, ainsi que ce grand Philosophe & genereux Martyr Alexandre surnommé le Charbonnier, qui ont contre-fait les idiots, comme sainct Simeon Salus & d'autres, en faueur desquels Aristote a dit sans y penser vne parole remarquable, que ceux qui sont veritablement poussez par l'Esprit de Dieu à faire quelque chose, ne deuoient points amuser à consulter la raison humaine, par ce qu'ils marchoient sous la

Lib. 7. Moral. Eudem. Cap. 18.

conduite d'vn Guide sans comparaison plus excellent, plus seur & plus éclairé.

Voila les biens signalez que la possession du Don de Conseil nous apporte; où sa priuation nous cause de tres-grands maux, parce qu'elle nous fait aisement prendre le chemin gauche pour le droit, elle nous iette dans des precipices, elle nous rend confus dans nos pensées, aueugles dans nos desseins, precipitez dans nos resolutions, inconsiderez dans nos paroles, temeraires & boutadeux dans nos actions, lasches & inconstans dans nos executions. Et il va quasi de nous, quand Dieu nous a osté le flambeau de son Conseil, comme d'vn homme qui marche de nuict, lequel ne sçait où il va & bronche à chaque pas.

Et par fois il arriue qu'vn homme est tellemét destitué de lumiere, & eneueloppé de si grosses tenebres, que non seulement dans les choses de son salut, mais encore dans les humaines il ne voit goutte & y commet des fautes extremement lourdes; de sorte que nous pouuons dire qu'il est tombé *in reprobum sensum*, comme parle sainct Paul, dans vn sens reprouué, tant il a peu de sens, peu de iugement & peu de conduite pour les choses mesme temporelles, & pour ses affaires domestiques. Il y a eu autrefois des Princes & des Monarques, & il s'en treuue presque en tous les siecles, que Dieu, de qui Dauid dit, *qui aufert spiritum Principum, terribili apud Reges terræ*, qu'il oste l'esprit aux Princes, qu'il les aueugle dans leurs conseils,

Rom. 1, 28.

Psalm. 65, 13.

& se rend redoutable aux plus puissans Roys de la terre, par de secrets iugemens abandonne, & les laisse choir dans de si profondes obscuritez d'esprit, & commettre des fautes si étranges en fait de gouuernement, que quand ils seroient gagez pour se perdre & ruiner leurs états, ils ne feroient pas de plus grandes imprudences que celles qu'ils font.

Partant puis que le manquement du Don de Conseil nous est si preiudiciable, & sa possession si vtile, que comme dit le Sage, *Consilium custodiet te & Prudentia seruabit te vt eruaris à via mala*. Le Conseil te garentira de tous maux, & la Prudence t'empeschera de faillir & de te fouruoier dans le chemin du Ciel, demandons instamment ce riche Don au sainct Esprit, puisque c'est vn effet de sa liberalité. Demandons-le encore à nostre Seigneur, qui est appellé l'Ange du grand Conseil; & disposons-nous à le receuoir par l'humilité, par la soûmission d'esprit, & par le degagement de nostre sens, qui y sont entierement necessaires.

N'entreprenons & ne faisons iamais rien, qui soit au moins de quelque consequence, si nous desirons de ne nous point tromper, que comme Dauid, c'est à dire, sans consulter Dieu auparauant, & le prier de nous dóner sa lumiere. Prions-le de nous inspirer ce qu'il veut que nous fassiós, que nous disions, & comme quoy nous deuons nous comporter en ce rencontre: disons luy auec

*Prou. 2. 11.*

SPIRITVEL. 389

ce Prophete, *Vias tuas, Domine, demonstra mihi, & semitas tuas edoce me; dirige me in veritate tua & doce me.* Conduisez-moy dans les sentiers de vos veritez, & enseignez moy ce qu'il faut maintenant que ie fasse & que ie laisse, que ie die & que ie taise. A quoy Iosué venant à manquer quand les Deputez de la ville de Gabaon vinrent le treuuer, il fut affiné & duppé par eux, & la saincte Ecriture en adiouste aussi tost la raison, parce, dit-elle, *Os Domini non interrogauerunt,* que ny luy ny ceux de son Conseil ne s'estoient point adressez à Dieu pour sçauoir ce qu'il leur falloit répondre, mais auoient répondu de leur teste.

Psalm. 24:4:

Iosue 9:14.

### Du Don de Science.

IE remarque trois sortes de sciences. La premiere est celle des Philosophes, qui consiste, au dire de leur Chef, à voir vne chose dans son fond, à la regarder dans sa source & la connoître par sa cause. La seconde est la science des Theologiens, qui se prend pour la connoissance d'vne chose tirée non point de sa cause naturelle, comme celle des Philosophes, mais de l'Ecriture saincte & des principes de la Foy, dont les Hommes sçauans se seruent pour prouuer les veritez de nostre Religion à ceux qui les ignorent, & les defendre contre les Heretiques & les autres qui les combattent. Cette science s'aquiert pour l'ordinaire par étude & auec trauail; quelquefois aussi

Dionys. Carthus. Tract.3. de Donis art. 20. & 21.

Ccc iij

c'est vn don gratuit, que Dieu confere à de certaines persones qu'il veut emploier à ce ministere, & peut, aussi bien que la premiere, se treuuer dans vne ame vicieuse & méchante. En effet il arriue que plusieurs, dont les meurs sont libertines & la vie dereglée, soustiendront doctement tous les poincts de nostre creance contre les attaques de nos aduersaires, en feront voir clairemét & iudicieusement la verité aux Infideles & la leur persuaderont auec grande force, ce que plusieurs hommes tres-vertueux ne pourroient faire.

*Sapientiæ 10 v.10. & alibi.*

La troisiéme science est celle des Saincts, dont l'Ecriture fait souuent mention, & est vn des sept Dons du sainct Esprit, & vne lumiere surnaturelle, que cét Esprit diuin cómunique à l'ame iuste, laquelle luy fait connoître les choses creées dans leur poinct principal & dans leur vray iour, c'est à dire, dans les desseins de leur creation, de sorte que l'ame les regarde dans les liaisons & les enchainemens qu'elles ont aux fins & aux intentions pour lesquelles Dieu les a faites; elle rapporte là toutes ses connoissances, sans les detourner ailleurs, & fait seruir les Creatures à son salut, & en tire des sujets d'admirer, de loüer, de benir, de remercier & d'aimer leur Createur.

*Dionys. Carthus. Tract.3. de Donis art.10*

Cette science n'est point par raisonnement, comme celles des Philosophes & des Theologiens, dautant qu'elle ne dépend pas du discours de l'entendement, mais de la lumiere du S. Esprit qui fait vn iour dans l'ame, & luy découure les choses tout à coup.

Son objet sont toutes les choses creées, sur lesquelles la Foy peut s'employer en quelque façon & auoir quelque prise, pour nous en faire iuger & vser selon ses instructions ; son sujet & son domicile est la Raison inferieure, comme la superieure l'est du Don de Sapience, qui contemple les choses diuines; où la Science ne considere proprement que les naturelles.

Le Don de Science produit des effets tres-salutaires dans l'ame iuste, dautant qu'il luy fait connoître ce que les creatures sont de la part de Dieu, & ce qu'elles sont d'elles mesmes ; comme elles sont faites par la puissance infinie de Dieu, & toutes entieres, & dans le temps ; comme elles ont esté tirées du neant, au moins en leur premiere origine ; comme elles sont conseruées par la mesme main qui les a produites ; qu'elles ont pris de Dieu toute leur essence, toute leur force d'agir & toutes leurs perfections ; & que de leur chef elles ne sont rien, elles n'ont ny estre, ny pouuoir, ny valeur, ny merite. Ce Don luy manifeste ces importantes veritez de toutes les Creatures, & premierement de soy-mesme, luy en imprimant vne persuasion fort viue.

De plus il luy apprend pour quelles fins Dieu a fait les Creatures, comme sa pensee & son dessein a esté qu'elles nous fussent toutes des moiens de nostre salut & des instrumens de nostre perfection, qu'elles nous seruissent d'échelles pour monter à sa connoissance & à son amour, de miroirs où nous le regardaſſions, de liures qui nous enſeignaſſent ſes excellences, comme meſme le Triſmegiſte dit en ces beaux termes, *Tota mundi conſpiratio & natura eſt velut liber diuinitate plenus, & ſpeculum diuinorum.*

Dauantage comme les choſes du monde, les richeſſes, les honneurs, la renommée, la beauté corporelle & les plaiſirs des ſens ont vn éclat exterieur, portent vn charme ſecret & vn certain ſortilege, qui donne inſenſiblement dans les yeux, & par les yeux dans le cœur, & font impreſſion ſur l'eſprit qui l'époiſonne, le Don de Science empeſche l'operation de ce charme & de ces enchâtemens, faiſant que l'eſprit regarde toutes ces choſes de pres, & les demaſque pour voir ce qu'elles ſont au vray; qu'il les peze auec la mort, où au plus tard elles doiuent finir & ſe reduire en pouſſiere; qu'il les conſidere auec les ſoins & les peines interieures & exterieures qu'elles ameneét, auec la paix & la tranquillité de l'ame qu'elles empeſchent, ou qu'elles troublent; auec les biens de la Grace & de la Gloire, à l'acquiſition deſquelles elles ſont plûtoſt des obſtacles que des moyens; auec l'impuiſſance qu'elles ont de nous contenter; Et enfin que c'eſt la petiteſſe de nos eſprits qui nous les fait eſtimer grandes, comme celle des Enfans leurs babioles & leurs poupées.

De plus, ce Don confere à l'ame le diſcernement des choſes ſpirituelles, luy monſtre les diuerſes routes & les chemins differens qu'il faut & tenir

# SPIRITVEL. 393

tenir & éuiter, comme elle doit combattre les vices, corriger les inclinations mauuaises, arracher les habitudes enracinées, acquerir les vertus, arriuer à la perfection, suiure le trait du S. Esprit, reconnoître les deguisemens & les transfigurations trompeuses du demon, & découurir toutes ses ruses.

Voila les grands biens que le Don de Science apporte à l'Ame Iuste, où quád elle en est deniiée, comme elle marche en tenebres, il est aisé qu'elle bronche. Premierement les plus sçauans Hommes & les plus grands Philosophes qui percent plus auant dans le fond des choses & sçauent tous les secrets de la Nature, sont sans ce Don des ignorans, & ressemblent proprement à des enfans qui lisent vn Liure latin qu'ils n'entendent point, ils appellent bien les lettres, ils les distinguent les vnes des autres, les ioignent bien ensemble, en font des syllables & prononcent correctement les mots latins, mais ils ne comprennent pas ce qu'ils signifient : De mesme ces habiles hommes connoissent clairement les choses naturelles, & sçauent quelles sont les parties qui les composent, quelles leurs proprietez & leurs effets, mais ils ignorent ou ne prennent pas garde pour quelle fin elles sont faites, où elles tendent, & à quoy elles leur doiuent seruir. Ainsi le Roy Prophete apres auoir dit que les Creatures luy fournissoient de puissans motifs pour se réjoüir & glorifier Dieu, & auoir fait cette saillie, *Delectasti* Psal. 91. v. 5.

Ddd

me, *Domine, in factura tua, & in operibus manuum tuarū exultabo : quàm magnificata sunt opera tua, Domine!* Seigneur, vous m'auez comblé de ioye par la veüe de vos ouurages, & donné des sujets de vous en admirer, de vous en loüer & benir : ô qu'ils sont excellens & magnifiques! il adioûte. *Vir insipiens non* Verſ. 7. *cognoscet & stultus non intelliget hæc.* Mais les Ignorans & les Foux ne feront point de reflexion là dessus, & n'entendront pas ce mystere.

Sap. 13. v. 1. Et le Sage apres luy, *Vani sunt omnes Homines in quibus non subest Scientia Dei, & de his quæ videntur bona, non potuerunt intelligere eum qui est, neque operibus attendentes agnouerunt quis esset artifex.* Tous les Hommes, en qui la Science de Dieu ne se treuue point, ny ne possedent ce Don du sainct Esprit, quelques doctes qu'ils puissent estre, sont vains & sans solidité en tout leur sçauoir, de s'arrester ainsi crüement aux choses creées, sans s'éleuer à leur Createur, & aller par elles comme par des traces bien marquées à sa connoissance, à son estime & à son amour.

S. Athanaſ. in eius vita.

Pſalm. 70. 16

Ce que les Saincts sçauent bien faire, encore qu'ils n'ayent aucune teinture des Lettres, comme sainct Antoine, à qui tout ce monde seruoit d'vn grand Liure toujours ouuert qui l'enseignoit à honorer, adorer & aimer Dieu. *Os meum*, dit Dauid, *annunciabit iustitiam tuam, tota die salutare tuum. Quoniam non cognoui litteraturam, introibo in potentias Domini; Domine, memorabor iustitiæ tuæ solius.* Encore que mon Pere ne m'ait point fait étudier, que i'aye esté nourri parmy les brebis, ou dans les armes, & que ie sois vn homme sans literature, ie ne laisseray pas de publier vos grandeurs, de chanter vos bontez & d'entrer dans la consideration des œuures de vostre infini pouuoir, & comme ie n'auray point l'esprit embarassé ny partagé par la connoissance de tant de choses, ainsi que l'ont les hommes sçauans, ie l'appliqueray tout entier à penser à vous, à l'obseruation de vos loix, & à tout ce qui m'est necessaire pour vous plaire.

Secondement, les Hommes sans le secours de ce Don non seulement n'entendent point le vray sens & ce qui est de plus essentiel dans les Creatures, à sçauoir les fins pour lesquelles Dieu les a produites, mais de plus ils les rapportent à d'autres fins, & les employent à d'autres vsages, & au lieu d'en loüer & benir Dieu, ils l'en offensent. Plusieurs ne les regardent que selon leurs qualitez sensibles, auec lesquelles elles sont capables de leur donner du plaisir à la veüe, au goût, au toucher & à leurs autres sens, & puis dans ce dessein trasportez de leurs passions ils courent, tout ainsi que des bestes, à leur iouïssance; d'autres, comme les Hommes doctes, les considerent dans leur estre naturel, dans leur matiere, leur forme, leurs vertus & leurs effets. Les premiers les connoissent pour le plaisir de leurs corps, & les seconds pour celuy de leur esprit, qui encore bien souuent passent au malheur des premiers, comme

Rom. I. v. 23, 24.

S. Paul raconte des anciens Philosophes, qui auec toutes leurs sciences abusans des Creatures se sont bandez contre Dieu, luy ont raui l'honneur qui luy estoit dû pour l'attribuer à des figures d'hommes & de bestes, & se sont prostituez à toutes sortes de vices d'vne façon mesme plus que brutale & execrable.

Hugues de sainct Victor auoit raison de dire que les Creatures sont comme les Touches d'vne Epinette. Si vous ne les touchez point, elles se tairont; si vous les touchez de trauers & sans art, elles rendront de fort mauuais accords, mais si vous les touchez auec art & auec science, elles vous feront entendre vne douce & agreable melodie: les Creatures sont de mesme, parce que si vous ne les touchez & ne les considerez point, elles seront müetes, & ne feront aucun effet sur vostre esprit; si vous les touchez auec desordre & en faites vn mauuais vsage, elles meneront vn bruit discordant & rempliront vos oreilles d'vn ton fascheux; mais si vous les maniez auec vertu & auec le Don de Science, elles vous feront oüir vne excellente musique & vne rauissante harmonie, qui vous excitera à la connoissance, aux loüages & à l'amour de Dieu; dont le Bien-heureux Laurent Iustinian dit ces paroles choisies.

De casto cōnubio cap. 19

Quelquefois l'homme est attiré à la connoissance & à l'amour de Dieu par la contemplation des choses creées, en qui il remarque des traits visibles de sa toute-puissance, de son infinie sagesse & de sa tres-aimable bonté. *Tot laudantium audit voces, quot creaturarum intuetur species; quandam quoque spiritualem sentit in corde harmoniam, quæ interiora omnia complet iubilatione. Non enim à conditoris se valet continere laude, cum vniuersa in diuinis præconijs occupata intelligit opera. Omnia vocibus suis iucundissimum agunt concentum, vnde frequentissima respersus suauitate animus tacitè vociferare compellitur ac dicere, Domine, quis similis tui?* Il oyt autant de voix qui loüent Dieu qu'il apperçoit de creatures differentes, & entend resonner dans son cœur vne spirituelle melodie par les beaux concerts qu'elles font, ausquels il est contraint de se ioindre & de prendre auec elles sa partie, parce qu'il luy est impossible de ne pas loüer Dieu, lors qu'il voit toutes les choses creées qui s'emploient à publier ses merueilles & chanter ses eloges, auec qui transporté de la charmante douceur de leurs agreables accords & embaumé d'vn singulier plaisir il est forcé de crier, Seigneur, qui vous est semblable ?

Sainct Denys a exprimé ce mystere en vn beau mot qu'il appelle Theophanie, à sçauoir lors que la veuë des Creatures nous porte à Dieu & à nostre salut, à la façon d'vn Portrait qui reueille par son aspect la souuenance de son Prototype & fait penser à luy; comme le pratiquoit cét Homme spirituel dont parle sainct Iean Climacus, qui voyant des beautez corporelles, en estoit puissamment emû à glorifier Dieu, & sen-

Θεοφάνεια ἐκ τῆς τῶν ὁρωμένων ἐπὶ τὸ θεῖον ἀναγωγῆς. cap. 4. cœl. Hierarch.

gradu 15.

toit partir de ces attraians visages des flammes
quile brusloient, non pas d'vn amour impudique
comme plusieurs, mais d'vn pur amour diuin, &
luy faisoient verser par sentiment d'vne vraye deuotion vne abondance de larmes; de sorte que ce
qui seruoit aux autres de pierre d'achopement &
de cause de leur ruine, luy estoit vne source de merites & vn excellent moyen d'vne haute perfectiõ.

*Ἀπὸ μόνης τῆς θέας εἰς ἀγά-πην Θεοῦ ᾖ δακρύων πη-γὴν κατεφέ-ρετο.*

A la verité quand nous regardons les Creatures,
la premiere chose qui nous doit frapper & faire
impression sur nostre esprit est ce qu'elles ont de
diuin, d'autant que ce qui touche premierement
& pricnipalement en chaque chose, est ce qu'elle a de plus excellent & de plus noble; comme il
paroit euidemment dans les choses humaines, où
quand nous voyons vn Roy, qui n'a encore que
quatre ou cinq ans, ce qui nous frappe d'abord est
sa dignité, & non son enfance ny les infirmitez
de son âge: pour marque de quoy nous luy rendons aussi tost & deuant toute autre chose nos reuerences & nos respects par de grands abaissemens & des genuflexions. Et dans nos mysteres
ce qui occupe nostre attention en la saincte Ho-
stie, que le Prestre monstre aux Fideles à la Messe,
n'est ny sa couleur blanche, ny sa figure ronde, ny
le reste de son estre naturel, mais sa consecration,
& nostre Seigneur qu'elle couure; de mesme ce
qui dans la veüe des choses creées doit donner
dans nos esprits & les arrester, n'est pas leur beauté, ny leur force, ny leurs autres perfections na-

turelles, mais ce qu'elles ont de meilleur & de plus releué, à sçauoir, qu'elles sont les ouurages de Dieu, faits pour sa gloire & pour nostre salut, c'est là où nous deuons rapporter tous nos regards & toutes nos connoissances.

A quoy nostre Seigneur nous sert selon ses deux natures d'vn excellent Patron; parce qu'entant que Dieu il est le Verbe & la Connoissance du Pere, qui luy est infiniment glorieuse, & à la bien prendre sa vraie & parfaite Gloire, comme enseigne sainct Thomas, attendu que la gloire n'est autre chose qu'vne connoissance d'estime accompagnée de loüange, ainsi qu'il la definit autre part apres sainct Augustin. *Clara cum laude notitia.* Et de plus ce n'est pas, *Verbum qualecumque*, ainsi que dit le mesme sainct Docteur, *sed spirans amorem.* Vn Verbe & vne Connoissance sterile, mais feconde, & qui auec son Pere produit l'Amour & le sainct Esprit, lequel par sa proprieté personelle est le principe de la saincteté & de la perfection des ames. Et comme Homme nous sçauons que sa doctrine a toujours eu pour but l'honneur de Dieu & le salut du genre humain, & qu'il n'a iamais dit que des paroles de vie eternelle. Or comme nos connoissances sont des participations & des rayons de la connoissance de Dieu, & sa science la source des nostres, il faut, attendu que Dieu est & doit estre en tout nostre regle & nostre mesure, que nos sciences, pour estre bonnes & parfaites, ressemblent à la sienne, &

In 1. cap. Epist. ad Hebr. ad v. 3.

1. 2. q. 2. a. 3. lib. 83. qq. q. 31. 1. P. q. 43. a. 5. ad 2.

portent son charactere, qui est de tendre en droite ligne à la gloire de Dieu, à nostre bien & à celuy des hommes, & que nous euitions de tomber dâs ce dont nostre Seigneur nous auertit. *Vide ne lumen* Luc 11. 35. *quod in te est, tenebræ sint*, prenez garde que ce que vous auez de lumiere ne se conuertisse en tenebres : ce qui se fait specialement par le don de science.

Partant taschons d'acquerir ce grand Don, & pour cela demandons le souuent au Sainct Esprit, luy disant auec Dauid, *Bonitatem, & discipli-* Pf. 118. v. 66. *nam & scientiam doce me*. Esprit sainct & diuin, répandez dessus moy vne participation de vostre bonté & de vostre douceur, donnez moy vn esprit discipliné & reglé, & élargissez moy le Don de Science. Demandons-le auec grande affectiõ, parce que sans luy toutes nos sciences sont tres-peu de chose, elles nous sont inutiles & mesme nuisibles. De vray vne chose est inutile & vaine, quand elle n'est pas rapportée à la fin pour laquelle elle est faite, & que celuy qui la possede, ne s'en aide pas pour arriuer à sa felicité, & s'il l'emploie pour s'en detourner & prendre le chemin de son malheur, elle luy est sans doute nuisible. Toutes nos sciences sans ce Don, ne nous font pas meilleures. N'est-ce pas vne chose étrange & épouuentable que toute cette grande multitude & diuersité de connoissances tres-claires qu'ont les Demons de tant de choses, auec cét esprit prodigieux que Dieu leur a donné, qui
passent

passent incomparablement tout ce que les hommes peuuent auoir en ce genre dans cette vie, ne leur sert que pour maudire, pour blasphemer & haïr Dieu ? Si vous me dites que les Diables sont maintenant dans vn état de reprobation, & que ce mauuais employ qu'ils font de leur esprit & de toutes leurs lumieres, leur tient lieu de châtiment, ie vous répond qu'ils estoient encore plus éclairez deuant leur chûte lors qu'ils estoient voyageurs & en grace, auec quoy neanmoins ils n'ont pas laissé de se détacher de Dieu, de l'offenser & de se perdre. C'est donc bien peu de chose que tout nostre esprit & toutes nos sciences, puis qu'auec vne si riche & si abondante possession de l'vn & de l'autre, on peut tomber dans vn tel abysme de méchancetez & de miseres.

C'est pourquoy esforçons nous d'obtenir ce grand Don, qui a la proprieté de purifier, de sanctifier & de deïfier nos esprits, nos études & nos sciences, faisant que nous les rapportions aux fins que Dieu leur a assignées, & nous découurant mesme les choses dans vn iour bien plus grand & bien plus pur, parce que l'experience nous apprend qu'vn mesme objet peut estre vû ou plus clairement ou plus obscurement selon les diuerses lumieres qui le monstrent. Il y a quatre sortes de connoissances; La premiere est la connoissance qui nous vient de la lumiere des Sens. La seconde celle que nous donne la lumiere de la Raison. La troisiéme est la connoissance qui émane de la lumiere de la Grace. Et la quatriéme celle que produit la lumiere de la Gloire. La connoiſſance des Sens, comme eſt celle des beſtes & de ceux qui agiſſent en beſtes, eſt fort imparfaite, trouble & confuſe, & toujours d'vne choſe ſinguliere & preſente. La connoiſſance de la Raiſon eſt beaucoup plus étendüe, plus démelée & plus parfaite, manifeſtant vne choſe ſelon ſon eſtre naturel, ſelon ſes proprietez, ſes ſympathies, ſes antipathies, ſes effets & le reſte, & ſe portant non ſeulemét aux choſes ſingulieres & aux preſentes, mais encore aux vniuerſelles & aux abſentes: mais quoy qu'elle manifeſte, cela ne paſſe point la nature ny la façon naturelle de le connoître, parce que ſa lumiere n'eſt que de cét ordre, où celle de la Grace eſtant d'vn étage beaucoup plus exaucé & ſurnaturelle, ſa connoiſſance auſſi eſt ſans comparaiſon plus noble & plus reléuée. A laquelle ſe reduit le Don de ſcience dont nous parlons, qui nettoie les deux connoiſſances precedentes de leurs immódices & de leurs defauts; & en outre de ſon propre chef, fait voir les choſes comme des ouurages de Dieu, comme des effets de ſa bonté, des marques de ſon amour, des liens d'vnion auec luy, des aides pour noſtre perfection & des inſtrumens de noſtre ſalut. Enfin la connoiſſance de la Gloire ſert aux Bien-heureux quoy qu'ils voyent, de moyen de leur felicité.

Ie finis auec ces paroles de l'Apoſtre, *Videte ne*
Coloſſ. 2. 8. *quis vos decipiat per philoſophiam & inanem fallaciam,*

*secundum traditionem hominum, secundum elementa mundi, & non secundum Christum.* Soiez sur vos gardes à ce que persone ne vous abuse & ne vous fasse tort auec la Philosophie prise & employée à la façon ordinaire des hommes, & auec des connoissances vuides & trompeuses, qui ne sont point selon le modele ny selon la conduite Iesus-Christ, lequel veut que nous referions toutes nos sciences à la gloire de Dieu & à nostre salut, & qui entant que Dieu & entant qu'Homme nous en donne l'exemple.

### *Du Don d'Entendement ou d'Intelligence.*

LE nom d'Entendement & d'Intelligence s'attribüe par fois aux Esprits purs, comme aux Anges, & à Dieu mesme que l'on appelle, la Premiere Intelligence, & ordinairement à la plus noble faculté de nostre Ame, dont elle se sert comme de son œil, pour voir les choses; d'autrefois à l'Habitude des premiers principes que la Nature graue dans le fond de nos Esprits, par laquelle nous connoissons de nous mesmes & sans autre maistre certaines Veritez qui font vn si grand iour & portent tant de lumiere, que pour-ueu qu'on entende les termes, auec lesquels on les enonce, elles acquierent de la creance & enleuent sans contradiction nostre consentement; Comme par exemple, que le temps passé n'est pas le present, ny le present le futur, que le Tout est plus grand que sa partie ; & pour les choses de pratique qu'il faut fuïr le mal, obeïr à ses parens, & semblables. Enfin il s'applique à l'vn des sept Dons du S. Esprit.

Qui est vne Habitude surnaturelle conferée auec la Grace à l'ame iuste, & qui a son siege dans son Entendement, qu'il illumine & perfectionne pour luy faire connoître les mysteres de la Foy & les choses du salut, lesquelles d'ailleurs luy seroient inconnües. Ce qui fait que ce Don est à le bien prendre speculatif, encore qu'à raison que toutes les connoissances, que le sainct Esprit nous donne, tendent toujours à l'exercice des bonnes œuures, on puisse dire qu'il est aussi par irradiation & par influence practic.

*2. 2. q. 8. a. 1.*

Le Docteur Angelique nous enseigne que le nom d'Entendement signifie vne connoissance intime & fonciere; car *intelligere*, dit-il, veut dire, *intus legere*, entendre & penetrer le fond d'vne chose. Or comme parmy les choses il en est plusieurs qui sont couuertes & voilées, comme les substances sous les accidens, la verité sous les figures, les pensées sous les paroles & plusieurs autres, il faut de l'Entendement pour perçer iusques à elles & les découurir : mais comme la lumiere de nostre Entendement est fort petite & souuent trop courte pour donner iusques là, & que celle de la Foy ne monstre point les choses, qu'elle enseigne, auec clarté mais auec obscurité, la Foy s'occupant proprement à croire & non à voir, l'Homme pour porter sa veüe plus auant & iusques au centre des choses, entant qu'elles ont quelque rapport à la Foy, pour connoître les secrets des sainctes Lettres & les merueilles de nos mysteres, a besoin que Dieu luy communique vne lumiere plus grande & plus forte, qui pour cela s'appelle le Don d'Entendement.

Auquel on assigne trois degrez; le premier est de monstrer à l'ame les veritez de nos mysteres par quelque raison, qui les rende tres-dignes de creance & indubitables, & de luy en donner vne persuasion inébranlable; car tout homme Fidele qui a la grace, est toujours pourueu du Don d'Entendement pour croire & pour sçauoir ce qui est necessaire à son salut : d'où vient que nous en voyons plusieurs, qui d'ailleurs sont grossiers & sans lettres, & qui ne pourroient pas rendre raison des poincts de la Foy, les croire pourtant auec vne inuincible fermeté, non tant par vne lumiere distincte, comme par vne impression diuine, qui les rend des rochers dans leur creance, & leur en donne vne si haute estime, que rien ne leur semble approcher de leur verité & de leur excellence, & que pour rien du monde, ny pour l'esperance de tous les biens, ny pour la crainte de tous les tourmens ils ne voudroient pas non seulemét nier, mais les reuoquer mesme en doute. Le second degré est lors que ce Don manifeste à l'Entendement quelque chose de plus de nos mysteres. Et le troisiéme quand il luy tire comme le

*Dionys. Carthus. Tract. 12. de Donis, art. 34.*

rideau pour les luy faire voir auec grande clarté, comme quand Dauid dit de foy, *Incerta & occulta sapientiæ tuæ manifestasti mihi*, vous m'auez découuert les secrets & les merueilles cachées de voſtre ſapience. Et ailleurs il s'écrie, *Mirabilia testimonia tua, ideo scrutata est ea anima mea: declaratio sermonū tuorum illuminat, & intellectum dat paruulis.* Vos myſteres ſont admirables & les beautez, qu'ils voilent, ſont dignes de rauiſſement; Ie me ſuis pour cela mis à les conſiderer, & efforcé de les connoître, mais auec peu de ſuccez. C'eſt la declaration que vous en faites aux Petits & aux Humbles par le Don d'Entendement qui les monſtre & les met en leur iour, & qui apres iette l'admiration dans ces ames illuminées & les remplit d'étonnement.

Ainſi qu'il arriua à ſainct Auguſtin, qui deuant ſa conuerſion & ſon baptême, ne pouuoit auec toute la ſubtilité de ſon grand & ſçauant eſprit entrer dans le myſtere de l'Incarnation, mais apres auoir eſté baptiſé & eſtre deuenu humble, en trouua la porte ouuerte, de ſorte qu'il dit, *non ſatiabar illis diebus conſiderare altitudinem conſilij tui ſuper ſalutem generis humani.* Ie ne me pouuois ſaouler en ces heureux iours de ma naiſſance ſpirituelle, d'admirer la profondeur de vos conſeils, & les conduites merueilleuſes que vous auez tenües pour ſauuer le genre humain. A la verité les myſteres de la Foy ſont myſteres & ſecrets, qui ne monſtrent pas ce qu'ils portent, & dont ſouuent

Pſal. 50.8.

Pſal. 118. 129.

Lib. 9. Conſeſſ. cap. 6.

l'exterieur rebute, mais ce qu'ils r'enferment & le dedans est admirable, comme ces fameux Silenes d'Alcibrade dans Platon dont l'apparence estoit vile & grossiere, où l'interieur contenoit des beautez rauissantes & des richesses de tresgrand prix.

Ce Don deploie & étale deuant l'ame iuste les excellences de la Grace, il luy fait voir le tres-bel ordre & la parfaite symmetrie de toutes les parties de nostre Religion; comme il n'y a rien qui ne soit sainct, auguste & venerable; qu'il n'y a pas vne petite ceremonie qui ne soit tres-sagement instituée; comme la Loy ancienne correspond iustement à la Nouuelle, & s'accorde auec elle ainsi que le corps auec l'ame; comme il n'y a rien dans toutes les sainctes Lettres qui se demente ny se choque ; comme tous les articles de la Foy, s'ils ne sont selon nostre Raison, ne sont pas contre, mais s'éleuent au dessus & par vn glorieux effor s'emportent au de là de nostre capacité.

Dauantage ce Don découure à l'homme iuste les causes, les liaisons & les necessitez des choses qui luy arriuent dans le procedé que Dieu tient sur luy pour son salut; pourquoy il l'afflige de maladies, il luy enuoie des pertes de biens, d'honneur, de parens & d'amis ; pourquoy il n'a pas plus d'esprit, plus de iugement, plus de memoire, ny plus de science; pourquoy il ne reüssit pas en beaucoup de choses qu'il entreprend pour de bons desseins; pourquoy il dispose de luy d'vne telle & telle façon pour sa demeure & pour ses emplois, & luy fait voir clairement qu'il doit ainsi estre gouuerné pour son bien & sa perfection. Ce que Dieu au commencement luy cache afin de luy donner moyen d'exercer la Foy, l'Esperance, la Charité, l'Humilité, l'Obeïssance & la Force, dont la recompense & le prix, apres qu'il a fait des actes excellens de ces vertus dans ces rencontres, est le Don d'Entendement, qui luy est conferé à proportion que ces actes sont plus parfaits ; car plus on rend de creance, de soumission, d'obeissance de respect aux conduites de Dieu, plus on apporte de disposition pour receuoir apres ces lumieres, & en connoitre les causes.

Toutes ces choses sont manifestées à l'homme iuste par ce Don, que le S. Esprit luy communique, qu'il allume dans son entendement comme vn flambeau pour luy faire voir les choses qui auparauant luy estoient inuisibles, de sorte que comme dans vn cabinet, où il y a des raretez admirables & tout ce que la Nature & l'Art peuuent produire de plus beau, toutes ces excellentes pieces ne peuuent estre de nuit & sans lumiere apperceuës de persone, ny mesme de celles qui ont de fort bons yeux, mais qui aussi se voient aussi-tost que la clarté paroit : de mesme quand le Don d'Intelligence & ce flambeau de lumiere diuine luit dans vne ame fidele, mesme d'vn villageois, d'vn seruiteur & d'vne chambriere, alors son entendement connoit les mysteres de

la

la Foy & les secrets de son salut, qui auparauant luy estoient inconnus, que souuent les plus grands Philosophes & les plus sçauans Theologiens auec toute leur science voient fort peu sans ce Don, & toutes les connoissances qu'ils en ont, sont sans onction, seches & steriles, & qui les portent plutost à la vanité qu'à la charité.

Sans ce flambeau nous ne decouurons rien, ou tres peu dans les choses de Dieu, ce sont lettres closes pour nous, & nous pouuons nous appliquer les paroles que nostre Seigneur dit à ses Apostres, qui n'entendoient point vne parabole qu'il leur auoit dite. *Adhuc & vos sine intellectu estis.* Matth. 15.16. Ie vois bien que vous estes encore sans entendement, & que vous n'auez pas le Don d'Intelligence, & nous y sommes presque comme les petits enfans sont dans l'Eglise, qui regardent les ceremonies qui s'y font, voient le prestre à l'autel reuestu de ses habits sacerdotaux, faisant ses tours & ses retours mysterieux, sans sçauoir ce que cela signifie.

Mais aussi auec ce Don & auec ce flambeau, nous y sommes sçauans, & les simples & les idiots deuiennent capables de contempler les merueilles de la Loy de Dieu, ils s'entretiennent doucement les heures & les iours entiers dans la consideratiõ de ses ouurages. *Tunc videbis & afflues, & mirabitur & dilatabitur cor tuũ,* dit Isaie, vous verrez Isai. 60.5. pour lors auec admiration, auec facilité & élargissement de cœur les secrets de la Foy, qui maintenant ne font point d'impreſſion ſur vous ; les myſteres vous ſeront de viues ſources de bonnes penſées, comme il arriuoit au B. Frere Gilles compagnon de ſainct François, lequel diſoit parlant de ſoy qu'il connoiſſoit vn homme, qui en recitant les pſalmes, auoit cent iours & cent interpretations ſur vn verſet; ils vous fourniront vne abondance de ſainctes meditations & de nobles connoiſſances qui vous feront voir des beautez, dont voſtre eſprit ſera ſurpris, & que vous treuuerez d'autant plus agreables & plus rauiſſantes, que la Grace eſt incomparablement plus éleuée & plus parfaite que la Nature.

Certe ceux qui ont reçû ce Don en vn haut degré, comme ils voient des choſes tres-excellentes, ils ferment aiſément les yeux à toutes celles de la terre, meſme à celles qui ont plus d'eclat & plus de charmes. Ne plus ne moins que ceux qui ſont nourris dans les cours des Roys & qui en voient les magnificences & les pompes, ne ſe ſoucient guere de regarder ce qui ſe paſſe en vne feſte de village, mais au contraire ils le mepriſent.

Et pour entendre mieux cecy, il faut remarquer que Dieu eſt la regle & la meſure de toutes les choſes qui ſont dans l'Vniuers, ſon Eſtre la regle & la meſure de tous les eſtres creés, ſa Verité de toutes les choſes vraies, ſa Bonté de toutes les bonnes, ſa Beauté de toutes les belles, ſa Felicité de toutes les bien-heureuſes, & ainſi du reſte : de ſorte que plus elles approchent de luy, plus elles

# SPIRITVEL.

participent ces perfections, & plus elles s'en retirent, moins elles en possedent: Comme nous voyons que le rayon est d'autant plus fort & plus lumineux, qu'il est plus prez du Soleil duquel il émane, & au contraire d'autant plus foible & plus obscur, qu'il en est plus éloigné. Cela supposé, comme les choses naturelles & corporelles sont de toutes celles qui sont, les plus reculées de la Diuinité, & ont moins de part à son Estre qui est purement spirituel, & en suite à sa Verité, à sa Bonté, à sa Beauté, à sa Felicité & à ses autres excellences, & que celles de la Grace le ioignent sans comparaison de plus prez, aussi la connoissance & la veüe des choses de la Grace portent bien d'autres attraits & d'autres rauissemens, que celle des obiets de la Nature.

Que se peut-il dire ou conceuoir de plus beau & de plus charmant que nostre Seigneur en toutes les particularitez de sa vie & de sa mort, quand il luy plait d'ouurir les yeux à vne ame, & executer en son endroit ces paroles qu'il dit par le Roy Prophete, *Intellectum tibi dabo & instruam te*, ie te donneray le Don d'intelligence & ie t'instruiray? *Venit Filius Dei*, dit à ce propos Sainct Bernard, *& tot & tanta mirabilia in mundo operatus est, vt non immeritò intellectum nostrum ab omnibus mundanis rebus euocauerit, vt semper cogitemus & nunquam cogitare sufficiamus, quia mirabilia fecit. Verè latissimos nobis ad spaciandum intelligentiæ campos dereliquit, & torrens cogitationum istarum profundissimus est, qui iuxta Prophetam*

Psalm. 31. 8.

Serm. 3. de Ascens. Domini.

Ezech. 47. 5.

Fff ij

*non poßit transuadari.* Le Fils de Dieu est venu en terre, où il a operé des choses si admirables & en si grand nombre, que nostre esprit doit à bon droit retirer son attention de toutes les choses de la terre pour ne l'attacher qu'à celles-cy, qui luy fourniront des sujets inépuisables de bons entretiens. En verité nostre Seigneur a laissé à nostre entendement vne vaste campagne de considerations pour s'égayer, & a mis deuant luy vn torrent de meditations si creux & si profond, que pour me seruir des termes du Prophete, on y perd pied, & il est impossible de le passer à gay.

Comme donc le Don d'Entendement est tres-grand, tres-excellent & tres-profitable, ainsi qu'il est aisé de recueillir de ce que nous auons dit, & que Dauid chante auec grand sujet, *Beatus homo quem tu erudieris, Domine, & de lege tua docueris eum.* Bien-heureux est l'homme, a qui vous voudrez vous mesme seruir de maistre, & que vous instruirez en vostre loy par le moyen du Don d'Intelligence, prions Dieu sans cesse & auec ardeur de nous le donner; prions en le Pere, que S. Iacques appelle le Pere des Lumieres; priós-en le Fils, qui est la Connoissance du Pere; & le S. Esprit à qui il appartient proprement de nous en faire la distribution.

Psal. 103. 12.

Epist. cap. 1. v. 17.

Disons à Dieu auec Dauid & dans son sentiment. *Da mihi intellectum, & scrutabor legem tuam, & custodiam illum in toto corde meo.*

Psal. 118.

*Reuela oculos meos, & considerabo mirabilia de lege tua.*

# SPIRITVEL.

*Seruus tuus sum ego, da mihi intellectum, vt sciam testimonia tua.*

*Intellectum da mihi, & viuam.*

Donnez-moy le Don d'Entendement, & ie m'appliqueray à la meditation de vostre Loy, & apres ie l'obserueray de tout mon cœur. Desillez les yeux de mon ame pour pouuoir considerer vos merueilles, ie suis vostre seruiteur, & i'ay grád dessein de bien executer toutes vos volontez, pour cela donnez moy, s'il vous plaist, le Don d'Intelligence afin que ie les entende. Departez moy ce grand Don, afin que ie viue d'vne vraye vie.

Et puis mettons nous en état de l'auoir par les deux vertus suiuantes, sans lesquelles il est impossible de l'obtenir. Ces deux Vertus sont premierement la Foy ferme & simple, car le Prophete Isaïe nous apprend, *Nisi credideritis, non intelligetis.* Si vous ne croiez auec vne entiere soûmission de vostre esprit, vous n'entendrez pas, la Foy simple & aueugle vous ouurira la porte à l'Intelligence. Et puis vne Humilité profonde, dont le manquement fut cause, ainsi que S. Augustin remarque, que les Philosophes Gentils eurent tant de difficulté de receuoir la lumiere de l'Euangile, *Pudet videlicet doctos homines*, dit-il des Platoniciens, *ex discipulis Platonis fieri discipulos Christi, qui piscatorem suo spiritu docuit sapere & dicere, In principio erat Verbum, & Verbum erat apud Deum.* Ils ont honte d'hómes sçauans qu'ils sont & de disciples de Platon,

Isaïæ 7. 9. iuxta Septuag.

De ciuit. lib. 10. cap. 29.

Fff iij

de deuenir disciples de Iesus-Christ, qui a pourtant appris à vn pescheur ignorant de prononcer auec connoissance & grande clarté d'esprit ces memorables paroles, qu'vn Philosophe Platonicien au rapport de S. Simplician successeur de S. Ambroise, disoit qu'il falloit grauer en lettres d'or sur tous les lieux eminents dans les Eglises afin que tous les pûssent lire, Le Verbe estoit au commencement, & en Dieu, & le Verbe estoit Dieu.

*August ibid.*

### Du Don de Sapience.

Voicy le dernier & le plus excellent des Dons du sainct Esprit, le Don de Sapience, duquel les sainctes Lettres disent des choses si belles, si rares & si admirables particulierement au Chapitre vingt-neufiéme du liure de Iob, au huitiéme des Prouerbes, au sixiéme, septiéme, huitiéme, neufiéme & dixiéme de la Sagesse, & au quinziéme de l'Ecclesiastique, qu'on ne sçauroit les lire sans en estre touché, & conceuoir vne grande admiration & vne haute estime de ce Don, & vn enflammé desir de l'acquerir, c'est pourquoy il est expedient de les lire & les relire auec attention. *Præposui regnis & sedibus*, dit-il entre autres choses, *& diuitias nihil esse duxi in comparatione illius. Nec comparaui illi lapidem pretiosum, quoniam omne aurum in comparatione illius arena est exigua, & tanquam lutum æstimabitur argentum in con-*

*Sap. cap. 7.*

*spectu illius. Est speciosior sole, & super omnem dispositionem stellarum, luci comparata inuenitur prior.* I'ay fait plus d'état de la Sapience que des Royaumes & des Empires, & ie l'ay preferée aux thrones des Monarques ; i'ay meprisé les richesses au prix d'elle. Il n'est point de pierrerie pour fine & éclatáte qu'elle puisse estre, qui luy soit comparable. Tout l'or en sa presence n'est qu'vn peu de sable iaune, & l'argent n'y paroît pas plus que de la boüe. Elle est plus belle que le Soleil, plus brillante que les étoilles, & surpasse de beaucoup en clarté & en pureté la lumiere.

Ie sçay que cela & tout ce qui est rapporté de la Sapience aux lieux sus-alleguez est entendu de plusieurs Peres & Docteurs de la Sapience Incarnée Iesus-Christ nostre Seigneur, & nous mesmes l'auons pris en ce sens dans le premier Liure de la Connoissance & de l'Amour du Fils de Dieu, mais ie sçay aussi que selon beaucoup d'autres il se peut expliquer du Don de Sapience, & nous entrons icy dans leur sentiment & suiuons leur pensée.

Cap. 4.

Apud Salazar à Prou. A lap. & alios.

Pour declarer premierement la nature de ce tres-grand Don, nous disons que ce n'est autre chose qu'vne connoissance sauoureuse de Dieu & des choses diuines, *sapida Dei, diuinorúmque scientia.* Sainct Bernard expliquant son opinion là dessus dit, *Forte sapientia à sapore denominatur, quod virtuti accedens quoddam veluti condimentum sapidam reddat, quæ per se insulsa quodammodo & amara*

Serm. 85. in Cant.

*sentiebatur. Nec dixerim reprehendendum si quis sapientiam saporem boni definiat. Hunc saporem perdidimus ab ipso pene exortu generis nostri; Ex quo cordis palatum sensu carnis præualente infecit virus serpentis antiqui, cœpit anima non sapere bonum, ac sapor noxius subintrare.* La Sapience prend probablement son nom de la saueur, qui estant adiouftée à la vertu, laquelle nous treuuions en quelque façon insipide & amere, l'assaisonne & la rend agreable. Et il m'est aduis que celuy-là ne diroit point mal, qui asfureroit que la Sapience n'est que la saueur & le goût du bien, en la place duquel, comme nous l'auons perdu quasi dés le commencement du monde en la personne de nostre premier Pere, est entré par le poison, que le serpent infernal a répandu dans nos cœurs, & par la tyrannie que la chair & les sens exercent dessus nous, le gout depraué du vice. Ce sont les paroles de sainct Bernard, qui definissant la Sagesse, *Sapor boni*, le goût du bien, dit en suite que *malitia est sapor mali*, le gout du mal, & nous pouuons adioûter que la folie est *fastidium boni*, le dégout du bien.

<small>Serm. de 7. Donis cap. 7. Psal. 33. 9.</small>

Le mesme Sainct autre-part dit, que le Don de Sapience, *est intimus sapor ac suauissimus gustus; vnde Psalmista ait: Gustate & videte, quoniam suauis est Dominus*, Vn gout tres-sauoureux & vn delicieux plaisir, que l'ame sent de penser à Dieu, exprimé & compris par le Psalmiste en ces deux paroles, goûtez & voiez que le Seigneur est doux. Et encore ailleurs, il parle d'vne certaine affection bonne

&

& saincte, qu'il appelle *sicca sed fortis*, seche mais forte, & d'vne autre qu'il dit estre, *pinguis & suauis, qua sale Sapientiæ condita pinguescens, magnam menti importat multitudinem dulcedinis Domini*. Suaue & pleine d'onction, que le sel de la Sapience venant à assaisonner, fait que l'ame treuue des delices extremes dans les choses de Dieu, dont il auoit vne tres-grande experience.

Serm. 50. in Cant.

Sainct Bonauenture traitant de ce Don en dit ces mots; *Est hoc Donum splendidissimum instar lucis, & sapidissimum instar mellis, non solum sicut mel, sed plusquam mel.* Ce Don est pour les tres-grandes splendeurs, dont il remplit vne ame, comme la lumiere, & pour les inexplicables douceurs, qu'il luy fait sentir, comme le miel & plus que le miel. C'est dit Denys le Chartreux, vne clarté surnaturelle qui illumine & deïfie l'entendement humain, & qui est vn des beaux rayons qui émane du Soleil de la Diuinité. *Sapientia*, dit vn autre Docteur, *est Sol per quem lumen mentis diescit in tenebris, est oculus cordis, fructus internæ delectationis, anima Paradisus, terrenum in cœlestem, caducum in immortalem, hominem in Deum conuertens.* Le Don de Sapience est vn Soleil qui chassant les tenebres, fait dans l'esprit vn iour de la nuict; c'est l'œil du cœur; c'est vn fruit merueilleusement delicieux; c'est le Paradis de l'ame, qui d'vn homme terrestre, mortel & miserable en produit vn celeste, immortel & vn Dieu: de qui l'ame deuient toute lumiere, pour parler auec S. Macaire, toute visage & toute œil, comme

In diæta salis tit. 6. de Donis cap. 4.

Tract. 1. de Donis ar. 18.

Alanus apud eund. ibid.

Homil. 1. Ὅλη φῶς γίνεται & ὅλη πρόσωπον & ὅλη ὀφθαλμός.

ces animaux mysterieux d'Ezechiel, qui auoient quatre visages, & estoient tous semez d'yeux; n'y ayant plus aucune partie en elle, qui n'ait quelqu'vn de ces yeux spirituels & ne soit éclairée de cette diuine lumiere.

*Ezech. cap. 1. & 10.*

L'objet materiel du Don de Sapience, sont toutes les choses diuines, à sçauoir toutes les choses de la Nature, de la Grace & de la Gloire, entant qu'elles sont diuines, c'est à dire, considerées dãs leur source & dans leur fin, entant qu'elles viennent de Dieu & qu'elles y conduisent, & dans tous les autres rapports & liaisons qu'elles ont auec luy. Le Formel, c'est de les connoître par des raisons tres-hautes & par leurs premiers principes, & la façon, de les connoître auec goût & plaisir.

Ses trois actes sont; le premier, de connoître auec vne grande clarté les choses diuines; le second, d'en porter vn sain iugement, & le troisiéme de les sauourer. Sur quoy le Docteur Angelique nous enseigne que nous pouuons iuger sainement d'vne chose en deux façons; La premiere, par la connoissance assûrée qu'on a de sa verité; Et la seconde, *propter connaturalitatem quandam*, comme il parle, par vne certaine connaturalité, & par la sympathie que l'on a auec la chose dont il faut iuger; car vn malade iuge autrement de sa maladie que le medecin qui le traite, parce que le medecin en iuge par science, & le malade par sentiment: l'Homme chaste & le Philosophe vi-

*2. 2. q 45. a 2.*

cieux connoissent tous deux ce que c'est que la chasteté; mais d'vne façon bien differente, dautant que celuy-là la connoit & sçait ce que c'est par le goût qu'il en a & par la conformité de son affection auec cette Vertu, où celuy-cy n'en a connoissance que par la Morale. Le Don de Sapience fait iuger des choses diuines de cette haute maniere, c'est à dire, auec goût, lors que l'ame, qui en est doüée, non seulement les connoit clairement par le Don d'Intelligence, mais de plus les sauoure & par cette saueur connoit & iuge qu'elles sont tres-veritables & tres-excellentes, & les distingue des faulses & des viles, comme par proportion nous iugeons des viandes au goût, si elles sont douces ou ameres.

Ce Don a beaucoup de rapport auec celuy d'Intelligence, dont nous auons parlé vn peu auparauant, en ce qu'ils sont tous deux les plus nobles & les plus parfaits de tous; qu'ils font leur demeure dás l'entendemét & dans la plus haute regió de l'ame; qu'ils ont pour leur objet les choses diuines; & qu'ils sont plus speculatifs & pour éclairer, que practics & pour operer. Ils different pourtát en ce que le Don de Sapience l'emporte bien par dessus celuy d'Intelligence, lequel tend à celuy-là comme à sa fin & au fruit qu'il doit porter; car l'intelligence conduit à la sagesse, comme la connoissance deuance le iugement & la speculation le goût. Que s'il se treuue du goût & du plaisir dans les operations du Don d'Intelligence, il n'est pas à beaucoup prez si grand, si pur, ny si deïforme que celuy du Don de Sapience, qui vnit bien plus immediatement l'ame auec Dieu, & produit bien d'autres effets en elle.

Pour l'explication desquels il faut considerer auec attention ce que la Saincte Ecriture en dit aux chapitres cottez, où entre autres paroles nous lisons celles-cy: *Per sapientiam sanati sunt, quicumque placuerũt tibi, Domine, à principio.* Seigneur tous ceux qui dez le commencement vous ont plû, ont esté gueris de leurs maux par le moyen de la sagesse. *Venerunt mihi omnia bona pariter cum illa, & innumerabilis honestas per manus illius; infinitus enim thesaurus est hominibus,* Toutes sortes de biens me sont venus auec elle, & sa presence m'a apporté des honneurs & des richesses sans nombre, car c'est vn thresor infini aux hommes qui la possedent.

Les effets que produit le Don de Sapience passent tout ce que nous en pouuons dire. Aristote assure en ses morales que l'homme contemplatif qui s'occupe à considerer dedans soy la nature des choses, ne cherchoit point de contentement hors de soy, *cum intra se iucundis theorematibus plenus sit,* parce que les belles & agreables visions qu'il auoit en son interieur luy en donnoient assez, & que l'étude de la sagesse causoit à vn esprit des satisfactions merueilleuses. Ce que Platon tasche de monstrer bien au long dans son Phædon: Encore que l'vn & l'autre ne parle que de la sagesse naturelle dont ils auoient seulement connoissance, & non de la surnaturelle & du don du S. Esprit duquel nous traitons, & qui est incomparablement plus noble & plus releué.

Ce Don tres-precieux remplit l'entendement de lumieres admirables, & la volonté de delices nompareilles, & toutes les operations de la Theologie mystique & de cette vie celeste & diuine se rapportent à elle. C'est ce Don qui faisoit dire au Prophete Royal. *Iudicia Domini desiderabilia super aurum & lapidem preciosum multùm, & dulciora super mel & fauum.* Les Loix du Seigneur ont bien d'autres charmes que l'or & les pierres precieuses, & ils sont doux & sauoureux par dessus le miel & toutes les douceurs sensibles. Et à sainct Augustin, qu'au commencement de sa conuersion, ainsi que nous auons rapporté cy-dessus, il pensoit au mystere de l'Incarnation, *dulcedine mirabili,* auec vn plaisir merueilleux, adioustant encore apres à ce sujet, *quantum fleui in Hymnis & Canticis tuis, suauesonantis Ecclesiæ tuæ vocibus commotus acriter? Voces illæ influebant auribus meis & eliquabatur veritas tua in cor meum, & exæstuabat inde affectu pietatis, & currebant lachrymæ, & mihi bene erat cum illis.* Combien pleuray-ie de tendresse entendant la douce harmonie des Cantiques de vostre Eglise? Ces voix coulantes agreablement dans mes oreilles distilloient vos veritez dans mon cœur, d'où ie sentois ma volonté s'embrazer & mes yeux fondre en vn torrent de larmes, qui combloient mon ame de ioie.

Psal. 18. 11.

Lib. 9. Confess. cap. 6.

*Lib. 2. vitæ cap. 8. apud Sur 23. Iun.*

Le Cardinal de Vitry dit de saincte Marie d'Oegnie: *Hac sapientia gustauit & vidit quoniam suauis est Dominus, cum sicut adipe & pinguedine repleretur anima eius, cum de sponsi labiis mel & lac sugeret, & in horto voluptatis manna absconditum manducaret. Huius mellitissimæ sapientiæ dono cor eius medullitus afficiebatur, verba edulcabantur, cuncta opera spiritualis vnctionis suauitate imbuebantur: Inde fiebat vt esset mitis corde, dulcis sermone, actione suauis, ebria charitate.* Cette saincte femme a goûté & connu par le moyen du Don de Sapience, combien Dieu estoit doux, lors qu'elle voyoit son ame profiter en santé, & s'engraisser d'vn enbonpoint spirituel, qu'elle sucçoit de la sacrée bouche de son Epoux le miel & le lait, & mangeoit dans vn Paradis de delices la manne cachée. Ce Don sauoureux & emmiellé attendrissoit extremement son cœur, luy mettoit sur la langue vn parler gracieux, & arrousoit toutes ses œuures d'vne onction de suauité, qui la rendoit douce en son interieur, affable en ses paroles, amiable en ses actions, & transportée de charité enuers tous : Et de plus auec vn si grand mépris des biens, des honneurs & des plaisirs de cette vie, dans la veuë & le goût qu'elle auoit de ceux de l'autre, que non seulement elle n'en vouloit point receuoir, mais les rebutoit mesme auec bondissement de cœur & indignation, comme celuy qui a fait grand'chere en vn festin magnifique & n'y a rien mangé que de tres-delicat, repousse vne viande fade & degoû-

*Cap. 2.*

tante qu'on luy presente.

L'Apostre sainct Iacques parlant de la Sapience dit, qu'elle est *pudica, pacifica, modesta, suasibilis, bonis consentiens, plena misericordia & fructibus bonis.* Pudique, parce qu'elle fait chastes, temperans, & sobres ceux qui la possedent, car *gustato spiritu,* dit sainct Gregoire, *desipit omnis caro*, ayant vne fois sauouré les delices de l'esprit, on quitte bien tost celles de la chair & des sens. Pacifique, pource qu'elle met tout en ordre, & par consequent en paix. Car *sapientis est ordinare*, dit Aristote, estant le propre de la Sagesse & de l'Homme sage d'arranger les choses & les mettre en leur place, & par ce moyen leur donner la situation de leur repos. Modeste, parce qu'estant Mere de l'ordre, elle l'est en suite de la discretion & de la modestie. Traitable & susceptible de bons conseils, dautant qu'elle rend l'ame facile & aisée aux mouuemens du sainct Esprit. Pleine de misericorde, pource qu'elle luy imprime la ressemblâce de Dieu. Abondante en bónes œuures & en fruits delicieux, pour la rendre saincte & la combler de pures delices. Enfin la retirant de tout iugement temeraire & malin, mais la portant à agir en tout auec innocence, & aller à Dieu & auec Dieu sans discernement & auec vne grande simplicité.

Qui est vn effet tres-excellent & vn état de haute perfection, duquel Iean Rusbroche dit ces paroles remarquables, *Nos in nostro Fundo simplices permanere debemus & omnia simpliciter considerare, fa-*

*spirit. cap. 5. 17.*

Apud Dionys. Carth.

*cere, amare. Simpliciores sunt ordinariores, magísque pacati in seipsis, profundiùs quoque in Deum demersi, & intellectu clariores, & in bonis operibus abundantiores, & in amore se communicante generaliores: Et quia Deo similiores sunt, minùs impediri & distrahi possunt.* Nous devons nous tenir deuant Dieu dans le fond de nostre ame en simplicité, & regarder, aimer & faire tout auec vn esprit fort simple. Les plus simples sont les plus reglez & les plus paisibles en eux mesmes, plongez plus auant dans Dieu, plus hautement illuminez, plus riches en bonnes œuures, & doüez d'vne charité plus étendüe & plus vniuerselle: & comme ils sont dauantage semblables à Dieu, aussi ont ils moins de choses qui les empeschent & les diuertissent.

D'abondant le Don de Sagesse perfectionne les trois Vertus Theologales, la Foy auec ses connoissances, qui la fortifient & l'affermissent merueilleusement, l'Esperance & la Charité auec ses experiences sauoureuses de Dieu, qui rendent celle-là plus inébranlable, & donnent à celle-cy plus de pointe & allument dauantage ses flammes. La Foy ne s'emploie qu'à croire ce qu'on luy dit de la part de Dieu, mais elle ne le gouste point, l'Esperance se treuue en diuerses rencontres, où nostre infirmité est attaquée, souuent foible & imbecille, & la Charité de cette vie est ordinairement bien froide, & experimente de grands empeschemens pour l'exercice de ses actes interieurs & exterieurs; la Sapience, qui porte auec soy

*(marginalia: Tract. 1. de Donis, art. 14.)*

*(marginalia: Dion Carth. Tract 1. de Donis, art. 7.)*

soy la lumiere & la chaleur, la connoissance & la ioye en est le remede. Car auec son secours on cónoit & on goûte les choses de Dieu, on s'affectionne tellement à tout ce qui regarde son seruice qu'on ne treuue point de contentement pareil au monde; on a plus de plaisir de faire les choses les plus viles pour l'amour de luy, que de porter des sceptres & des corones : ainsi que Saincte Therese raconte de soy, qu'au commencement qu'elle fut en Religion, où elle auoit eu des peines extremes d'entrer, elle se baignoit d'aise de ballier & de nettoier les ordures de la maison. Toutes les grandeurs de la terre, toutes les voluptez des sens, & tous les attraits que peut auoir la Nature, sont pour lors à degoût & se changent en fiel : ce qui auparauant estoit amer à l'ame, luy deuient doux, comme sainct Augustin assure de soy par vn experience signalée, particulierement au sujet de la chasteté. La pauureté luy semble plus desirable qu'aux auaricieux les richesses, les austeritez plus douces que les voluptez aux sensuels, & les mepris luy plaisent dauantage que les honneurs aux ambitieux.

Chap. 4. de sa vie.

Où au contraire sans ce Don on n'entre point dans les choses de Dieu, on ne les estime point, on ne les goûte pas, & en suite on n'a point pour eux de desirs, & on n'en fait point de poursuites, mais on les neglige & on prise dauantage les choses materielles; on admire à leur rabais des babioles, & on leur prefere indignement vne fumée

Hhh

d'honneur, vn petit profit, & vn plaisir de beste.

Sans ce Don on n'a point de goût aux exercices de deuotion, tout y est sec & insipide ; les objets les plus touchans, les representations les plus sensibles, les chants les plus deuots, les liures les plus affectueux, les raisons les plus fortes, les considerations les plus pressantes, qui autresfois faisoient de si grandes impressions, n'ont alors pour l'ame, mesme des plus saincts & des plus pieux, comme S. Bernard rapporte de soy, ny pointe ny trenchant, on est insensible à tout ; où auec vn rayon de ce Soleil, auec vne goutte de ce miel, & auec vne étincelle de ce feu sacré les choses les plus communes, vne petite ceremonie de l'Eglise, vn son de cloche, vne priere ordinaire, vn mot, que l'on aura dit ou entendu cent fois sans effet, frappe, entre, perce.

Pour conclusion des effets du Don de la Sagesse, ie rapporteray ce que nous en dit sainct Bernard, dont voicy les paroles, *Sapientia sensum carnis infatuat, purificat intellectum, cordis palatum sanat & reparat.* La sagesse étouffe les sentimens de la chair, affadit les delectations des sens, purifie l'entendement, décharge & nettoie le palais du cœur pour luy donner le vray goût des choses. Et autre part, *Qui ad quæque Dei ordinate tendit amore despiciens terram, suspiciens cœlum, vtens hoc mundo tanquam non vtens, & inter vtenda & fruenda intimo quodam mentis sapore discernens, vt transitoria transitorie, & ad id duntaxat, quod opus & prout opus est, curet, æterna*

Serm. 85. in Cant.

Serm. 50. in Cant.

*desiderio amplectatur æterno. Talem da mihi hominem, & ego audacter illum sapientem pronuncio, cui reuera quæque res sapiunt prout sunt, & cui in veritate atque securitate competit gloriari & dicere, quia ordinauit in me charitatem.* Cant. 2, 3. Qui anime toutes les choses d'vn amour bien reglé, méprisant la terre, estimant le ciel, se seruant de ce monde comme s'il ne s'en seruoit pas, & sçachant par vn goût delicat & affiné qu'a son ame, le discernement que l'on doit apporter entre les choses dont il faut iouïr, & celles dont l'on peut seulement vser, entre la fin & les moiens, pour ne se porter aux passageres qu'en passant, & ne les appliquer qu'où & comme il faut, & aux eternelles auec vne affection entiere & continuelle: baillez moy vn homme qui se conduise de cette sorte, & ie luy donneray hardiment le titre de sage, parce qu'il a le goût des choses qu'il conuient, & il peut dire de soy auec verité, Dieu a arrangé en moy la charité, & m'a fait aimer les choses selon leur merite.

Ces auantages singuliers & ces perfections admirables de la Sagesse sót sans doute tres-dignes que nous en ayons vne tres-haute estime, & que touchez d'vn desir enflammé de la posseder, nous disions auec le Sage, *hanc amaui & quæsiui sponsam* Sap. 8. 2. *mihi eam assumere, & amator factus sum formæ illius*, ie l'ay aimée & l'ay recherchée pour épouse, parce que ses excellences & ses attraits ont fait vne puissante impression sur mon cœur, & m'ont rendu ardemment amoureux de sa beauté, & c'est le premier moyen de l'acquerir, selon l'experience du mesme Sage qui dit, *Optaui & datus est mihi sensus, & inuocaui, & venit in me spiritus Sapientiæ.* I'ay desiré, i'ay souhaité, & Dieu ayant égard à mes desirs & à mes souhaits, m'a ouuert l'esprit, & inuoquant sa bonté il m'a donné le Don de Sapiéce.

Ainsi au desir il faut adiouster l'inuocation & la priere, qui est le second moyen, priant Dieu auec toutes les instances possibles, qu'il luy plaise de nous communiquer ce grand Don, & en vn haut degré, luy disant encore auec le Sage, *da mihi sedium tuarum assistricem Sapientiam; mitte illam de cœlis sanctis tuis & à sede magnitudinis tuæ, vt mecum sit, & mecum laboret*, donnez moy cette haute sagesse, dont vous animez vos conseils & que vous répandez sur tous vos ouurages; enuoyez la moy du ciel & du throne de vostre gloire, afin qu'elle m'accompagne & m'assiste en mes actions & en tout. Apres priant Nostre Seigneur, qui est la Sapience Increée & Incarnée, & le Saint Esprit qui en est le propre donneur.

A dire le vray vne grace si sublime merite qu'ó la demande, *si quis vestrum*, dit sainct Iacques, *indiget sapientia, postulet à Deo, qui dat omnibus affluenter, & non improperat, & dabitur ei*, si quelqu'vn d'entre vous a besoin du Don de Sagesse, qu'il le demáde à Dieu, qui donne à pleines mains & fait sans reproche des largesses immenses à tous, & il le luy donnera; *dic mihi*, dit Dieu au sainct homme Iob, *per quam viam spargitur lux, diuiditur æstus super terram,* dy moy par quelles voies ie distribüe la lumiere & la chaleur dans le monde, & comme i'éclaire les esprits & échauffe les volontez? *si interrogas quomodo hæc fiant*, dit Sainct Bonauenture, *interroga gratiam non doctrinam; desiderium non intellectum; gemitum orationis non studium lectionis; sponsum non magistrum; Deum non hominem; caliginem non claritatem; non lucem sed ignem totaliter inflammantem & in Deum excessiuis vnctionibus & ardentissimis affectionibus transferentem.* Si vous desirez de sçauoir comme quoy cela se fait, interrogez la grace & non la science; le desir & non l'entendement; les gemissemens & les soupirs poussez dans l'oraison, & non la lecture des liures; l'Epoux & non vn ie ne sçay quel maistre; Dieu & non point l'homme; l'obscurité mystique & non la clarté; non la lumiere, mais le feu reduisant l'ame en flammes, & auec des pensées sublimes qui ne sentent point la terre & des affections tres-embrazées la portant toute en Dieu, c'est à dire, qu'il faut demáder ce Don à Dieu & non aux Creatures dans le recueillement de l'esprit & non dans la dissipation, & l'attendre de sa grace & non de la speculation ny de la doctrine.

Le troisiéme moyen est vne profonde humilité, dont sainct Bernard dit. *O quisquis curiosus es scire quid sit Verbo frui, para illi non aurem sed mentem. Non docet hoc lingua, sed docet gratia, absconditur à sapientibus & prudentibus & reuelatur paruulis. Magna, fratres, magna & sublimis virtus Humilitas, quæ promeretur quod non docetur, digna adipisci quod non valet ad-*

Itinerar. cap. 7.

Serm. 85. in Cant.

*difci, digna à Verbo & de Verbo concipere, quod fuis ipfa verbis explicare non poteft: cur hoc? non quia fic meritum, fed quia fic placitum coram patre Verbi.* O qui que tu fois qui defires fçauoir ce que c'eft de ioüir du Verbe, & de poffeder le Don de Sapience, prepare non pas ton oreille mais ton efprit & ton cœur, parce que ce n'eft pas la lãgue d'vn maiftre qui enfeigne cette fcience, mais la grace, & on ne la monftre point aux fages ny aux prudens du monde, mais aux petits & aux humbles. O mes freres, que l'Humilité eft vne grande & fublime vertu, qui merite de receuoir ce qu'on ne peut enfeigner, & d'obtenir ce qu'on ne fçauroit apprendre! Elle eft digne de conceuoir le Verbe par les operations du Verbe mefme, qu'il luy feroit impoffible d'expliquer auec toutes fes paroles. Encore, qu'à proprement parler, il ne faut pas attribüer cette grande grace à fa dignité ny à fon merite, mais au bon plaifir du Pere du Verbe, qui le veut ainfi.

Adioutez à l'Humilité vne grande pureté d'ame & de corps, & vne haute éleuation au deffus de la chair & de tous les plaifirs des fens, car *animalis homo*, comme dit l'Apoftre, *non percipit ea quæ funt fpiritus Dei.* L'homme fenfuel & brutal eft incapable de conceuoir & de goûter les chofes de Dieu. Et le Sage deuant luy, *in maleuolam animam non introibit Sapientia, nec habitabit in corpore fubdito peccatis.* La Sapience n'entrera point dans vne ame méchante, & ne fera point fa demeure dans vn

1.Cor. 2. 14.

Sap. 1. 4.

corps souillé; & deuant l'vn & l'autre Iob auoit dit, *Sapientia vbi inuenitur? Nescit homo precium eius, nec inuenitur in terra suauiter viuentium.* En quel lieu la Sapience a t'elle établi son domicile? où fait elle sa retraite? L'homme ne sçait ce qu'elle vaut, parce que son prix est inestimable: s'il a enuie de la trouuer, qu'il ne la cherche point parmy ceux qui viuent delicieusement, parce qu'elle n'y est point: & c'est assez de ce sujet.

Iob, 18. v. 12. & 13.

Apres auoir traité de l'Homme Spirituel autant que nous auons crû estre necessaire pour en donner vne connoissance suffisante, il faut que maintenant nous passions aux Principes de la vie spirituelle, & pour nous y prendre auec ordre, deuant que de venir à ceux qui la regardent en particulier dans ses trois differentes parties, qui sont les Vies Purgatiue, Illuminatiue & Vnitiue, nous parlerons premierement de ceux qui la touchent en general.

*Fin de la Premiere Partie.*

# TABLE GENERALE
## DES MATIERES PLVS REMARQVABLES qui se rencontrent en la lecture de cette premiere Partie de L'HOMME SPIRITVEL.

### A

*Abraham.*

OMMENT il reçeut les plaintes que luy feit sa femme Sara, touchant sa seruante Agar, page 176
Application de cette histoire, p. 177
Quelle fut la cause mouuante la volonté d'Abraham au sacrifice de son fils Isaac. p. 212
Idée de l'humilité & de l'humanité de ce Patriarche en vne seule de ses actions. p. 335. 336

*Achille.*
D'où luy veint cette force admirable, & cette grandeur de courage, qui l'a rendu si recommandable, p. 313

*Acte.*
Ce que c'est que l'Acte dans la vertu, & de combien de sortes il y en a. p. 300

*Actions.*
En quoy principalement consiste vne action Chrestienne, & ce que c'est qu'agir en Chrestien. p. 50. 51. & suiu.
A combien de causes se peuuent vniuersellement rapporter les actions des hommes. là méme.
Difference des actions d'homme, & des actions de beste. là méme.
Combien il y a de sortes d'Actiōs en Nostre Seigneur. p. 77. 78. & suiu. Preeminences de l'Action Chrestienne. p. 112. 113
Quelles sont les actions de la vie spirituelle. p. 146. 147

*Adam.*
Comment appellé le vieil homme, & combien different du nouueau. p. 29
Pourquoy Adam ne fut pas si tost seduit par le Demon, que le fut Eue. p. 248. 249

*Adoration.*
Comment se doit faire la veritable Adoration. p. 161. 162

*Ærope*
Roy des Macedoniens, à quoy s'occupoit ordinairement. p. 275

*Affections.*
Combien les Affections du monde apportent d'empeschemēts à l'ac-

I ii

# TABLE

quisition des Dons du S. Esprit, p. 320.

### Agar.
Comment nous figure la chair, p. 177. 178.

### Saincte Agathe.
De quelle façon elle alloit à la prison, p. 355

### Saincte Aldegonde.
Comment cette saincte se seruoit de ses reuelations, p. 257

### Alexandre
Surnommé le Charbonnier grand Philosophe, pourquoy voulut passer pour ignorant. p. 386

### Ame.
Quelles sont les deux ailes que Platon disoit que Dieu auoit attaché à nostre Ame, p. 174. 175

### Amour.
Quel est l'Amour eternel & personel de Dieu, & comment nous le deuons representer. p. 297. 298. & suiu.

### B. Angele de Foligny.
Combien épouuentée des grandes promesses de N. Seigneur, & pourquoy, p. 242
Quels estoient les souhaits de la bien-heureuse Angele de Foligny. p. 357.

### Anges.
Si les Anges ont esté creez à l'image de Dieu, p. 7
Pourquoy donnez à l'homme. p. 8. 9
Comment rachetez par nostre Seigneur, p. 54

### Animaux.
Lequel est le plus vtile, & aussi le plus nuisible de tous les Animaux. p. 15

### S. Antoine.
Combien il estoit assidu en l'Oraison. p. 354
Apparition du Diable à sainct Antoine, & quels furent les discours qu'ils eurent ensemble. p. 259. 260

### S. Antonin.
Comment ce sainct estoit communement appellé à Florence, p. 376

### Application
D'esprit aux inspirations de Nostre Seigneur, combien necessaire à celuy qui fait profession du Christianisme. p. 125. 126

### Arc-en-Ciel.
Pourquoy ne fut point inuité par les trois enfants, aux loüanges de Dieu. p. 165

### Attention
Interieure combien necessaire à celuy qui fait profession du veritable Christianisme. p. 125. 126

### Auarice.
Combien la nature est portée à l'auarice & au desir d'amasser, p. 273

### S. Augustin.
Combien plus capable apres son baptesme, que deuant. p. 406

### Austruche
Pourquoy reiettée du nombre des victimes. p. 164

## B

### Baptesme.
Quelles estoient les anciennes ceremonies qu'on obseruoit en ce Sacrement p. 33. & suiu. Comment appellé par S. Paul. là mesme.
Quels en sont les principaux effets. p. 37. 38. 40
Comment le Baptesme est vne participation de l'vnion hypostatique. p. 41

# DES MATIERES.

Explication des ceremonies du Baptesme. 44. 45

### Baptesme

Et Lauements superstitieux de l'ancienne loy conuertis en d'autres veritables purgations en la nouuelle. p. 162

### Beatitudes.

En quoy elles sont differentes des Dons du S. Esprit. p. 299. 300

### S. Benoist.

Quel fut le motif qui porta sainct Benoist à se veautrer dans les espines. p. 212

### Blanc.

Pourquoy la robe blanche donnée aux Neophytes dans le Baptesme, & plusieurs autres obseruations sur la signification de cette couleur. p. 44. 45. 46

## C

### Calodæmon

Et Cacodæmon quels estoient dans Platon. p. 175

### Cardinales.

Comment les vertus Cardinales sont appuyées & sousteneües par quatre des dons du sainct Esprit. p. 311

### Saincte Catherine de Sienne.

Comment changea de cœur p. 90
Son apprehension, & ce que N. S. luy en dist. p. 241

### Saincte Catherine de Bologne.

Combien de fois cette saincte fut trompée par le diable, & de quelle façon. p. 294. 295

### Causes.

Quel est l'ordre des causes qui concourent ensemble à la production d'vn mesme effet. p. 80. 81

### Chair.

Ce que S. Paul entend par la Chair, lors qu'il dit que la Chair & l'esprit sont toujours appointez contraires. p. 148.
Quelles sont les œuures de la chair. là mesme.
Quels noms les Anciens ont donné à la chair & combien mysterieux. p. 178
Quels sont les effets de l'esprit de la Chair, & en quoy ils different de celuy du diable. p. 207. 208

### Chandelier.

Que nous marquoit le Chandelier à sept branches mis dans le temple de Salomon, & commandé à Moyse. p. 318. 319

### Charité

Pourquoy le precepte de Charité est appellé nouueau par nostre Seigneur. p. 107

### Chef.

Si nostre Seigneur est le chef de tous les hommes également. p. 51. 52. Comment il est le chef des Anges. là mesme.
Comment de l'Eglise & par quelles raisons. p. 57

### Chrestien.

Ce que c'est qu'vn Chrestien. p. 1
Quelles sont les excellences & quelle est la nature de l'homme Chrestien. p. 21.
Quelle est la dignité du Christianisme. p. 21. 22
D'où le Chrestien prend son nom. là mesme.
Ce qui fait proprement le Chrestien, & ce qui luy donne son estre veritable. p. 22. 23. 24. 25. 26. 27
Comment il deuient vn homme nouueau. p. 35

Quelle est la saincteté du Chrestien, pag. 41. par combien de moyens il est sainct. 42. 43

### Christianisme.
En quoy principalement consiste son essence. p. 50. 51

### Cicogne.
Comment appellée par les Anciens & principalement par sainct Ambroise. p. 367. 368

### Circonspection.
En quoy elle est necessaire à la prudence. p. 382

### Saincte Colete.
Repartie de cette saincte à nostre Seigneur sur la promesse qu'il luy faisoit de luy declarer beaucoup de secrets. p. 254

### Confusion.
Combien la nature abhorre la confusion & la honte. p. 271. 272

### Connois qui tu es.
Fameuse inscription où grauée, & comment elle se doit entendre. p. 2. 11. & 12.

### Connoissance.
Combien il y a de sortes de connoissance. p. 491. 402

### Connoissance.
Quelle est la difference de la connoissance des sens & de celle de la raison. p 492
De la consecration du Chrestien, des habits sacerdotaux, & des autres ornements du seruice de l'Eglise. p. 45. 46

### Conseil.
Definition du don de Conseil, & sa necessité. p. 375
En combien de façons il se peut prendre, & en combien de suiets il se doit considerer. p. 376
Si le conseil a esté en nostre Seigneur. la mesme.
Quelle est la necessité de ce don. p. 377. 378
Quels sont ses ouurages & ses actes. p. 380.
Quels sont ses effets. p. 384. 385. & suiu.

### Contentement.
En quoy consiste la ioie & le contentement du vray Chrestien. p. 116. 117.

### Contrainte.
Combien la nature est ennemie de la contrainte. p. 271

### Corneille.
Le centenier pourquoy enuoyé à sainct Pierre, & par qui. p. 245

### Corps.
En quoy consiste la bonne conduite de nostre corps. 186. 187
Combien la participatiō du corps & du sang de nostre Seigneur est efficace pour nous acquerir le don de force. p. 363. 364

### Couppes
Mises pour ornements au chandelier du temple de Salomon, & pourquoy. p 328. 329

### Crainte.
De combien de sortes de crainte il se rencontre selon Sainct Thomas. p. 325
Quelle sorte de crainte S. Bonnauenture adiouste au nombre assigné par S. Thomas. p. 326
Laquelle de toutes les sortes de crainte est la plus parfaite. p. 326. 327
Pourquoy la crainte est estimée le premier des dons du Sainct Esprit. p. 330. 331.
Quels sont les effets du Don de crainte. p. 331. 332 & suiu.

## DES MATIERES.

Et quels sont entre touts les autres, les principaux. p. 334. 335
Enseignements pour produire des actes de crainte salutaires. p. 343. 344

### Creation.
Combien la creation de l'homme est glorieuse à Dieu. p. 2

### Creatures.
Pour quelles fins Dieu a fait les creatures. p. 391. 392
Par qui comparées aux touches d'vne Epinettte. p. 396

### Croix.
Combien grande est l'efficace du signe de la Croix dans les reuelations & apparitions p. 257

### Curiosité
Combien dangereuse aux esprits qui en sont possedez. p. 218.

### Cygne.
Pourquoy le Cygne fut reietté du nombre des oyseaux propres pour les victimes. p. 164

## D

### Dauid
Par qui racheté du furieux coutelas de Goliath. p. 54
Comment rendu capable de combattre Goliath. p. 366

### Demande
Combien efficace pour acquerir les dons du sainct Esprit, principalement celuy de force. p. 311. p. 362
Demandes continuelles à nostre Seigneur combien necessaires au Chrestien veritable, p. 126. 127. & suiu.

### Deuotion.
A quels maux la deuotion est suiette. p. 295. 296

### Diable.
Si le Diable peut consoler les ames, & de quelle façon. p. 206. 207

### Directeur.
Combien nous auons besoin d'vn bon directeur pour nous bien conduire dans les voyes difficiles de nostre salut. p. 283
Comment il se faut gouuerner auec luy. p. 284
Quel est aussi le deuoir du directeur enuers l'ame que Dieu luy aura confié. p. 285

### Discretion
Ce que c'est que la Discretion ou discernement des Esprits, selon S. Thomas. p. 191 & suiu.
Sur combien de sortes d'esprit s'étend ce discernement selon sainct Bernard. là mesme. & p. 192
Quels sont les effets de ce discernement. là mesme.

### Diuinité.
Comment la diuinité est la teste de nostre Seigneur, selon sainct Paul. 76.
Comment definie, & par qui. p. 314.

### Doctrine
En quels dangers elle peut porter ceux qui la possedent. p. 295. 296

### Doigt.
Que signifiēt les trois doigts theologics de Dieu, auec lesquels il tient toute la terre suspenduë. p. 7. & 8
Quel est proprement le doigt de Dieu, & de ses effets admirables. p. 308

### Domitian.
A quel exercice l'Empereur Domitian passoit son temps. p. 375

# TABLE

### Dons du S. Esprit.

Quels sont les effets des Dons du S. Esprit & leur nature. p. 297. 298. et suiv. 307.

Combien leur connoissance est necessaire, là mesme. 311. & suiv.

Si les dons du sainct Esprit sont des vertus, où s'il y a quelques differences entres les vns & les autres p. 300. 301

Si les Dons sont d'vne nature plus excellente que les vertus. p. 302. 303

Pourquoy ces dons sont particulierement attribuez au S. Esprit. p. 304. 305.

Pourquoy ils sont au nombre de sept, & par qui rapportez. p. 305. 306

Lesquels sont les plus excellents de ceux qui perfectionnent l'entendement ou de ceux qui polissent la volonté. p. 306. 307

Quels sont les moyens propres pour les acquerir. p. 320. 321

Quel est l'ordre qui se rencontre entre les Dons du sainct Esprit. p. 324. 325.

Quel est le dernier & le plus excellent des Dons du Sainct Esprit. p. 414.

## E

### Eglise.

De combien de sortes il y en a, & pourquoy S. Paul l'appelle vn corps. p. 51.

### Elie.

Pour quelle raison nostre Seigneur voulut que ce Prophete fut present à sa Transfiguration. p. 235

Quelle fut la prudence d'Elie au discernement de l'Esprit de Dieu. là mesme.

### Empeschement.

Quel est le plus grand empeschement de la vie spirituelle. p. 173. 174

### Enfant.

Quelles sont les vrays enfants de Dieu. 101. 102

### Entendement.

Quelles sont les plus ordinaires inclinations de l'entendement. p. 268. 269

A quelles sortes de choses s'attribuë ordinairement le don d'entendement ou d'intelligence. p. 403

Definition de ce don du sainct Esprit. p. 404

Combien on luy assigne de degrez. p. 406. 407

Façon de demander ce don. p. 412 413

Quelles & combien de vertus nous peuuent mettre en estat de l'obtenir. là mesme. & suiv.

quel est l'obiet materiel de ce don. p. 418. 419

Quels sont ses actes. là mesme. & suiv.

Quel rapport a ce Don auec celuy d'Intelligence. 420

Quels sont ses effets. p. 421. 422. et suiv.

Quelles sont ses qualitez. p. 423

Autres effets & auantages de ce don, selon Sainct Bernard. p. 426 427. et suiv.

Moyens pour l'acquerir. p. 428. 429. & suiv.

### Epictete.

Vne des plus belles instructions du Philosophe Epictete, quelle. p. 16

### Eros

Et Anteros des Anciens quels. p. 175

## DES MATIERES.

### Esperance.
Par lequel des Dons du S. Esprit nostre Esperance est viuifiée. p. 311

### Esprit.
Ce que c'est que l'esprit de Iesus-Christ & en combien de façons il peut estre consideré. p. 25. 26
Combien l'esprit de Dieu est necessaire, pour faire vn homme Chrestien. p. 106. Effets de l'esprit de Dieu. 116.

### S. Esprit.
En combien de sortes le S. Esprit est la vie de nostre ame. p. 133. 134.
En quels sens il est l'esprit de Iesus Christ. p. 134. 135

### Esprit.
Combien de sortes d'Esprits il y a selon S. Bernard, dont nous deuons faire le discernement. p. 191. 192
Eloges donnez à l'esprit de Dieu en quelques lieux des sainctes lettres. p. 194. 195
Ce que c'est que le discernement des Esprits. p. 191. 192
Quelles sont les marques particulieres pour discerner les Esprits. 196. 197. & suiu.
Esprits de la chair, du mõde, & du diable, en quoy differents. p. 207

### Estoilles.
Quelle obeissance les estoilles rendent aux ordres de Dieu. p. 103

### Estre.
En combien de façons vne chose peut auoir son estre dans l'homme. p. 298. 299

### Eubulie.
Ce que c'est, & quel est son office. p. 380

### Eucharistie.
Pourquoy appellée le pain des forts. p. 364

### Eue.
D'où vient qu'elle fut plustost trompée par le Demon, que ne fut Adam. p. 248. 249

### Exemple.
Combien de choses il y a à considerer en l'exemple de nostre Seigneur, pour nous soûmettre à son obeissance. p. 72. 73. et suiu.

## F

### Fauoris
Des grands comment se doiuent ordinairement gouuerner enuers eux. p. 344

### Felicité.
En quoy Platon mettoit la felicité. p. 175. 176

### Femmes
Pourquoy plustost employées par le demon que des hommes. p. 249

### Fleurs-de-lis.
Que signifioient les fleurs-de-lis d'or attachées aux branches & à la tige du Chandelier mis au Temple de Salomon. p. 318

### Force.
Combien cette vertu Cardinale a de besoin de l'assistance du don du sainct Esprit, qui porte le mesme nom. p. 311
Ce que c'est proprement que la force, & combien ce mot a de significations. p. 345
Ausquelles des passions elle s'attache, lors qu'elle est prise pour vne vertu Cardinale. là mème, et suiu.
Combien cette vertu a d'offices. 346
Lesquels sont les plus forts de tous. p. 347

# TABLE

Si l'on peut faire de fortes actions, sans estre fort par vertu. p. 347. 348
Definition de la force considerée comme habitude surnaturelle & don du sainct Esprit. *là même.*

### Foy.
Par lequel des Dons du sainct Esprit elle est appuyée. p. 311

### S. François Xauier.
Par quel motif ce sainct fut porté à succer le pus d'vn vlcere. p. 212

### S. François.
Auec quelle reuerence ce sainct faisoit ses prieres. p. 336

### Saincte Françoise.
Pourquoy Dieu luy changea son Ange gardien, & luy en donna vn autre d'vn Ordre superieur. p. 285

### Fruits.
Quels sont les fruits des vertus selon sainct Paul, & sainct Thomas. p. 299. 300

## G

### B. Gilles
Compagnon de sainct François combien hautement illuminé. p. 40

### Globes.
Que signifioient les Globes qui estoient attachez aux bras & à la tige du chandelier qui estoit au Temple de Salomon. p. 318. 319

### Gnome.
Ce que c'est, & en quelle conioncture elle peut secourir la prudence. p. 380

### Grace.
Comment la Grace se retrouuoit en Nostre Seigneur, & pourquoy sainct Thomas l'appelle grace du chef. p. 64. 65

### Guide.
Auec quelle instance nous deuons demander à Dieu vn bon guide, pour nous bien conduire dans les chemins difficiles de nostre salut. p. 283

Quelle est la seule grace qui a vne liaison necessaire auec la predestination. p. 214

Quel sont les mouuemens les plus ordinaires de la Grace. p. 268. 269 & suiu.

Comment la Grace se porte aux choses de cette vie, p. 273. 274. & suiu.

### Grands.
Coustume des grands du monde enuers leurs fauoris. p. 344

## H

### Habitude.
Ce que c'est que l'habitude, & quelle est sa fonction. p. 299

### Hartabe
Roy des Hircans à quoy passoit son temps. p. 175

### Helene.
A quoy employée par Simon Magus. p. 249

### Heretiques.
Par qui exaucez quelques-fois en leurs prieres, & pourquoy. p. 237

### Heron.
Quelle fut la funeste catastrophe de sa vie, apres auoir passé cinquante ans en la solitude. p. 230

### Homme.
Definition de l'homme consideré simplement comme tel. p. 1. & 2

Combien il est consideré de Dieu. p. 3. et suiu.

Pourquoy il fut creé le sixieme iour. *là même,* & p. 4

Pourquoy Dieu ne dist pas que l'homme

## DES MATIERES.

l'homme soit fait, comme en la creation des autres parties de l'vniuers ; mais; faisons l'homme. *là méme.*

Autres, loüanges de l'homme  p. 5
Pourquoy appellé l'horison de l'vniuers & par qui.  *là mesme.*
Pourquoy Dieu delibera sur sa creation.  *là mesme.*
Pourquoy Dieu y voulut mettre non seulement la main; mais toutes les deux mains.  p. 6. & 7
Par quoy il a esté fait l'image de Dieu.  p. 9.
En quoy l'homme est grand, & en quoy consiste son merite,  p. 10. 11
Eloges de l'homme.  p. 12
Les obligations qu'a l'homme de s'éployer à la gloire de Dieu. p. 13.
Combien de choses mettent difference entre l'homme & la beste. *là mesme.* & p. 14. & 15.
Pourquoy Diogene auoit tant de peine à en trouuer vn en plein marché. p. 16. Distinction du vieil homme & du nouueau.  p. 19
Definition de l'homme spirituel. p. 1. 129. *& suiu.* Autres definitions.  p. 138. 139

### Humilité.

Comment elle est la marque la plus asseurée des vrayes visions. p. 240. 241. 242. *et suiu.*
Combien necessaire contre les illusions & faulses reuelations des demons.  p 289

## I

### Iaponois.

Comment fortifié dans le dessein de souffrir pour N. Seigneur. p. 358.

### Iardin.

Quel estoit le iardin de Iuppiter chez Platon,  p. 181

### Ieremie.

Quelle fut l'humilité de Ieremie. p. 358.

### Iesus-Christ.

En quel temps ces noms furent donnez à nostre Seigneur, en quel ordre, & ce qu'ils signifient. p. 22. 23
Ce que c'est que son esprit, & en combien de façons il peut estre consideré.
Quelle est l'efficace du nom de Iesus dans les reuolutions, & Apparitions inopinées.  p. 257

### Image.

Pourquoy l'homme a esté fait l'image de Dieu. pag. 9. Combien nous deuons tascher à la conseruer.  p. 19

### Imitation.

De quelle façon nous nous deuons porter à l'imitation de nostre Seigneur.  p. 84. 85. *& suiu.*

### Indifference.

De quelle indifference nous nous deuons porter à tous les mouuements de nostre Seigneur. p. 95. 96. *et suiu.*
Combien necessaire dans la pratique du veritable Christianisme. p. 120
Moyens qu'il faut tenir pour exercer ce degagement.  *là mesme.* & p. 121. 122.

### Interieur.

Ce que sainct Paul entend par l'homme interieur & exterieur, & comment il les compare.  p. 142. 143

### Ioseph.

Pourquoy Ioseph raconte ses songes à son pere Iacob.  p. 245
Comment il se resolut de laisser son manteau entre les mains de son impudique maistresse.  p. 175

Kkk

# TABLE

Pourquoy repris par son pere Iacob, apres qu'il luy eut releué ses songes. p. 286

### Iosué.
Pourquoy duppé par les deputez de la ville de Gabaon. p. 389

### Iour.
Quel est le iour spirituel qui se fait au Royaume de l'Ame. p. 310

### Ioye.
En quoy consiste la Ioye & le contentement du vray Chrestien. p. 116. 117

### Ismael.
Quel estoit le ieu d'Ismael auec Isaac, & pourquoy Sara s'en offence. p. 177. 178
Ce que nous marque cette histoire. là mesme.

### Iudaïsme.
Quelle difference il y a entre le Iudaïsme, & le Christianisme. p. 161. 162

### Iudas.
Pourquoy fauorisé de nostre Seigneur, pardessus tant d'autres qui estoient saincts. p. 213

### Iudith.
Quelle fut la priere de Iudith, estant sur le poinct de couper la teste à Holoferne. p. 362

### Iustice.
Combien elle reçoit d'aide de la pieté. p. 311

## L

### S. Laurent.
Comment ce sainct Martyr perdit le sentiment de la longue mort & des horribles peines qu'on luy feit souffrir. p. 364. 365

### Saincte Liduuine.
De quelle façon cette saincte a souffert pour nostre Seigneur. p. 355

### B. Louys de Gonzague.
Pourquoy depeint auec vn Ange qui tient deuant luy vne balance inegale. p. 18

### Loy.
De combien de sortes de loix l'Apostre fait mention, & en quel endroit. p. 136. 137
Quelle difference il y a entre la loy ancienne donnée de Dieu aux enfans d'Israël, & la nouuelle que nostre Seigneur nous a apportée. p. 137

### Lumieres.
Combien il y a de sortes de lumieres spirituelles. p. 9. 10
Comme il faut demander la lumiere, pour nous conduire dans le chemin de nostre salut. p. 182. 283

## M

### Magdelene de la Croix.
Exemple merueilleux d'vn esprit extraordinaire en vne fille de ce nom qui estonna toute l'Espagne. p. 220. 221. 222. & suiu.

### Mages.
Pourquoy ils consulterent les Prestres de la Loy, pour sçauoir où estoit né Iesus. p. 245

### Mammelle.
En quel sens nostre Seigneur est appellé la mammelle de Dieu le Pere par Clement Alexandrin. p. 323
Comment il les faut succer. p. 324

### B. Marie de l'Incarnation.
Combien attentiue aux mouue-

## DES MATIERES.

ments diuins. p. 126

**B. Marie d'Oegnie.**
Apparition du Diable à cette saincte, les discours qu'il luy tint, & sur quel sujet. p. 228. 229
En quelle perfection cette bien-heureuse possedoit le Don de la crainte de Dieu. pag. 331. Et celuy de Force. p. 352

**Martyrs.**
Comment les Martyrs sont dits inuincibles dans leurs combats. 346.
D'où leur venoit la Force pour repousser leurs plus proches. 364

**Mespris**
Combien ennemi de la nature. p. 271. 272

**Moderation**
Et tranquillité combien necessaire dans la pratique du veritable Christianisme. p. 118. 119

**Monde.**
Quels sont les effets de l'esprit du Monde, & en quoy il differe de celuy de la Chair & de celuy du Diable. p. 207. 208

**Monde.**
Comment le petit monde est rendu parfait. p. 313

**Saincte Monique.**
Combien auantageusement elle possedoit le don de discernement des esprits, au rapport de son fils S. Augustin. p. 193

**Moyse.**
Pourquoy nostre Seigneur voulut que Moyse fut present en sa Transfiguration. p. 235
Comment rendu plus capable de la commission que Dieu luy donna, d'aller à Pharaon. p. 255

## N

**Nature.**
Quel doit estre le discernement des mouuements de la nature. p. 258. 259. 260. & suiu.

**Neron.**
Quels estoient les emplois plus ordinaires de l'Empereur Neron. p. 275.

**Nicole.**
Exemple d'vn esprit tout à fait extraordinaire est vne fille appellée Nicole, qui seduisit tout le peuple de Paris & presque toute la France. p. 222. 223. et suiu.

**Nom.**
Quels sont les noms de nostre Seigneur, en quel temps ils luy furent donnez, & en quel ordre. p. 22. 23.
Si les choses sont constituées en leur nature par leur nom. p. 27

**Nostre Dame.**
Quelle fut la prudence de nostre Dame, en la salutation Angelique. p. 256

**Nourriture.**
Quelle estoit la nourriture de nostre Seigneur p. 82. 83

## O

**Obeissance.**
Que l'humanité de nostre Seigneur rendoit à sa diuinité. p. 81. 82
Quelle obeissance nous deuons apporter aux mouuements de nostre Seigneur. p. 95. 96. et suiu. 99. 100

**Onction**
Ce que c'est que l'onction diuine, &

Kkk ij

combien de choses sont necessaires pour la meriter. p. 281.282 et suiu.

### Operation
De la diuinité dans l'humanité de nostre Seigneur, quelle. p. 76. 77

### Oraison Dominicale
Auec quel esprit nous deuons reciter cette oraison. p. 374

### Orgueil.
Comparaison de l'orgueil de l'Ange & de celuy de l'homme. p. 291

## P

### S. Paul.
Pourquoy & en quel temps enuoyé à Ananie. p. 245

### Peché
Combien terrible aux personnes iustes. p. 337. 338

### Perfection
Pourquoy si peu de personnes arriuent à la perfection. p. 269. 270
Combien de choses elabourent la perfection de l'homme iuste, & quelles. p. 313. 314

### Persecuter.
Ce que c'est precisément que persecuter nostre Seigneur, & comment Sainct Paul le persecutoit. p. 98.

### Philumene
Par qui employé & à quoy. p. 249

### S. Pierre.
Quelle fut l'humilité de S. Pierre. p. 256.

### Pierre.
Constance admirable d'vn martyr de ce nom qui souffrit à Lampsaque, sous l'Empereur Dece. p. 359

### Pieté.
Idée de la conduite d'vne ame de pieté. p. 123. 124
Combien de choses differentes sont signifiées par le nom de pieté. p. 367
Quels sont les effets de ce don. pag. 369. 370. & suiu.
Combien ce don nous est necessaire. p. 373. 374

### Plaisirs.
Quels sont les effets des plaisirs du corps. p. 70

### Pratique.
En combien de choses consiste la veritable pratique du Christianisme. p. 118. 119. & suiu.

### Precaution.
Combien necessaire à la prudence. p. 382

### Prepuces
Des Arbres quels estoient en l'ancienne loy. p. 111

### Preuoyance
En quoy necessaire à la prudence. p. 382

### Prieres.
Combien les Prieres sont necessaires pour l'acquisition des Dons du S. Esprit. p. 311

### Priscilla
Et Maximilla par qui employées & quel fut leur pouuoir. p. 29

### Prophetesses.
D'où vient qu'il y a eu si peu de prophetesses en la loy ancienne. p. 249
Les noms de celles qui y ont esté recognuës pour telles. la mesme.

### Prudence.
Combien le don de Conseil est auantageux à la prudence. p. 311
Definition de la prudence. p. 379
Quelles sont ses parties & de combien de sortes elle en a. la mesme. 380 & suiu.

Combien de choses luy sont necessaires, si nous la regardons, lors
qu'elle porte à l'action.  p. 382
Combien cette vertu a de vices
pour aduersaires.  *là mesme.*
& 383

## R

### Raison.

Ce que c'est que la raison & comme
quoy elle est donnée à l'homme.
p. 9 & 10

### Redempteur.

En quel sens nostre Seigneur a esté
redempteur des Anges.  p. 54

### Renaissance

De l'homme nouueau en quoy consiste  p. 30. 31

### Regards

Effets admirables des Regards de
nostre Seigneur.  p. 200. 201.
202. *& suiu.*

### Renonciation

Modele de Renonciation à son propre esprit que tout vray Chrestien
doit faire plusieurs fois chaque
iour.  p. 121. 122

### Reuelations

Quelles sont les marques par lesquelles on peut discerner les reuelations.  p. 231. 232. 233.
*& suiu.*
Quelles, & combien de côditions
elles doiuent auoir, pour estre
bonnes selon le Cardinal Turrecremata.  *là mesme.*
A quoy comparées par Iean Gerson.  *là mesme.*
Quels sont les ordinaires effets
des reuelations tant des bonnes
que des mauuaises, & leur difference.  p. 247

Plusieurs aduis importants sur
cette matiere.  p. 251. *& suiu.*

## S

### Sainct Sacrement.

Combien la participation est efficace, pour nous acquerir le don de
Force.  p. 365

### Saincts.

Comment les Chrestiens sont saints,
& comment ils le doiuent estre.
p. 38. 39. *& suiu.*
Pour quelles raisons sainct Paul
appelle les Chrestiens saincts.
p 39. 40

### Salomon.

Comment il fut éclairé au iugement
qu'il rendit à ces deux femmes, qui
disputoient en sa presence sur le
suiet de l'enfant qui auoit esté
esteint.  p. 375

### Salut.

Combien de choses concourrent au
salut de l'homme iuste, & quelles.
p. 313. 314

### Samson.

Description de la force prodigieuse
de Samson, & de quelques actiôs
qui en sont les tesmoignages.
p. 349

### Samuel.

Pourquoy autant que Dieu luy parloit, il s'en couroit à Heli. p. 236.
p. 246

### Sapience.

Quels sont les auantages du Don de
Sapience par dessus les autres
Dons du S Esprit, & tous les au-
tres biens.  p. 414. 415
La definition de ce grand Don.
p. 415. 416. *& suiu.*

Kkk iij

# TABLE

### Sara.
Quelle estoit la noblesse de Sara femme d'Abraham. p. 176
Son different auec sa seruante Agar. *là mesme.*
Comment figure de l'ame. p. 177

### Science.
Quelle est la regle de la science du Ciel. p. 139. 140
Combien il y a de sortes de science. p. 389. 390
Quels sont les effets que produit le Don de Science dans l'ame de l'homme iuste. p. 391

### S. Simeon Stylite.
Quel fut l'esprit qui anima ce sainct à passer la pluspart de sa vie sur vne colomne. p. 212
De quelle façon ce sainct a souffert pour nostre Seigneur. p. 355

### S. Simeon Salus.
Pourquoy ce sainct voulut contrefaire l'Idiot. p. 386

### Spirituel.
Combien de choses compred l'homme spirituel. p. 1. *et suiu.*
Combien de choses sont necessaires pour faire vn homme spirituel. p. 149. 150. *& suiu.*
Le moyen de discerner vn homme spirituel d'auec vn homme charnel. p. 155. 158. *et suiu.*
Combien il se rencontre peu d'hommes spirituels. p. 156. 157
Quelles sont les marques certaines & les enseignes asseurées d'vn homme qui fait profession d'estre veritablement spirituel. p. 157. 158. *& suiu.*

### Superbe
Comment punie mesme sur les Payens & anciens Philosophes. p. 290

### Synesis.
Ce que c'est & quel seruice elle peut rendre à la prudence. p. 380

## T

### Temperance.
Combien le Don de la Crainte est necessaire à la vertu de Temperance. p. 311

### Saincte Terese.
Apparition de saincte Terese apres sa mort, & l'aduis qu'elle donna touchant les reuelations. p. 252
Auec quel contentement elle balioit les ordures de la maison, lors qu'elle fut entrée en religion. p. 425

### Tertullien.
Par qui embaboüiné, & entrainé dans l'erreur. p. 249

### Teste.
Combien considerée par dessus les autres membres. p. 58
Quel est son propre office & sa qualité principale. p. 62. 63. *& suiu.*

### Theologales.
Comment les vertus Theologales sont appuyées par les Dons du S. Esprit. 311

### Theophanie.
Explication de ce terme de sainct Denis. p. 397

### Tranquillité.
Combien necessaire dans la pratique du Christianisme. p. 118. 119

### S. Tyburce.
Gentil-homme Romain par qui conuerti à la Foy, & la profession qu'il en fit. p. 48. 49

# DES MATIERES.

## V

### Verbe.
Combien precieuse est la ioüissance du Verbe, qui est la possession de la sagesse. p. 430

### Veritez.
Comment il faut peser les veritez reuelées selon Gerson. p. 247

### Vertu.
Quelle est la vertu de Iesus-Christ, selon S. Paul. p. 108

### Vertus
En quoy les vertus sont differentes des Dons du S. Esprit. p. 299 300
Combien il y a de choses à considerer dans les vertus. là méme.

### Vie.
En combien de façons se peut prendre la vie spirituelle. p. 130. 131 & suiu.
Quelle est la vie de nostre corps. là mesme.
Quelle est la vraye vie de nostre Ame, selon S. Bernard, & sainct Augustin. là mesme.

### Vieil homme.
Combien le vieil homme est different du nouueau, & quels sont l'vn & l'autre. p. 29. 30. 31. 32

### Visions
Par quelles marques il faut discerner les visions. p. 231. & suiu.

### Union.
Combien de sortes d'vnion l'on peut remarquer entre la diuinité & l'humanité de nostre Seigneur. p. 73. 74. 84. 85.

### Uniuers.
Pour qui il a esté fait. p. 8

### Voyes.
Quel est le danger des voyes extraordinaires, & le moyen de distinguer les bonnes des mauuaises. p. 208. 209. 210 & suiu.

### Volonté.
Quelles sont les plus ordinaires inclinations de la volonté. p. 270
Pourquoy elle est tenuë pour le veritable element de la nature. là méme.

### Volupté.
Definition de la volupté. p. 182

## Y

### Yeux.
Pourquoy les Yeux de l'Espous ont esté comparez à ceux de la Colombe dans les cantiques plustost qu'à d'autres. p. 201
Effets admirables des yeux de Iesus. p. 202. 203. & suiu.

FIN.

www.ingramcontent.com/pod-product-compliance
Lightning Source LLC
Chambersburg PA
CBHW070216240426
43671CB00007B/664